20世紀アメリカ国民秩序の形成

Kotaro Nakano
中野耕太郎──【著】

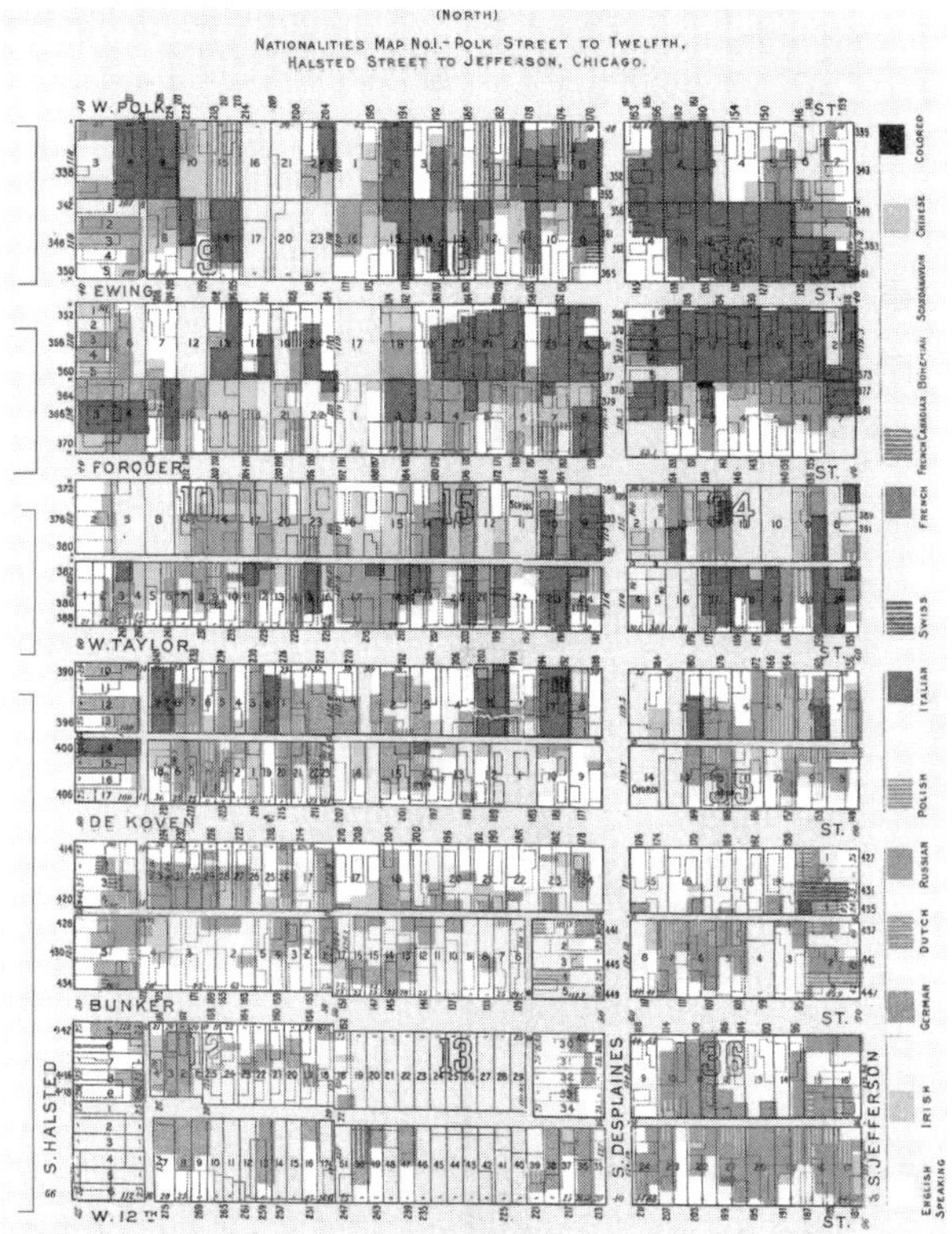

名古屋大学出版会

二〇世紀アメリカ国民秩序の形成——目　次

序章　二〇世紀アメリカ国民秩序へのアプローチ

——アメリカニズムと社会的なもの——

1　二〇世紀ナショナリズムへ

(1) 新旧のナショナリズム

本書の目的は、二〇世紀におけるアメリカ・ナショナリズムの歴史的展開を、社会史の視座から明らかにすることである。特に、一九二〇年代中葉に成立し、少なくとも六〇年代までひとつの社会秩序として持続する二〇世紀前期のナショナリズムに注目し、歴史的実態としてのアメリカ国民社会の形成過程を考察したい。そして、この「二〇世紀ナショナリズム」を生み出した一八九〇年代から一九二〇年代の「アメリカ」こそが、本書の主たる分析対象である。

ところで一般的には、アメリカが国民国家であり、固有のナショナリズムを持つという本書の前提は、それ自体が必ずしも自明なことではないかもしれない。そもそも、多様な西欧系の移民とその子孫を中心に建国されたアメリカでは、他の多くの国民国家のように特定の民族的起源を「想像する」ことは難しい。むしろこの国では、元来「被治者の合意」や自由、平等といった普遍理念と、これを実現すべく構築された合衆国憲法体制こそが「統合」

の主要な資源であった。[1] それゆえ、アメリカ史の中には、「アメリカ」なるものを、文化的・社会的同一性を持つ国民国家ではなく、単なる住空間ないしは政治制度と見る言説が遍在する。例えば、社会学者エミリー・ボルチが一九一〇年に上梓した『我がスラヴ系の同胞市民』の中には、あるポーランド系僧侶の言葉として、次のような一節が現れる。すなわち、「アメリカは空の容れ物、すべての来訪者に等しく開かれたものであり、……アメリカ国民（nation）などというものは存在しない。我々ポーランド人はネイションを構成するが、アメリカは異なる諸国民が住むひとつの政府にすぎないのだ」と。[2] このように、アメリカを領域的な主権と認めつつも、文化的な意味合いを含んだ国民共同体とは考えない――少なくとも「諸国民から成る国」と呼べるほどの多様性を容認する政体だとする立場は、二〇世紀後半以降の多文化主義の議論などにも通底するものがある。[3]

だが、これに対するボルチの返答は、いや「アメリカは国民国家である」というものだった。曰く、「アメリカは、その各部分が相互に感応し合う共通の伝統で彩られ、物理的な郷土愛だけではなく、この国のミッション……を成就するための自由、啓蒙、財産の概念によって結合した、ひとつの有機的総体（organic whole）である」と。このボルチの理解は、「アメリカ」という主権を成り立たせる条件として、形式的な政治制度を超えて、人間と人間を結びつける共同性なり、連帯なりの存在を認知する立場であり、それゆえ、この国と人民もまたネイションなのだという。[4]

だとしたら、そうした「有機的総体」たるアメリカ・ネイションを維持する共同性は、歴史的には、何によって担保されてきたのだろうか。ボルチは「この国のミッション」すなわち「自由、啓蒙、財産」の理念をまず挙げているが、同書は続けて「今日、この統合（unity）が新しい移民の増加と多様性によって、深刻な脅威にさらされている――そのことに多くのアメリカ人は難渋している」とも記し、さらに、「疑いなく最も重要な問題は、人種に関わること……人種混淆の結果」に関するものだと指摘する。[5] 移民が増えるとなぜアメリカの理念的ミッションは行き詰り、国民としての統合が危機にさらされなくてはならないのか。なぜ、そうした分裂の予感が「人種」問題の含意として感受されるのか。それは、ボルチがこれを書いた一九一〇年代に特有の認識なのだろうか。

実のところ、本書が考察の対象とする一九世紀と二〇世紀を架橋する時期――そのおおよその中間点にボルチの著作も現れよう――は、建国期から現在に至るアメリカ史において特に重要な転機をなしていたように見える。変化の速度に地域的な偏差があること、また旧いものと新しいものが時に重なり合い、併存したことを承知のうえで推論することが許されるなら、おそらくこの時期を境に、アメリカ・ネイションの基盤である連帯や共同性の調達のされ方が異なるものに変わっていったのではないか。この仮説は、もちろん次章以降の具体的な叙述を通じて検証していくことになるが、まずは、二〇世紀ナショナリズムの意義をより鮮明にするために、先行する一九世紀的なアメリカ・ナショナリズムについても若干検討しておきたい。

あえて図式的な議論となることを覚悟して概括するなら、一九世紀までのアメリカ・ネイションの最大の特色は、自由や平等といった市民的な諸権利の享受と、公民としての義務の感覚をよすがとした、立憲的（constitutional）な社会契約としての性格にあったと言ってよい(6)。それは、民族的な同一性を前提としたヨーロッパ的なナショナリズムとは一線を画して、「近代自然権思想」の「普遍的信条を絶対的な立脚基盤とした」アメリカ固有の理念的連帯の様式であった(7)。もっとも、そのことは一九世紀のアメリカニズムがすべての住民に等しく開かれていたことを意味しない。当時の市民社会を基礎づけた共和主義のイデオロギーは、人民自治の条件として同質的な有徳の市民性を求め、そのことが固有の「境界」を形成していた。市民の共同体は、しばしば元奴隷の黒人や中国人移民、先住民等を外部に押しやり、また、あまねく女性を「私的領域」に隔離していた。だがそれでも、少なくとも白人男性間に共有された「市民としての平等」が、国民社会を成り立たせる最大のリソースを供給していたのだった(8)。

一九世紀アメリカに見られたもうひとつの特徴は、その著しく分権的な性格だろう。一八九〇年代以前のナショナルな政治秩序は実態としては、小規模の自治コミュニティが水平的に連なるかたちで構成されていたのであり、全国政府の社会への直接的な関与は極めて小さかった。国家が市民にシティズンシップを保障するといっても、考慮される権利は財産権と「機会の均等」に集中し、しかもほとんどの場合、憲法修正第一四条（「法の下の平等」）などに依拠して、形式的にその擁護が宣言されるだけだった。それゆえ、いやしくも「ナショナリズム」と呼びうるような共同性は、実際に「自治」が行われる地域的コミュニティの営みに見出すしかなかった。歴史学者ロバート・ウィービーは、この形式的かつ全国的なシティズンシップと草の根自治との二重性こそが、主権領域が西方へと広がる拡散的なアメリカ生活を可能にしたと考えた。つまり、一九世紀の人々はフロンティアの西漸とともに膨張し続ける生活空間の中で、地域から地域へと移動を繰り返し、その時々に居住するコミュニティで「市民」として自治に参加した。もとより、ここで言うコミュニティは、伝統的な村落共同体のようなゲマインシャフトではなく、歴史的な個人析出を前提とした、いわば「人工的な」地域社会である。そして、この一期一会のコミュニティの成員は、信じる教派やエスニシティ、職能においてすこぶる多様であったが、定期的な投票行動などを通じて「自治を担う自由人としての感覚」を共有したという。このことが、「多様な」アメリカ住民に「有機的総体」としてのネイションを想像する最低限の基盤を与えたのであった。[9]

こうした一九世紀アメリカでは、そもそも、「国民（ネイション）」の民族的構成への関心は薄く、後に一九二〇年代の移民制限法の基盤となった、「出身国（national origin）」などの概念は、全く二〇世紀以降に創出されたものだった。[10] たしかに、連邦法は建国当初から「自由な白人」のみに帰化資格を制限していたし、知識人の間にも、アングロ・サクソン至上主義のごとくロマン主義的な民族思想がなかったわけではない。だが、もともとは帰化要件たる白人性はあくまで奴隷身分と対を成す「自由の地位」と不可分であり、アングロ系のエスノ・セントリズムも、「イギリス人の自由」という一八世紀プロテスタントの「伝統」に深く根ざしたものだった。[11]

これに対して、二〇世紀前半のアメリカ・ナショナリズムの主唱者は、しばしば伝統的な市民主義を称揚しつつも、より強く人々のエスニックな出自や血統にこだわり、またネイションを個人の自由や社会契約を超えた、先験的な運命共同体として聖化する傾向があった。この二〇世紀のアメリカ・ネイションは、もはや市民的な自由や平等を形式的に宣言するだけの政体ではなく、国民の実質的な生活水準や階級関係に関与し、人々の知的能力や身体的条件をも監視するタイプの「共同体」であった。またそれは、一九世紀アメリカの疎放的かつ拡散的な環境下に栄えた自治コミュニティとは異なる、より工業的で都市的な現代社会のリアリティにそくした共同性の探求だった。またここでは、個人を市民として単純に全体社会に結びつける一九世紀の共和主義的な紐帯はすでに弱化し、むしろ人々の民族的なサブ・コミュニティへの集合的帰属を暗黙のうちに前提する、複合的で序列的な国民形成が指向された。

(2) アメリカ化と人種分離

こうしたアメリカにおける二〇世紀ナショナリズムへの移行は、その人種・エスニックな性格において、一見矛盾する二つの政治、社会潮流を現出せしめた。ひとつは、「アメリカ化」という言葉でしばしば語られる同化主義に基づく国民統合の政治であり、いまひとつは公的・私的生活における「カラーライン」の構築、すなわち社会の人種による分断現象であった。

前者の「アメリカ化」とは、広義には女性や移民、黒人中産階級をも対象とした愛国的な国民文化運動を、狭義には一九世紀末以降、大規模に流入した南・東欧系「新移民」の文化的同化政策を意味した。[12] 特に「新移民」のアメリカ化に関連して、セオドア・ローズヴェルトに代表される権威主義的な同化＝国民形成論が影響力を持ち、彼の政権下に成立した一九〇六年帰化法は、アメリカ史上初めて英語の会話能力を市民権資格の要件に定めるものだった。また、同法はこれまで地域ごとに違っていた法手続きや「忠誠の誓い」の文言を全国的に統一し、さらに従来、州レベルの裁判所が決裁してきた帰化プロセスを連邦に一元化して、「法的な市民権付与」が第一義的に合衆国の管轄に帰属することを明示した[13]。

こうしたアメリカ化政策の最大の支持勢力が、移民労働者の規律化を求める新興の大量生産産業の経営者であったことは、二〇世紀ナショナリズムの史的コンテクストを考えるうえで重要である[14]。かつて、アーネスト・ゲルナーは、名著『民族とナショナリズム』の中で、「ナショナリズムは、そのルーツを……（産業社会が招来した）特定の種類の分業に持っている」と書いた。農耕社会を脱して産業化した人間集団は、資本主義的な分業のために「平等主義と社会的流動性」を不可避的に増幅し、これを支える社会資本として共通言語や「標準化された訓練」たる公教育を必要とした。そしてこの一連のプロセスの中で、「ナショナリズムによって要求される文化的同質性」がかけがえのない価値として普及していくのだ、と[15]。特定の国民国家を想定しないゲルナーの議論はあくまで一般性の高い仮説であるが、この論系は二〇世紀ナショナリズムが生んだ同化主義（アメリカ化）を理解するうえで、有用な補助線を与えてくれる。後に詳しく述べるように、本書が注目するアメリカ・ナショナリズムの変容もまた、一九世紀後半の激烈な工業化と関係が深い。高度な資本主義は、全国規模の消費市場と効率的な労働力を欲し、これを維持するために民衆のナショナルな同質性を必要とした。

アメリカ化の問題が複雑なのは、国民的な共同性、同質性を求めたのが工業化の推進者だけではなかったことだろう。むしろ急激な工業化がもたらすネガティヴな効果を懸念した人々の間にも、同化主義への関心は高まった。特に、一八八〇年代半ば以降顕在化した、労使紛争や貧困問題を前に、同時代の知識人や政治指導者は、伝統的な個人主義の思考では解決できない、新しい「社会問題」を認知するようになった。そしてこの「社会的なもの」は、多くの場合、移民労働者の処遇や移民街のスラム問題に関わることであったので、常にエスニックな含意を帯びざるを得なかった[16]。

リベラルな改革者たちは、この世紀末に「発見」される社会問題の数々を、いわばアメリカが旧世界のごとく堕落しつつある徴候として深刻に受け止めていた。階級問題や民族間対立といったヨーロッパの悪をアメリカが内面化しようとしているという危機意識は、彼らを能動的なアメリカ化運動に駆り立てた大きな要因のひとつだった[17]。だが実のところ、「ヨーロッパ化」は経済構造や階級問題といった領域にとどまらず、すでに国民国家としてのアメリカの本質的なところで進行していた。すなわち、一九〇六年帰化法が具体的に示した「アメリカ化」の実務は、逆説的に、この国のオリジナルなナショナリズムを逸脱する傾向が顕著だった。「すべての人間は平等につくられ、譲ることのできない諸権利を神から与えられており、その中には、生命、自由、幸福追求の権利がある」(独立宣言)という啓蒙の理想を掲げて独立国家となったアメリカのナショナリズムは、元来、人類の普遍性を語ることによって、自らの国民としての特殊性を構築するという構造を持つはずだった。だが、もしそうであるなら、英語というエスニックな俗語を国民の条件として社会の同質化をはかり、また、市民資格の一切を集権的な中央政府が掌握しようとする「アメリカ化」政策は、アメリカ生来の理念ナショナリズムよりも、むしろ一九世紀後半のドイツやフランスで高まる言語ナショナリズムなど、ヨーロッパ的な国民国家形成と近しいように見える。そして、こうしたアメリカ・ナショナリズムの変容は同時代の知識人の言説の中にも意識的・無意識的に表現されるであろう。

一八九三年に有名な「フロンティア学説」を発表した歴史学者フレデリック・ジャクソン・ターナーは、同年全米を襲った経済不況への鋭い感受性を示し、貧困や階級間闘争の不在といったアメリカの例外性は、フロンティアの消滅とともにその基盤を失ったと論じた。同演説の中でターナーは、このときアメリカが失ったものが、「移民を……ひとつの混合人種に溶け合わせるフロンティアのるつぼ」であり、これに立脚した「複合的国民性 (composite nationality)」であると指摘した[18]。この議論は一九一〇年代に流行するメルティング・ポット言説のプロトタイプと言えるが、なにより一〇〇〇万人近い失業や都市公衆衛生の劣悪化という世紀末のアメリカが直面する新しい問題と関連させて、エスニックな意味での「国民性」のあり方に警鐘が鳴らされている点は重要である。それは、市民としての参加の権利や機会の平等によって、多様な人々がひとつになるという従来の国民イメージとは大きく異なる展開である。

注目すべきは、ターナー説に含まれる、エスノ・レイシャルなものへの強い関心それ自体である。近年、「多様性」をアメリカの伝統的価値として賞揚するエスニック研究の一部では、ヘクター・クレヴクールの『あるアメリカ農夫の手紙』を引き合いに出して、メルティング・ポットとしてのアメリカ国民像を、建国期にまで遡る主張が散見される。[19] たしかに、一七八二年にフランス系住民のクレヴクールはこう書いた――「(アメリカでは)あらゆるネイション(nations)の個人が溶解し、ひとつの新しい人種(race of men)が生まれている」。[20] だがしかし、歴史家フィリップ・グリーソンが指摘するように、続く一世紀以上の長きにわたって、この言説は言論界でも等閑に付され、ほとんど忘却の彼方にあった。[21] エスノ・レイシャルなナショナリズム論としてのメルティング・ポットは、ターナーのフロンティア説が現れる二〇世紀転換期以降、新たに発見された国民観であった。こうした、知的雰囲気を背景に台頭した二〇世紀のアメリカ化言説は、セオドア・ローズヴェルトの立場に典型的に見られるように、アメリカ社会のヨーロッパ化――あるいはヨーロッパ的な悪に毒され、道徳の堕落と社会の分裂が進行する――という未曽有の危機に対して、ヨーロッパ流に規律的権力としてのナショナリズムを再構成することで応じようとしたリアリズムとも見える。[22]

また、アメリカ化の潮流の中には、エスニックな集合性を前提とする人間観が現れたことも重要である。都市化や工業化で特色づけられる二〇世紀のアメリカでは、伝統的な個人主義を超えた「社会的なもの」――社会的な悪、社会的な連帯、社会的な民主主義、社会浄化(social purity)、社会工学(social engineering)など――が強く意識されるようになる。そのとき当然、個人として自立しているはずの人間一人ひとりが、実のところ、いかほどまでに「社会的につくられた（socially constituted）」存在なのかという問いが立ち現れてくる。そして、この「社会的なもの」が当時のアメリカ人の認識において、エスニックなコミュニティ生活と不可分な何かなのだとすれば、「社会問題」の存在を認めることそれ自体が、特定の民族や人種に出自を持つ個人を、生得的な「集団」の一員として他者化する根拠のひとつとなりえた。また逆に、移民の側からこの問題を見ると、社会的存在としての人間観を承認することは、自己の属するサブ・ナショナルなコミュニティの自立的な権利を正当化するものでもあった。

前者の差別的な展開としては、アメリカ化運動の広範な勢力の中に、移民は民族ごと人種ごとに平均的な資質が異なるという認識が広まったことを指摘できる。彼らは、相対的にアメリカ化が容易な人種・民族とそうでない集団を分類するようになり、例えば、南・東欧系の新移民やアジア系移民は、総じて「迅速にアメリカの影響に適応することがない」と決めつけられた[23]。そして、そうした同化困難な移民の入国数を量的にコントロールする「社会政策」がなければ、アメリカは民主主義的な制度を維持できなくなると警戒された[24]。この同化主義者の認識は、移民の包括的な制限を求める排外勢力とも共鳴し合うところがあり、一九二〇年代中葉には、入国可能な移民数を出身国別に定める連邦法が成立するに至る。それはまさに、二〇世紀ナショナリズムが、恒常的な法秩序として確立する瞬間でもあった。

移民の個人としての市民化を建前としながら、エスニックな集合性を認容する心性は、権威主義的なナショナリストだけでなく、都市のセツルメント・ワーカーやシカゴ学派社会学者のような、外国文化に比較的寛容な人々にも共有された。元来彼らの関心は、移民に英語使用を強要したり、民族ごとの序列化を行うことではなく、北米の都市環境への「適応」を支援することにあった。その際、特に、ジェーン・アダムズをはじめとする都市改革者の間には、移民の集団アイデンティティを可能な限り尊重することが、より緩やかで、現実的な「適応」（＝アメリカ化）に不可欠だという確信があった。少なくとも一定期間は、移民のエスニック共同体の存在を認めようとするこの立場は、移民指導者がしばしば主張した文化多元主義論や、民主主義の必須条件として「多様性」を支持する議論と呼応した。[25] 実は、冒頭で引いたエミリー・ボルチは、アダムズらと近しい思想を持ち、移民のコミュニティ生活に一定の理解を示した人物でもあった。また、ボルチが対話したポーランド系僧侶は、まさに移民の民族的紐帯の永続をひとつの「権利」として要求した多元主義者と言ってよい。いずれにせよ、アダムズやボルチらのような「ソフトな」同化論が、アメリカ国民という同質性の高い「共同体」の形成途上に、異なる「集団」の存在意義を認めたことは、二〇世紀ナショナリズムの性格を考えるうえでやはり重要である。たしかに、一九世紀のアメリカにおいても、「多様性」は民主的な社会を構成する価値のひとつだったかもしれない。しかし、その「多様性」の主体はあくまで個人であり、二〇世紀中葉から今日の政治をも支配する、「集団」を単位とする多様性（＝民主主義）の政治文化は、伝統的なアメリカニズムとは一線を画する新たな展開と言ってよい。

上記のように、アメリカ化という国民国家統合の政治が台頭した一九世紀末から二〇世紀初頭にかけて、黒人とアジア系住民を社会的に隔離し、二級市民化する展開――カラーラインの形成――が同時に進行したことは無視できない。少なくとも一九一〇年頃までに、南部諸州では黒人大衆からの選挙権剝奪と公的スペースでの人種隔離が制度化される。この「分離」は第一次大戦期には、黒人の北部移住を契機に全米に拡大し、戦後、北部大都市圏では事実上の居住区分離が定着していく。また一九二四年には先述の出身国別の移民割当を骨子とする人種主義的な移民制限法が成立し、この中でアジア系民族は「帰化不能人」として入国禁止の対象とされるだろう。

この新しい人種主義は、当時、必ずしも反動的な政策とはみなされず、同時代の様々な社会問題と格闘する「改革者」たちは、暗黙のうちにこれを受け入れることが少なくなかった。暴露ジャーナリストとして名を馳せたレイ・スタナード・ベイカーは、一九〇八年刊行の『カラーラインに従いて』で「南部のジム・クロウ（人種隔離）

法は……無知な両人種の衝突を避けるのに必要である。それは、進歩のために欠かせない足場であり、黒人も、実のところ、この法律から利益を得ている」と書いた。つまり、「(人種隔離のおかげで)黒人も人種としてのリーダーシップを強めることができ、そこから自己信頼の精神が生み出されるのであり、……いわば〝不利益による利益〟がある」というのだ。当時、こうしたバイレイシャルな社会改革の構想は、広く知識人層に共有されており、北部の都市社会学者などにも、社会の安定化のために人種の住み分けを積極的に推奨するものが現れてくる[26]。実際、当時の大都市住民の多くは、隣人の「肌の色」と住環境や治安の悪化とを結びつけて思考し始めており、そうした認識は、白人の対黒人暴動の温床になっていた。移民のアメリカ化問題にも取り組んできた知識人や改革者は、特殊に人種化された都市問題に注目せざるを得ず、秩序維持の観点からも、都市空間の恣意的な分断を容認しがちだったのである。

　このように書くと、例えば南部史の専門家などから、アメリカの人種差別は、決して現代に固有の事象ではない――むしろ黒人奴隷制時代からの連続性を捉えるべきだ――という批判を受けるかもしれない。たしかに人種偏見や人種間暴力は、アメリカ史を通貫して遍在する民主社会の「矛盾(dilemma)」であるし、特に南北戦争後の南部社会に暴力的な白人優越主義が猖獗を極めたことは疑いようがない[27]。しかし、二〇世紀の有色人差別はそうした歴史的な蓄積を受け継ぎながらも、特定の地域社会の支配構造を超えて、より全国的に一般化された点でやはり新しい現象だった。またそれは、衆愚の偏見の次元を超えて、先進的な学知や社会思想によって裏書きされ、それゆえ、長期持続的な制度として定着していくことになる。W・E・B・デュボイスが、かの『黒人のたましい』の中で「二〇世紀の問題とは、皮膚の色の境界線《カラーライン》の問題」であると書いたのは一九〇三年のことであった[28]。

　一九世紀的な古い差別から二〇世紀のカラーラインへの遷移は、この問題のいまひとつの争点であるアジア系移民の排斥についても看取できる。周知のとおり、反アジア人感情は一九世紀にも存在し、例えば、一八八二年に連邦議会はいわゆる排華移民法を制定――歴史上初めて特定の民族集団を名指しで排斥した。不自由労働を甘受するとされた、中国人の人種的資質を根拠にその入国を禁じた同法は、二〇世紀の初頭に漸次強化されたアジア系移民制限政策の嚆矢と見える。だが、一八八二年排華法を議会にロビーした最大勢力が、テレンス・パウダリー率いるカリフォルニア州の労働騎士団だったことは歴史的には興味深い。なぜなら、反中国移民の急先鋒だった労働騎士団は、南北戦争後の工業化の中で、「生産者共和国」の再生を夢想した労働リパブリカニズムの運動であり、それ自体、世紀の転換期を超えて存続するものではないからだ。つまり、一九世紀の中国人排斥は、伝統的な市民社会が持つ共和主義的な労働倫理の理想に照らして正当化された面があり、二〇世紀の超階級的で文化人類学上の分類や血統の感覚に強く規定された「帰化不能人」言説とは異質なところも多い(29)。

要するにカラーラインは、二〇世紀の新しい社会環境の中で、旧い偏見を読み替え、新たな意味を与えることで形成された差異の政治だった。そして、この恒常的な「内なる他者」創出のサイクルは、二〇世紀アメリカ・ナショナリズムというエスノ・レイシャルな国民形成運動の基幹要素のひとつであった。多元性の原理を抱合した二〇世紀のアメリカ・ネイションは、実際には、ますますヨーロッパ出身の「白人の国」としての自画像に共同性の基盤を求め、それに従って人種的な階層構造を内的に発展させていったのである。エスノ・レイシャルな国民感情が高まり、国民としての同質性が求められれば求められるほど、これまで個人として市民社会に包摂されていたはずの人々が人種的な「他者」(=偽の同国人)として炙り出されてくる。そして、国民の純化を目指して、そうしたマイノリティを隔離し、排斥することで、ますますナショナリズムは強化され、さらなる他者が生み出されていく。「人種主義は……ナショナリズムを内的に補完するものである」――哲学者エティエンヌ・バリバールは二〇世紀初頭の反ユダヤ主義と排外的なフランス人意識の関係をそう分析したが、同時代のアメリカで形成されるカラーラインにもこの状況は符合する(30)。急激な工業化を背景に、政治的なシティズンシップや個人主義の世界を超えて、新しい「社会的なもの」を包含した共同性が求められたとき、アメリカのナショナリズムは、ヨーロッパ諸国のナショナリズムにも似て、エスノ・レイシャルな性格を持つようになった。そして、この二〇世紀の国民国家形成（＝アメリカ化）は、車の両輪のように、人種的な境界構築（カラーライン）と相補いながら進行していくだろう。

2　先行研究の検討

（1）統合、分離、多元主義

二〇世紀ナショナリズムの到来は、アメリカ人の自己認識、わけても、歴史学者が描くアメリカの自画像に大きな影響を与えてきた。すでに我々は、フレデリック・ターナーが一九世紀末という非常に早い段階で、「複合的国民」、あるいはメルティング・ポットという「エスニックな」アメリカ国民史を提示したことに触れた。この「民主的な」同化史観は、時に多元主義からの批判を受けつつも、長くリベラルな知識人の幅広い支持を受け、ある種の規範的な歴史認識としてエスタブリッシュされてきた。

だが、第二次大戦後、特に一九五〇年代に産声を上げた「移民史」は、そうした国民統合のコンセンサスに反発するものであった。ボストンのアイルランド系コミュニティを研究した、ハーヴァード大学のオスカー・ハンドリンらは、一九二〇年代のシカゴ学派社会学以来の同化サイクル論に異を唱え、移民の集合意識の永続性や社会的疎外を問題にした。(31) それは、アメリカを文化的に同質的な社会とは見ず、内部にエスニックな多元性を明確に認知しようとする立場でもあった。その後、一九六〇年代中葉以降には、ルドルフ・ヴェコーリやハーヴァート・ガットマンらを中心に、より社会史に重点を置いた新移民史学が台頭するが、ここでもまた、移民のコミュニティ形成やトランスナショナルな人口移動が強調されるなど、メルティング・ポット的な同化主義は批判の対象だった[32]。さらに一九九〇年代には、この移民史の流れからデヴィッド・ロディガーらの白人性研究が派生した。この研究群は、ヨーロッパ移民のアメリカ化が、「白人」としての人種意識の獲得と不可分のプロセスであったことを明らかにするものであった。それは、エスニック集団の維持か国民化かというこれまでの移民・主流社会交渉のコンテクストに、カラーラインという他者創出のメカニズムを組み入れた鮮烈な分析であった。そしてそこに、近現代の国民形成が結果として、社会の人種的分断を助長してきたという、痛烈なナショナリズム批判が含まれていたことは言うまでもない[33]。

一方で、一九八〇年代以降、移民や人種マイノリティの国民的統合を肯定的に捉えようとする学知の波が新たに勃興している。デヴィッド・ホリンガーやジョン・ハイアム、そしてマイケル・リンドらの論客は、当時大きな力を持つようになった多文化主義のエスノ・セントリズムに危機感を持ち、この「ポスト」二〇世紀ナショナリズム的な状況下に、民主的な国民再生の道を模索した。なかでも、ネイティヴィズム史研究の泰斗ハイアムによる「多元的統合論」は、包摂と分離の問題系に洗練されたアプローチを提供した。それは、民主的な多様性の源泉としての移民の集合的生活を肯定しつつ、一定の時間経過の中で、個々人がエスニックな帰属を超えて国民的な紐帯（＝市民としての平等）を獲得できると主張した。ハイアムは市民と国家の間に、一切の「中間集団」を認めないような原理主義的な市民主義者とは異なり、移民コミュニティという共同体がアメリカに存在することを否定しない。むしろ、コミュニティの中で人種・エスニック意識が活性化することは、集団間の境界領域に十分な流動性が確保されている限りで、成員個々人の「解放」（＝市民的統合）を妨げるものではなく、むしろ周縁化された人々が国民として平等の地位を得るのを助けてきたと論じる[34]。それは避けようのない多元性の中にある、「国民社会」の現実をありのままに受け止めようとする立場であった。

ところで、エスニックな多元主義とアメリカの市民的統合を両立可能とするこの議論は、「我々（移民）は……（アメリカで）ネイションを構成するが、アメリカは異なる諸国民が住むひとつの政府にすぎない」（ボルチのポーランド系僧侶）と主張した移民指導者たちの認識と一見よく似ている。実際ハイアムは、第一次大戦期のシオニスト、ホーレス・カレンの文化多元主義論を深刻に捉え、詳細な検討を加えている。カレンは、一九一五年の論文「民主主義対メルティング・ポット」で、権威主義的なアメリカ化運動を強く批判したことで知られ、特にローズヴェルト派の同化主義がアメリカ本来のコスモポリタンな民主主義を破壊していると論難した。アメリカのナショナリズムはあくまで、市民的参加の領域にとどまるべきで、コミュニティの文化生活は、例えば移民集団などの「自治」に留保されねばならないという。つまり、文化的にエスニックな帰属を維持することと市民としてアメリカ政治に参加することは本来矛盾しないというのがカレン論文の趣旨だった。[35]

ハイアムもまた、アメリカ合衆国を民族的に脱色された「市民社会」であるべきだという理想をカレンと共有する。ただし、多元性の主体たる「集団」についての立場はかなり異なると言ってよい。カレンが他の移民指導者と同じく、コミュニティの成員資格を血統（ancestry）によって定義し、その集団としての永続性を自明視したのに対し、二〇世紀後半の多文化主義時代を生きるハイアムは、むしろ、そうしたサブ・ナショナルな集団意識が社会生活の分断を惹起する事態（＝人種差別）を強く懸念した。多元性はあくまで、集団間を移動する個人の選択の自由と、市民的包摂のダイナミズムを保障するかぎりで評価されるのだ。[36] それでもなお、ハイアムのアメリカ史は「多様性」の価値に強い忠誠を示す点でカレンの多元主義と共鳴するものがある。文化的コンフォミティを指向する「ネイティヴィズム」との戦いは、一知識人としてのハイアムのライフワークでもあった。だが、すでに見たように、一連の同化／異化プロセスの最終段階について見ると、むしろそれは、カレンの同時代人の中では、ジェーン・アダムズのコスモポリタンなアメリカ化メソッドと思想的には近い。ハイアムの多元的統合論はあくまで、

「同化」の展望なのであった。

続く一九九〇年代、移民史では先述の白人性研究の人種分断論やダナ・ガバッシアのトランスナショナル論など、国民国家統合の語りを相対化し、越境的ネットワークやコミュニティ形成に注目する傾向が強まったが、その一方で、上述の市民ナショナリズムの「同化論」はさらに勢いを増していく。[37] その背景には、当時、冷戦後の東欧各地で拡大した凄惨なエスノ・ジェノサイドの問題があった。ロシア系カナダ人の政治学者マイケル・イグナティエフは、実際に一九九三年のボスニア・ヘルツェゴヴィナに取材し、この地に未曽有の殺戮を呼び込んだ民族感情なるものを徹底的に批判した。しかし、それにもかかわらずというか、それゆえにと言うべきか、イグナティエフは「安全保障」のリアリズムから、ナショナリズムそのものを否定することはせず、むしろ自衛のために不可欠だと論じた。そうした彼が理想としたのは、血統ではなく市民的な紐帯に基づく平和的で開放的なナショナリズムであった。曰く、「市民ナショナリズムにおいては、ネイションはその政治信条に賛同する者すべて――人種、肌の色、信条、ジェンダー、言語、エスニシティに関わりなく――で構成される。……それは、平等な権利を持った市民が共通の政治的実践や価値への愛着によって結合した共同体としての国民なのである」と。[38]

（2）二つのアメリカ・ナショナリズム論――市民ナショナリズムの磁場

このように、包摂的なリベラル・シティズンシップを求める知的潮流が高まる中で、一九九〇年代末から二〇〇〇年代にかけて、「二つのナショナリズム」論という、洗練された歴史分析が現れた。[39] ハイアムやホリンガーらがけん引した当時の国民再生論の多くが、良くも悪くもカラーブラインドな統合を指向するあまり、黒人ゲットーのような非自発的で選択の余地なき集団形成をほとんど考慮しなかったのに対し、「二つのナショナリズム」論を代表するロジャー・スミスやゲアリー・ガースルの研究は、少なくとも差別の現実をより意識的に直視しようとした。

両者の研究の特徴は、市民としての平等に由来する統合と、生まれながらの不平等からくる境界形成という二つの異なる伝統を、アメリカ国民形成のエージェントとして見出すことである。スミスが一九九七年に上梓した『市民的理想』は、植民地期以来アメリカには、①市民ナショナリズムと、②本有的（ascriptive）ナショナリズム、の二つが併存したと論じた。前者は、普遍理念の共有をよりどころとするネイション形成であり、後者は、人種や民族性、性差など本有的とみなされた属性に基づく排斥、階層化のメカニズムだという。スミスは、この二つの異なる政治原理が複雑に絡み合う中で現実のアメリカの歴史が紡がれてきたことを強調する。[40] また、二〇〇一年のガースルの研究は、よりターゲットを人種主義的なナショナリズムの問題に絞り込み、元来、市民的平等が保障されるべき様々な公領域が、人種の感情とロジックに簒奪されてきた歴史を明らかにした。[41]

いずれにせよ、「二つのナショナリズム論」は、アメリカ生活における秩序と人間紐帯の源泉を、市民的と本有的（人種的）という二つの系譜に整理し、両者が併存し、あるいは葛藤する過程としてアメリカの通史を叙述した。その方法は、本書が注目する二〇世紀ナショナリズムが生んだ、時に相矛盾する諸現象――①伝統的な市民意識の存続、②国民のエスニックな同質性を求める思潮、③市民社会における「集団」と多元主義、そして、④恒常化する人種的他者創出――を説明するうえでも、非常に重要な示唆を与えてくれる。

しかし、スミスやガースルの議論はすでに多方面からの批判にさらされてもいる。その中でも最も辛辣かつ原理的な指摘は、市民ナショナリズムと本有的（人種的）ナショナリズムを峻別する論理構成そのものを疑問視するものである。結局のところ、かかる二項対置は神話的ともいえる前者の無垢を保証するイデオロギー装置として機能しているのではないかというのである。[42] たしかに、スミスやガースルの研究は、一九八〇年代以降のリベラル・シティズンシップ思潮の延長線上に現れたものである。その立論の背景には、同時代の民族浄化運動への強い拒否感があり、また、利権政治化したといわれる多文化主義への道徳的な批判を含み持った。その意味で「二つのナショナリズム」論は、ハイアムやホリンガーの議論と同様、高度な歴史分析であると同時に、「あるべきアメリカニズム」を提示しようとする規範的な言論でもあり、そこに、民主的な国民統合をひとつの価値として信奉する傾向は明らかだ。ガースルの二〇〇一年の著作は、人種意識の構築を国民化に不可避の過程と見る白人性研究を批判してこう述べる。「本書はアメリカ・ナショナリズムにおける人種の重要性を議論するが、……ナショナリズムのすべての表現が人種に根ざしているとは考えない。そうした考え方は、市民ナショナリズムの強さと自立性を無視……することになる」からだ、と。[43] また、スミスは、サブ・ナショナルな集団の分離主義であれ、多文化主義の「承認の政治」であれ、「不平等で本有的な政策が繁茂する」のは、「平等主義的でリベラルな共和主義の伝統が脆弱であるから」だと現状への不満を漏らすのである。[44]

こうした「二つのナショナリズム論」とこれを支える市民ナショナリズムに対しては、近代批判の立場からさらに重要な反論がなされている。市民ナショナリズムが語る「普遍」は、そもそも歴史的に見て文化的に中立なものだったのか、本当に人種主義や排外主義と対抗する力を持ったのかといった問い直しである。それは、普遍言説に基づく近代国家の包摂原理に疑いの目を向け、あえて市民的なものの抑圧性と排他性を明らかにしようとする最近の「国民国家論」の延長線上に現れた批判であった。国民化の「動力源たる『普遍』の語りに回収されないソシアビリテ」を描出し、市民ナショナリズムを相対化ないし脱構築しようとする研究動向は、特に日本の社会史研究に顕著である。[45]

このポストモダンな議論の中には、アメリカにおける市民性の定義そのものに、もともと人種的・民族的な階層や境界が内在するとする見方もある。移民史研究者メイ・ナイの二〇〇四年の研究は、第一次大戦後の排外主義を背景に成立した一九二四年移民法に注目し、同法が作り出したアメリカ国民が人種化された「他者」を内包する構造を持ったことを明らかにした。すなわち、二四年法は、「望ましい」移民の選別にあたってあからさまな人種主義を含み持ち、実際、日本人やインド人などのアジア系移民をいわゆる帰化不能人として排斥した。そして、そうした外的境界（移民制限、国境管理）の人種化は、翻って「望ましからざる」民族を出自とするアメリカ国民――アメリカ生まれのアジア系市民やラティーノ市民――に劣者としてのスティグマを与えることになる。同化不能人種のレッテルが貼られた日系や、非合法移民と同一化されたメキシコ系のアメリカ人などは、法的には完全な市民であっても、実質的な社会生活においては、「外来市民（alien citizen）」とも言うべき従属的地位に置かれたという。(46)

だが、これらの批判は必ずしも「二つのナショナリズム論」が擁護する「市民の理想」そのものを否定するわけではない。例えばナイが告発するのは、排外的な法秩序が生む人種による階層化圧力ゆえに、本来シティズンシップが保障しているはずの「市民的な平等」が、社会生活の実態としてはないがしろにされてきたという事実である。もし、これまで「市民」の名において行われてきた非民主的な慣行が改められ、実体としての平等が希求されるのなら、今日なお市民ナショナリズムは抗しがたい正統性と求心力を保ち続けていると言ってよい。

しかし、もしそうだとしたら、我々がアメリカ・ナショナリズムを歴史的に分析しようとするとき、この独得の規範性とどのように向き合うべきであろうか。ナショナリズム理論の第一人者、プラセンジット・ドゥアラは二〇〇三年の研究『主権と本源性』の中で、近代のナショナリズムには、いずれも「本源性（authenticity）」という、「権威的な不可侵性を表象する秩序」が内在すると指摘した。また、ドゥアラは固有の歴史としてのナショナリズムについてこう記す。「(歴史の中の）ネイションは、その中核が時間の経過によって影響を受けぬものとみなされねばならない。……ネイションには栄枯盛衰があるが、……その歴史的な運命は、民族（a people）の一体性と主権の成就に向かっていく。すなわち、国民の歴史は、目指すところが出発点に求められる点で全く目的論的なのである」と。(47) この枠組みをアメリカに当てはめて考えてみると、二〇世紀のナショナリストの多く――そして近年の歴史研究も——が、リベラルなシティズンシップにアメリカという国民国家の本源性を求めてきたこと、また、人種主義に代表される本有的な差別を克服し、あるいは、多様な文化の共生を可能にするという「未完の事業」を通じて、「アメリカ民主主義の約束」を、まさに目的論的に追及してきたことがわかる。ドゥアラによれば、自国民の「歴史」を語ることはナショナリズムの宿命であるが、それはいつも苦難の克服の過程として、過去と未来を直線的な進化のうちに結びつつ、国民創成の本源的な原点への回帰を繰り返す。そうした意味で、ナショナリズムは超歴史的（timeless）であり、内向的な自己充足性を持つという。ドゥアラはこのような近代ナショナリズムを対象とする歴史研究が、ややもするとそれ自体、内に閉じた外部を持たない議論に陥りがちなことを警戒する。(48) こうした議論を参照すると、普遍的なシティズンシップの強い磁場の中にあるアメリカ・ナショナリズムは、とりわけ研究対象として、「相対化」するのが難しい主題であることが推察される。ひとつの歴史研究として、一定の外部性、客観性を維持することは果たして可能であろうか。

3　歴史的動態として見る

（1）シティズンシップの歴史的展開

これまで「二つのアメリカ・ナショナリズム論」と市民ナショナリズムをめぐる諸論争について若干の考察を加えてきたが、いくつかの問題点も看取された。おそらくその中で最も大きな「違和感」は、右に触れた市民理念の自己完結性とも関係があるのだが、批判者を含めて多くの論者がシティズンシップなるものを非常にスタティックに捉えていることである。例えばスミスの場合は、彼自身がそう明記するように、市民ナショナリズムの理想は、ほとんどリベラル共和主義の伝統と同一である。それは、本書の関心に引きつけて言うなら、一九世紀のアメリカに繁茂する市民的な平等と自治のエートスを体現する制度である。一方、ガースルの研究では、セオドア・ローズヴェルト革新党のニュー・ナショナリズムに注目するなど、福祉国家的なシティズンシップも視野に入ってくる。しかし、ここでも市民ナショナリズムそれ自体の歴史的なエヴォリューションが問題になるわけではない。さらに加えて、スミス、ガースルらの議論に対抗する位置にあるはずの、メイ・ナイの「シビック＝人種」テーゼや白人性研究全般について見ても、主たる関心は、カラーブラインドなはずの法制度や政治文化の領域でいかに「人種」が構築されてきたかという点にある。国民の本源として超歴史的に君臨する「市民の理想」と、歴史を通じて構築、再構築、再々構築され続ける「人種」の並立[49]。そのような時空を超えた「構造」から、本書が考察する二〇世紀ナショナリズムの生成は説明可能だろうか。アメリカ化運動を起動し、カラーラインの形成を促した歴史の大きなダイナミズムはどこに見出せるというのだろうか。二つのアメリカを並立させるのではなく、むしろ市民的な過去から人種主義の二〇世紀へと時間軸を、縦に連なる二つの歴史段階のイメージで捉えることはできないだろうか。やはり、一度シティズンシップそのものの歴史的な展開とそのナショナリズムとの関係に目を向ける必要がある[50]。

この問題を考える際にまず参照すべきは、イギリスの社会学者T・H・マーシャルの古典的業績『シティズンシップと社会階級』の議論である。マーシャルの研究が傑出している点は、近現代のシティズンシップを単一の完成された理想とするのではなく、少なくとも三つの領域（あるいは三段階）に分割して検証することができ、また歴史の進行とともにその政治的意味合いと主張の重点が質的に変化してきたと捉える点である。シティズンシップの三領域とは、①「公民的（civic）」領域――個人の自由（財産権、契約の自由など）や人身保護権など、②「政治的（political）」領域――投票権の行使に代表される政治参加、そして、③「社会的（social）」領域――「経済的福祉と安全の最低限」と「文明的な」生活水準の保障など、である。マーシャルは、①の公民的シティズンシップは、一八世紀における前近代身分制の解体の中で成立し、②の政治的シティズンシップは、一九世紀の自由主義の基盤をなした、そして、③の社会的シティズンシップは二〇世紀の福祉国家に接合するものと考えた。また、この歴史的な変遷の背景には、「シティズンシップ」の思想的支柱とも言いうる「平等」観の変容があったという。すなわち、前二者の公民的・政治的シティズンシップは、機会の均等と財産権を主内容とする市民的平等を保障した。だが、この自由の社会インフラに支えられて激烈に拡大した資本制は、結果として貧富の格差や階級分裂という新しい「身分制」を生むことになった。二〇世紀には、この新しい不平等を乗り越えるべく、貧困問題や労働問題をも射程に入れた「社会的な平等」の観念が創出されるが、そのことが社会的シティズンシップの基盤を成す、そのようにマーシャルは論じていた[51]。

もとよりマーシャルは、こうした歴史的考察を主にジェントルマン支配からフェビアン主義へ至るイギリス社会史の文脈のうえに展開している。だが、このシティズンシップの三段階進化説は、アメリカ合衆国にもある程度あてはまるように見える。「すべての人間は平等につくられ……生命、自由、幸福追求の権利」を保障されるというアメリカ独立宣言は、マーシャルの言う公民的シティズンシップの表現そのものであったし、一八三〇年代までに男子普通選挙が一般化する一九世紀アメリカでは、ある面でイギリス以上に政治的シティズンシップの浸透が早かった。また、その後の急激な工業化・都市化により、アメリカでも二〇世紀転換期までに、機会の均等を絶対視する個人主義ベースの市民観は限界を呈するようになった。財界は産業社会に適合した、より同質的な「市民」を求めて、移民のアメリカ化を支持し、階級対立や貧困の拡大に心を痛める知識人は、「社会的な平等」を新しい政治目標とするようになった。この新しい潮流は、紆余曲折を経ながらも、二〇世紀初頭の革新主義から第一次大戦期の総力戦、一九三〇年代のニューディール、そして、六〇年代の「偉大なる社会」へと受け継がれ、アメリカ版の福祉国家（＝社会的シティズンシップ）の発展を促してきた[52]。

もっとも、政治課題としての三つの市民権要素の持続性や相互関係には、アメリカに独自な面も見られよう。特に、アメリカでは、比較的早期に白人男性の公民的・政治的シティズンシップが確立しながら、その後も長くその地位を求めるマイノリティの声を聞き続けなくてはならない。つまり、マーシャルの研究関心は、もともと階級問題に集中し、人種マイノリティの存在を看過しがちだったが、アメリカ・シティズンシップの歴史を考える際にそうした見方はありえない。その歴史を通じて先住民を駆逐し、大量の移民を受け入れ、一九世紀半ばまで人種奴隷制が存在したアメリカでは、エスノ・レイシャルな市民境界の問題は、イギリスのようにこれを「植民地問題」として外部化するわけにもいかず、特別な重要性を持った。そしてマイノリティ問題は、「社会的な」二〇世紀になお、最低限の公民的シティズンシップを争わざるを得ない状況を生み、結果としてアメリカでは、シティズンシップの段階的発展が見えにくかった。さらに、二〇世紀前半の人種隔離や投票権剝奪の過程をつぶさに見ると、むしろ貧困や非識字といった「社会的な」不平等が可視化される中で、これを理由にマイノリティの公民的・市民的シティズンシップが否定されるという逆転現象も起こっていた。また個人の財産権を神聖視するアメリカでは、西欧諸国に比して、なかなか再分配の政治が根付かず、大衆購買力・消費拡大の経済成長路線で社会問題を解消しようとする試みが根強く続けられた。そのため、政治経済の基底には社会権の思想が浸透しているにもかかわらず、文化規範の領域ではなお「個人の自由」を絶対化する言説が幅を利かせ、「社会的なもの」を過小評価する風潮があった。要するに、二〇世紀のアメリカではマーシャルが類型化したシティズンシップの三要素うち、社会的な要素はなかなか政治の表舞台には現れにくく、また、旧い二要素と併存し、重なり合い、相互依存的な関係を紡ぎながら展開していくしかなかった。(53)

（2）シティズンシップとナショナリズム

しかし、だからといって、二〇世紀アメリカにおける社会的シティズンシップ段階の到来を軽視してよいわけではない。それではナショナリズムとシティズンシップの歴史的な関係を見逃すことになりかねないからだ。元来、ヨーロッパの市民革命の文脈において、ナショナリズムは人民主権の精神と深く結びつき、それゆえ市民的平等や民主主義と親和的な運動であった[54]。もっとも、それは全く観念的な公民的地位のみに立脚したものではなく、自治の実践においては、これを実質化させるある種の共同性を必要とした。ジョン・スチュアート・ミルは一八六一年の『代議制統治論』でこのことに触れて次のように述べた。「……自由な諸制度は、異なるナショナリティによって構成される国では、ほとんど不可能だ。同胞意識（fellow feeling）を持たない人民だけでは……代議制政府を運営するのに不可欠の統一的な世論が存在しえない」と[55]。だが、それにもかかわらず、当時の国民国家による国籍や投票資格の認定は、ロジャース・ブルーベイカーの言葉を借りれば、極めて「形式的な」ものであった[56]。シティズンシップは、たとえ「内的に閉鎖」した成員資格であったとしても、市民一人ひとりのアイデンティティを精査することで、その公民的・政治的平等性を浸食するものであってはならなかった。

だが、先に見た二〇世紀アメリカ・ナショナリズムの異化と同化の諸制度は、その一線を越えたものが少なくない。英語会話や識字の能力、民族的出自、人種系統などから「科学的」に算出される人間の資質。これを拠り所に、中央政府が社会政策の一環として入国資格や国籍、投票権を承認し、あるいは拒否する国民国家は、もはや公民的・政治的シティズンシップにその正統性を依拠する一九世紀ナショナリズムとは異質である。「すべての痴愚者、精神薄弱者……精神病者……極貧の者、公的な負担となりそうな者、物乞い、結核その他の伝染病患者……自活する能力に欠ける精神および身体の障害者の入国を禁ずる。」セオドア・ローズヴェルト政権期に制定された一九〇七年移民法は、そのように将来のアメリカ「市民」たる移民の心的・身体的資質の選別を指示し、実際に一八九二年に設置されたニューヨーク港のエリス島移民局と一九一〇年創設のロサンゼルス、エンゼル島移民局では、公衆衛生専門家や医務官等による厳格な入国審査が実施されるようになった[57]。繰り返しになるが、この二〇世紀アメリカの「市民」は、大量生産産業や巨大メトロポリスに生きる「産業社会」の嫡子となろう。彼ら／彼女らは、アメリカ化（＝同質化）の一環として、大衆消費やアメリカ的生活水準の価値を受容し、またこれを実際に享受する権利を主張するだろう。二〇世紀ナショナリズムを支えるシティズンシップは、政府による規律的な権力の発動と経済的福祉の確立を含意する「社会的」な段階に移行していた。それは、形式的に法の下の平等や投票の権利を保障するだけの制度ではなく、人々の日常生活にも監視的権力として浸透する、強くまた深い力であった[58]。

もっとも、これまでの議論は必ずしも、なぜそうした「強く深い力」がアメリカ化やカラーラインとして発現したかを説明するものではない。この点については、おそらく本書の中にも明快な答えがあるわけではなく、むしろ各章の叙述の中では、社会的な国民国家がアメリカに築かれていく過程で、エスニックな統合と排斥の論理がこれを補完するような形でいかに浸透していったかを示唆するにとどまろう。そして、いまひとつ重要なことは、シティズンシップの変容と同じく、アメリカなるもののエスノ・レイシャルな表象もまた歴史の中で様々な変転をたどったことである。先行研究にそうした歴史的感度を持つものはわずかだが、一例としてマイケル・リンドの『来るべきアメリカ』を挙げておきたい。同書は、アファーマティヴ・アクションと結びついた多文化主義を強く批判したことから、保守的な市民ナショナリストの書と考えられがちである。だがむしろ注目すべきはリンドが、今日の「多文化アメリカ」の前史として概観した歴史的洞察である。彼は、建国から一九九〇年代に至るアメリカ史を三つの異なる共和政の連鎖と捉え、各時代のアメリカを表象する人種・エスニシティを明示した。すなわち、①建国から南北戦争までの第一共和政（一七八九～一八六一年）をアングロ・アメリカ、②再建末期から市民権運動（Civil Rights Movement）前夜の第二共和政（一八七五～一九五七年）をユーロ・アメリカ、③市民権運動以降の第三共和政

（一九七二～九五年）を多文化アメリカ、と。[59]

興味深いのは、リンドが各時代に優勢な人種・エスニック観と当時支配的だった政治理念を対応させ、市民ナショナリズムの歴史的展開を同時に視野におさめた点である。例えば、「アングロ・アメリカ」期の政治制度はフェデラル・リパブリカニズムであるのに対して、「ユーロ・アメリカ」期はフェデラル・デモクラシーの時代であったという。つまり、南北戦争再建期以降のアメリカでは、建国期の制限的崇敬政治（リパブリカニズム）は後退し、アイルランド系の労働者なども市民政治の担い手として承認を受けるようになった。その一方でこの「ユーロ」アメリカは、有色人を系統的にデモクラシーの外部に排斥しただろう。多様なヨーロッパ系の包摂というユーロ・アメリカの筋立ては、汎白人共同体としての「アメリカ」の誕生を示唆するという意味で、人種化された国民の境界構築を際立たせるものであった。[60]もっとも、リンドのユーロ・アメリカはひとつの歴史時代というにはあまりに長い。共和主義から民主主義へ、アングロサクソン主義から汎白人共同体へという大きな変化は納得できるが、彼の議論では二〇世紀固有の問題――すなわち、南・東欧からの大量移民や、人種隔離の蔓延、また個人主義と文化コンフォミティへの対抗概念としての多元主義の台頭、さらにはこれらを包み込みながら進行した福祉国家への道といった展開が、アメリカ・ナショナリズムに与えた影響を相対的に等閑視している。本書で、リンドの言うユーロ・アメリカのおよそ後半部分（一九二〇年代から六〇年代）を、固有のナショナリズム時代として切り分け、その形成過程を分析の対象とする所以である。[61]

（3）本書の射程と構成

それでは、そうした強く深いナショナリズム、形式的であるよりも実質的なシティズンシップ、民主主義的であると同時に極めて人種主義的なアメリカは、何によってもたらされたのだろうか。すでに本章の行論の間に、工業化の影響や「社会的なもの」のことなどに若干触れてきたが、いま少し具体的に、展望を示してみることにしよう。まず、本書が注目するのは、「二〇世紀ナショナリズム」に先行する約三〇年間（一八九〇年代から一九二〇年代）の激烈な社会変化と、その中から勃興した革新主義の問題である。革新主義とは、二〇世紀転換期のアメリカに叢生した社会改革の思想・運動である。それは世紀末の急激な工業化・都市化に由来する、都市の貧困や劣悪な公衆衛生、売春などの悪徳、そして大企業の市場独占の弊害などに中産階級的な感性からメスを入れようとする広範な思潮であった。革新主義の改革者たちは、一九世紀を席巻した過度の個人主義と経済の自由放任が、本来のアメリカ的価値に根差した人々の共同的生活を棄損しているという危機意識を共有し、それぞれのやり方で、新しい絆を再生しようとしていた。

革新主義が画期的であったのは、彼らが世紀末に感知した秩序の揺らぎの原因として、個人と全体社会の間に「社会的な」領域を発見したことである。例えば、一八九〇年代中葉に顕著となる都市貧困の拡大に際しては、従来、貧者自身の怠惰や無能力が貧困の原因とみなされてきたのに対し、貧困を経済不況や失業、所得の不平等に起因する「社会問題」であるとする認識が広まった。また、実際の貧困対策においても、「社会的なもの」が強く意識され、地域の近隣コミュニティの再建や社会保障制度の創設といった目標が現れるようになる。(62)

もっとも、こうした「社会」への能動的な働きかけは、しばしば、同時代の状況をアメリカ民主主義の危機と憂うる感覚によって動機づけられていた。貧困の深化や移民の流入を放置することは、ボス政治家による選挙買収の温床となり、犯罪や公衆衛生の悪化などは、都市民衆の市民的美徳を損なうだろう。すなわち、二〇世紀の初頭に新しい社会連帯を再建しようとした改革者の心には、都市化と工業化の中で失われつつある伝統的な市民ナショナリズムへのノスタルジーがあった。だが、そのことは旧い小経営と小さな政府の楽園への回帰を促すのではなく、むしろ積極的な社会政策を通して、真の民主主義を実現できる同質性を「復活」させようという思考につながった。

二〇世紀初頭のリベラルな言説の中には、異なる諸階級を「架橋する」とか、全米に「相互理解」と共感（like-mindedness）を構築するとかいった主張が遍在している。そうした「絆」の再建を謳う諸運動は、より強い同質性とより実質的な平等を求める活動の中で、様々な社会問題とアメリカニズムの将来を人種・エスニックな概念で理解するようになった[63]。それゆえ、革新主義者の多くは、工業化の影響を否定的に捉え大企業の横暴に憤りながらも、この現実的な同質性への関心において、ローズヴェルトが鼓吹し、フォード社などが後援したアメリカ化運動とも底部で共鳴するものがあった。そして、彼らリベラル知識人の多くは、二〇世紀の人種主義的な移民法や居住区等の人種隔離政策を広く支持していた。積極的な社会政策を喚起し、社会の分裂を克服しようとした二〇世紀ナショナリズムは、その統合、多元化、分離のどの局面でも現代的な人種主義を避けがたく内包したのである[64]。

このように世紀転換期の「社会の発見」とともに起動した二〇世紀ナショナリズムは、一九一四年八月に始まる第一次大戦期――特に一九一七年四月から一八年一一月にかけての一年半に及ぶ参戦期に、ますます密接に公権力と結びついていく。ヨーロッパ移民のアメリカ化と有色人市民に対する分離政策は、総力戦体制の一環として、ひとつの国策に昇華されようとしていた。この過程で、アメリカ・ナショナリズムはより社会工学的な国民統治や秩序維持の論理と結びついていくが、その一般的な傾向は、戦後ますます増幅することになろう[65]。

第一次大戦期の国家による経済動員は、それ自体が、アメリカの人種・エスニック問題の前提を変化させてもいた。それは、国内の急激な人口移動を促し、五〇万~七〇万人ともいわれる南部黒人が北部都市に移住した。また、戦時経済は南・東欧系移民や黒人を多く含む都市労働者の戦争協力を必要とし、結果として労働運動は前例のない発展を経験した。こうした展開は、戦争直後のアメリカ主流社会に前世紀末に匹敵する危機の感覚を醸成していた。一九一九年には、北部大都市圏の多くで人種暴動が頻発し、大量生産産業の争議が全国に拡大していった。統合と分離という二〇世紀アメリカの主題は、広く都市社会学者や経済学者、さらには社会優生学者等の専門家層を巻き込んだ現実的な制度設計の課題となっていった。

この流れの中で、一九二〇年代の中葉には、かつて世紀転換期の革新主義者たちが構想した、新しいアメリカ国民の共同体は、ようやく法や制度のかたちをとって具体化していった。二〇年代は、憲法修正第一九条（一九二〇年）によって女性に投票権が拡大され、ヨーロッパ移民が未曽有の規模で市民権を取得（帰化）した時代であるが、かかる大衆民主主義の到来は、出身国別割り当て移民法（二四年）や異人種間結婚禁止法（ヴァージニア州、二四年）、人種制限的不動産約款制度（二〇年代中葉）といった人種的な境界形成と同時的に進行していた。ここに新たな民主主義と人種主義が独特のかたちで結合した二〇世紀ナショナリズムが、強制力のあるひとつの秩序として完成し定着していくであろう。この思想と制度と暴力の束としての国民的秩序は、少なくとも一九六五年移民法が国別割り当て制度を廃止し、一九六四年市民権法が人種的な序列と隔離を国家的課題として否認する頃まで、およそ半世紀弱の間アメリカを支配することになる。

本書は、上に概観した一八九〇年代から一九二〇年代中葉に至る、二〇世紀ナショナリズムの形成過程を三つの時期に区分し、それぞれ第I部、第II部、第III部として論じていく。第I部の主要な課題は、革新主義期における「社会」の発見が、どのような文脈で国民統合を要請し、また国民内の境界を築いていったのかを検討することである。第II部では、第一次大戦期の国民形成に関わる諸問題を分析し、二〇世紀初頭の言論人や社会活動家が論じた「国民」がどのように、権力政治の中に組み込まれていくかを考察する。さらに第III部では、第一次大戦後の政治・思想動向に焦点を当て、第I部、第II部で見たアメリカ化や人種政策が長期にわたって継続し政治秩序化する過程を明らかにする。

おそらく本書のアメリカ・ナショナリズム叙述のひとつの独自性は、ナショナリズムをいわば時空を超えた国民編成の原理と捉えて本質化するのではなく、あくまで他の歴史事象と同じく、常に特定の文脈によって規定され、時代とともに変転し続ける歴史的動態と見ることであろう。そして、そうした二〇世紀のアメリカ「国民」を構成するのは、単なる哲学的な思惟や情念としてのナショナリズムだけではない。それは、歴史の中に実在したひとつの制度や権力の様態としても捉えられるべきである。本書はすでに「思想と制度と暴力の束としての国民的秩序」という表現を用いたが、これに関連して、デズモンド・キングとロジャー・スミスが二〇〇五年の『アメリカ政治学会誌』に発表した人種差別の歴史的分析は言及に値する。キングとスミスは、「アメリカの政治的発展における人種秩序」と題されたこの共著論文の中で、「人種制度的秩序（racial institutional orders）」なる概念を提唱した。それは、アメリカにおける「人種」を国家の統治機構や政党などと結びついた政治的秩序と見る斬新な視点だった。同論文は必ずしも、「人種制度的秩序」がアメリカの国民統合のメカニズムとどう関わっているのかを論じるものではないが、その人種・民族問題への制度的アプローチは示唆に富む。[66] 人種・民族問題を内包した、さらに大きな枠組みとしての「国民」を考える本書もまた、統治権力によるリソース配分や非政府セクターの自発的な社会事業、またこれらを支える同時代の多様な学知、種々の行為の正当性を左右する社会規範、さらには、国民化（あるいは排斥）の対象である移民や黒人の側からの働きかけなどを重視し、二〇世紀ナショナリズムを、これらの諸力によって構成されるひとつの秩序と考える。実際、一九二〇年代中葉までに、様々な法制度や慣習等のかたちをとりながら実体化される二〇世紀ナショナリズムは、その形成過程に同化と異化のあり方をめぐる複雑な闘争の歴史を持ち、また関連する専門知を拠り所とする適応と改革の実践が幾重にも蓄積された結果でもあった。それは、もはや観念的なナショナル・アイデンティティとしてではなく、むしろ、暴力や法による強制と科学的な学知による権威づけが構成するひとつの集合的秩序として把握すべき問題となった。本書の主題を「二〇世紀アメリカ国民秩序の形成」とした所以である。

そしてこの「秩序」の性格を検証する題材として、本書は同時代の国民思想やアメリカ化政策だけでなく、労働の問題に今一度注目したい。「人間の生活の源泉であり、分業を通じて社会秩序の要をなす活動」たる労働は、まさに近代が発見した「社会的なもの」の中核のひとつであり、ゲルナー流の「産業社会」ナショナリズムの根本に関わる圏域であった[67]。それゆえ、組織労働が二〇世紀の国民国家秩序に占める政治的・文化的意義は決して過小評価してはならない。歴史学者ジェームズ・バレットが指摘するように、労働組合は、南・東欧系の新移民にとっては、アメリカの地で「文明的な生活水準」を達成するのに不可欠の制度であり、リベラルな革新主義者からすれば、農村的な新移民を都市環境に適応させ、「社会化」する装置――すなわち「下からのアメリカ化」プロセス――であった[68]。またこの時期、産業民主主義という思潮が台頭したことも重要だ。この語が示す具体的な構想は多岐にわたるが、契約の自由や財産権を不可侵の聖域としてきた一九世紀の産業関係に一定の修正を加えようとする点で大きく一致していた。この背景には、新移民を含む労働者には、公民としての一般的な権利だけではなく、働く者として当然保障されるべき産業内シティズンシップと呼びうるものがあるという議論があった。政府は必要とあらば、労使紛争に介入し、私企業の自由に制限を加えてでも、この権利を擁護する義務があるという[69]。

この産業の市民権は、シティズンシップの社会的要素を構成する一領域と見てよいが、その具体的な目標において、個人としての労働者に対して公正な処遇や「見苦しくない生活水準」を保障するだけでなく、職場自治や団結権、団体交渉権といった「集団の権利」概念を含み持った。それは、先に見た「多元的な統合」としての二〇世紀ナショナリズムの特質によく適合したものでもあった。特に第一次大戦期の経済動員以降、アメリカ労働総同盟（ＡＦＬ）系の労働組合は、行政官僚制によるコーポラティスティックな産業統治の一セクターとしての地位を確立していく[70]。また、社会権を包含した国民形成を構想するリベラル左派は、産業民主化運動を足がかりに、労働組合勢力と連合することで、アメリカ版の福祉国家を展望することができた。しかし一方で、多くの黒人や移民労働者を巻き込んで展開した産業民主主義は、様々な具体的局面で移民のアメリカ化や人種隔離の問題と結節点を持ち、それ自体エスノ・レイシャルな多元主義や排斥感情と無縁ではなかった。その意味でも労働は、一九二〇年代に確立していく新しい国民秩序を理解するうえで、欠かせない視点のひとつなのだった。

暴力と労働の圏域への注目に加えて、本書の構成上のいまひとつの特徴は、アメリカ・ナショナリズムを全国的公論のレベルのみで観察しないこと、すなわち都市のローカルな視点を維持することである。二〇世紀ナショナリズムのそもそもの源泉が、一九世紀末の大都市で蔓延した貧困や労働紛争、階級問題などと、これに草の根の活動で取り組んだ革新主義者の営みにあるとすれば、我々の視線はやはり特定の都市を舞台にした「国民形成」の局面にも適切に向けられねばならない。都市こそが、二〇世紀国民秩序がかたちを成して顕現する場なのである。より具体的には、本書はひとつの定点観測地点としてシカゴの動向を注視する。二〇世紀初頭のシカゴはニューヨークと並び、最も多くのヨーロッパ移民を受け入れた都市であり、第一次大戦期の黒人の北上の主たる目的地でもあった。さらにこの都市では、ジェーン・アダムズのハルハウス運動をはじめとして、極めて活発な革新主義運動が展開され、加えてシカゴ大学の立地もあって、同時代の社会調査や都市社会学のメッカでもあった。本書では、三期に分けた二〇世紀国民秩序の形成過程の各時期について、シカゴのローカルな政治動向に注目した叙述を配置することにした(71)。

以上の構成による分析を通して、二〇世紀国民秩序がなぜ、どのようにして形成されたのか、そしてこの秩序はどのような歴史的な特殊性をその前後の時代のナショナリズムと比して持っていたのかを明らかにする。すでに見たように、従来の研究の多くは「あるべきアメリカ」を追い求めた規範的な議論を内包していた。本書は、そうしたアメリカ・ナショナリズムの本質をめぐる諸論争の価値を十分にふまえたうえで、なお可能な限り中立的かつ俯瞰的に二〇世紀ナショナリズムの歴史ダイナミズムを明らかにしていきたい。そのことは、逆説的ではあるが、ここでいう二〇世紀秩序が生み出したもののうち、「何」が一九六〇年代、七〇年代の変革で乗り越えられ、「何」が今日なおアメリカの国民社会に残存し、その未来を束縛しているのかを明らかにすることでもある。

第Ⅰ部　革新主義と国民国家

第1章 「社会」の発見と二〇世紀アメリカ国民秩序

――社会的な平等、社会的な民主主義――

はじめに

南北戦争再建期以降の一九世紀最後の四半世紀は、アメリカ史上前例のない工業化、経済発展の時期として記憶される。大陸横断鉄道を完成させ、劇的な鉄鋼生産の拡大や鉱山開発を実現したアメリカ経済は、一八七九年から九九年の期間に、製造業の総生産額で一九億六二〇〇万ドルから五〇億四四〇〇万ドル、GDPでおよそ一四七一億ドルから三一三四億ドルへと膨張した(1)。アメリカは一九〇〇年の段階で、ついにイギリスを抜いて世界一の工業生産額を達成するのである。だが、この資本主義の急速な拡大は、アメリカの広範な中産階級にある種の「危機」の感覚を醸成していた。特にそれは、工業化の中で巨大化する都市の問題、階級分裂の問題として認識され、私利私欲にまみれた物質主義による精神の頽廃が強く懸念された。そしてこれらの新状況が、アメリカの民主主義と市民社会を機能不全に陥れようとしていると広く喧伝されるようになった。たしかに、この時期、都市への人口集中は激しかった。人口一〇万人以上の大都市の数は、一八八〇年から一九〇〇年の間に二〇から三八へと増大し、そこに住む人々の数は六二一万人から一四二一万人に激増している(2)。

表1　シカゴの人口の内訳

（単位：1万人）

	1890年	1900年	1910年	1920年
全人口（構成比%）	110.0（100.0）	169.8（100.0）	218.5（100.0）	270.2（100.0）
アメリカ生まれ	64.9	111.1	140.2	189.3
外国系[1)]	85.5（77.8）	131.5（77.4）	169.4（77.5）	194.6（72.0）
外国生まれ	45.1（41.0）	58.7（34.6）	78.3（35.9）	80.9（29.9）

注1）両親のいずれかが外国生まれである住民（外国生まれ，アメリカ生まれを含む）。
出典）City of Chicago, Department of Development and Planning, *The People of Chicago : Who We Are and Who We Have Been, Census Data on Foreign Born, Foreign Stock and Race, 1837–1970*（1976）, pp. 21–32, 54–56より作成。

例えばシカゴは、そうした世紀末都市の典型のひとつと見られた。一八七〇年に人口二九万九〇〇〇人であったこの都市は、世紀転換期までに、五大湖とミシシッピ水系を結ぶ水運と中西部鉄道網のハブとして繁栄を極めた。ループと呼ばれた市中心部は全米有数の金融・商業センターとなって、人口は一九〇〇年には約一七〇万人に達し、さらにその数は一九二〇年までに二七〇万人を超える。[3] だがその代償として、この大都市は、人類が経験したことのない規模の人口過密、無秩序と罪悪の温床になったという。事実、シカゴ市内には不衛生なアパート（テナメント）に貧しい外国人労働者が密集して暮らす「移民街」がいくつも生まれ、その暮らしぶりは多くの中産階級アメリカ人の目には異様に映った。特に、市南部の食肉加工工場群（ユニオン・ストックヤーズ：以下ストックヤーズとする）には、隣接する約三平方マイルの居住区（バックオヴザヤーズ）があったが、この狭隘な空間に約五万七〇〇〇人の労働者とその家族がひしめき合って暮らしており、その約半数はアメリカの都市生活に全く不慣れな新来の南・東欧系移民だった[4]（表1、表2）。

一八九三年に万博開催中のシカゴを訪れたジャーナリスト、ウィリアム・スティードは、翌年刊行の『もしキリストがシカゴにやって来たならば』で、市内に広がる剝き出しの貧困と悪徳、不衛生に驚愕し、シカゴの現状を「ソドムとゴモラ」になぞらえて告発した。また、彼は「政治腐敗がシカゴを支配しており……本来の主権者たる人民ではなく、金権政治家が君主のようにふるまっている」と民主主義の衰退を指摘した。[5] 道徳的堕落と政治腐敗、暴力と分裂の予感は、他の多くの中産階級リベラルに

表2　シカゴの外国生まれ人口の内訳

（単位：1万人）

	1890年	1900年	1910年	1920年
外国生まれ（%）	45.1（100.0）	58.7（100.0）	78.3（100.0）	80.9（100.0）
ドイツ	16.1（35.7）	17.1（29.1）	18.2（23.3）	11.2（13.9）
アイルランド	7.0（15.5）	7.4（12.6）	6.6（8.4）	5.7（7.0）
ボヘミア[1)]	2.5（5.5）	3.6（6.1）	—	5.0（6.2）
ポーランド	2.4（5.3）	6.0（10.2）	12.6（16.0）	13.8（17.0）
リトアニア	—	—	—[2)]	1.9（2.3）
ロシア	0.8（1.8）	2.4（4.1）	12.2（15.6）	10.2（12.6）
上記スラヴ系合計	5.7（12.6）	12.0（20.5）	—	30.9（38.2）

注1）1920年からチェコスロヴァキア。1910年の値はオーストリア出身者の数値に含まれる。

注2）ロシア出身者の数値に含まれる。

出典）表1に同じ。


も共有された。マクレイカーとして名高いリンカン・シュテフェンスは一九〇二年の著書『都市の恥辱』で、シカゴについて「暴力と深い汚穢、騒音と無法、醜態、悪臭」が特徴づけると書いた[(6)]。実際、この都市では一八八六年に、八時間労働を求める労働騎士団のデモを発端に、警官が四名の労働者を射殺し、また何者かの爆発物投擲により七名の警官が死亡する事件が起こっている。このヘイマーケット事件以来、階級間の憎悪と凄惨な労働暴力がシカゴの街頭を蹂躙してきたのであり、九三年の万博時にも、景気の悪化から紛争再燃を察知したイリノイ州知事ジョン・アルトゲルドは、同事件の容疑者三名に恩赦を与えざるを得なかった。だが、翌九四年にはさらに大規模な争議が全市を覆うことになる。九三年不況の影響から賃金カットを断行したシカゴ南部のプルマン車両工場で、六月、一二万五〇〇〇人の労働者がストを決行。同情ストはストックヤーズにも波及し、シカゴの都市機能は麻痺状態に陥った。時のクリーヴランド政権は連邦軍を派遣して、争議を沈静化したが、その過程で三〇名の労働者が殺害された[(7)]。この年、再びシカゴを訪れ、騒擾の一部始終を取材したスティードは、アメリカ産業社会の非民主的体質を非難し、そのことが、「政治的・社会的絶望の当然の結果である無政府状態を誘発している」とストの性格を書き記している[(8)]。その後も労働紛争は定期的に発生し、第一次大戦前だけでも、一九〇四年の食肉加工業、一〇年の被服産業と、大規模な紛争がシカゴで続発する。この巨大メトロポリスのあり様は、まさに自由と民主主義を愛するアメリカ的価値から逸脱した存在として警戒されるようになった。ジョサイア・ストロングが一九〇七年の著書『都市の挑戦』で、「アメリカの都市は、ますます国家と国民にとっての脅威になりつつある」と記した所以である。(9)

大都市の「悪」を怖れる人々の心性は、その対極にある理想郷としてのローカルな自治コミュニティの衰退を反映したものでもあった。この時期、中小のスモールタウンに代表される地域の市民共同体は、市場の全国化という経済の趨勢から、ますます鉄道、金融といった巨大な外部勢力に浸食され、その「主権」を喪失しつつあった。その過程で、資本主義的な競争と疎外にさらされた熟練職人や中産階級の多くは生業を失い、地域の市民社会からも切断され、アトム化した無産者となって大都市をさまよっている。そのことがアメリカの社会秩序を著しく動揺させている。そうした認識が広く革新主義者の間に共有された。(10)それゆえ、早くも一八八〇年代末以降、様々な立場の知識人が自由放任経済と所有者個人主義の伝統を批判し、社会的な連帯や「コミュニティ」の再建を唱えるようになった。この中には、以下に見るようにアメリカ・ナショナリズムの理解において画期的なブレイクスルーを含むものも現れた。わけても、人々の市民的地位、すなわち、シティズンシップとその源泉たる平等概念に、「社会的な」領域を見出す議論が現れたことは歴史的に重要だった。

政治学者エイドリアン・オールドフィールドは一九九〇年の著作で、法による形式的な平等保護と市民生活への公権力不介入を原則とする旧来の共和主義的なシティズンシップが、漸次、地位と権利の問題を主体とする現代的なシティズンシップに変容してきたことに注目した。すなわち、機会の均等と財産所有の自由を柱とした伝統的なシティズンシップを超えて、二〇世紀の英米では、多様な社会的・経済的な要求が叫ばれるようになった。人間の尊厳を守るために平等な社会リソースの分配を求める「エンタイトルメントとしてのシティズンシップ」や、マイノリティの社会的スティグマを除去して、平等な社会生活への参入を求める「承認としてのシティズンシップ」などである。そして、そのようにシティズンシップが社会的・経済的要素を持つようになったとき、市民と社会、市民と国家の関係も変わらざるを得ない。かつてのような、公権力の形式性・消極性が担保した「自由」を超克する、新しい社会的コミットメントが必要となった。オールドフィールドはこう概括する。二〇世紀の新しい潮流は、「個人がますます権利を行使できるように、シティズンシップの地位を意味あるものにし、また、その地位に帰属する諸権利を実体化しようとする」ものである、と。[11]

右のオールドフィールドの叙述はあくまで抽象度の高い一般的な議論であるが、一九世紀末から二〇世紀初頭のアメリカ知識人の間で何が起こっていたのかを知るうえで多くの示唆に富むものである。問題は、アメリカの「自由」(財産所有)が生んだ俗悪な不自由(貧困や階級格差)のことであり、アメリカの「個人の平等」(機会の均等)の原則が生んだ結果としての実質的不平等をどうするかであった。この難題に取り組むうちに、改革者たちは個人とアメリカ憲政の間に存在する「社会的な」領域の重要性に気づかざるを得なかった。それは、自由な個人の存在を前提としつつ、人々が孤立し、疎外されないように新たな人間の絆を模索していく領域と言ってよい。[12]ヘイマーケット事件の前年の一八八五年、「社会問題」という語が突如、メディアを賑わす流行語となったのは決して偶然ではない。[13]この展開の中で注目すべきは、「社会的な平等(social equality)」という概念が、新たにアメリカの言論界で関心を集め始めたことである。

もとより、平等はあらゆるシティズンシップの感覚を成り立たせる根本概念である。また、それは「水平的な同志愛として想像され」なくてはならない近代ナショナリズムの基礎条件である。[14]では、この平等概念に社会的な要素を認めるということは、二〇世紀アメリカ国民秩序にとって何を意味しただろうか。もしこの新しい平等が、法の形式主義を超えた人々の実質的な地位や権利に関わるものであるとすれば、それはこれまで私的な領域として政治的には不可視であった諸問題を次々と表面化させねばならなかっただろう——貧困はだれの責任か？　女性は家庭や職場で保護されるべきか？　公益のために「契約の自由」は制限可能か？　共通の生活文化を持たない外国人といかに都市空間を共有できるか？　私的な社交においても人種平等は実践されねばならないのか？――。以下、一九世紀末から二〇世紀初頭の時期の社会的平等論の展開を概観し、新しい平等概念と二〇世紀ナショナリズムの関係を考えてみよう。

1　「社会的な平等」の発見

一九世紀後半のアメリカの言論界でおそらく、最も早い段階で「社会的な平等」という言葉を意識的に用いた論客は、作家のエドワード・ベラミーであろう。一八八九年に上梓された代表的なユートピア小説『顧みれば』の中で、同時代の階級問題、社会分裂に心を痛める主人公は「すべての人間が社会的に平等である社会」を実現すべき理想郷として心に描く。この書物の中で、ベラミーが「平等」という言葉に託して語るのは、公民的・政治的シティズンシップとしての個人の平等や法の下の平等、機会の平等などではない。ここで注目されているのは、貧富の格差を是正する富とリソースの平等であり、階級間の社交上の平等であり、教育を平等に受ける権利のことである。[15]こうした新しい平等観が生まれてくる背景には、普遍理念として掲げられたアメリカのシティズンシップを単に形式的な権利として保障するだけでなく、その実質的な内容を問題にしようという思考がある。元来、一八世紀啓蒙の「平等」は、個人の自由と表裏一体の概念であり、市場における競争などと矛盾するものではなかった。だが、世紀末の階級格差や都市問題に直面した知識人は、平等の実質的な意味――すなわち、機会の平等を保障したうえで、なお、その機会によって営まれる活動や競争の「結果としての平等」――にも相応の関心を示すようになっていた。それは、個人の自助の範囲を超えた、「社会状態」の改善によって初めて実現可能な改革であった。[16]

ベラミーがこの改革の主体として、国家を呼び出そうとしたことは興味深い。一八九七年の『平等』（『顧みれば』の続編）で彼は次のように語る。「愛国主義は今や軍事的感情ではない……。国旗はかつてのように外敵と戦うためのエンブレムではなく、国内の和解と相互性の至高のシンボルとして新しい意味を手にした。国旗は社会的な連帯――その中ですべての国民の福祉が平等に実現される――の目に見える象徴となった」と。[17] ベラミーは著述業の傍ら、全米に一六〇の支部を持ったナショナリスト・クラブという団体を指導する、実践派の愛国主義者でもあった。あまり知られていないことかもしれないが、二〇世紀の公立学校で日々唱和された愛国詩「忠誠の誓い（Pledge of Loyalty）」のオリジナルは、この左翼的な作家が一八九二年に起草したものだった。

ところで、ベラミーの思想は今日の評価として、福祉国家の理念とは異質なものがある。彼が、ナショナリスト・クラブの機関誌『ニュー・ネイション』などで展開した議論は、必ずしも「社会的な平等」を市民の権利と位置づけるものではない。むしろ強調されるのは「平等な義務」の観念である。すなわち、「国家とその成員との関係は、すべての相互的な義務において平等であるべき」であり、市民たちの対等な奉仕に対して、「国家も全市民に等しく義務を果たすだろう」と。[18] こうした主張に旧い共和主義の匂いをかぎとるのは容易である。実のところ、一九世紀末の社会改良運動は、しばしば無階級社会を夢想し、原理的な自治思想――ワーカーズ・コントロールやポピュリズム――にこだわるなど、一見「後ろ向きな」目標を掲げがちだった。

そうした傾向は、ベラミーの同時代人のヘンリー・D・ロイドら、産業問題に関わった改革者の中にも散見された。ヘイマーケット事件の後、容疑者とされた労働者の救援活動に関わりながら、原初的な産業民主主義論を構想したロイドは、主著『労働者としての人間』の中で次のように述べている。「すべての人々の統合された労働が目指さなくてはならないのは、すべての人の福祉である。産業は政府と同じくすべての人々の協力によってのみ成り立ち、政府と同じくすべての人々に対する平等な保護を保障しなくてはならない。それが民主主義である」と。それは、産業化社会が取り組むべき「社会的なもの」のひとつとして、労働関係の領域にも民主的なシティズンシップの原理を拡大すべきだという斬新な主張であった。だが、ロイドが究極的に求めたものは、ベラミーと同じく階級のない世界――単一の有機体としての協同的な「人民」の共和国であった[19]。それゆえ彼らは、労働騎士団や人民党などの復古的な生産者協同の運動に共感を示し、これらの運動が内包した排外感情すら共有した。その意味で、ベラミーやロイドのユートピアは失われた「過去のアメリカ」にあったともいえる。しかし、そのことは彼らが「社会的な平等」を発見し、アメリカの政治伝統の中から「愛国」の鉱脈を掘り出した先進性を否定するわけではない。

言うまでもないことだが、もし我々が「個人の自由」に一九世紀アメリカニズムの特質を見ようとするなら、国家による権力行使の抑制（小さな政府）の側面が、アメリカ的伝統として前面に出てくるだろう。しかし他方、シティズンシップをよすがとする、政治共同体としての「アメリカ」に注目するならば、アメリカ国家はこの市民的な地位を定義し保障する、まさに国民社会の形成主体ですらある。それは、同時代のアイルランド人やポーランド人、ユダヤ人など、国を持たないディアスポラ諸民族の国民意識とは大きく異なり、「愛国」を中核とする統合の政治を可能にした。それゆえ、「社会的な平等」を知った一九世紀末の改革者が、アメリカ・シティズンシップの内実を読み変えようとしたとき、「時代遅れ」の市民的愛国のレトリックは、新しい政治リソースとして復活を遂げるのだった。実際、ベラミーやロイドの次世代の改革者で、より現代的な資質を持ったジェーン・アダムズのような人物でさえ、「市民的な責任（civic responsibility）」とか、「市民的参加（civic engagement）」などという用語を、「社会連帯」や「コミットメント」を意味するものとして、実に頻繁に用いていた。この時期、「社会的なもの」の発見は、しばしば「市民的なもの」の再生の文脈で正当化されていたのであり、そのことは、今日なお歴史学者の間に革新主義の一般的性格について、かなり隔たりのある評価が存在する一因でもあろう。例えば、一九八〇年代以降の研究だけを見ても、ダニエル・ロジャーズやジェームズ・クロッペンバーグは、革新主義を北大西洋文化圏に共時的に現れたソーシャル・ポリティクスの一支流と見るのに対して、シェルトン・ストロームクイストの二〇〇七年の研究は、階級を超えた市民共同体たる「人民（the People）」の再構築こそが革新主義の最終目標だったと結論する。[20] 実のところ、都市の「悪」と戦い、社会的平等を論じる改革者の隊列には、新旧の多様な思想と運動が混在し、互いに重なり合っていた。とはいえ、社会改良の主流に緩やかな世代交代が進んでいたことも事実である。一八九三年不況が和らぎつつあった九〇年代末頃を境に、労働騎士団や人民党の運動は凋落し、ベラミーやロイドの思想的影響力は減退していった。代わって、より科学的な思考様式と草の根の実践力を併せ持った新しいタイプの改革者が「社会的な」アメリカニズム論争の主役となっていくだろう。

2　革新主義と「社会的なもの」

社会改良思潮としての革新主義のひとつの特徴は、単なる社会正義を求める情緒的な「扇動」を超えて、労働経済学や都市社会学のような新進の社会科学にその表現法を持ったことである。ウィスコンシン大学の経済学者リチャード・イーリーは、そうした新しい要素を代表する改革者の一人だった。特に重要な彼の業績は、初めて「社会連帯（social solidarity）」という言葉を意識的に使用し、アメリカの個人主義を超克する価値として明示したことであろう。主著『奉仕の社会法則』（一八九六年）の中には次の有名な一節が現れる。「社会連帯の意味するところは、人間の利害がひとつであること、良くも悪くも人は互いに頼り合っていること――すなわち、我々の真の繁栄が純粋に個人的なものではなく、同様に社会的なもの（social affair）であることだ。つまり我々の幸福と繁栄は、常に共通の福祉としてしかありえないのだ。」[21]

ドイツに長く留学し、アメリカに社会民主主義を「輸入した」人物としても知られるイーリーであるが、彼の連帯思想には極めてアメリカ的な背景があった。それは、キリスト教信仰に根ざしたソーシャル・ゴスペルという改良運動であった。おそらくヨーロッパの歴史的文脈においては、ラディカルな社会科学とキリスト教の融合は、なかなか考えにくいものがある。だが、一九世紀末のアメリカでは多様な革新主義者の活動を下支えしたのは、このプロテスタント系の宗教運動だった。宗教史家フランク・ランバートの定義によれば、ソーシャル・ゴスペルとは、アメリカを「わずかな富裕者の機会のためではなく、すべての市民にとっての公正な社会のために尽くす、救済の国として心に描くクリスチャニティの……表現」であった。[22] イーリー自身も深刻なエピスコパル信仰を持ち、その宗教的な情熱が彼の貧困撲滅と労働環境改善のライフワークを動機づけていた。

そのようにアメリカにおける信仰が産業化社会の「社会的なもの」と結びつきえたのは、単に聖書に博愛や平和の教えがあるからだけでなく、この国の歴史の中で、信仰がある種の社会資本として重要な役割を果たしてきたことがある。トクヴィルがアメリカ民主政の基層に、多様な宗派の違いを超えてキリスト教の「一般的性格」がもたらす、共通規範と共同性を見出したことはあまりに有名である。[23] これまで見てきた世紀末の危機は、この「市民宗教」の危機でもあった。宗教者の立場から見ると、今や都市に蔓延する物質主義と政治腐敗は、個人道徳の改善のみでは治癒できない段階――すなわち、集合的で社会的な「罪悪」の局面に達しており、それゆえ集合的な道徳、社会的な救済が必要なのだった。つまり、元来ソーシャル・ゴスペルもまた、ラディカルな共和主義に似て、資本主義が破壊したアメリカの共同性を求める自己回復の運動であった。しかし、ベラミーやロイドのロマンティシズムがなお歴史的先進性を持ったように、この宗教運動もまた、「社会的なもの」をポジティヴに捉える中で、新しい科学や社会民主主義の思想と支え合う関係を作ることができた。再びランバートの言葉を引くなら、「宗教はしばしば人々に伝統的道徳規範への回帰を求める保守的な社会勢力である。しかし、宗教はまた、これまで達成されていない精神的理想に基づく将来の社会秩序を見据えて、ラディカルな変化を求める勢力でもありうる」のだった。[24]

このソーシャル・ゴスペルの流れの中から、非常に尖鋭なかたちで「社会的な平等」を主張する人々が現れる。ニューヨークの移民地区「ヘルズ・キッチン」で奉仕活動を行っていたバプティスト牧師、ウォルター・ラウシェンブッシュもその一人だった。ラウシェンブッシュは一九〇七年に『キリスト教と社会危機』という書物を刊行し、社会的な平等の観点から階級分裂が進むアメリカの現状を鋭く批判した。「社会的交際における根本的な民主主義はアメリカ的生活の最も豊かな基本財産のひとつであるが、今日それが失われつつある。実質的な不平等が平等の感覚を脅かしているからだ。」つまり、「極端な貧富の格差は以前にもまして広がっており、それゆえ、貧者は相対的にはさらに貧しくなっている。富裕階級と貧困階級が存在するが、両者の生活スタイルはますますかけ離れ、楔が打ち込まれたようにその境界線は明瞭になりつつある」と。[25] ラウシェンブッシュはそうした「実体としての」経済的不平等が、アメリカ本来の民主主義とその基盤にある共同性をも棄損していると危機意識を募らせた。「もし我が国で、深い恒常的な不平等が広がるにまかせていたら、古くからの民主主義や率直な生活様式は消えてなくなり、キリスト教を通じて我が精神風土の一部であった人間平等の理論も否定されることになろう」と。[26]

先に見たイーリーの社会連帯の思想は、まさにこうしたアメリカの分裂に対抗しようとするものであったが、これを社会事業のレベルで実践したのが、自身も熱烈なソーシャル・ゴスペラーであったジェーン・アダムズだった。アダムズは一八八九年にシカゴのスラム地区にハルハウスと名付けられたソーシャル・セツルメント・ハウスを設立し、貧困者支援に専心した。彼女は、「近隣（neighborhood）」という独特の都市的な表現で、地域コミュニティの再生を訴え、全米各地、さらに南・東欧からの移住者の間に、セツルメントを核とした社会連帯を構築しようとした。アダムズの運動は、ハルハウスができた翌年に創立されたシカゴ大学のファカルティと深く連携した点でも特徴的だった。哲学者のジョン・デューイや都市社会学者のウィリアム・I・トーマスらとの交流は、彼女の思想形成に大きな影響を与えた。また、一八九四年プルマン・ストライキの混乱に触発されて、同大学が設立したシカゴ大学セツルメントとレジデントのメアリー・マクダウェルは、アダムズの生涯の盟友となった。次章以降でも詳しく見るように、ハルハウスとシカゴ大学セツルメントは、二〇世紀のシカゴにおいて、婦人クラブや児童福祉協会など地域のヴォランティア運動の結節点となり、特に移民労働者家族の住環境や公衆衛生の改善に大きく寄与することになる。(27)

それでは、アダムズにとっての「社会的なもの」とは何だったのか。シカゴ万博の前年、セツルメント運動の必要性を訴えた講演の中で、彼女は「民主主義の社会化」という問題を提起していた。アダムズは言う、「アメリカの都市の中でたやすく孤立しがちな、巨大外国人コロニー群の真っただ中に立地するハルハウス。この施設が行う努力は……、民主主義に社会的な機能を付加することです。諸階級の依存は相互的であり、『社会関係は本質的に相互的な関係である』……そうした理論のうえにハルハウスは開設されたのです」。そして、ハルハウスを設立した動機について、「第一の願いは社会組織全体を民主化し、民主主義を政治的表現を超えて拡大することでした」と率直に語った。(28)またアダムズは、セツルメント運動に賛同する、教育を受けた若者が多くいることに触れてこう書いている。「彼らが、いかに真剣に人間の同胞愛をとらえ、民主主義の理想の具体的な表現を強く求めているかを語るのは簡単ではありません。この若者たちは民主主義を社会化し、希望のうちに活性化したいと望んでいるのです……セツルメントの社会的・教育的活動もまた、セツルメントの存在そのものと同様に民主主義を社会化する試みなのです」と。このわずか五二〇〇語の短い講演ペーパーの中で、「社会的」ないし「社会化」という言葉はなんと四八回も使用されていた。(29)

このように民主主義とシティズンシップに社会的要素を認めよというアダムズの主張は、ソーシャル・ゴスペル特有の道徳的感性を包含していた。アダムズの一九〇二年の著作『民主主義と社会倫理』は、その書名が示すとおり、個人主義の呪縛を解き、「社会的な道徳」なるものに目覚めよと論じる。人間の倫理や道徳もまた、諸個人の相互依存を前提とする社会的な領域を持つという。この書物が興味深いのは、信仰や教育に関わるものだけでなく、「産業の改良」という独立した章があることだ。アダムズは工場の経営者などに向けて、産業関係という一見私的な領域にこそ「社会感覚」「社会正義」の重要性を見出すべきだと説き、また、労働者が自立した市民として社会的な共通善にアクセスできるようになるには、一定の「生活水準の向上」が不可欠だと指摘した。[30] この生活水準という概念が、二〇世紀における社会権の確立、移民を含む労働階級の国民化に関連する重要事項であることは論を俟たない。

広範な革新主義思潮の中で、このテーマに最も深くコミットしたのは、おそらくセント・ポール神学校のジョン・A・ライアンであろう。ライアンは一九〇六年に『生活賃金――その倫理的・経済的局面』という書物を刊行し、「社会的な平等」を労働者の生活水準に照らして要求する主張を行った。同書の中で、ライアンは旧い平等観を批判し、「人間が平等な自然権を持つというのは抽象的な約束にすぎず、個別具体的には人々は不平等である」と言い切る。そして、そうした矛盾を超えた新しい平等を実現するには、労働者とその家族に最低限度の生活水準を保障する「生活賃金」なる物質的裏付けが欠かせないと論じた。ライアンは、「生活賃金」を「契約の自由」に基づく賃労働制の対抗概念と考えており、次のように実質的な不平等との戦いを宣言する。「労働契約は、労働者の尊厳と見苦しくない生活を営む権利が保護される条件（生活賃金の維持）で結ばれるべきである」、なぜなら、「労働者の権利と利益は、社会的な福祉安寧を意味するからであり」、「彼らが自尊心と生まれ持ったプライドを傷つけられることなく」生活できるようにすることは経営者の責務でもあるのだ、と。そしてライアンは、この衣食住や教育における「見苦しくない人間生活」のためには、「利潤の平等（equality of gain）」や「分配の平等」という考え方を持つ必要があり、そのための社会政策が望まれると主張した[31]。それは、富の再分配に基づく国民的最低限につながる、二〇世紀社会的シティズンシップの表明でもあった。

「見苦しくない」生活水準が、アメリカに健全なシティズンシップを回復し、新しい社会連帯を築く鍵になるという思考は、幅広く同時代の知識人に共有された。とりわけ、イーリーと同じくドイツに留学し、当地の経済学や社会主義思想を摂取したサイモン・パッテンやウォルター・ワイルの言説にはこの傾向が色濃い。パッテンとワイルはともに「社会的剰余」という概念を用いて、生活水準向上の青写真を描いていた。社会的剰余とはマルクス主義経済学における剰余価値の社会全体での総量に近いイメージで、この生産コストを超えて社会全体に蓄積された富を「平等に」再分配することで、たやすく民衆の生活水準は向上するというものだった。そうした構想の実現可能性はここでは措くとして、例えばパッテンは、「結合の本能である協同……（すなわち）社会的な利益は、生活水準の上昇によって生まれるものだ」と論じ、ワイルは「社会的剰余という……社会的な富」によって「真の民主主義……真の人民主権が実現」されると書いた[32]。後に詳述するとおり、このようにアメリカ的生活水準と民主的なシティズンシップを結びつける言説は、特に新移民の包摂と排除の問題に両面的な影響を与えることにもなる。ひとつには、シカゴやニューヨークでのコミュニティ活動や一部の労働運動を中心に、アメリカ人と同等の賃金を得、「社会的な平等」を達成することが、移民の国民化（＝アメリカ化）に直結すると考える流れが生み出されていく。他方、生活水準のロジックは、排外主義の論拠でもありえた。カリフォルニアの日系人排斥運動が、しばしば、日本人移民の「低劣な生活水準」とその同化不能性を同一視する議論を行ったことはよく知られた事実である[33]。さらに、賃金低落の歯止めとして移民制限を求める主張は、革新主義者の間でも広く支持を獲得したイシューだった。社会的なシティズンシップもまた制限的な共同体なのであり、その意味で、「社会的な平等」自体が創り、可視化する境界の問題も慎重に検討されなくてはならない。

3　もうひとつの社会的平等問題——「人種」の領域

繰り返しになるが、「一九世紀末の危機」の背景には、工業化の影響を受けて各地の自治コミュニティが瓦解しつつあるという認識があった。そのため、今一度、自由とは何か、平等とは何か、アメリカ人をアメリカ人たらしめる紐帯はどこに求められるのかが、問い直されていた。そして、多くのリベラル知識人は「社会的な」領域に思想のフロンティアを見出したのだった。しかし、人々の「社会的」かつ実質的な生活条件の領域に踏み込むことは、一九世紀的なアメリカが巧妙に避けていた分断の政治の扉を開けることにつながった。つまり、政治的シティズンシップにその凝集性を依存した旧いコミュニティは、実際には、宗派もエスニシティも職能も異なる人々が構成メンバーであることを許容するシステムであった。たまたま同じ地域政体に住んだ多様な人々は、投票や裁判などの政治的・市民的行為を通じて、その都度、形式的に平等性と連帯を確認するのであり、そこでは個別の人間関係における実態としての自由や平等を問うことは、むしろ合理的ではなかった。[34] しかし一九世紀末に、「社会的な」そして「事実としての平等」が問題になる中で、人々のリアルなアイデンティティが苛酷なまでに争点化されることになり、そのことが本来の平等原則そのものを浸食しかねない流れがあった。この逆説が最も顕著に現れたのが人種平等にまつわる領域であった。[35]

実は、前出のベラミーと同じく、一八八〇年代の段階で社会的平等という語を用いて現状批判を繰り広げていた人物がもう一人いた。それは、伝説の黒人市民権運動家フレデリック・ダグラスであった。一八八三年、ダグラスは個人対個人の人種差別を規制しようとした一八七五年市民権法が、人種主義からの強烈なバックラッシュにあって、最高裁の違憲判決を受ける状況の中で次のような演説を行っていた。「（市民的と社会的の）二つの種類の平等は全く別であることは自明である」、「社会的平等は必ずしも市民的平等から派生するものではなく、黒人への偏見を助長するために喧伝されている」と。[36] ここで語られている社会的平等にはやや屈折した二つの含意がある。本来この語は黒人の側から、自己の尊厳を維持するソーシャル・ライフ（社交）と公共リソースへの平等なアクセスを求めたものだった。しかし、ダグラスの発言の文脈が示すとおり、人種的なニュアンスを込めた「社会的平等」は、しばしば人種主義者に悪用された。端的に言ってその語は、両人種を日常生活の中で徹底的に混合すること、とりわけ、異人種間結婚を奨励することをほのめかし、白人社会に黒人の脅威を喚起するプロパガンダになりえた。ダグラスら黒人指導者の多くはこうした策略によって、彼らが当面要求していた最低限の「市民的」平等までが損なわれようとする展開にいら立っていた。ダグラスはあえて、「社会的な平等」を自ら否定することで、再建期の憲法修正が承認した平等な政治参加の機会（「自治としてのシティズンシップ」）を守ろうとしたのである。[37]

だが、白人社会の反発を考慮して、ダグラスが「禁欲的」態度を示してみせたところで、平等という理想の全般的な拡大を求めるマイノリティの願望を押しとどめることはできない。自由主義の時代としての一九世紀は、南北戦争後の憲法修正第一四条で「法の下の平等」を、修正第一五条で人種の別なく投票権が保障されることを宣言した。なるほど本章の整理に従えば、憲法修正条項はあくまで「形式的」な制度改変にすぎなかったかもしれない。しかし、これまで形式的にすら、その権利が無視されていた集団——黒人や女性、移民労働者など——にとっては、その改変の意味は極めて大きい。彼らは、修正第一四条の精神を「実質化」するために、一般法規としての市民権法や婦人投票権法を求め、また平等の及ぶ範囲を「社会的な」領域にまで拡大しようとするだろう。二〇世紀転換期のアメリカ社会の基底部では、そうした増幅する平等要求が引き起こした地殻変動が進行していたともいえる。そして、その地殻変動は従来の支配的集団からの強い反動を惹起するのであり、人種問題ほどその反動が大きかった分野はなかった。つまり、人種隔離や黒人からの投票権剝奪といった一九世紀末に始まる激しい人種主義は、歴史の時計を逆回りにしようというのではなく、すでに起動している「平等化」の潮流に抗しようとする新しい防御的な運動であった。またその際、最もセンシティヴな局面が「社会的なもの」に関わる問題だったことはすでに述べたとおりである。「社会的な平等」は、マイノリティにとっても当然の権利でありながら、なお、漸進的な市民権改革を進めるうえでは安易に触れがたい領域だったのである。

このジレンマは二〇世紀に入っても、基本的に継続する。ハワード大学の黒人教授ケリー・ミラーは一九〇五年、オピニオン誌の『ナショナル・マガジン』に「社会的平等」という論文を発表した。「『社会的平等』は階級の誇りと人種の怒りを呼び覚ます。『社会』と『平等』は、いずれも素晴らしく優雅な言葉である……だが、二つの無害なものが化学反応するや危険な化合物が生じて」、白人社会のヒステリックな反応を買うことになる。しかし、「白人との関係において、平等に関する社会的な特権が否定されれば……それは社会生活で何の平等も望みえないということになる」と。(38)世紀転換期の知識人が、元来、個人の自由を支える概念であった「平等」に、実質的な社会関係の改善を託し、個人主義を超えた領域を見ようとしたとき、まるでパンドラの箱を開けたように人種、階級、文化その他の深刻な分断が可視化され、また政治課題となっていった。

状況は第一次大戦後、一九二〇年代に至ってもなお悪化していたように見える。一九一七〜一八年の戦時下に、黒人大衆はアメリカ国家に多大な奉仕を行い、それと引き換えに国民的包摂の機会を見出していたはずだった。だが戦後、総力戦体制が引き起こした北部都市への黒人流入が引き金となって、大規模な人種暴動が全米二五の都市で勃発する。民間暴力の拡大は、特に居住区の人種隔離を進めることになり、黒人と白人の社会的な交流はますます困難になっていた。そうした状況を受けて、一九二〇年一一月、全国有色人地位向上協会（ＮＡＡＣＰ）の機関誌『クライシス』が、安易な異人種間結婚を黒人の側から戒める勧告を出したことは、今日の感覚からすると驚くべきことである。W・E・B・デュボイスが執筆した「白人と黒人の社会的平等」と題するこの記事は、次のような書き出しで始まる。「NAACPが創設されたとき、人種間の『社会的平等』は……我々が公式に触れなければならない問題ではなかった。我々の課題は黒人の政治的・公民的権利であると……明確に宣言していたのである」と。[39]このように、デュボイスもダグラスやミラーと同じく、市民的平等と社会的平等を分けて考える立場を示している。しかし同時にデュボイスは、「劇場で座席を得ることは市民的な権利だろうか？　社会的な権利だろうか？　ホテルは私的な施設か、公的な施設か？」と問うて、二つの平等にはっきりと線引きができるのか疑問を呈する。また、「そもそも、我々はどんな立場をとろうとも……『社会的な平等』を要求していると『非難され』続けている」として、あえてこの権利を運動の対象外として無視すべきか自問する。つまり、現状は次のとおりなのだった。「テキサスでは、NAACPが合法的な団体だと証明しようとすると『社会的平等を喧伝している』と攻撃され、ノースカロライナでは我が機関誌『クライシス』に学校が広告を掲載するのを禁止するのに、『同誌は時折、社会的平等の話題を挿入してくる』という理由付けがなされた。実際、我々は窃盗、不正、リンチ、暴動、殺人が『社会的な平等』の試みへの『批判』に基づいて行われるのを見てきたではないか。」[40]

デュボイスは、このように「社会的な平等」の政治利用に憤りを隠さず、むしろこの語の意図的な誤用を防ぐ意味でもNAACPとして、正式見解を出すべきだと決意する。すなわち、「社会的平等は……（本来）同胞と交際することの道徳的・精神的・身体的な健全さを意味し、『クライシス』誌は、白人、黒人、黄色人の社会的な平等を絶対的に信じ、また、法や慣習でもってこの平等を否定しようとするいかなる試みも、人道と信仰、そして民主主義に反するものと信じるところである」と。だがしかし、デュボイスとNAACPは具体的な行動において、黒人大衆に自制を求め、この権利を行使しないことを勧めた。特に異人種間結婚について、その社会的な便宜性

(social expediency) を大いに憂慮し、次のような勧告を発したのである。「『クライシス』誌は個人の道徳的・法的権利を維持しつつも、アメリカでの異人種間結婚に断固として反対の助言をする」と。[41]

歴史学者のチャールズ・フォーシーが言うように、長い目で見れば「平等は、法の下の形式的な平等を単に意味するだけでなく、相当の法的強制によってしか保障できない、社会的・宗教的・人種的平等へと拡大していく」のであろう。[42] 南北戦争再建期に起動した「平等化」は、一九六〇年代までを視野におさめれば、長期的には人種差別を内在化させたタイプのアメリカニズムと衝突し、これをついには変容させていくことになるだろう。しかし二〇世紀前半には、なお「平等化」は社会秩序の安定を脅かしかねない――マイノリティにとっては主流社会との交渉の基盤を破壊しかねない「地雷」のように扱われていた。そしてそのことは、黒人の人権活動家に対して右のようなアンビヴァレントな政策を強いていたのである。

むすびにかえて――社会的なものからナショナリズムへ

最後に考察しておかなくてはならないのは、「社会的な平等」という言葉で表現された、連帯と協同、あるいは境界形成の歴史的運動が、二〇世紀のアメリカ政治文化にどのような影響をもたらしたのか、またそれと関連して、この新しい「平等」は具体的にどのようなダイナミズムをアメリカの政治と経済に生んだのかという問題である。

まず、この時期の革新主義者の政治文化に顕著なひとつの傾向は、異なる人々を「架橋」しようとか、皆が社会的な責任を果たして相互依存的なコミュニティを再生しようとか、調和ある全体社会を作り出すために同類意識が必要だとか、「社会」なるものの同質性と統合を求める主張が頻出することであろう。例えば、「恥辱の都市」シカゴの現実と戦ったジェーン・アダムズは、いくつもの著作で貧富や階級を超えた「人間の連帯」と「普遍的な同胞愛（kinship）」を語り、また、アダムズのアドヴァイザー的な存在だった哲学者ジョン・デューイは、民主的なコミュニティを形成するためには、教育を通じた共通感覚（like-mindedness）の涵養が急務だと説いた。(43) この共通感覚という言葉は、革新主義者が好んで用いた表現で、多様な都市住民の間に「協同的で知的な世論を形成」する文化と感情の前提条件としても重視された。(44)

「社会化された民主主義」における平等と同質性を示唆する「共通感覚」の語は、移民問題を介してエスノ・レイシャルなナショナリズムとも関わらざるを得なかった。アメリカの第一次大戦中立期であった一九一五年春、この問題に関連して、二つの興味深い雑誌論文が出版されている。ひとつは、序章でも紹介した文化多元主義者ホーレス・カレンが『ネイション』誌に寄稿した論文「民主主義対メルティング・ポット」であった。カレンはこの論考の中で「共通感覚」の語を多用し、これを共有することが可能な「コミュニティ」は先祖を共有するエスニック集団のみだと書いた。革新主義者たちが「社会的な平等」を口実に、「共通感覚」をアメリカ全体のレベルで求め、移民集団に文化的な同化圧力を強めることを懸念するカレンは、あえて「（革新主義を）悩ませているのは……不平等ではなく……（エスニックな）差異の問題である」と階級問題を否定し、「異なる二つの民族の貧者の間には、同じ民族の貧者と富者ほどには共通感覚は共有されない」のだと主張した。カレンもまたコミュニティの再生に強い関心を持っていた。だが、それはあくまで移民集団に留保された権利であり、「アメリカ」は民主的な制度でこそあれ、決して共同体的な力を持つべきではないと考えたのである。(45)

カレン論文の一カ月後に『アメリカ社会学評論』誌上に掲載された、アルビオン・スモールの論説「国民性の紐帯」は、より功利主義的な立場からこの問題を考察した。スモールは、アメリカ社会がすでにトクヴィル的な個人の平等とイニシアティヴに依存した歴史段階を脱し、「チームワークの時代」に突入したとの認識を示し、社会・

経済問題へのコレクティヴなアプローチを提唱する。そして、その際参照すべきは、フランクリン・ギディングズの言う「同類意識（consciousness of kind）」であり、その基礎となる「社会的紐帯（social bond）」の概念だという。また、スモールは社会的紐帯を確固たるものとするための具体策として、①共通言語の重視と、②人種連帯（race solidarity）、という同化主義を掲げている。特にややわかりにくい概念である後者の人種連帯について、次のような説明が加えられていることは興味深い。人種連帯とは、「先祖の違いが人口分断の害を及ぼさなくなる程度の共通感覚（like-mindedness）、すなわち、『同類意識』を意味する」、「物理的・心理的な意味での人種同化は進歩的な社会現象であり……国力の強化にもつながる」と。[46] もとより、シカゴ大学社会学部の創設者でもある社会学界の重鎮スモールは、はっきりとコスモポリタンな多元主義の立場を拒絶し、国家による諸利害の調整機能に注目していた人物でもあった。[47] いずれにせよ、「社会的な」協同意識への関心は移民のアメリカ化論と親和的である。後に一九二一年の著作で、同じくシカゴ大学のロバート・パークとハーバート・ミラーは健全なコミュニティには、心理学者の言う統覚（appreciation masses）なる共通理解の基盤がなくてはならず、それゆえ、移民の言語的・文化的な同化は避けられないと説いた。[48] この、長くアメリカ人の移民観を支配することになるシカゴ学派の同化サイクル論も、若干の使用概念の違いこそあれ、基本的にそうしたロジックを受け継ぐものであった。

もっとも、アメリカにおける社会的なものが最初からすべて、ナショナリズムに還元されえたわけではない。とりわけ、最初に「社会問題」が看取された「都市」は、その後も移民や労働階級、人種マイノリティらが社会的な平等の実質を争う政治アリーナであり続けた。それゆえ、ニューヨークの都市改革者フレデリック・C・ハウは二〇世紀初頭に書いた一連の論文の中で、「共通の福祉のために闘い、共通の苦悩を受け入れる……都市意識（city consciousness）」を論じ、「社会化のエージェンシーとしての都市」こそが、真の民主主義が実践できる場であると主張した。[49] 同様の見方は、ジェーン・アダムズの名著『ハルハウスでの二〇年』にも現れる。「（セツルメントの）

レジデントは、良き市民としての義務に奉仕し、産業主義に負けて近隣の深くに眠っている社会的なエネルギーを呼び覚まさなくてはならない。そして、彼女らは都市のすべての生活をひとつの有機体と見なし、これを統一し、過度の異化（over-differentiation）から守らねばならない」と。[50] コスモポリタンな国民観と近隣でのローカルな実践を柱としたアダムズの活動は、シカゴという都市空間を具体的な「社会」イメージとして持つものだった。

しかし、「社会的な平等」問題の根幹に、全国的に膨張する資本主義がもたらした経済格差や地域社会の衰退があったことを思い出すなら、一都市レベルの改革に終始することはある意味で、対症療法的な治療――あるいは、観念的な善行を積んでいるにすぎないと言っても過言ではない。この点は、左派の革新主義者の中でも経済学者には早くから共有された認識で、イーリーやパッテンは熱心なソーシャル・ゴスペラーでありながら、国家による適切な経済介入によってしか、民主的で道徳的なコミュニティは守れないと考えていた。[51]

だが、「社会」改革の担い手としての国家の役割を明確化し、体系化していくのは、イーリーらに比してはるかに世俗的で、専門官僚主義を許容するタイプの次世代の改革者だった。その代表格が後にウォルター・ワイルとともにオピニオン誌『ニュー・リパブリック』を創刊する、ハーバート・クローリーとウォルター・リップマンだった。両者は一九一〇年頃からセオドア・ローズヴェルトのニュー・ナショナリズム運動の助言者となって、政府による労働関係改革や老齢年金を柱とする社会保障の制度化などを訴えるが、こうした試みはアメリカ史上、非常に斬新なものであった。[52] すでに見たように、一八八〇年代末に「社会的な平等」を唱道したベラミーもナショナリスト・クラブという愛国主義を指導していた。しかし、ベラミーの愛国はあくまで共和国への市民的忠誠としての「愛国」であり、恒常的な社会政策を掲げる行政国家の構想とは次元を異にするものだった。

このアメリカにおける「社会的なもの」をめぐる第三の波の到来を告げたのは、クローリーが一九〇九年に出版した『アメリカ生活の約束』であった。まず同書には、自由放任経済と所有者個人主義の規範を、国家の市場介入で乗り越えようという基本姿勢がある。またその際、アメリカの政治的伝統の中に、ジェファソン的な個人主義だけでなく、ハミルトン主義という建国期以来、脈々と受け継がれる国家主義の系譜があることを明らかにし、自らの主張を外来の社会主義思想と峻別してみせた。政治と経済に「公益」なる領域があることを強調するクローリーは、自らをハミルトン主義者だと言ってはばからないのである。[53]だが、彼の国家主義は、実のところ、ハミルトンの一八世紀的な「公共」とは大きく異なり、すこぶる現代的であった。それは、次に抜粋する「社会問題」と民主的なナショナリズムに関する叙述によく現れている。

「産業と政治と社会の変化は、アメリカのナショナル・デモクラシーの初期段階を特徴づけた感情の一体性を破壊してしまった。（今や）アメリカ人は互いに分断されている……かつてのアメリカ社会の同質性は失われてしまった」のだ。こう記すクローリーもまた、二〇世紀アメリカの分裂を解決すべき喫緊の課題と認識し、以下のように続けて、この分裂の主原因に、いわゆる「社会的な不平等」の問題があると指摘する。「アメリカ国民は、かつてナショナル・デモクラシーが回避すると考えられた問題——すなわち社会問題——に直面している。社会問題とは通常、貧困問題を意味するが、深刻な富の不平等はそれだけで……社会成員間の根本的な差異を示す極めて危険かつ絶望的な兆候である。」さらに、クローリーは産業化の中で失われた社会紐帯と共同性を取り戻すために、新しいナショナリズムを積極的に作り出していくべきだと論じる。すなわち、「社会問題の解決には、旧来のアメリカ国民の同質性に代えて、意識的な社会理想を確立することが必要である。かつての同質性はすでに失われ二度と戻ることはない……（これから）アメリカに連帯を回復する唯一の方法は、アメリカの社会生活に一体性をもたらす民主的な社会理想だけであり……ここで言う『回復』とは（国民の）結合と癒しのプロセスなのである」と。[54]

このように、クローリーのナショナリズムは「社会的なもの」を大きく包み込んだ二〇世紀的な観念である。しかし、自説の国民的なオーセンティシティーを維持することにこだわるクローリーは、周到に「自立した個人」というアメリカ固有のイデオロギーへの配慮も怠らなかった。クローリーは言う。「民主主義が、国民福祉のための国家の責任を無視することはできないとしても、この介入の方法と目的は何かというさらに重要な問いが残る。(国家介入は)個人の自由のために実施されるのか、それとも社会的平等のためか。」実際、個人主義と社会的なものの調停は、同書を通貫して流れる主旋律であり、この難題を解く鍵として見出されていくのが、私心なき公益を体現する科学や専門知識の重要性であった。(55)

一九一四年のリップマンの著作『漂流と統治』は、さらにこの専門知重視の姿勢を鮮明にした。同書は、一九世紀自由主義という旧い権威が瓦解した後に、新しい社会秩序を求めて漂流する民の群れとしてアメリカ社会の現状を見ている。リップマンもまた、民主的な秩序を創出するためのナショナリズムを提唱し、国民的最低限を保障する社会的なシティズンシップを視野におさめていた。「アメリカは大きな国力を持ちながら、浅はかにも恥ずべき貧困を存在させている……(しかし)さいわいにもアメリカの富が尽きてしまったわけではない……なんびともそれ以下には堕ちることが許されない最低限の生活水準を維持することが、民主的な国家の最も初歩的な責務である」と。(56)

そして、リップマンは「科学的な規律」という二〇世紀的な価値に絶対の信頼を置き、これによって従来のベラミー的な「空想的」改革運動の限界が超えられると訴えた。「科学の規律のもとに、願望は現実となる――それは心に描かれるだけでなく、具体的なものとなり……我々のヴィジョンは初めて世界の形成を指導できるようになる」と。(57)すでに述べたように、クローリーとリップマンは、『漂流と統治』が刊行された同じ年、『ニュー・リパブリック』誌を創刊し、本格的な政治活動を開始する。さらに、一九一七年のアメリカの第一次大戦参戦時には、ウィルソン大統領のブレイン的地位を占め、彼らの「統治」と「規律」の国民国家構想は部分的に実践にうつされることになろう。(58)

ここまで見てきたように、大きな流れとしては、ベラミーの共和主義的な資本制批判として始まった「社会的な平等」論は、ジェーン・アダムズらの「民主主義の社会化」運動を経て、ついにはクローリー、リップマンらによる専門学知を重視した「国家の社会化」論へと展開してきた。そして、これらの多様な社会思想は、その後も長くアメリカ史の中に並存し、二〇世紀国民秩序の中に「社会的なもの」を深く埋め込んでいくことになる。

第2章　浄化される民主主義
——投票改革と二〇世紀の国民——

はじめに

世紀が二〇世紀へ転換する頃、アメリカ合衆国では、投票をめぐる制度改変が急速に進行していた。推進者たちが広く共有した問題関心は、「金ぴか時代」といわれた一九世紀後半の経済バブルが生んだ金権政治を打破し、公共心に富んだ市民性を回復することにあった。いわゆる革新主義の一翼を担うものとみなされた一連の「改革」は、「政治腐敗」という社会問題に対して能動的な行動を起こすことによって、民主主義を社会化しようとする情動に衝き動かされていた。改革者は、政治への市民参加の拡大を謳い、実際、レファレンダムやリコール、直接予備選挙などを実現した。また、その最大の成果のひとつが、憲法修正第一九条（一九二〇年）に象徴される女性投票権の確立であったことは言うまでもない。だが、この革新主義の「十字軍」——すなわち、社会化された選挙制度は、結果的に選挙民の大規模な縮減を招来してもいた。特に、投票改革の一環として南部、北部を問わず多くの州で導入された、オーストラリア方式の秘密投票や選挙前有権者登録、さらには投票権にかかる識字テストなどは、数百万人とも見積もられる黒人や移民労働者から実質的に投票権を剥奪する効果を持ったのであった(1)。この展開が、

「社会的なもの」への新しい眼差しを反映したものであり、二〇世紀国民秩序の内的境界形成と深い関係があることは論を俟つまい。一連の投票制度改革は、アメリカのナショナリズムが一九世紀的な市民政治の様式から二〇世紀の国民秩序へと変質していく過程を大きく表現していた。

一九〇一年四月、アメリカ政治・社会科学アカデミーの会議で演壇に立った若きW・E・B・デュボイスは、この投票改革の潮流に触れて黒人革新主義者の複雑な胸中を吐露している。「今日我々は、この大陸の共和制の存続が、投票の『浄化』すなわち、投票者に市民的訓練を施すことと、投票を厳粛な義務の……水準へと高めることにかかっているのだとついに気づいた。それゆえ我々は市民的美徳の復興のために戦っているわけだが、その際、南部の黒人票について何を言うことができるだろうか。……もとより、私は無知の者、貧民、犯罪者の投票をパージするあらゆる合法的な努力に異を唱えるものではない。しかし、今日の南部での投票権剝奪の運動がそうした目的のためだと言い張る者はわずかである。投票権剝奪法の目的は黒人を政治から排除することであると……率直に宣言されてきたのだ」と[2]。

デュボイスの言明の前段は、ある種の選良の統治を自明視する革新主義エリートに特徴的な主張で占められている。すなわち、金権と不正にまみれた世紀末の大衆政治を近代化し、本来の自由と民主主義を回復するためには、何らかの能動的規制が必要であり、その意味で、一定の制限選挙も場合によっては避けがたいとする立場である。一方、後段ではかかる「浄化」の論理が、投票者としての黒人大衆の資質の問題に波及し、彼らから系統的に投票権を剝奪する動きがあることに強い懸念が表明されている。つまり、人種平等の闘士としてのデュボイスは、政治プロセスの合理化・近代化と、投票権にかかるカラーラインの構築という二つの問題を切り分けて論じようとしていた。しかし、後述するとおり、同時代の改革者の多くはこの二つを峻別する思考を必ずしも持たなかった。むしろ、黒人や外国人からの選挙権剝奪運動の深刻さは、それが当時の優生思想等を媒介としながら、リベラルな政治改革のアジェンダの一部として増幅していったことにある[3]。民主主義の「浄化」は、その展開と影響において少なからず複雑で逆説的な面を持っていた。

近年の歴史家は、ここに見る「浄化」現象を一九世紀的な民衆自治の後退という文脈上に捉えることが多い。例えば、マイケル・マガーの『民衆政治の退潮』は、この問題を二〇世紀転換期に顕在化する政治文化の変容と結びつけて理解しようとした。具体的には、この頃、大衆政党が急激に私的結社としての動員力を失い、政治はテクノクラートの支配する圧力団体や行政委員会が左右するようになる。その過程で、多くの都市貧困層は政治的意思決定に関与できなくなったのだ、と。ただし、マガーは「統治の浄化」を基本的に北部の都市問題として捉えていて、南部での暴力による「剝奪」とは区別している[4]。

これに対し、ロバート・ウィービーの『自治』は、「浄化」すなわち彼の言葉では「制限的民主主義」の到来は、人種的スティグマをともなう二〇世紀的な社会ヒエラルキーと適合的だったと指摘する。ウィービーもマガーと同じく、一九世紀のアメリカには階級横断的な政治共同体の理想、すなわち投票を通して民意を形作る「人民」という政治主体の全体性の理念が保持されていたと見る。だが、世紀末に進行する急激な工業化・都市化の中で、包摂的な「人民」レトリックは新しい差異のイデオロギーへと分解され、この過程で都市中産階級の多くは、社会悪の根源たる「下層階級」を新たに「発見」することになる。社会浄化の観点から「下層階級」は、政治的排斥の対象としてことさら指弾を受けるようになり、また彼らはしばしば人種的劣者として可視化されていく。この排除の政治の登場にウィービーは民衆自治としての民主主義の終焉を見る[5]。

人種やエスニシティと結びついた階級の想像力が、普通選挙批判の背景にあったという見方は、二〇〇〇年に刊行されたアレクサンダー・キーザーの大著『投票権』でも基本的に受け入れられている。この新たな他者創出は、「一九世紀中葉の生き生きとした民主政の文化が、第一次大戦期までに、より従属的で分節的な政治秩序へ道を譲る」なかで顕在化したのであり、それゆえ二〇世紀初頭は全般的な投票権の縮小期となったと説明される。だが、同時にこの時期は、人口の半数を占める女性が選挙権を確保した時期でもあった。キーザーはこの点にも併せて注意を促し、「なぜある者の選挙権の拡大が、他の者の選挙権縮小と同時に起こるのか」という重要な問題提起を行っている。(6)

歴史的な「平等化」の一大成果たる女性選挙権の確立と、黒人や外国人からの選挙権剝奪に見られる普通選挙の退行との同時性は、「浄化」と呼ばれた投票の社会化が、単純なトクヴィル主義的な進歩史観のみでも、またその逆の、差別と排斥の「どん底」史観のみでも説明しえないことを端的に示している。(7) むしろこの事実が示唆するのは、革新主義の投票改革の背後で、アメリカ市民社会の根本的な編成原理が複雑に変化していたことだろう。その変化はおそらく、この政治共同体における主権の所在の問題から、シティズンシップの意味、さらには、第一次大戦前後に進むアメリカの字句どおりの国民国家化にまで関わっている。したがって、「浄化」の歴史的性格を検討することは、「人民」なき二〇世紀に立ち現れる新しい想像の共同体――すなわち、二〇世紀国民秩序を深く考察することに直結しよう。

1　アメリカ民主政と普通選挙

かつて法制史家のドナルド・ロジャーズは『投票とアメリカ民主主義の精神』の中で、「建国以来変わらぬアメリカ政治文化の礎石は、人民主権――すなわち、民衆による統治である」と記したが、今日、民主主義をこのように定式化することに異を唱える者は少ないだろう。ただし、歴史的には、人民主権に基づく民主政が必ずしも、全市民の投票を前提としなかったこともまた周知のところである。独立革命で被治者の合意に基づく政府を樹立した合衆国では、民衆の一般意思の体現者として「人民（the People）」なるものが仮構された。この擬人化した民意は、選挙を通して代議制統治の論理と響き合う中で、実態としては「市民」とは同一ではない集団によって担われてきた。前近代的な崇敬政治が残存した建国期には、それは有産の白人男性のみで占められたし、西部開拓と商業の発展を梃子に「拡散的社会」が参政における財産規定を拒絶した時も、一部の外国人の投票が認められる一方で、女性や非白人の大半は選挙民ではなかった(8)。

この市民と「人民」（あるいは選挙民）の間にあるズレを伝統的に説明してきたのは、代議制民主政下の投票を、有徳の選良に委託された間接的統治行為だとみなす共和主義の立場だろう。つまり、投票はそれ自体、個人が私益のために行使しうる市民的権利に属するのではなく、公共善に奉仕できる者のみが携わる社会的な義務のひとつだという論理である(9)。

一方で、選挙民への参入を求める女性や非白人の主張は、多くの場合、投票を自然権のひとつだとする考えに依っていた。特に、それは自由や平等、搾取を受けない権利といった基本的人権を自衛するための権利として社会的弱者の希求するところであった。南北戦争直後の時期に、黒人指導者のフレデリック・ダグラスは次のように語っている。「私は……黒人の投票権を求める。もしこれがなければ彼の自由は偽物である。もしこれがなければ奴隷制と変わらない。特定の主人の奴隷でないとしても、その人は……社会の奴隷である。彼は自己防衛の手段を持たず、暴徒になされるがままではないか。」さらに、ダグラスは後年、真の普通選挙を拒む教養市民の支配を強く批判してこう述べている。「教育は偉大である。しかし、人間性（manhood）はさらに偉大である。……人間は教育の付属物としてつくられるのではなく、教育が人間の付属物なのだ。……非識字を投票の制限としてはならない。そうではなく、投票によって非識字を克服させせよ」と。それは、市民的美徳を旗印に「人民」の内実を狭く定義し続ける一九世紀アメリカ民主政の欺瞞を平等主義の原則から痛烈に非難した一言だった[10]。政治思想家のジュディス・シュクラーは、こうした投票＝自然権の主張の意味を、「地位としてのシティズンシップ（citizenship as standing）」という概念を駆使して検証し、この問題が社会的メンバーシップと人間の尊厳にも関わることを明らかにした。曰く、「投票は常に社会における十全なる成員資格の証であったし、その価値は最低限の社会的尊厳を付与する能力にかかっている」。つまり「投票は『帰属の確認』」なのであり、投票が担保する「市民的尊厳のしるしを与えられない人々は、単に無力で貧しいだけでなく、不名誉であると感じる」のだと[11]。

だが、アメリカの歴史を振り返るとき、この代議制民主主義にまつわる善き統治と平等原則との相克は、容易に止揚されることはなかった。例えば、一八七四年には、ミズーリ州で投票を拒否されたヴァージニア・ミナーという女性が、この措置を女性の合衆国市民権を定めた憲法修正第一四条への違反行為として提訴する紛争が起こっている。このとき原告敗訴を言い渡した最高裁の判決は、「投票権は市民権と同様の広がりを持つものではない」という根拠に基づくものだった。もし投票が市民としての不可侵の権利を構成するならば、完全な市民である女性がこれを拒否されることはありえない。投票はあくまで成人男性に委託された統治行為と見るべきであるというのである。そうした共和主義的な投票観と法理がこの時期になおまかり通っていた[12]。

こうしたアメリカ政治文化のぬぐい難い保守性にもかかわらず、一九世紀後半は、多くの同時代人にとって民主政の拡張期として認識されていた。事実、南北戦争後の二大政党制の発展とともに、男子普通選挙は制度としての成熟を見、多くのアイルランド系、ドイツ系の移民が投票権を得ただけでなく、一八七〇年に成立する憲法修正第一五条は、新たに黒人男性を投票者に加えようとしていた。この選挙民の膨張傾向に危機感を抱く知識人が、遅くとも一八七〇年代後半までに反普通選挙のキャンペーンを展開していたことは、本章が注目する世紀転換期の「浄化」問題にとっても無関係ではない。彼らの多くは、いわゆるマグワンプと呼ばれる北東部エリートで、主に市民道徳への深い関心から、社会改革を志向した人々だった。

その最も代表的な人物に、ボストンの富裕階級ブラーミンの出身で歴史学者のフランシス・パークマンがいる。パークマンは一八七八年に『ノース・アメリカン・レヴュー』誌上に「普通選挙の失敗」という長文の論説を掲載したことで知られる。冒頭で「デモス（民衆）は『危険な野獣』である」と宣言するこの論文は、民主政の「敵」として「無知なプロレタリアートと無学な金権政治家」を名指しし、彼らが投票権を不当に行使したために「ニューヨーク市政の腐敗やサウスカロライナの黒人支配」が起こっていると主張した。そもそもパークマンは投票という選良に委託されるべき行為を、憲法上の平等権の対象とすることに反対で、「普通選挙はその資質と訓練が十分満たされている人々の間でしか適用すべきでない」と述べていた。ところで、彼がこの論文を発表する背景には、前年勃発したアメリカ史上初の巨大鉄道ストライキと、折から喧伝された南部での黒人票の買収問題があった。パークマンの政治批判は、そうした、「平等化」と階級社会化の新状況に対峙して表明されたわけであるが、そこにはリベラル・リパブリカン特有の古風な共同体主義が非常に色濃い。すなわち、同論文は言う――知的な制限選挙が好ましいのは、「善き統治をもたらすことが（個人と同様）コミュニティの権利でもあり義務でもある」からだ。そして、「いかなる人間や階級も善き統治を妨害するのであれば、その投票権を剝奪されるべきである。なぜなら、一部分の権利が全体の権利と衝突する時には、前者は譲歩されねばならないからである」と。[13]

実のところ、こうした「貴族的な」マグワンプの反普通選挙運動は、十分な支持を広げることができず、必ずしも二〇世紀の投票改革に直結するわけではない。だが、彼らが用いた投票制限の論理は若干形を変えつつ、より専門主義的で科学的な思考を特徴とする次世代の革新主義者の言説に繰り返し現れることになる。善き統治を求めるリーダーシップは、しばしば特定の人々の政治参加を拒み、その周縁化を促す力学をともないがちだった。

2　改革としての黒人投票権剥奪

民主政「浄化」の潮流の中で最も早く「成果」を上げ、他の投票改革を先導する役割を果たしたのは、南部諸州の黒人投票権剥奪（disfranchisement）だった。「剥奪」とは、投票税や識字テスト、秘密投票、有権者登録制度などを巧みに組み合わせて、実質的に貧しい黒人大衆の投票機会を奪う施策をいう。それは冒頭に掲げたデュボイスの言葉が逆説的に伝えるように、全国的な投票「浄化」と普通選挙批判の風潮に呼応したものだった。しかし、従来この投票制限は主として南部固有の政治的文脈の中で説明されてきた。なかでも通説の地位を長く保っているものにヴァン・ウッドワードのテーゼがある。すなわち、人種隔離や黒人投票権剥奪といった一八九〇年代以降に構築された新しい人種制度は、南部人民党の反乱への対応という性格が強かった。人民党運動に結集した白人農民と黒人農民を離間させることは、地域の支配層にとって喫緊の課題であり、いわばそのための決定打として「白人優越主義」が活用されたというものである。ウッドワード自身の言葉を借りれば、黒人は「分裂した白人間の和解と、『一枚岩の南部』の再統合を図るための地域的次元でのスケープゴート」とされたのであった[14]。

だが、およそ一〇〇万人にのぼる黒人有権者の投票は必ずしも地域的次元のみで説明されうるものではない。そもそも、この問題の出発点は、「投票権に対する合衆国市民の権利は、人種、肌の色または、過去における労役の状態によって……剥奪されない」と記した一八七〇年の憲法修正第一五条が、元黒人奴隷の投票資格を連邦の権威でもって保障しようとしたことに遡る。またその後も、連邦による南部の選挙管理を目指した一八九〇年代初頭の連邦投票権法案の帰趨などをめぐって、黒人の投票権問題は、全国的な政治課題のひとつであり続けた。こういった点からも、少なくとも「剥奪」を構成する諸要素の中からナショナルな「浄化」潮流と結びついた文脈を抽出することは可能であると考える。

さて、南北戦争後の黒人投票は、すでに一八八〇年代には危機的状況にあるとの観測が広がっていた。黒人票は、脅迫と暴力、さらには恣意的なゲリマンダリングや大規模な買収によって不正に操作されていて、そのことが南部の旧支配層の復権につながっているとする認識である。[15] この状況に対して、連邦議会の共和党勢力は、一八九〇年、ヘンリー・C・ロッジを提案者として、修正第一五条の厳格な実施のための連邦選挙法案を公にした。この法案の骨子は、連邦巡回裁判所が議会選挙を管掌する連邦の監視官を任命し、投票所での立ち会いや、有権者登録リストの検証、開票プロセスの監督等の業務にあたるというもので、不正が認められた場合には、連邦の行政および司法当局が州の認める開票結果を覆すことも可能であった。それは、地域社会の自治的・自警的な政治文化を背景とする「腐敗」を、全国政府の干渉でもって解消しようとする試みだった。だが、結論から言うと、その構想は成就しない。連邦選挙法案は、南部民主党の激しい抵抗と銀貨鋳造問題をめぐる共和党の分裂から難航し、下院を通過するも上院で否決・廃案の憂き目にあった。[16]

黒人投票権の包括的な剝奪を目指す投票改革が南部諸州に叢生するのは、右に見た連邦権力の後退と軌を一にする。すなわち、一八九〇年にミシシッピ州が州憲法を改正して、識字テスト（州憲法の内容理解が必須）と選挙税（二ドル）を導入したのを皮切りに、一九〇八年までに他の七州がほとんど同じ中身の制度改変を実現した。さらに各州はその後も、秘密投票制や直接予備選等の「浄化」政策を取り入れていく。前者は、識字に自信のない者を投票箱から遠ざけ、また後者においては、予備選挙が私的な結社たる政党の内部的慣行である以上、人種コードを投票資格に加えることが含意されていた。これらの諸策が、いずれも修正第一五条の人種差別禁止を迂回するものであったことは言うまでもない。[17]

いずれにせよ、投票改革の影響は甚大だった。ミシシッピではすでに一八九三年の選挙で黒人登録者は州内の全黒人人口のわずか六％にあたる八九六五人まで落ち込んでいた。また、ルイジアナでは一八九八年に「剝奪」のための州憲法改正がなされたが、シー・ワンらの研究によると改正前の九六年選挙で、一三万三四四人（同州の全黒人人口の九三％）いた黒人登録者数は、一九〇〇年には五三二〇人まで減少したという[18]。こうした流れの中で、一九〇〇年に最後の黒人の連邦下院議員、ジョージ・ホワイト（ノースカロライナ州選出）が議席を失ったことは特記してよい。その後、黒人の連邦議会議員は、二八年後にオスカー・デ・プリースト（イリノイ州第一地区シカゴ）が選出されるまで全くの空白であり、南部選出の黒人議員について言えば、一九七一年のメリーランド州パーレン・ミッチェルの当選まで待たねばならない。

周知のように、ウッドワードの著作を含めて伝統的な研究の多くは、黒人の政治的排除における共同体的な暴力の局面を重視してきた。たしかに、白人優越主義者による事実上のクーデタであった一八九八年のウィルミントン暴動（ノースカロライナ州）など、むき出しの物理的暴力が大きな威力を発揮した事例も少なくない。しかし、上記の統計はむしろ「合法的な」制度改変の重要性をあらためて浮かび上がらせる。また、ウッドワードらは、投票所などでの暴力の担い手として、保守的支配層に懐柔された下層白人の役割を重く見たが、もし識字テストなどの制度形成にいっそう注目すべきだとするならば、むしろ南部社会の知識エリートの思想と行動に目を向ける必要があるだろう[19]。

近年の研究の中には、マイケル・パーマンやウィリアム・リンクなど南部革新主義と人種主義との分かち難い関係性を論じるものが現れている。パーマンは、南部の投票権剝奪運動が腐敗防止やパトロネージ廃絶、またその前提となる選挙民の資質の向上、といった改革目標によって動機づけられていたことを指摘する。一方、リンクはそうした改革が黒人の向上を支援する広範な人道的改革者によって担われていた事実にも注目した。南部の革新主義者は総じて、リンチや脅迫など人種の暴力を嫌悪しており、社会平和を支える人種関係の安定を求めていた。彼らは、黒人大衆の教育や経済的改善はそうした調和的秩序の中でこそ実現可能だと強弁したが、この秩序とは歴史的には白人優越主義に他ならない。人種隔離と黒人投票権剝奪に基づく白人支配の確立によって、良心的白人改革者は黒人の向上に尽力できる、そうした家父長主義的な改良思想が広く共有されていたという[20]。

実際、南部革新主義の主張は非常に多岐にわたるが、次の三つの問題、すなわち、①政治の近代化・合理化、②人種主義（バイレイシャルな社会改革）、③黒人の進歩、を一体のものと捉える傾向が幅広く存在していた。例えば、この時期、南部教育会議副会長、南部人種問題検討協会書記、全国児童労働委員会書記などの改革運動の要職を歴任したエドガー・マーフィーは、一九〇四年の著書『今日の南部の諸問題』で次のように語っている。南部には「黒人が劣等であるという前提がある。その一方で、黒人が改善されうるという前提もある。南部が果たすべき義務はこの二重の前提に基づいている」と。また別の箇所で次のようにも述べている。「今日、白人の優位こそが、南部の発展を考えても、現在の諸条件を維持するための必要条件であり、これに黒人の進歩自体も依存している。民主政治は……有色の無知な大衆がそれを掌握するやいなや……粉々になってしまう。[21]」マガーは二〇〇三年の著作で、人種隔離の導入を支持したマーフィーらの心情を指して、「人種隔離という盾で（白人の暴力から）守られて、（黒人）民衆を変容させる根本的なプロジェクトは安全に進められる」と信じるものだったと記したが、このように、改革政治のエートスが人種主義の制度化を呼び込む事態は、まさに冒頭に引いたデュボイスが懸命に否定しようとした展開だった[22]。

だが、人種化された民主主義改革は、同時代の全国、さらには国際的なリベラルの言論界においてすら、むしろ肯定的に捉えられる場合が多かった。自由党系の英国知識人の大立者でアメリカ政治にも多大の影響力を持ったジェームズ・ブライスは、名著の誉れ高い『アメリカ共和国』（一八九四年版）で、南部の政治腐敗に言及し、ミシシッピの識字テスト法を「暴力的ではない」最良の改善策として評価していた。かかる投票資格の設定は、「黒人の多くを黒人としてではなく、無知で貧困であるという理由で排斥できる」だけでなく、「それは、政治権力の適切な行使には知識と知性が必要であることを認めるのだから、大量の無能とされる人々を排除する一方で、白人並みに向上する教育を得た黒人には門戸が開かれているのであり……したがって、単に選挙主体を改善するだけでなく、教育増進の動機づけともなる」と正当化されていた。さらにブライスは「こうした方法の利点は明らかであり、巨大な黒人人口が同様の問題を惹起しているある英領植民地（ケープ植民地）への導入が示唆されてきた」と記し、アメリカ南部が試行した投票権剝奪を世界の他の人種社会にも応用可能なものと見ていた。[23]

こうした議論は南部だけでなく全国的な政治エリートにも広く共有されていた。マグワンプの流れを汲む改革者セオドア・ローズヴェルトの共和党政権（一九〇一～〇九年）は、当時急速に進行していた黒人投票権剝奪を事実上黙認している。その国家主導の強権的な改革政治は、黒人日雇い労働者の待遇改善問題を除いては、ほとんど南部の人種秩序に及ぶことはなかった。さらに、ローズヴェルトが一九一二年に旗揚げした革新党においても、クローリーやリップマンが起草した「ニュー・ナショナリズム」の政治綱領は黒人投票権に触れていない。[24]また、この選挙に勝利して成立する民主党ウッドロー・ウィルソン政権は、第一次大戦の参戦期に、ワシントンＤＣに系統的な人種隔離を導入していく。革新主義者を自認し、科学的調査や産業規制を推進したウィルソンは南北戦争再建期以来、初の南部出身の大統領でもあった。[25]ここに至って黒人投票権剝奪と人種隔離を柱とする人種関係は新しい安定的な政治秩序として広く受容されつつあった。革新主義者が形成した二〇世紀のアメリカ国民国家は、明らかに非白人の政治的・社会的排斥の制度を含み持つものだった。

3　投票権のアメリカ化――外国人投票権の消失

同じ頃、大規模な縮減が見られた政治領域に定住外国人投票があった。ここでは、「浄化」は「国民化」のかたちで現れた。議論の前提となるのは、そもそも、一九世紀のアメリカでは、国籍を持たない白人男性が地域社会の民衆自治の担い手として投票することが、決して珍しいことではなかったという事実である。その広がりは必ずしも明確ではないが、建国以来、一九二六年にこの制度が姿を消すまでに、多く見積もって四〇、少なく見る研究で二二の州と準州が非市民の投票を認める制度を持ったとされる。一九〇〇年になお中西部と南部を中心に一一州で非市民の投票権が存在したが、その後、各州が次々と憲法改正を行い、「アメリカ人」のみに投票資格を制限していった経緯がある(26)。

定住外国人の投票は、両大戦間期にはそれなりに知られた問題で、シカゴ大学のカーク・ポーターやミシガン大学のアルバート・マクロッチらが、投票権史の概説を著した時も、いずれもこのテーマに丸々一章を割いていた。これらの記述によると、まず第一に、外国人の投票は、一見すると投票資格が市民権よりもむしろ社会的地位や財産によって左右された一八世紀崇敬政治の遺物と思われがちだが、実際には、むしろ男子普通選挙が確立した一九世紀中葉以降に漸次拡大してきたことがわかる。それは、ドイツ系などによって担われた西部開拓の歴史と関係が深く、ポーターは当時の状況において「群れなす移民に統治の一端を担わすことほど、論理的なことはありえなかった」と説明する。当初、外国人の投票は多様であったが、一八四八年に準州から州に昇格したウィスコンシンの試みは、ひとつの成功例として多くの州と準州で採用されることになった。ウィスコンシン・プランと呼ばれたこの制度は、端的に言って帰化のための第一次書類を提出し、帰化の意思を表明した外国人に投票権を付与するものだった。それは、一定の条件のもとで非市民にも広範に自治能力を認める立場であった[27]。

ここに措定された「帰化宣言外国人」という、市民と外国人の中間的地位は、アメリカ政治史上全く荒唐無稽なものではない。少なくとも、この市民権カテゴリーは、一八六三年と一九一七年の徴兵法において徴兵可能な外国人として明記されている。彼らが、市民化に向かう過渡的状況にあるのか、それとも実質的な二重国籍的地位を享受しようとしたのかは別にして、国家の側は「帰化宣言外国人」を国防の義務を果たすべき存在とみなしていた。だが、この非市民に課せられた義務が二〇世紀にも存続していく半面、統治への参加の道は次第に閉ざされていくのである。一八七四年にアイダホ州が非市民の投票を認めた州憲法を改正して以来、この流れは顕在化する。一八九六年には、州昇格以来、「帰化宣言外国人」の投票権が存続してきたミネソタでかかる資格が廃止され、一九〇八年には制度の生みの親であるウィスコンシンでも外国人の投票権は消失した。さらに第一次大戦参戦期の一九一八年にはカンザス、ネブラスカ、サウスダコタで同様の憲法修正がなされた。戦後、一九二一年にインディアナ、テキサス、ミズーリで同制度が廃止されると、二六年には最後に残ったアーカンソーの改憲によって全米から非市民の投票はなくなった[28]。

一九二九年刊行のマクロッチの著作は、この外国人投票の急激な縮減と消滅が、いわゆるアメリカ化の成果として、高く評価されていたことを伝えている。同書によると、右記のごとき各州の「改革」は、同じ時期に、英語会話能力と申請書への自筆署名を条件に加えた一九〇六年帰化法や、識字を入国の条件とした一七年移民法、さらには夜間学校等での移民の市民化教育などと連動しており、ボスが支配する都市政治の腐敗や共産主義の浸透からアメリカニズムを守ろうとする幅広いリベラルな世論の賜物だったという。投票権と国籍としての市民権が等位となるという展開もまた「浄化」の一環として現出した[29]。

ところで、このような外国人投票の盛衰は、忘れ去られた歴史と言うべきものである。一九三〇年代以来、学界は長くこの問題を等閑視してきたし、社会通念のうえでも二〇世紀後半のアメリカでは、市民権（＝アメリカ国籍）を投票資格の前提条件と考えるのが一般的になっていた。そうした状況で画期的な問題提起をしたのは、法制史家ジェイミー・ラスキンの一九九三年の論文である。同研究は、一九世紀のアメリカに遍在した外国人投票の諸事例を「再発見」し、そこに全国的な市民権（＝国籍）とは区別される地方的な住民自治の豊かな伝統を見出そうとした。この歴史的考察は、分析の成果を現在進行形の外国人の権利獲得運動に活用しようとする「規範的な議論」に直結する点で特徴的だった。ラスキンは、地域レベルで全住民が統治に参加するコミュニティを「存在の政体（polities of presence）」と呼び、これが市民権（＝国籍）によって規定される国民国家政体と二重構造をなすことが、アメリカの政治文化の健全なあり方だと考える。そして、かかる住民自治の環境を整備することによって、今後、非市民の投票権を復活できると信じたのであった(30)。

二〇〇八年に『すべての人のための民主主義』を刊行したロン・ハイデュクもまた、今日の市民権を持たない外国人の政治参加の観点から、外国人投票権の歴史にアプローチしている。彼の議論は、よりアメリカ民主主義の原理に立ち返りつつ外国人投票の正当性を論ずるものである。すなわち、同書においては、代表なき課税すなわち専制であるという建国の理念がしばしば参照され、被治者の合意の字句どおりの貫徹を求める主張が繰り返される。ハイデュクは初期のアメリカでの非市民投票が、有産者の白人男性が保持した特権であるだけでなく、自治にかかる「住民」概念と深く結びついた民主的慣行であったと強調する。こうした立論は、現在、彼自身が関わるシカゴやニューヨークの地域レベルでの非市民の政治参加運動と密接に関係している。同書では、近年、一〇を超える大都市圏で教育委員の選挙等にヒスパニック系非市民の投票が拡大していることが紹介されていた(31)。

議論を再び二〇世紀初頭の問題に戻そう。この時期に起こった外国人投票権の消滅をラスキンやハイデュクはどう理解するのだろうか。結論から言うと、彼らの研究はいずれも二〇世紀の排外的ナショナリズムをこの現象の主要因と見ている。例えば、ラスキンは「第一次大戦期に垂直統合的な国民国家シティズンシップが強固に確立し、他の可能なシティズンシップの意味づけを抑えてしまった」と述べ、この時期台頭した国家主義が地域の自治の縮減を招き、「存在の政体」においてのみ「市民」でありうる外国人の投票が行われなくなったと考える。この全体的な見立ては、先に見たウィービーらの民衆自治衰退論とも共鳴する説得力のある議論である。しかし、ラスキンやハイデュクはより具体的な叙述としては、戦中・戦後期の反ドイツ人感情や「レッド・スケア（赤の脅威）」に言及するのみで十分な説明を与えているとは言い難い。なによりここには、当時の移民法やアメリカ化運動の主たる標的であった南・東欧系新移民の問題が抜け落ちている。新移民に対する蔑視と排斥感情は次節に見る「識字テスト」の背景としても特に重要であろう。[32]

また、ラスキンらの議論が、同時期に進行していた他の投票権問題——すなわち、女性参政権の確立や黒人投票権剝奪、識字テスト導入等——と外国人投票の相互関係を十分に語っていないのは問題と言うほかない。例えば、第一次大戦期に、市民の権利として女性の選挙権が承認されるという展開は、非市民である外国人投票の衰退と連動しているようにも見える。ラスキン自身、建国期の状況については、「有産の外国人（男性）を排除すると、（女性を含む）合衆国市民権が投票権の基準となるという危険な推論を呼び起こす」おそれがあったので、いわば女性投票権を否定する装置として、外国人投票が広く行われていたと鋭く指摘したが、第一次大戦期にこの二つの権利が逆転現象を見せる点については何も言及していない。実のところこの問題は、非市民の権利を訴えることと、市民としての権利を確保することがどのようなロジックで結ばれるかという極めて今日的な問題にも関わってこよう。[33] 例えば二〇世紀後半に至り、女性や人種マイノリティが市民としてある程度平等なシティズンシップにアクセスできるようになったことは、非市民を「非合法化」し、全くの無権利状態に放置する昨今の排外主義（civic nativism）の台頭とどこかで通底しているのだろうか。[34] あるいは逆に、シティズンシップを住民全体に等しく開こうという理想は、マイノリティがようやく手にした市民としての特権を棄損するような影響をもたらすのだろうか。加えて、地域的自治の民主的性格を称揚するラスキンやハイデュクの議論は、前節で見た黒人投票権の剝奪が、やはり全国的権力を排した「州の自治」の名のもとに実施された政治メカニズムを視野に入れていない。自治はコミュニティの自警的暴力の温床になるばかりか、マイノリティの政治的排斥の主体にもなりうるのであり、事実、一九世紀末以降、南部社会の民主化は連邦という外部的権力の介入なしには構想しえなかった。さらにこうした分析の前提となる全国と地域の主権の二重性の問題について、前者が後者を侵食するという単線的な対抗関係で二〇世紀初頭の外国人投票の消滅を論じることも難しい。これまで見てきた投票権のアメリカ化は、ほとんどの場合、各州が独自に行った州憲法の改正を通して実現された。この時点で、投票権の「国民化」はいまだ過渡的状況にあったと言うほかない。

4　識字テスト――測られる投票の質

革新主義の投票制限の中で、おそらく識字テストほど包括的な広がりを持つものはなかっただろう。この方法が南部の黒人投票権剝奪で活用されたこと、また多くの知識人がこれを支持したことは、先に見たとおりである。実際、一八九〇年代以降、投票資格に識字能力を盛り込む制度は、北東部や西部でも急速に拡大していた。第一次大戦までに南部七州の他に、九つの州が識字テストを導入しており、その後一九二〇年代に入っても二二年のニューヨーク、二六年のオレゴンと二州がこれに加わった。南部外で同制度が排斥を目指した主な標的が、新移民によって構成される底辺労働者層であったことは言うまでもない[35]。

同時代の観察者であったウィスコンシン大学のジョン・コモンズは、一九〇七年の著作『アメリカにおける人種と移民』の中で、各州が制定する識字テストが、英語会話能力などを盛り込んだ一連の帰化法厳格化と組み合わさって、移民の投票権に一定の影響をもたらすと予測していた。彼は、「帰化手続きそれ自体がほとんど教育テスト」として機能し始めたことを認めた上で、さらに帰化を実現した外国生まれのうち六・三%は非識字者として投票資格を失うと見ていた。[36]だが数年後、明らかになる実際の運用規模はさらに大きなものであった。一九三一年に『アメリカ政治科学雑誌』に掲載されたニューヨーク州の事例報告では、「過去六年間に一四・九%がテストに不合格だった」ことが記されている。同州では一九二二年に州憲法を修正し、「英語の読み書き」能力を投票の前提とする制度を立ち上げ、二三年から本格的に運用されている。具体的には、有権者登録にあたり、初等教育八年次修了（中学校卒業に相当）の証明書を提出するか、さもなくば識字テストに合格する必要があった。報告によると、一九二三年から二九年までに同州だけで五万四八二四人がこのテストで不合格となっている。全米での数字はなお明らかではないが、当時の英語の非識字者数がおよそ五〇〇万人に達していたことなどを勘案し、今日、歴史学者は少なくとも数十万から一〇〇万人の人々がこの規定により投票の機会を失ったと見積もっている。[37]

ともあれ、当時の代表的な革新主義者の多くは、この制度を肯定的に捉えていた。例えば、上に触れた労働経済学の大家コモンズは、「普通選挙にともなう、腐敗と非効率な統治を考えると何らかの対応があってよい」とする立場から、「英語の読み書き能力は、民主主義の標準に照らしてみて、適切な資格である」と論じていた。彼もまた、「投票権は『不可侵』でも生命や自由の権利でもない、政府がこれを与え、拒否し、剝奪する」と述べて、投票を自然権とする立場を拒絶しており、さらに、自衛としての投票の価値についても次のように反駁する。「投票権を自己防衛の手段とするのは知性であり、それ（投票）でもって自らを傷つけている人からこの自衛手段を遠ざけるのは権利を否定することにはならない」と。[38]

このように投票の条件として一定の知性、ないしは教育を不可欠とする議論は決して新しいものではない。すでにジョン・スチュアート・ミルは一八六一年の『代議制統治論』の中で、民主主義には「積極的な理由から一定の除外が必要とされる。……わたくしがまったく容認できないこととみなすのは、読み書きと……算数の普通の運算ができない人物が、誰であれ選挙権に参加するということである」と記していた。[39] こうした一九世紀中葉のミルの言葉は、先に見たパークマンの反普通選挙論とも共鳴し合う。しかし、ミルやパークマンの言説は、あくまで代議制民主政下の主権者にふさわしい「公民的美徳」を問題にしているのであって、何らかの具体的な基準や統計的な予測をもとに、特定の個人や集団に「不適格者」のレッテルを貼り、政治参加の「資格」を剝奪しようというものではなかったはずだ。また、実際問題として、一九世紀のアメリカ政治では、そうした制限はそれ自体、ほとんどありえなかったことを想起すべきである。ウィービーの言葉を借りれば、普通選挙は、それ自体が「差異の巨大な消音器」として機能していた。つまり、投票を通して、「あらゆる種類の人々が、あらゆる種類の衣装に身を包み、あらゆる種類の言語であらゆる種類の事柄を話し合い、ひとつの選挙民、すなわち『人民』に加わった」のであった。こうした全白人男性による「存在の政体」が、「無知の者……の投票をパージ」するタイプの民主政に転化するのは、その背後でシティズンシップとこれに一体化した投票に関する人々の認識が変容したからである。一言でいえば、それは民主主義の「質」を問う心性の誕生であり、かかる展開こそが二〇世紀ナショナリズムの重要な特質をなすものであった。[40]

この点に関して、一九〇九年、当時アメリカに滞在していたブライスの講演は興味深い。すなわち、「自由な社会の成員はシティズンシップの能力を持たねばならない。その能力とは、知性、自己管理、良心の三つの資質である。市民は社会の利益を理解でき、自己の意思を一般意思に従属させ、社会に対する責任を感じることができねばならない」と。ブライスはさらに続けて言う。「……人民統治において市民の側の知的能力と道徳的情熱が前提とされていることは、当然である。」「もし、市民が無知で愚かなら、法は悪化し、統治のステップに誤謬がつきまとう。」「普通選挙の理論は平均的市民が、アクティヴで教育があり、知的な統治者であることを前提としているが、事実はその反対である。」[41]つまり、人々はただ住民として存在するだけでは、もはや市民として尊重されることも自治に参加することも許されない。彼が市民に値する資質を持つこと、すなわち、「知的で自己管理ができ、良心がある」ことは、何らかの科学的方法であらかじめ測定され、証明されなくてはならなかった。その際、実際的な選別の基準として広く活用されたのが「識字」であった。もちろん、非識字者に多くの有徳の者がいることは言うまでもない。だが、革新主義者の多くは、民主政の質を改善するという意味での「浄化」には、測定可能な基準が必要で「識字」以外にそうした標識を見つけることは困難だと考えた。[42]

実際、「識字」は投票権の問題に限らず、二〇世紀初頭の内的・外的境界形成の話題の常に中心にあった。コモンズが先述の『人種と移民』を刊行したのと同じ年、連邦上院は移民問題に関する包括的な調査委員会を立ち上げている。この通称ディリンガム委員会は、四年間にわたる大規模な活動を経て、一九一一年に全四二巻から成る調査報告書を刊行した。この報告書は、新来の移民の労働環境や人種的資質に至るまで、詳細なデータを掲載し、その後のアメリカ人の国民観に大きな影響を与えることになる。そして、主として大量移民のネガティヴな側面を強調する同書がたどり着いたひとつの結論は、何らかのテストにより非識字者の入国を禁止することが、「望ましからざる移民を制限するうえで、最も実現可能性の高い方策」だというものだった。[43]この報告書の精神は、第一次大戦参戦直前の一九一七年二月に成立する、識字テスト移民制限法に結実しよう。[44]

こうした、二〇世紀に特有の排他的な政治文化のニュアンスを知るには、投票にかかる識字テストの主唱者であったハーヴァード大学のウィリアム・マンローの主張が役に立つ。まず、彼は一九一九年の著作で、マグワンプ流の「統治の委託」に近い論法で識字テストを擁護している。すなわち、「投票の特権は、社会が、個人の満足のためではなく、社会の福利のために付与されたものである」、したがって、「真の問いは、投票権を非識字者に与えることが人民全体にとって好ましいかどうかである」、そして「非識字者の排除は、それが合衆国全体での一般的政策になったなら、疑いなく選挙民の質を特に大都市圏で改善するだろう」と。[45] だが、マンローの議論は単なる選良の統治論にとどまらない。続く一九二八年の論考では、次のように疑似科学的な表現で武装するようになる。「普通選挙下で取りうる唯一の方策は、優れた知的能力を持つ者を迅速に増やすことである。しかし、過去半世紀のアメリカで起こったことはその逆である。知能指数の低い者たちが膨大に加わったため、一般的な平均値が低落し続けることは避けられない。」さらに続けて、優生学の知見との親和性にも触れながら、民主主義の危機を言う。「民衆統治の永続性と成功は、選挙民の能力が理にかなった平均値を保つことにある、……生物学者たちは……優生学によって人種を知的に再生できるというが、これが完遂されるのははるか先のことであり、その前に民衆統治は時代遅れの無用の長物になってしまうだろう。」そして、この問題を解決する「容易な方法」は、「現在ニューヨーク州が行っている……最も知的でない層を排除する方策」だと断言していた。ここに、科学的知識に基づく下層階級の措定と排斥のメカニズムを内包した二〇世紀的統治の本性が垣間見える。[46]

ただし、識字テストはマンローが求めたようにアメリカ全土に貫徹されたわけではなかった。イリノイやウィスコンシンをはじめとする中西部諸州ではこの手の投票制限は結局行われない。特に、北部の識字テストが都市の移民や下層労働者への排斥的な眼差しを反映していたことを考えると、アメリカ第二の都市シカゴがニューヨークの先例に倣わなかったのは興味深い。たしかに、シカゴ大学のジェローム・カーワンのごとき見解――「すべてのシカゴの選挙区は腐敗しており」、「識字テスト以外にこの状況を治癒する方法はない」――は、一定の影響力を持ち、ここでも英語の識字テストの導入が何度となく提案されていた。しかし、その試みはいずれも挫折する運命にあった。今日の研究者は、この東部と中西部の違いをエスニック構成の独特さに求めている。つまり、中西部の英語識字テスト運動は、ノルウェー人をはじめとするスカンディナヴィア系やドイツ系などの旧移民コミュニティの猛烈な反発を受け、目的を果たすことができなかった、と[47]。この地域は一方で新移民の流入が引き起こした様々な対立を抱えながらも、同時にかつて外国人投票の主たる担い手であった旧移民の独自の文化的プレゼンスが存続していた。この時期のアメリカは、識字問題についても少なからざる地域的多様性と過渡的性格を残していたのである。

むすびにかえて

ここまで「浄化」という言葉を手がかりに、革新主義期の投票「改革」の歴史的意義を考察してきた。具体的には、①黒人の投票権剝奪、②外国人投票の廃止、③特に北部での識字テスト、を題材に検討を進めてきたが、その中でいくつか指摘しうる問題が見えてきた。

ひとつは、この時期の投票権と主権の関係に見られる両面性である。三つの領域での「改革」はいずれの場合も、主として州憲法の修正という手続きを通してなされてきた。特に黒人投票権剝奪は、連邦の投票権法案を排し、合衆国憲法修正第一五条を無力化するなど、「州の自治」を確立するものとして成立した。だが、この運動でさえ決して地方政治のレベルに閉じたものではなく、普通選挙の制限を求める革新主義者からの広範な共感を背景に、全国的、さらには国際的な「改革」に汎用性のあるものとみなされていた。事実、「剝奪」の主な手段であった識字テストは、中西部以外の北部諸州に拡大していったのである。そして、この北部での英語識字テストは、同時期に進行していた定住外国人投票の廃止とともに、二〇世紀のナショナリズムを反映したものだった。このように投票をその内実において国民化しようとする施策が、各州の主権によって全国的に実現されていく状況は興味深い。加えて同じ頃、女性の投票権が、合衆国憲法の修正という手続きを経て、まさに市民（＝国民）の権利として承認を受けていったことを考え合わせると、民主政は旧来の地域自治的性格を残存させながらも、全般的には国民化の方向に向かっていたと見てよい。

この投票と民主主義の変容（＝国民化）は、単なる主権領域の問題にとどまらない。それは選挙民の属性と自治への参加の様態に決定的な変化をともなうものであった。すでにみたように、一連の投票改革は、かつて「人民」の構成員とみなされていた、定住外国人や下層労働階級を、政治共同体の外部に排除した。この現象を、歴史家シェルトン・ストロームクイストは二〇〇六年の著作で、「政治参加の社会的境界を狭めるかたちで行われた『人民』の再定義」と表現している。たしかに改革者たちは、しばしば政治腐敗の「浄化」運動を「人民」の名のもとに立ち上げ、「民主政の誤謬はさらなる民主化によって矯正できる」というレトリックを駆使していた。だが、少なくとも一九世紀民主政の文脈では、「人民」なる擬人化された民意は、普通選挙に基づく自治を前提としていたのであり、二〇世紀の制限的民主政下に受動的な形で「合意」を動員される被治者を同じく「人民」と呼ぶのは果たして適当だろうか。むしろ我々はこの被治者の大群を、その従属的性格を強調すべく、あえて「国民（a nation）」と指称すべきだろう。(48)

ここで言う「国民」のイメージは、アンソニー・ギデンズが、管理的権力に監視され、規律化される対象として描いたそれにより近い。女性や定住外国人の事例で明らかなように、二〇世紀の投票は、ますます市民権（国籍）と近接しつつあったが、同時に当の投票の資格が識字などの測定可能な基準でモニターされるようになったため、今度はシティズンシップそのものが、人々の知的資質をことさら問題視するものに変質していった。このような意味での国民化の論理は、元来、マグワンプ時代までの共和主義的な普通選挙批判とは異なるものだったろう。しかし、歴史的には、二〇世紀の専門家・知識人が主導する「無知のパージ」は、伝統的な公民的美徳に基づく選良の統治言説と複雑に混ざり合い、またそこからある種の正統性を調達する形で展開していく。いずれにせよ、革新主義が「浄化」した代議制民主主義の国民国家においては、民衆が能動的に統治に参加する契機は大きく損なわれていた。ここに本章では触れられなかったいまひとつの投票問題、すなわち「不投票」の原因の一端を垣間見ることもできる。一九二四年の研究で、チャールズ・メリアムとハロルド・ゴズネルは当時四〇％台にまで低落した投票率の極端な落ち込みに民主政の危機を指摘したが、今日、この「不投票」は概ね都市労働者階級のアパシーに由来するとされている。二〇世紀の民主政では、パージされた「下層階級」よりさらに幅広い階層が、実際には自治プロセスから漏れ落ちていたのである。(49)

「人民」なきあと「国民」として生きることは、カラーラインを受け入れることでもあった。第2節で見たとおり、「識字」の境界はしばしば人種の境界に符合した。シュクラーの「地位としてのシティズンシップ」論に立ち返るなら、それは、単なる排他的メンバーシップの問題にとどまらず、排斥された者たちの人間としての尊厳を否定する制度であった。(50)それゆえ、スティグマを与えられた者たちの側からは、市民社会への参入と承認を求める運動が継続的に展開されざるを得ず、そして、そのことは制度の正統性を常に揺さぶり続けることになった。だが、それにもかかわらず、この秩序が長期的に維持されたのは、「浄化」がリベラリズムの改革政治の中で醸成されてきたことと関係が深い。科学的な官僚制統治によって現代の諸問題に対処しようとした革新主義者が、優生思想や人種主義を含み持つ統治権力の担い手となった事実は否定のしようがない。

しかし、だからと言って知識人の専門主義と民衆の自己統治、国民国家と地域的主権をそれぞれ対置して、後者を一方的に美化することも生産的ではない。一九二八年にマンローは「普通選挙は、ヨーロッパ中に広がったが、そのことは独裁制の台頭――ムッソリーニやスターリン……――を拒むものではなかった」と書いたが、この記述は基本的に正しいばかりか、我々は、「民主主義」がその後さらに醜悪な「非民主的」体制を生んだ例を数多く知っている。[51] 民主政はそれ自体として「善き統治」をもたらすわけではない。それゆえ、この政体では、正義と合理性を担保するリーダーシップの圏域がやはり決定的に重要である。ジョン・レチユッティは二〇〇七年の著作で、当時の社会科学者たちが、「民主的エリート主義のパラドクス」、すなわち、自らの依って立つ科学の立場と大衆民主主義の反知性主義的傾向との対立に苦悩したことを紹介している。彼によると、民主政における社会科学のリーダーシップを模索した、この革新主義者の一群がたどり着いたひとつの答えは、当時シカゴ大学の教授であったジョン・デューイが実践した「民主フォーラム」の運動だったという。それは、専門家と公衆がともに参加し、身近な問題を題材に解決策を話し合う、学び合いの場であった。[52]

「浄化」と呼ばれた制限的な民主主義の側面に焦点を当てた本章ではほとんど取り上げることができなかったが、二〇世紀初頭のアメリカ都市部では、「民主フォーラム」に類する草の根の民衆教育（＝民主主義の社会化）運動が、ソーシャル・セツルメントを中心に一定の広がりを見せていた。おそらくその中で、シカゴの「民主フォーラム」と同様、大きなインパクトを与えたのが、政治学者メアリー・パーカー・フォレットがボストンの移民街（ロクスベリー地区）で展開した「ソーシャル・センター」運動である。一九一一年に始まるこの運動は、地域の人々が休日の公立学校の校舎に集まり、学識者の指導を受けながら政治討論を行うもので、この活動を通して、「民主主義を実質的な事実にし……シティズンシップの基礎と本質を獲得」する実験であった。これら「民主主義の社会化」を不適格者の排除（「浄化」）ではなく、移民や労働階級の教育によって達成し、あわせて、科学や専門主義と民衆自治との対立を乗り越えようとした試みがあったことは付記するに値しよう。[53] しかし、これらのコミュニティ活動の多くは、数年後に始まる第一次大戦時には、急速に愛国主義に吸い寄せられ、戦時動員の媒体へと転化していくことになる。そのことは、ソーシャル・センター等の運動の歴史的な評価を非常に難しくしているが、この点については、本書第Ⅱ部以降で再び論じる機会があろう[54]。

最後に、革新主義が牽引した国民化の潮流をそれ自体として非民主的なものと単純化することへの留保も表明しておきたい。投票権が事実上、合衆国市民権（国籍）と同一化されていくという第一次大戦前後に加速する流れの中で、女性投票権が実体化していくことはすでに触れたが、第二次大戦後の黒人「市民権」運動（Civil Rights Movement）もまた、連邦権力の地方自治への介入に期待する方向で展開した。先に論じたように、国民としての市民権擁護の主張が、「存在の政体」をいう外国人投票運動と原理的に整合しうるか否かはなお難問であるが、いずれにせよ、非白人市民の投票権が一般的に保障される一九六〇年代には、次の大きな変動が待っていよう。一九二〇年代中葉までに「浄化」が構築した国民秩序は、世紀後半の動向をも視界の片隅に捉えるなら、主権の面でも、政治文化の面でもいまだ少なからず過渡的で、地方的多様性を含み持つものであったといえる。

第3章　貧困の発見とアメリカ国民

――社会的な学知と他者創出――

はじめに――「他の半分」はいかにして創られたか

一八九〇年に刊行されたジェイコブ・リースの『他の半分はいかに暮らしているか』は、アメリカにおける歴史的な「貧困問題の発見」を雄弁に宣言するものであった。冒頭で次のように記す同書は、貧しさを個人の問題ではなく、中産階級アメリカ人が考慮すべき社会問題と位置づける新しい貧困認識の到来を示していた。すなわち、「昔『世界の半分は、他の半分がどう暮らしているかを知らない』と言われたものだ……（しかし、今日）下層の者の不満と密集ははなはだしく、その結果、彼らはとても暴力的になって事態は困難を極めている」と。[1]この言明には、貧困に対する二つの重要な態度を見ることができる。ひとつは貧困を適切な公的改革によって予防しうる社会悪として扱う傾向である。二つ目は、「下層の」人々を健全な市民社会から分離しようとするエートスの出現である。なにより、同じ社会に住む貧者を「他の半分」と呼ぶ心性は、「貧者は常に我らとともに」（マタイ伝二六章一一）という聖書の教えから大きく隔たったものであり、従来の救貧がキリスト教系の慈善に多くを負っていたことを考えれば重要な転換を示すものであった。

一九世紀末におけるアメリカの二分化を嘆いていたのは、リースだけではない。ハルハウスの創設者ジェーン・アダムズは、一八九二年にこう批判的に書いている。「国民（race）の少なくとも半数の人の人生を特徴づける飢え。この問題に対する変わらぬ無知が存在する。この半分の人々の生活から目をそむけることは、国民生活の最重要部分から自らを遠ざけることに他ならない」と。[2] この革新主義運動のヒロインのライフワークは、世界初のセツルメントのひとつトインビー・ホール（イースト・ロンドン）の精神をアメリカの地に移植し、「産業主義が富者と貧者の間に作り出した断絶に架橋し、階級間の相互不信と無関心を減じること」だった。[3] ただ、たとえ、そのことを否定的に捉えようとも、「他の半分」と残りの半分を分ける亀裂があるのはひとつの前提であった。経済学者のサイモン・パッテンが一八九六年に発した有名な議論もこの点で共鳴する。「国内のそれぞれの階級が自らの基準や活動と発展途上の階級の傾向との間に矛盾があることを意識しつつある。南部には黒人がおり、都市にはスラムがある……。皆が適切な市民資格を持つ者と、抑圧し社会から排斥すべき階級とを差異化し始めている。[4]」社会的断絶の拡大に対する深刻な不安と、有機的に統合された国民生活を構築したいという願望が広範なアメリカ知識人の間に広がりつつあった。

歴史学者のロバート・ウィービーは、この「経済的・法的・物質的な分離の力」を「差異のイデオロギー」と呼び、その本質は「下層階級を沈下させること」にあったと書いた。言い換えるなら、「一八九〇年代から第一次大戦の時期の貧困の発見は、根本的には、社会的距離があまりに拡大したために、中産階級アメリカ人が（下層階級との）橋渡しに絶望した」ことを意味するという。ウィービーに言わせれば、「ジェーン・アダムズが『聖アダムズ』と呼ばれたのは、彼女が他の同時代人と違い、この絶望を撥ね退ける超越者」だったからなのだ。[5] いずれにせよ、この種の差異のイデオロギーの存在は当時の貧困言説を精査すれば明らかだと、社会学者マイケル・カッツは、その著書『価値なき貧者』の中で指摘する。すなわち、「貧困の言葉は侮辱的な区別のヴォキャブラリーであるので、それ自体が社会的な差異の構築を際立たせる」のだ、と。[6] したがって、歴史的な貧困問題を振り返ることは、内部に深い分断線を有する二〇世紀ナショナリズムを考える有効な視点を与えてくれるであろう。

面白いことに、ウィービーが言う「社会的な距離」は、リースの同時代人たちからは貧者と「私たち」を分かつ文化的な差異に起因すると想定されることが多かった。革新主義は、リスペクタブルな住環境とか見苦しくない生活水準、あるいは「貧困線」といった、「欠乏」の度合いに関する測定可能で物質的な基準を求めたが、それにもかかわらず、彼らはしばしば貧者の「他者性」を人種・エスニックな帰属に帰したのだった。例えば、ジェイコブ・リースの表現を見てみよう。彼は、「他の半分との境界は、テナメント（貧困層向けの集合住宅）の内部にある」と言った。貧者の住宅は、「家庭への通常の健全な影響の観点からすると、全く十分な部屋がなく、見苦しく望ましいものではない」のだ、と。しかし、同時に『他の半分はいかに暮らしているか』の大半は、次のようなエスニック人口の検証で占められている。マンハッタンの「ユダヤ人街のスウェット・ショップ」、「ボヘミア人地区のタバコ業者」等々。[7] 要するに、中産階級アメリカ人の貧困問題に関する想像力は、経済的困窮だけでなく、人種・エスニックなサブ・カルチャーへの恐怖によっても構成されていた。先に述べたように、アダムズがセツルメントの運動を、階級問題の解決策であると同時に、「(移民の) ヨーロッパとアメリカでの経験を架橋し……両者が相互に関係するという感覚を与えるもの」と解釈していたことは記憶してよい。[8]

もっとも、当時のショーヴィニストの移民文化への反感は相当に苛酷であった。多くのネイティヴは、「人種や宗教、……そして、血族から築かれた」貧しい人々の相互扶助システムにすら不寛容だった。彼らにとって、エスニックなセイフティ・ネットは「他の半分」の邪悪な兆候だったからである。[9] 貧困史のこの局面は、我々に二〇世紀アメリカの社会的スティグマと序列化の性格を再考するよう促すだろう。マイケル・カッツが一九六〇年代以降の「貧困の文化」論[10]を批判して言うように、アメリカの社会と政治文化の中の貧困問題が、「不平等や権力、搾取の言葉ではなく、家族や人種、文化の言語の中に、安直かつ無思慮に刷り込まれている」のだとしたら、二〇世紀転換期における「貧困の発見」のあり方は極めて重い今日的意義があると言えよう[11]。取り組まなくてはならない課題は、これらの貧困イシューを同時代の歴史的展開――すなわち、大量移民やカラーラインの構築、エスニック少数者のアメリカ化など――の中に文脈化することである。「貧困の発見」にともない、アメリカ人がいかに「他の半分」を創り出し、社会統制の対象にしてきたかを検証することは、二〇世紀国民秩序の形成を、階層化とスティグマ化の独特の過程として解釈し直すのに役立つだろう。この歴史プロセスを考察するために、以下本章では、北部都市の貧困研究に献身した知識人とソーシャル・ワーカーたちの社会調査や言論を再検討する。

1　二〇世紀の貧困観の形成

第二次大戦後の経済繁栄のただ中で出版されたロバート・ブレムナーの『底辺から』（一九五六年）は、先行する半世紀における「貧困の発見」に関する初の包括的歴史研究であった。この画期的な書物の中で、ブレムナーは世紀転換期の知識人にとって「（物質的な）欠乏と不安定が（道徳的な）〝依存〟よりも厄介な問題だとみなされるようになった」と論じている。当時「産業による貧困の原因は、道徳より重要視され、個人の改善よりも社会の改革の方が、欠乏の適切な改善策として勧奨され始めていた」という。ブレムナーは新しい貧困観の誕生は、特に一八九三年の全国的な経済恐慌後、慈善組織協会（Charities Organization Society：ＣＯＳ）の衰退につながったと示唆する。つまり、ＣＯＳの道徳志向の友愛訪問員（friendly visitors）は、より環境主義的な傾向の強い改革者に取って代わられていったという[12]。この一般化は、多くのセツルメント活動家や社会科学者に当てはまる。『チャリティ』誌（後の『サーヴェイ』誌）の編集長エドワード・ディヴァインは、前世代の慈善を批判し、広範な改革者群の感性を代弁した。一九〇〇年の彼の論文は、こう言う。「貧困の原因に関する従来の分析は、飲酒や移り気、非効率性といった個人的な原因を強調しすぎで、不衛生な環境からくる事故や病気、一家のブレッド・ウィナーの死による絶望といった環境要因を相対的に軽視してきた」と。ディヴァインは貧困とは社会的なものであり、それゆえ矯正し予防できると論じた。「貧困は明らかに社会的な産物である。我々は、社会的責任の感覚を持ってこれに対処せねばならない。貧困は撲滅可能だという確信が我々の中にはある。[13]」

しかし、この新しい貧困観は決して、「貧しさ」というものが人々に烙印する独特の社会的スティグマと無縁ではない。当時の言論界で大きな影響力を持った、一九〇四年のロバート・ハンターの著作『貧困』が、貧困を「身体的効率を維持するうえで必要なもの」を欠く生活水準と定義するとき、貧困層全般と極貧者（pauperism）を明瞭に区別し、特に後者に冷たい視線を向けていた。「極貧者は公私の慈善に依存して生存する人である。人は困窮し、飢えで命を落とすこともある。しかし、その人は慈善の救済を請わないかぎり極貧者ではない。」彼はこうも指摘する。「極貧者は概して不幸ではない。彼らは恥を知らず、自立したいと思わないからだ。……そうして貧困一般と極貧者の境界線を踏み越えてしまっているのだ」と。これに対して、「貧困の本質」は、「飢えの恐怖」と定義される。すなわち、「貧困とは、ものがないことではなく……欠乏への怖れ」であると。[14]

もとより、ハンター流の「下層階級を沈めること」は、必ずしも目新しいものではない。貧者を委細に分類することは、アメリカ政治文化に深く埋め込まれた慣習である。[15]ニューヨークCOSが一八八三年に配布した友愛訪問員の手引書でも、価値ある救済申請者とそうでない者を峻別し、後者について、彼らは「賢明かつ厳格に扱われるべき存在であり、アルコール中毒や窃盗、売春等の悪徳がその家族にはびこっていれば、まず矯正が目指されねばならない」とされていた。さらに同手引書は、極貧者を以下のように記していた。「貧者の中の貧者である彼らは、社会とそして彼ら同士の間でも健全なコンタクトがない。彼らは孤立し無関心な人生に落ち込んだ者たちであり、人間よりも動物に近いと言ってよい」と。しかしながら、依存的な人々をケアすることも訪問者の目的のひとつであった。手引書によれば、裕福な博愛主義者が貧者と面談するときの目標は、「(貧者の)家庭的な愛情を喚起し慈育し」、「話し方や礼儀作法を涵養し、人生を豊かにする小さな相互犠牲を促すことである」と明記していた[16]。

もっとも、一八九〇年代の段階では、革新主義者の中にもなお極貧者の矯正についてのある種の楽観主義が残存していたことを指摘できる。例えば、社会科学者のリチャード・イーリーが一八九一年の『ノースアメリカン・レヴュー』誌に発表した論文は、極貧(pauperism)を「治癒可能な病」だと主張した。ウィリアム・ブースのイギリス貧困論を参照して、イーリーは「依存者」は「底辺の一〇分の一」の中に見出されると論じた[17]が、かかる依存の原因に関して、彼は完全に環境決定論であったわけではない。部分的に環境によるという見解で一致していた。しかし、彼は社モス・ワーナーと、極貧は部分的に遺伝であり、部分的に環境によるという見解で一致していた。実際イーリーは、ボルティモアCOSの書記長エイ会改良の主唱者なのであり、次のようにも書いた。「今日よく知られるように、極貧とは不要な悪と考えてよい。換言すれば、現代社会ではこれを治癒するのに十分なリソースがあるのだ」と。同時に彼は、そうした改良主義が自身の信仰に根ざしたものであることを隠さない。ソーシャル・ゴスペル運動の指導者でもあったイーリーは、他のキリスト教徒が「貧者は常に我らとともに」という聖書の言葉を軽んじていると批判した。「異教徒とパリサイ人が常に我らとともにある――彼らは聖書を自身の無能の言い訳に利用しているのだ[18]。」

しかしながら、時期がくだり一九一〇年代に至るうちに、より社会工学者タイプの専門家が貧困問題に深くコミットするようになると、右のごとき初期革新主義者の楽観は共有されなくなっていった。貧者の中の貧者にスティグマを押すことは、ジョンズ・ホプキンズ大学の経済学者ジェイコブ・H・ホランダーの言説ではさらに避けられないものとなっている。一九一四年に出版されたホランダーの『貧困の撲滅』は、貧困の一状態としての「経済的な不十分さ」に分析を集中していた。ホランダーは貧困とは、「衣食住の欠乏という意味で、つつましい生活と依存状態の中間にある」ものだと論じ、他方、極貧者とは「慢性的に公的扶助や私的救済を物理的に必要としている人々」であり、「社会的身体（the social body）の病理的統合失調」だと書いた。そしてホランダーは、両者の間の関係を説明するとき、ハンターの「極貧への恐怖」論に従い、欠乏によって定義される貧困全般とは異なる極貧の悲惨なイメージを叙述した。すなわち、「不十分さと依存の隔たりは常に狭いだけでなく、栄養不足や過密ゆえの心身の状態から不運や災難に抗することができなければ、自給から依存への遷移は致命的に容易である。貧困は極貧という絶望の沼に螺旋を描いて進む小道につながっている[19]」。

依存から一般的な経済的欠乏への関心の移り変わりは、貧者の道徳や資質とは別に物質的欠乏によって定義される、より拡大的な貧困認識を示すが、そのことは論理的には沈みゆく最も貧しい「半分」を切り捨てることで成り立っていたと言ってよい。だが、「他の半分」を遺棄することは、当時の法制度が厳しく彼らからシティズンシップを剝奪していたことを考えると非常に深刻な問題であった。政治史家アレクサンダー・キーザーによると、「約一二の州が……公的扶助を受けたあらゆる人間に投票を禁じており、四州は救貧院やチャリティ機関の収容者を排斥し、さらに多くの州はそうした収容者に法的な居住資格を与えなかった[20]」。一九〇七年移民法は、「痴愚者、精神薄弱者……極貧の者」を「公的負担（public charge）となりそうな人々」としてその入国を禁じた。同法はさらに、政府が、「入国以前からある原因のために公的負担となった……すべての外国人」を国外退去させる権限を認めた。身体的・精神的理由から「生計を立てられなかった」人は誰でも不適格で望ましくなく、国外追放の対象だった。こうした規定は国内における極貧者排斥と密接に連動している[21]。

これらの事実は、貧困言説のもうひとつの特徴を明らかにする。それは、貧困と外国人性を結びつけるコンテクストである。ハンターの『貧困』もまた例外ではない。道徳ではなく環境に焦点を合わせた同書のリベラルな貧困アプローチにもかかわらず、「移民」と題された最終章は、外国人に対するナイーヴなステレオタイプであふれている。ここで、ハンターは外国人性と貧困を恣意的に同等視し、次のように書いている。「貧者はほとんどの場合、外国生まれである。」さらに彼は、「民族、あるいは人種系統における、アメリカ的集団」とは異なる移民サブ・カルチャーによる社会分断こそがアメリカの貧困の独特の性格であると想定した。すなわち、「アメリカの巨大都市では富者と貧者を分かつ他の多くのものがある。言語や制度、慣習、宗教がネイティヴと外国人を分ける。アメリカの貧困問題の解決を他国のそれに比して困難にしているのはこの分裂である」と。[22]

この悲観主義は、ひとつには新移民は人種的に劣等であるという前提に依拠している。「これらの移民は、多くが文明の最下層から来たスラヴ系人種である」と書くハンターは、ジェームズ・ブライスの『アメリカ文明』の一節を引いて新移民の極貧との近接性を示唆している。新移民は、「迅速にアメリカの影響に適応することがなく、おそらく改善の余地は全くない」、そして彼らは「自身の低劣な品性と快適さの水準を維持するであろう」。さらに加えて、ハンターは、外国人は「アメリカ人」労働者を貧困化させる脅威であるという考えを示した。「全世界からの風変わりな諸民族の到来は、ネイティヴ同様、ある程度アメリカ化した（旧移民）労働者階級の貧困を増加させる。新移民のために、アイルランド系アメリカ人の貧困化と堕落が生じたことは、その好例である。」したがって、ハンターは貧困解決の主要な政策としてのより制限的な連邦移民法を熱烈に支持したのである。[23]

「我々は、貧困と関連づけて移民問題の経済的側面を論じなくてはならない」とハンターが書くとき、彼は多くの同時代人の信念を代弁していた。『貧困』が出版されたのと同じ一九〇四年、『シカゴ・デイリー・トリビューン』紙はニューヨーク・エリス島の移民コミッショナー、ウィリアム・ウィリアムズの長いインタヴューを掲載している。この中で、ウィリアムズはまず、都市の密集の原因は移民だと指摘した。「大都市における外国人の集住こそが移民問題の最も大きな特徴である……我々にとって深刻な問題は、これほど大量の望ましからざる人口を受け入れるべきか否かである」と。彼はさらに続けて、望ましからざる移民と極貧の関連性に言及した。「難しい問題は、我々が南イタリア人、スラヴ人、ロシア系ユダヤ人の最悪の部分を何千何万と受け入れていることである……彼らは不可避的に我々の生活水準を低落させ……無数の絶望的な極貧者と哀れむべき貧者を大都市にもたらすだけである。[24]」

注意すべきは、よりコスモポリタンな改革者もまた、外国生まれの「血族的（clannish）」サブ・カルチャーが都市貧困の本質的な要素を構成するという前提を受け入れていたことである。シカゴ慈善局（CBC）が発行した『協働』という雑誌では、イタリア人の貧困は「不潔さと、誤った血族性」として特徴づけられた。[25] また、ハルハウスがシカゴ・ウェストサイドで初歩的な社会調査を実施した時には、スウェット・ショップと児童労働の社会悪は、ユダヤ人やボヘミア人、イタリア人のコミュニティでの伝統的パトロネージ制と不可分だとされた。[26] 同時期の極貧者の疎外と移民の孤立とは、互いに絡まり合いながら二〇世紀の新たな社会的スティグマを形成したのである。

2　シカゴの貧困

「貧困の発見」をより歴史的に文脈化するために特定の地域を参照するとすれば、当時この問題に関連して、人種・エスニックな境界が急速に確定されつつあったシカゴの状況は観察に値する。まず、シカゴのスラム問題には多くの北部都市に共通するものがあった。なによりも、シカゴの貧困はほとんど最初から、外国系人口、特に南・東欧系移民と同一視されてきた。一八九二年七月、ジョセフ・カークランド（『シカゴ・デイリー・トリビューン』紙編集長）が『スクリブナーズ・マガジン』に書いた論文「シカゴの貧者の中で」は、最初期の分析のひとつとして重要である。カークランドは、論文の冒頭でトインビー・ホールのバーネット・ワーデン師の言葉――『他の半分はいかに暮らしているか』とシカゴで問うなら、かなりの程度、彼ら自身の選択に帰する（と答えられる）」――を引用して、極貧の悲惨さの中で暮らすか、節酒の喜びに生きるかは基本的に個人の選択問題だと論じた。それはなお、旧い道徳的な貧困観を引きずる認識の表現であった。しかしながら、同論文は二〇世紀的なエスノ・レイシャルなパースペクティヴを包含してもいた。「シカゴの深い闇の中、外国系の間に底辺の生活がある。彼らは外国生まれであるだけでなく、我々と関係のない血統――モンゴル人、アフリカ人、スラヴ人、ユダヤ人などである。彼らは相当に孤立し、それゆえ血族的密集が存在する。」[27]この「底辺生活」が外国系と関係するという経験的な理解は、その後の第一次大戦前のシカゴでの貧困研究に色濃く受け継がれていく。

さて、シカゴにおいても貧困は住宅問題に凝縮されていた。ジェイコブ・リースの『他の半分はいかに暮らしているか』は、シカゴでも広く読まれ、貧困層の住宅イシューに相当な関心を喚起していた。一九〇〇年の三月から四月にかけて、リースは『シカゴ・デイリー・トリビューン』紙日曜版に「スラムの物語」を連載した。それは特別に書きおろされた長編記事で、ニューヨークとシカゴのテナメント問題を論じたものだった。七階建ての多いニューヨークのテナメントと三、四階が主なシカゴの建物を比較して、リースはシカゴの状況をある程度楽観していた。「シカゴにはまだ新築のスペースがあり、都市生活を大衆にとって容認できるものにすることは可能である」と。しかし、リースはこうも書く。「私の言うことを聞いてくれ。西部の都市よ！　次のステップに向かう責任を忘れてはならない。悲惨なテナメント・ハウスは、人口過多と荒廃が主たる原因であると同時に、都市の無知から生まれてきた。」彼はさらに続けてこう警告した。都市の成長は急激なので、「コミュニティのこの成長段階で、適切な規制と制限が課されることが極めて重要である」と。[28]実際シカゴの総人口は一八九〇年の一一〇万人から一九〇〇年の一七〇万人、一九二〇年には二七〇万人へと増加した。そして、外国生まれとその子供は一九〇〇年の数字で七七％に達している[29]（前掲表1を参照）。

リースの記事に素早く応じるかのように、当時都市改革に携わるNGO、シカゴ住宅協会を運営していたロバート・ハンターがシカゴのテナメント・ハウスについて大規模な調査を実施した。同協会の報告書でハンターは次のように書いた。「異常な規模の病気、死、極貧、飲酒、犯罪は普遍的に劣悪な住環境と関連している」と。さらに続けて、「過密、悪い空気、暗い部屋、不衛生な居住条件……は、競争のハンディキャップとなり、多くの家族はつらく堕落的な公的慈善への依存に引き込まれてしまう」。そして、「不衛生な住環境は産業における効率を損ね、疲労を増進し、その結果、巨大な依存的階級が拡大する原因となる」という。要するに「テナメントが極貧者を生み出す。それは自立精神を破壊する」。この報告書の中でハンターは明らかに、極貧を治癒不能な病のように扱い、「壊れ荒廃し、健全なものが全くなく、汚わいと過密に満ちたテナメントでの生活は」「極貧者や物乞いを生み出す――なぜなら、極貧者の態度と習慣は伝染するからだ」と論じていた[30]。このようにハンターは、極貧は環境によってもたらされる性質だと主張したが、調査が必要な地区として彼が選んだ三つの近隣は、エスニックな偏見に基づく先験的なものだった。すなわち「第九、第一〇区のユダヤ人とイタリア人地区」、「第一六区のポーランド人地区」、「第一〇区のボヘミア人地区」がそれである。したがって、ハンターが調査した四万五〇〇〇人の貧困は再帰的にエスニック・コミュニティへと還元された。いずれにせよ、ハンターの調査は直接一九〇二年のシカゴ・テナメント住宅条例――新築のアパートについて、その空間と衛生を規制――に結実した。それはハンターが『貧困』を出版する二年前のことだった[31]。

こうしたハンターやハルハウスの活動は、非常に多様な社会調査や改革者のコミュニティから支援を受けたが、それはシカゴにおける貧困撲滅戦争の顕著な特徴だった。当時の状況としては、例外的なことだが、シカゴではCOS系の伝統的な慈善団体とセツルメントやシカゴ大学の改革志向の学者たちとの間に紛争は生じなかった。この協調関係は、一人の改革者がこれらの団体のうち複数に所属していたことから可能になったとみられる。例えば、ハルハウス・レジデントのソフォニスバ・ブレッキンリッジは、市内の慈善団体の連合体であるシカゴ慈善連合（UCC）の指導者であったが、同時にシカゴ大学市民・博愛学部の教員でもあった。一九〇九年から一五年にかけて、ブレッキンリッジと同僚のエディス・アボットは、同学部が主催する一連の都市規模の住宅調査を実施した。ブレッキンリッジはこの調査をハンターの研究を受け継ぐものだと明言したが、ここでも再び、貧困地区は地理的に規定されるだけでなく人種・エスニックなものと同定され、「バックオヴザヤーズのポーランド人地区」とか「第二二区のスロヴァキア人」とか「二つのイタリア人地区」、「第四区のリトアニア人」、そして「黒人問題」といった用語が使われていた。[32]

こうしたシカゴの住宅調査は、一九〇七〜〇八年のピッツバーグ調査で最高潮を迎える革新主義の社会調査運動の一部である。社会学者のマーティン・バルマーが指摘するように、これら産業都市での貧困調査は、政治的に動機づけられた目的論的な活動という面があり、それは、より方法論的に確立した後の学術的な調査とは厳格に区別されるべきものかもしれない。[33] しかし、革新主義者の貧困や都市問題への眼差しそれ自体を歴史的考察の対象とする本書にとっては、むしろ当時の都市調査は多くの有用な情報を含むものであった。ともあれ、シカゴにおける「調査」の最も顕著な特徴は、貧困の矯正と予防の活動に極めて広範な人脈や運動が関わっていたことである。「シカゴ調査」には友愛訪問員の自助エートスからセツルメント・ハウスのコミュニティ再建論、社会科学者の実験主義までが参入し、全体として非常に大きなインパクトとなった。

なかでも、セツルメント・ハウスは中産階級改革者の拠点であるだけでなく、貧困問題に関するより急進的な立場やエスニック集団主導の運動との結節点としても機能していた。興味深いことは、食肉産業で働く東欧系移民の近隣に立地するシカゴ大学セツルメントのメアリー・マクダウェルが、一九〇四年の食肉産業ストに際して、公然と労働組合を支持したことである。労組はスラヴ系の「隣人たち」に対してアメリカの自治への参加の仕方を教える民主的な制度であるばかりか、経済的な保障を移民に与え、「英語話者の生活水準」を彼らに享受させると考えられたからだった。[34]

もし、セツルメント運動の本質的な理念が、近代産業の中でアトム化し、疎外された都市大衆に社会的な紐帯を与えることだったとすれば、この近隣コミュニティの新しい絆は、身体的な不足や物質的欠乏と戦う中でこそ維持されよう。この意味でマクダウェルは、ハンターやホランダーらの貧困論者と共感する面があった。さらにマクダウェルは、この経済的保障を達成することがアメリカ化のプロセスを具現化することだと考えた。「過剰な労働力の一部となり、時給一五セント、週三日だけの労働で生活するのは非アメリカ的な外国人である。」そう彼女は論じた。また、マクダウェルは「見苦しくないアメリカ的生活水準」について常に具体的だった。すなわち、子供のいない若い夫婦は「彼らが生まれた場所（バックオヴザヤーズ）より清潔で小奇麗な地区にある、四部屋、風呂、応接間付き」のアパートに住むべきだという。[35] それは、同時代の経済学者ジョン・ライアンの「生活賃金」論（第1章参照）とも共鳴する、生活水準の向上を梃子としたリベラルな国民形成論の立場であった。

マクダウェルの考えるアメリカ化には、より文化的な側面もあった。彼女は二〇世紀初頭という早い時期に、「トランス・ナショナリズム」に立脚し「アングロ・サクソン同様、ドイツ人、スラヴ人、ラテン人、ケルト人をも含む」「多くの民族から成る新しい国民」を創出することを主張していた。ここに「トランスナショナル・アメリカ」を唱えたランドルフ・ボーンらの文化多元主義の影響を見出すのは容易である。マクダウェルは対貧困の戦い全般を行いながら、できるかぎり移民のサブ・カルチャーに寛容であろうとした。そうした現実主義的なアプローチは、彼女が移民の祖国ナショナリストとも良好な関係を維持するのを可能にした。[36] それゆえ、在米の世俗ポーランド民族主義団体、ポーランド国民同盟（Polish National Alliance：ＰＮＡ）が中産階級改革者の福祉立法運動を支援したことは不思議ではない。一九一一年一一月、PNAはイリノイ州議会における母親年金法案を支持した。シカゴのポーランド語新聞『ジェンニク・ズヴィョンスコーヴィ』紙は、「シカゴでは、貧困による餓死と自殺が頻発しており」、「この貧困が支配する」土地では、「多くの子供を抱えた貧しい未亡人」のための福祉法は「人間的で、支持するに値する」と報じていた。さらに翌月にも、PNAはセツルメント運動が熱心にロビーした一一年連邦労災補償法案を支持した。ポーランド語新聞は言う。「同法案は同胞を『貧困から』守る、なぜなら毎年数百人が（産業事故により）亡くなったり、障害者になったりして、家族は物乞いと貧困を強いられるからである」と。[37]

もっとも、外国生まれの貧者は、常にアメリカ中産階級のチャリティに動員されたり、ジュニア・パートナーとして補助に徹していたわけではない。慈善連合やセツルメントから自立した移民独自の反貧困運動があったことも見落としてはならない。その際、最も重要な制度はカトリック教会と枢機卿管区の慈善であった。例えばバックオヴザヤーズの守護天使勤労女性寮は、シカゴ大学セツルメントの道向かいに建てられたポーランド・カトリックのセツルメント・ハウスだった。この施設は、一九一五年、ルイス・グラジンスキ神父と彼の教区聖ジョン・オヴ・ゴッドが創立したものであるが、その背景には、マクダウェルのごときプロテスタントの改革者が、アメリカ生まれのポーランド人の子供たちを文化的に奪っていくという恐怖があった。[38]アメリカのカトリック信徒は、一九世紀を通じて福祉の受益者と見られてきたが、二〇世紀初頭には特に児童福祉の分野に独自の慈善を発達させた。このチャリティは一九一五年にシカゴ枢機卿に着任したジョージ・マンデリン司教の強力なリーダーシップのもとに恒常的な制度として発展していく。実際、多くの管区機関は自治体の公的な福祉が拡充する一九二〇年代にも存続し、三〇年代にはニューディールの連邦緊急救済局の地域の受け皿としても活動を続ける。[39]守護天使寮のケースが示すように、カトリックの慈善は、潜在的に「アメリカ」プロテスタントの救貧事業やセツルメントと、同じ南・東欧系の貧者というクライアントを奪い合う関係にあった。しかしながら、エスニックな多元性を容認するシカゴ独特の都市文化が両者の共存を可能にしていたように見える。さらにドロシー・ブラウンとエリザベス・マキオンによれば、カトリック・チャリティの内部においてさえ、ポーランド人やチェコ人のコミュニティの孤児院の多くは、事実上、枢機卿管区から自立して運営されていたという。彼らの草の根の活動は、カトリック信仰が伝統的にニーズと権利を区別しなかったこと（ニーズが権利を作り出す）、そして、その慈善が決して極貧者を「他の半分」と切り捨てなかったことを想起させるものである。[40]

それでは、貧困のサブ・カルチャーの何が問題だというのだろうか。元ハルハウスのレジデントで移民保護連盟の精力的な活動家グレース・アボットは、第一次大戦期になってなお、移民の外国性と経済的困窮に由来する社会的スティグマを取り除くことに悲観的だった。彼女が一九一七年に出版した『移民とコミュニティ』は次のように論じている。「外国生まれの中にある依存性は人種や国民性に由来するものではない。」したがって、「公衆が真の改善を求めて注目すべきは、貧しい人々の出生地ではなく、これら（貧困と依存）の原因の方である」。しかし、アボットは次のことを認めてもいる。「移民が貧困と極貧を増大せしめるという恐怖」、別言すれば、「アメリカはヨーロッパの犯罪者と貧者の廃棄場として使われている」という考えは、長くアメリカ民衆の信ずるところである、と。彼女はこの不寛容は、旧い一九世紀救貧法にある、すなわち「それぞれのコミュニティが自ら生み出した貧者をケアせねばならないというしきたり」——この場合は「国際的にだが」——にあると論じた。同書の中でアボットは、多くの移民の実際のライフ・ヒストリーを詳細に例示し、外国生まれの依存者に「公的負担（public charge）」のレッテルを貼って国外退去させることの愚かさを強く訴えた。[41]しかし、アボットは同時に、移民の依存性というパブリック・イメージは独特の家族文化と切り離せないと認めていた。曰く、「チャリティ団体のケア・ワーカーによる『依存的な家族』の扱い方は、その家族が新来の移民であれば修正せねばならない」と。彼女はさらに、「父母がロシアやイタリア、ハンガリーから来た人々の場合、『家族のリハビリテーション』問題は違ったものになるだろうか」と自ら問い、「慈善ワーカーはその家族がネイティヴの場合と同じようにやってはいけない……家族とコミュニティ関係を支配する彼らの人種資質や社会的伝統をよく理解しなければならない」と結論づけた。[42]リベラルなシカゴ改革者の異文化への寛容は、「他の半分」との間に、いわば礼節を持って距離を置くように機能したのである。それは革新主義の都市改革思想に内在するひとつの限界とも言えた。

3　カラーラインの発見

アメリカが第一次大戦に参戦する一九一七年前後の時期には、いまだ排外的な貧困イメージが根強かったように見える。『シカゴ・デイリー・トリビューン』紙は戦後一九二〇年になってなお、「ますます拡大する移民の流入がもたらす極貧や痴愚こそが……合衆国の危機を際立たせる」などと書いていた。[43]だがこの頃までに、貧困の表象の中心は、次第に南部からの黒人移住者の姿と重なり合うようになっていた。重要なのは、このことが中産階級知識人による黒人の特殊なニーズ――特に人種差別と大規模移住が悪化させた黒人の住宅問題――の発見に呼応していたことである。一八九〇年代からシカゴには黒人を対象とした慈善があった。いわゆる黒人教会、黒人婦人クラブ、黒人のための養老院等である。一九〇四年にセリア・パーカー・ウォーリーがフレデリック・ダグラス・センターをシカゴ、サウスサイドのブラックベルトに創設して以来、黒人と白人の改革者は熱心にこの黒人地区にセツルメント・ハウスを建てようとし、第一次大戦が終わるまでに八つほどのセツルメントが生まれていた。[44]

一九一〇年頃には、チャリティ主流の黒人の貧困への関心は徐々に深化していた。一九一二年、アルザ・P・コムストックは『アメリカ社会学ジャーナル』に「シカゴの住宅状況――第六編、黒人問題」を発表した。この論文は、前述のブレッキンリッジとシカゴ大学市民・博愛学部が組織した一連の調査の一環として、ブラックベルトとウェストサイドを分析したものだった。彼らは、黒人地区をポーランド人、スロヴァキア人、イタリア人、ギリシア人等のコミュニティと並ぶシカゴの多様なエスニック地域のひとつとして扱ったが、コムストックは黒人の貧困に固有のいくつかの問題をリストアップした。ひとつは、家主の意図的な怠慢が原因のテナメントの荒廃と不衛生だった。いまひとつの問題は、「異常に高い家賃」だった。同報告は、「黒人が支払っている家賃は、どの移民集団が払っている家賃よりも高い」、すなわち、「ストックヤーズ地区のボヘミア人やポーランド人の約半数は四部屋のアパートに月八ドル五〇セント以上は出さないが、サウスサイドの黒人の半数以上が月一二ドル以上支払っている」と記す。この高い家賃ゆえに、黒人の賃借人は下宿人を置かざるを得ず、そのことがアパートのさらなる過密を生んでいる。しかしながら、著者は状況が移民より悪いとは結論づけない。すなわち、「もし黒人が移民の習慣に従うのなら、これほどの密集は起こるまい。……というのは、貧しい黒人ですら移民のようにキッチンや応接間、そして時にはダイニング・ルームに寝たりはしないからである」と。[45]

一九一三年には、純粋に学術的な関心からだけではないが、青少年保護協会という社会統制志向の改革者団体が、黒人の貧困に関する包括的な調査を実施した。同協会の会長で、ハルハウスの財務担当であったルイーズ・ボーエンが執筆した最終報告書『ニグロ・イン・シカゴ』は、ブラックベルトでの犯罪とその背景を精査し、分析したものだった。同報告は具体的に、黒人には「適切で高収入の雇用がない」こと、労組が人種偏見から彼らの入会を拒否すること、黒人の母親が働きに出る必要から家族がしばしば崩壊することなどを指摘した。[46]

興味深いことに報告書の約三分の一は、黒人の「よりよい階級」が抱いた、特に住宅問題への懸念で占められていた。ボーエンや保護観察官たちは、以下の文言を一九一一年のシカゴ悪徳委員会報告書『シカゴの社会悪――現状の研究』から再録して、都市の悪徳がいかに身近にあるかを警告した。「シカゴの社会悪の歴史は、黒人人口と密接に結びついてきた。巨大な悪所は常に黒人の定住地域内かその近くに作られてきた。」そして黒人中産階級は、ブラックベルト内の「これら貧困な……一画」から距離を置きたがっている、と。さらに、「青少年保護協会報告」は、裕福で教育を受けた黒人が、よりよい（白人の）近隣に家を買い「リスペクタブルな生活を送る」ことができないのは不公正だと強調していた。同報告書は「そうした地区の白人住民が開いた抵抗集会」や、実際にウエストサイドやシカゴの典型的郊外都市、ウィルメットで起こった小規模の「人種暴動」について書いていた。[47] このように、非常に頻繁に黒人中産階級のニーズに言及するのが、黒人の貧困を対象とする分析に顕著な性格であり、それはヨーロッパ移民の貧困に関する叙述と著しく異なる点である。この時期の黒人チャリティが、ブッカー・T・ワシントン流の自助イデオロギーに固執し、「価値ある」黒人へのシティズンシップ承認を特に重視していたことは、すでに指摘されているが、だとすれば、各種の貧困報告に現れる黒人中産階級の独特の視線はこれと連動するものだと言ってよい。[48]

いずれにせよ、シカゴ革新主義者の「黒人」内貧困への関心は非常に高くなっていた。ボーエン報告と同じ年、ブレッキンリッジは「住宅問題の中のカラーライン」という印象的なタイトルの論文を『サーヴェイ』誌に寄稿した。同論文の大部分は、より統計的なアプローチをしたコムストック報告に依拠するものだったが、より扇情的な表現が用いられていた。「貧しく、そして黒人であれば、吹き破れた不衛生な住宅と下宿人という社会悪に直面せざるを得ないだろう。しかし、富裕な者も含めてすべての黒人は、異常に高い家賃と、隔離された悪徳との危険な近さという問題から逃れられない。[49]」これまで、バックオヴザヤーズやサウス・シカゴ、ウエストサイド等における東欧系移民の住宅調査を行ってきた人物によるこうした言葉は、貧困問題におけるカラーラインの発見を鮮明に示すものである。

さて、シカゴの黒人チャリティの潮流は、一九一六年にシカゴ・アーバン・リーグ（Chicago Urban League）が創設されたときに最高潮に達した。それは、ブッカー・T・ワシントンのタスキーギ人脈のジョージ・ホールとロバート・パーク、そして前述のブレッキンリッジ、アダムズ、ウォーリーを含むシカゴの指導的ソーシャル・ワーカーの協力によるものだった。一九一七年に公にされた、シカゴ・アーバン・リーグの最初の年次報告によると、初代会長のパークは、この運動の任務を黒人移住者の都市環境への「適応と同化」に求めている。[50] パークはワシントンの私設秘書兼研究アドヴァイザーを長く務めたが、一九一四年以来シカゴ大学で都市社会学の教鞭をとっていた。「都市貧困の研究を通して、そしてエスニック集団の差異への関心ゆえに黒人問題を発見した」他のシカゴ知識人と同様に、パークもまた「黒人問題」をヨーロッパ移民のアメリカ化の文脈に位置づけようとした。[51]

同時にシカゴ・アーバン・リーグの年次報告書は、黒人移住者が被っている特殊な「不利益」を指摘する。それは、「固定された恒久的なカースト」だという。「『無知な移民』に対してある程度の偏見は疑いなく存在する」、しかし、「どの職業であれヨーロッパ移民の子女には十分門戸は開かれている」が、「それは黒人には当てはまらない」。そうパークは論じる。同報告書はさらに加えて、この年の第一次大戦参戦にともなう緊急の警告を発していた。「過去八カ月間における、第一のそして最も緊迫した課題は、南部諸州からの急激な黒人の流入に起因する」と。[52] この大移動は主として戦時の北部産業の人手不足によって引き起こされたもので、シカゴの全黒人人口は、一九一〇年の四万四一〇三人から二〇年には一〇万九四五八人に増加していた。[53]

アーバン・リーグの年次報告書は具体的な黒人住居の分析を含むものではなかったが、同じ年の一〇月、アーバン・リーグの執行書記、T・アーノルド・ヒルが第六回全国住宅会議にペーパーを提出している。「黒人賃金労働者の住宅」と題されたヒルのペーパーは、「シカゴの黒人は採光も換気もままならず、一家族用のアパートに二、三家族が住んでいるのであり、これは長く容認されるべき状況ではない」と論じた。五年前のシカゴ大学市民・博愛学部の調査が、黒人移住者は新移民の過密に比して最低限のアメリカ的生活水準を保っていると結論づけたことを考えると、上の過密状態の叙述はショッキングである。しかしそれにもかかわらず、ヒルの解決策は、先行する諸報告と同じく黒人中産階級の方に向いていた。「子供を良い環境で育てるために、少しでもより良い地区――売春地区の近くではなく――を望み、より良い住宅に引っ越したいと考える家族」に対して、心からの同情を示しつつ、ヒルは次のように勧告した。「シカゴにもシンシナティのシュミッドラップやニューヨークのシティ&サバーバン・ホームのような中産階級物件を開発すべきである」と。[54]

翌一九一八年、シカゴの黒人の住環境はさらに悪化していた。アーバン・リーグの第二回年次報告書は、「住宅問題は、特に黒人にとって喫緊の課題だ」と書いて焦りを隠さない。後にシカゴ大学セツルメントのマクダウェルは当時の状況を回想してこう書いた。「数日のうちにアラバマからシカゴに五両も六両もの列車が到着するや、乗っていた移住者はブラックベルトに集住し、この地区にすでにあった過密状態は健康と道徳の脅威となるほどに進行した。」さらにマクダウェルは一九二〇年代のシカゴ市の調査を引いて、戦後のブラックベルトの過密を強調する。「ワバシ通りの一家族用の住宅に、二三人が住んでいたという。あるいは、ある家には七家族一七人が住んでいたという。また別の家屋では三二人がひとつのトイレを共用していたのである。」[55]リースやハンターが論じたように、住環境が貧困を規定する一般的な基準だとすれば、そして、二〇世紀の社会思想が経済的欠乏と病的な無秩序を示す極貧とを分けて考えるならば、上記のごとき過密状態は、多くの黒人が、ジェイコブ・ホランダーの言う「極貧という絶望の沼に」沈みつつあることを示していた。[56]さらに、多くの文書からわかることだが、シカゴに数世代住んでいる中産階級の黒人「オールド・セトラー」は、自らブラックベルトの「絶望の沼」に沈みこまないために、同じ黒人の「他の半分」から何とか距離を置こうと腐心していた。

一九一八年冬、ロバート・パークは暗い予感に囚われていた。「世界の基礎を揺るがした戦争が、人種間の均衡を乱している」と。[57]パークの予感は根拠のないものではなかった。黒人の北部移住に付き従うかのように、一連の人種暴動が北上し、一九一七年夏にはイースト・セントルイスにまで達していた。そして、ついに一九年七月末、シカゴで三八名が殺害される前代未聞の人種暴動が勃発した。ストリート・ファイトは、ほとんどが白人と黒人近隣の非公式の境界線上——野心的な黒人中産階級家族が転入した地区——で起こっている。後から振り返ってみると、この暴力が地理的なカラーラインを画定し、より厳格に黒人ゲットーを形作った。

第9章で詳述するが、暴動の直後からシカゴの知識人は紛争の原因究明と平和回復を目指して献身的な努力を行っている。アーバン・リーグのリベラルとマクダウェルをはじめとするセツルメント活動家は、公的な調査機関の設置を求める大規模な請願運動を組織し、これに応えて、イリノイ州知事フランク・ローデンはシカゴ人種関係委員会を設置した。同委員会の調査は、パークのシカゴ大学での大学院生でアーバン・リーグの調査スタッフでもあったチャールズ・ジョンソンが指導し、丸一年に及ぶ調査ののち大部の最終報告書『ニグロ・イン・シカゴ』を上梓した。[58]

この人種関係委員会の報告が、黒人の貧困を暴動の原因のひとつに挙げていたことは注目に値する。『ニグロ・イン・シカゴ』には、「黒人の住環境」、「犯罪と悪徳の環境」という二つの章があり、前者は移住の歴史と黒人の生活水準に注目し、後者の章は保護観察の文脈から「貧困と犯罪の関係」を検討するものだった。[59] おもしろいことに、『ニグロ・イン・シカゴ』全編を通して、ヨーロッパ移民の貧困はほとんど完全に看過されている。同報告書は、暴力の勃発に最も責任のある「擾乱者」を「アイルランド系アメリカ人……と多くの（ヨーロッパ系）民族の二世世代」から成る白人ギャングと同定しているにもかかわらず、一〇年前の都市改革者があれほど注目した外国人「テナメントの悪」には全く言及しなかった。同報告書において貧困は黒人問題であった。[60]

しかしながら、『ニグロ・イン・シカゴ』の結論部分にあたる五九の勧告の中に、全黒人の四三％に達する劣悪な住環境——「ほとんど住むことができず……荒廃し、打ち破れ、文字どおり崩れかかっている住宅」——に暮らす「極度に貧しい」者たちを向上させる直接的な方策は何も示されなかった。むしろ読者は勧告文を読み進めるうちに、貧困救済の代わりに別の種類の住宅政策があることに気づく。「隔離なしのより良い黒人住宅」と題された勧告第三三項は、「黒人人口の増加に対応する、より多くのより良い（黒人用の）住宅が確保されねばならない」と明記していた。[61]

この文言にはいくつかの関連する力学が働いていたことを指摘できる。第一は、ブラックベルト内に中産階級用のアパートを建設したいデヴェロッパーの期待であり、第二に、「自発的隔離」などと言われた、強制的ではない分離の言説がある。ブラックベルトの再開発計画には、裕福な黒人も黒人コミュニティの内部に住み続けるという前提がある。さらに、分離が暴力を予防するであろうことも重要だった。実際、シカゴ知識人の平和構築の議論の中には、黒人中産階級の生活環境を改善することで、彼らの白人地区への越境をコントロールしようという議論が遍在した。[62]そして、このことと表裏を成す第三の論点として、裕福な「ビッグ・ニグロ」の「アメリカ的」生活水準を求める野心があった。歴史学者のウィル・クーリーが指摘するとおり、「黒人コミュニティの内部に」「階級やリスペクタビリティの違い」や「階層」が存在し、「高いステイタスを持つ黒人は、自らと下層黒人の間に一定の距離を維持しようとし」、それゆえ「絶えず、ブラックベルト内の『より良い近隣』を探し求めた」のだった。[63]一九二〇年二月七日付の『シカゴ・ディフェンダー』紙上に、黒人市会議員L・B・アンダーソンは「オールド・セトラー」と成功した移住者を代弁してこう記している。「黒人が生活環境を改善したいと願うのは当然だ……現状では、見苦しくない衛生条件の物件に住みたいと願う黒人家族は、いわゆる『白人地区』に住まざるを得ない」、しかしながら、彼らは本当は「黒人だけが住む地区に暮らしたいのである」と。[64]

すでに見たように、この種の感情はシカゴ知識人の共感を喚起する。「価値ある」黒人移住者を都市環境への適応を通してアメリカ化することは、もし、アメリカ的生活水準がブラックベルトの内部でも達成可能であるなら、

「自発的な隔離」や黒人の「他の半分」の疎外と必ずしも矛盾しない。実際、社会学者スティーヴン・ダイナーも指摘するように、短命に終わったアイダ・B・ウェルズ・セツルメントを除けば、黒人セツルメントの多くですら、主として「教育があり……その趣向や慣習が（白人と）同じ黒人」のために差別と闘ってきたのであり、貧しい黒人にはほとんど無関心だったのだ。(65) 要するに、「黒人の問題」を意識した「貧困との闘い」は人種統合のエージェントとして機能することはなかった。メアリー・マクダウェルのようなリベラルは、脆弱な貧しき黒人に心からの同情を示しながらも、新たに画定された都市のカラーラインにはほとんど無力だった。

むすびにかえて——統合の中の分断

「（近代の国民は）それゆえ……『偽の』、『外来の』、『混血の』、『世界市民的な』諸要素を排除・追放するまえに、まずそのような要素を自らの内部において隔離しなければならない。」フランスの哲学者エティエンヌ・バリバールはそのように書いた。「人種主義の対象になるのは、生活様式や信仰やエスニック的起源にかんする集団的特徴が外部性と不純性の傷痕《スティグマ》を付与された社会集団であるが、純粋でなければならないという脅迫的な強制がこのような人種主義に直接的な責任を負っている。(66)」フランス国民内の「外来の」要素としてバリバールは、もちろんユダヤ人という存在を暗示している。しかしながら、バリバールのレトリックと論理は同時期のアメリカで起こっていたよく似た現象——「他の半分」の創出——を想起させずにはおかない。なぜなら、アメリカの場合も「差異のイデオロギー」がナショナリズムと相互補完的なものとして発展してきたからである。事実、本章が取り上げてきた反貧困の論客はいずれも、二〇世紀の国民形成と深い関係を持つ人々だった。すなわち、ロバート・ハンターの『貧困』は人種主義的な移民排斥論と分かちがたく、メアリー・マクダウェルの救貧活動はソフトで現実的なアメリカ化を体現した。そして、黒人の北部都市への適応を唱えたロバート・パークは、後にシカゴ学派社会学を代表し、新移民の同化サイクル論で有名になる人物なのである。(67)

国民形成と「他の半分」言説の強力な組み合わせは、文化アイデンティティの領域にとどまらない。もしアメリカ国民国家の中に、政治学者のデズモンド・キングやロジャー・スミスが論じるような「人種的制度秩序」が埋め込まれているとすれば、一九二一年のシカゴ人種関係委員会報告もその責任の一端を負わねばなるまい。(68)結果として、『ニグロ・イン・シカゴ』は事実上、暴力によって引かれたカラーラインを承認することになった。一九二〇年代後半には、シカゴの住宅地の約四分の三は「任意の」制限的不動産約款によって厳格に人種隔離されていた。歴史的に見て、シカゴの経験は決して特殊なものではない。シカゴ暴動は、一九一五年から一九年にかけて全米で起こった大小無数の人種暴動のひとつにすぎない。さらにシカゴ人種関係委員会は、その後、有名な一九六八年カーナー委員会に至るまで、暴動ごとに設置される後続の暴動委員会のルーティン化した不作為の原型であると言われる。(69)もっとも、ここに示したようにシカゴ人種関係委員会とその報告書は、明らかに、一世代に及ぶ貧困調査から生まれたものである。(70)現実的な視点に立てば、貧困研究はシカゴ知識人が未曽有の騒擾を理解するために持ちえた唯一の知的資源であり、多様なシカゴ住民が平和を構築し恒久的な「秩序」を築く上での唯一の政治ツールであった。しかし、重要なことは、この秩序がその初発時点から、貧困の言語に依拠した社会的スティグマを通して維持されるものだったことだ。

貧困は常に他の社会分断者——宗教、エスニシティ、人種、ジェンダー——と深く結びつくかたちで具体的な像を結ぶ。別の言い方をすると、典型的な貧困表象は、長い時間をかけて変転してきてもいる。一九世紀中葉には、貧者の代表は救貧院のアイルランド系カトリックであった。二〇世紀転換期にそれは、東欧から移民してきた不熟練労働者となり、第一次大戦後には北部都市の黒人アンダークラスとなった。歴史的な変容は、貧困の撲滅を目指した革新主義者にも当てはまった。彼らは、元々、イギリスのチャールズ・ブースやトインビー・ホールの貧困との戦いに共感し、社会奉仕の世界に入ってきた人たちだった。しかし、その多くは、都市の依存者とワーキング・プアの問題に取り組むうちに、大量移民に起因する文化的・経済的問題に引き寄せられていった。そして、最後にはこの改革者の一部は、特に「大移動」の後、黒人の側に立って戦うようになった。ひとつ言えることは、貧困は常にアメリカ生活における「他の半分」を想像する触媒となってきたことである。つまり改革者たちが、貧困という社会病理を矯正すべくこの問題に能動的にコミットすればするほど、移民や有色人という社会的スティグマを帯びた他者が不可避的に立ち現れるのであった。

しかし、一九一〇年代と二〇年代の歴史コンテクストにおいて、南・東欧からの新移民は次第に貧困イメージから脱していく。第一次大戦後、外国生まれとその子供の一部がスラムを出て「白人」郊外に転住するのは事実である。かつて歴史家リザベス・コーエンが活写したように、一九二〇年代を通じてエスニック・コミュニティはシカゴに存続し、移民の経済基盤は脆弱なままだった。それにもかかわらず、そうした「民族」的な生活スタイルと互助システムは、もはや一九一〇年代のように「貧困の文化」と密接に同一視されることはなくなった。人々は「すべての職業がヨーロッパ移民の子女には開かれている」ことを知っていた。そして、再び「そのことは黒人には当てはまらなかった」(71)。貧困の言語によって規定された差異の文化は、新たに構築されたゲットーの黒人に独占されることになる。

これら文化的な要素に加えて、歴史的な「貧困の発見」によって、貧困の社会化プロセスが開かれたと言ってよい。すなわち、社会的に構築された貧困認識は人種化された極貧の分断線を含み持ち、一九二〇年代から六〇年代にかけて政府の福祉政策の中にも深く浸透していた。ニューディールの福祉国家は、一方では、エンタイトルメントや経済的セキュリティの概念を掲げて中産階級の社会権を聖化しつつ、その多くが非白人の女性であった公的扶助の受給者を疎外した。そして、こうした「人種的制度秩序」が一九六〇年代の市民権運動の中で揺り動かされ、瓦解し始めた後でさえ、人種化された「貧困の文化」言説はアメリカの社会思想の中に生きている。換言すれば、「他の半分」は継続的に新しい政治的・社会的コンテクストの中に再生産され続けている。[72] その意味で「貧者は常に我らとともにいる」のである。

第4章　移民コミュニティとリベラルの国民統合論

――シカゴ公立学校の外国語教育問題――

はじめに

本章は、二〇世紀国民秩序におけるエスノ・カルチュラルな多元性の問題を、移民の越境的な祖国ナショナリズムとリベラルな都市改革者の国民形成運動の関係に注目しながら検討する。具体的には、新来のヨーロッパ移民が、シカゴの公立学校を舞台に展開した母語教育推進運動を取り上げ、移民集団の文化アイデンティティ保持と「アメリカ化」問題の複雑な展開を考察する。必ずしも広く知られた事実ではないが、一九一〇年から一二年にかけて、チェコ系、ポーランド系、ノルウェー系を主力とする母語クラス設置の請願運動は、実際にシカゴ市教育委員会を動かし、公立高校のカリキュラムの中に、ポーランド語、チェコ語、スペイン語、ノルウェー語、イタリア語、スウェーデン語、そして、ヘブライ語を次々と認可させている。シカゴの公教育に出現したこれらドイツ語以外の外国語課程は、アメリカの第一次大戦参戦期にもさらなる盛り上がりを見せ、約一〇年間にわたって存続することになるのである(1)。

この運動を指導したのは、主に、ヨーロッパにおけるナショナリズム運動と直接的な関係を持った世俗の移民グループであった。ポーランド人やチェコ人をはじめとして、同時期にヨーロッパで激しい民族独立闘争を戦った移民集団にとって、民族意識の覚醒と母語の保持（あるいは、民族言語の「再生」）はしばしば不可分のものとされた。つまり、第一次大戦前後の「アメリカ化の時代」は、多くの移民にとっては、かつてない民族意識の高揚期でもあったのであり、当時、シカゴで展開された母語教育運動はこうした文脈から把握されなくてはならない。そして、この運動をポジティヴに捉える視点がアメリカ社会の側にあったとすれば、ここに、①移民のコミュニティ形成と、②越境的な祖国ナショナリズム、さらには、③移民の「社会化」、を必須の要件とする二〇世紀ナショナリズムの結節点を見出すことも可能であろう。

言うまでもなく、母語クラス設置運動の最も興味深い点は、通常「アメリカ化」の制度とみなされた公立学校の教育を通して、アメリカ生まれの世代に民族言語を継受しようとした点にある。運動の推進者たるナショナリストは、総じて移民の子女が公立学校で英語とアメリカ的慣習を身につけるのには積極的で、そのことと、父祖の言語を習得し、自民族のナショナリティを保持することは両立されるべき問題だとする立場をとった。換言すれば、公教育に母語教育を導入することは、移民の側から表現されたアメリカ化のひとつの理想でもあった。この移民が掲げる多元主義的なアメリカニズムを、シカゴ・リベラルはどのように受け止め、彼らの抱く二〇世紀アメリカの構想に接合していったのだろうか。

1　母語教育運動の生成

公立学校の母語教育運動を先導したのは、主として一八八〇年代、九〇年代にシカゴに到来したチェコ系の移民集団であった。彼らの多くは市西部の通称「ピルセン地区」（後掲図1参照）に集住し、一九一〇年代には同地区を中心にシカゴの公立校に一万六〇〇〇名以上の二世世代が在籍した[2]。初めて、チェコ語導入の議論が史料の中に現れるのはかなり古く、一八八〇年前後にまで遡ることができる。この頃、オーストリア領ボヘミアでは、チェコ民族運動の成長が顕著で、ターフェ政権下に、対住民の行政言語としてチェコ語を認める「言語令」を獲得するとともに、公教育における民族言語の使用を漸次拡大しつつあった。この展開は在米のチェコ移民にも刺激を与えた。運動の母体は、民族主義の体育運動として始まるソコルだった。シカゴを中心に北米にも草の根的広がりを示していたソコルは、当初からドイツ系住民が公立学校に母語教育を普及させていたことに強い不平等感を抱いていた。彼らは、チェコ語クラスの開講は、学区の公立校を納税者として財政的に支えるチェコ系住民の市民的権利であり、チェコ語が認められないのであれば、ただちにドイツ語クラスも閉鎖すべきだという主張を展開した[3]。

チェコ系移民の先駆的運動は、一八九〇年代に新たな段階に入る。市内のソコル支部と青年チェコ党系の市民団体から成る合同委員会が、新たにボヘミア系アメリカ人国民連盟（Bohemian-American National Union：BANU）を立ち上げた。同連盟はソコルのネットワークに立脚しつつ、政治的には後のチェコスロヴァキア初代大統領トマーシュ・マサリクの影響下にあった。周知のように、マサリクの青年チェコ党は一八九七年のオーストリア帝国議会選挙で第一党となり、ボヘミアの行政機関内部におけるチェコ語使用を実現した（バデーニ言語令）。シカゴの運動も従来の感情的な反ドイツ語キャンペーンを捨て、より現実的な成果を求めるようになる。一九〇〇年春、ボヘミア系アメリカ人国民連盟はチェコ系の教育委員C・R・ワレックに働きかけ、シカゴの公立学校制度の改革を目指した[4]。

二〇世紀初頭のアメリカで、公立学校に科目を新設する際、実質的な決定権を持ったのは、自治体の教育委員会であった。イリノイ州の一八七二年学校法は、学区市民と教育委員会から要請があった場合、あらゆる外国語科目を地域の公立学校に設置できると定めているが、八一年のイリノイ州最高裁判決では、さらに踏み込んで、州法が英語教育を機軸にした公教育を求め、なおかつ特定の外国語教育を認可していないケースでも、独立した科目としてであれば、いかなるモダン・ランゲージ・クラスの新設も、いわば教育委員会の一存で行いうる、との見解が示されている。このため、移民の母語教育要求は、常に教育委員会に対する請願運動の形をとった。[5]

この一九〇〇年五月、六月のシカゴ教育委員会の定例会議の議事録によると、ワレック委員は新たに「ある特定の小学校学区で児童の五割以上が単一の民族で占められる場合は……選択科目を新たに一、ないし二科目新設でき、母語の教育が可能となる」という基準を示している。特に、六月二七日の会議議事録には、諸民族団体が教育委員会に提出した請願書がファイルされており、具体的な検討の跡がうかがわれる。[6]

もとより、ワレック案はチェコ語以外の言語にも機会をひらいた一般的なものであり、シカゴで発行されたチェコ語新聞などは、その基準に従えば、デンマーク語、ノルウェー語、スウェーデン語、チェコ語、ポーランド語、そしてゲール語の開講が見込まれると報じていた。[7] 実際、教育委員会議事録には、「ボヘミア系アメリカ人婦人互助協会イリノイ州支部」、「チェコスロヴァキア慈善協会（CSPS）」といったチェコ系団体以外にも、「ポーランド国民同盟（PNA）」の名前を請願者として見出すことができる。ポーランド移民の主張は、チェコ人とほぼ同じで、「シカゴ市の巨大なポーランド人口は、公立学校の運営資金に大きく寄与している……それゆえ、ポーランド系アメリカ人子女が多く通う学校において、ポーランド語をドイツ語と平等な条件で開講することを要請する」というものだった。[8] だが結局のところ、このときのシカゴ市教育委員会は、どの言語についても新たに認可を与えることをしなかった。ワレック案には「（母語クラス導入には）正規の教員資格のある語学教師が提供されなくてはならない」という文言が含まれていたのであり、この条件をクリアするのは、新来の移民集団には高いハードルだった。[9] だがいずれにせよ、この世紀転換期の運動で、チェコ人が始めた公立学校における母語教育論は、他の多くのエスニックなシカゴ市民によって共有される「普遍的な」要求となっていった。

チェコ移民とともにかなり早い段階から、公立学校での母語教育に高い関心を示していたのが、ノルウェー移民だった。元来、ノルウェーのナショナリズムにおいて言語問題は特別な地位を占めていた。それは、彼らが長く、明確な「民族言語」を持たなかったことと関係が深い。デンマーク語と明確に区別できる古来のノルウェー語を復興すること――実際には、新たな「国民語」を創出すること――は、国民意識の形成と限りなく同義に近かった。しかし、当初、アメリカに住むノルウェー移民の間では、この新しい「国民語」への関心は必ずしも高くなかった。例えば、一八九七年一一月一四日付のシカゴのノルウェー語新聞は次のような記事を掲載していた。「英語の知識は、アメリカへの忠誠心と愛国心のための必要条件である……民族的バックグラウンドを忘れ、アメリカ人になりなさい。よき市民になりなさい。アメリカこそがあなたの国だ。[10]」また、上述のワレック案をめぐる教育委員会の議事録にも、「公立小学校は、我々コスモポリタンな人口をひとつに統合する最大のファクターであり、徹底した英語の習得こそが最も(子供たちの将来に)資するものである。それゆえ、我々は学校運営資金のいかなる部分も断片的な外国語教育に使われることを望まない」というノルウェー人団体の決議(一九〇〇年六月一一日)が、母語教育に否定的な移民集団の例として、ファイルされている。[11]

だが一九〇五年六月、ノルウェーがスウェーデンからの分離・独立に成功すると、ナショナリズムの勝利は在米の移民をも熱狂させ、彼らの「国民語」への無関心は、強い執着へと一変する。一九〇三年に結成されたアメリカ・ノルウェー人協会は、にわかに沸きたった国民感情の受け皿となったが、「ノルウェー人らしさ(norskdom-men)」の育成を目指した活動の柱は、公教育にノルウェー語の導入を推進することであった。当時、同協会の初代会長ヴァルデマル・エーゲルは、言語とナショナリティの問題について機関誌に多くの論考を寄せている――「人生の闘争の中で、価値ある人格を形成するには、ひとつの根本的要素が不可欠である。それは、自分の家族と人種の誇りに結びついた母語である。……祖国への愛をともなう母語は神から授かった権利である。……母語はひとつの国民の歴史そのものであり……その人種の特徴的な性質や認識によりよく適合している。……（したがって）心の奥底に到達できる言語はただひとつ、母語だけである。」しかし、「アメリカ育ちの者の多くは母語（ノルウェー語）を獲得しておらず……、（そのため）親子の間に知的な会話は成り立たない。子供たちが……父母の魂を理解することは決してなく、……このことは道徳的腐敗につながっている」、逆に言うと、「我々は、人格を備えた人間に子弟を育て上げることで、（アメリカに対しても）最良の忠誠を示すことができる。英語のみを話せるということは、その人がよき市民であることの信頼できる指標とはならない。ナショナリティと伝統、そして、人種の感覚が、人格形成において極めて重要な要素なのである」（一九〇五年一〇月）——[12]。

ここでは、ナショナリティは「人種」的な資質と、母語を通してのみ次世代に継受されうる伝統や記憶によって構成されると考えられた。また、父祖の言語を忘れ、ナショナリティを失った者は、道徳的腐敗を免れず、アメリカ社会のよき市民とはなりえないとされた。この若年層のナショナリティ喪失は、当時、多様な移民集団が共有した恐怖であった。エーゲルは、一九〇八年には次のように語っている。「最も重要なことは……我々の祖先の言語を保持することである……もしこの地でノルウェー語が失われるようなことがあれば……すべての絆は断たれ……我々はすべてを失ってしまうだろう」と[13]。かつて同化の重要性を喧伝したシカゴのノルウェー語新聞も、一九一六年五月二日付の社説では、「アメリカで生活するノルウェー人にとって、最も重要なイシューは〝言語問題である〟。……我々は母語を忘れてしまってよいのだろうか（いや保持し続けなくてはならない）」と強調するであろう[14]。一九一一年三月、シカゴのノルウェー人グループは、母語教育導入の請願書を正式に市教育委員会に提出することになる。

このような激しい民族意識が在米移民の間に発現するのは、程度の差こそあれ、近代化の中でディアスポラ的状況を経験した「小国」のナショナリズムが、必ずしも領土や主権によって規定される何かではなく、時空を超えて伸縮する親族的感覚（fictive-kinship）をよすがとして育まれたことを物語る。[15]この移民コミュニティに開花した越境的ナショナリズムの感情を、次に引くポーランド人民族主義者、ローマン・ドモフスキの一九〇三年の言葉ほど見事に表現したものはない。「我々の国民思想の地平を拡げてみようではないか。……ポーランド性が生き、また生きようとしているすべての場所に手を差し伸べようではないか。必要ならば、このポーランド性を昏睡状態から覚醒させようではないか。……海を越えた新しいポーランドを建設しようではないか。これらすべての行動から、ひとつの近代国家理念を構築しようではないか。そうすれば、我々の力はかつてないほどに成長し始めるだろう。[16]」

このドモフスキの影響を強く受けていたシカゴのポーランド移民もまた、母語教育運動の熱心な担い手となった。そして、チェコ語でもノルウェー語でもなく、ポーランド語こそが、最も早く公立学校に開講された母語クラスとなった。ポーランド移民はポーランド語授業が始まる一九一〇年までに、一世世代だけでも一二万六〇〇〇人がシカゴに住み、その数は、二〇年には一四万人近くに達して、同市最大のエスニック集団となる。[17]また、ポーランド移民はコミュニティ内部にローマ・カトリック勢力と世俗ナショナリストの鋭い角逐を抱え、そのことは母語とアイデンティティの問題に関して、他の移民集団と比較しても突出したダイナミズムをこのグループにもたらしていた。次に、いま少し在米ポーランド人の民族運動を見ておきたい。

2　移民のコミュニティ形成と母語問題

さて、先の引用の中でドモフスキが「ポーランド性の昏睡状態」とも表現したように、移民が抱く祖国ナショナリズムは決して所与のものではない。すでに同時代の社会学調査が明らかにしていたように、渡米間もない東欧の貧農においては、むしろ同郷集団の紐帯や農村的帰属意識が顕著であった。実際、大都市の移民集住地区では、しばしば政治亡命してきた民族主義者が地域のボスとして君臨する一方で、大多数の移民大衆は故国でナショナルな問題に関わった経験を持たなかった。[18]

ポーランド移民の最初の波は一八八〇年代にドイツ領ポーランドから到来し、シカゴ北部のノースウェストサイド（図1）に定着した。彼らの多くは手工業職人、商店主として生計を立てたが、新天地での社会生活の基盤はカトリックの民族教区にあった。例えば、聖スタニスラウス・コストカ教区（図1-①）は一九〇〇年には信徒数五四三八世帯を擁する世界最大のカトリック教区となっていた。民族教区とは、公式の領域的教区の境界を越えて築かれた言語単位の教区である。カトリックの礼拝ではミサ（ラテン語）後の司祭による説教は俗語で行われることから、アイルランド系やドイツ系が独占するシカゴ管区の司教層もポーランド語の宗教共同体が存在することを事実上黙認していた。一八九〇年代以降にはポーランド移民の第二派がロシア領とオーストリア領の分割地から、大量に流れ込んできた。彼らの圧倒的多数は一九世紀中葉までは農奴の身分にあった零細な小作農であったが、とりわけオーストリア領ガリツィアの山岳地帯の出身者は貧しく、その識字率は三〇％程度であった。この新しいポーランド移民の多くは、サウスサイドの巨大精肉工場群ストックヤーズで雇用され、屠殺場への家畜の誘導や解体場の床拭きなどの過酷な不熟練労働に従事した。[19] このストックヤーズ近隣のポーランド人も自らの民族教区を建設した。二〇世紀転換期の時点では聖ヨセフが同地区唯一のポーランド語教区だったが、ポーランド系人口の急増を背景に、その後聖ジョン・オヴ・ゴッド教区とイエス聖心教区が創設されている。もとより民族教区は単なる礼拝を超えた社会制度であった。教区ごとの社団は各種保険事業を運営して移民のセイフティ・ネットを築き、教会に併設された教区学校は、文化遺産の継承に大きな役割を果たした。[20]

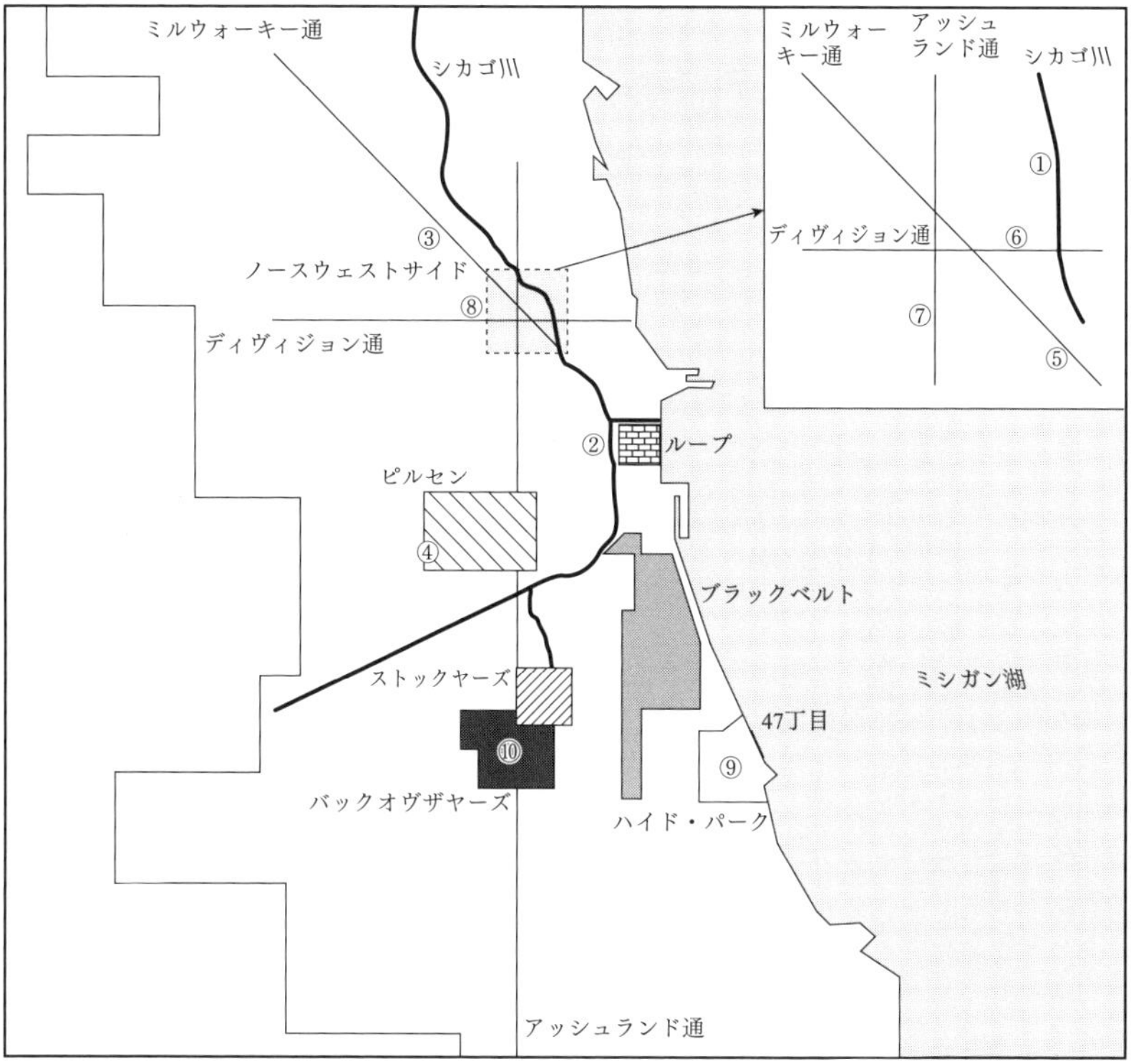

①聖スタニスラウス・コストカ教会　⑤ポーランド系ローマ・カトリック連盟　⑨シカゴ大学
②ハルハウス　⑥ポーランド国民同盟　⑩シカゴ大学セツルメント
③カール・シュルツ高校　⑦ポーリッシュ・ファルコン
④ハリソン工業高校　⑧フンボルト・パーク

図1　1910年代のシカゴ

注）バックオヴザヤーズの拡大図は，本書第6章の図2を参照。
出典）筆者作成。作図協力：柴田俊文。

こうした事情から、当初、北米ポローニアを主導したのは、聖スタニスラウス・コストカ教会を中心に組織されたカトリックの友愛団体、ポーランド系ローマ・カトリック連盟（ＰＲＣＵ）であった[21]。だがその後、これに対抗する勢力として、世俗ナショナリストのポーランド国民同盟（ＰＮＡ）や、やはり世俗の青少年体育運動、ポーリッシュ・ファルコンが北米の地に始動し、移民コミュニティの指導力を求めて激しく争うようになった[22]。歴史学者ヴィクター・グリーンは、このせめぎあいの中で、これまで農村的アイデンティティしか持たなかった移民大衆が、初めて「ポーランド人であること」を学習したと指摘する。民族団体間の紛争のあらゆる局面で、各グループは自己の正当性を「大洋を越えた民族の大義」に求めていたからである[23]。

この三団体の中で、本章の考察で特に重要なのはＰＮＡの活動である。もともとこの団体はどちらかというと、アメリカへの同化指向が強く、むしろ、かたくなに旧世界の共同体秩序をアメリカでも維持しようとするＰＲＣＵ――特に彼らが組織する教区学校のシステム――に反発を覚えていた。一八九一年のＰＮＡ全国大会では、「アメリカ合衆国憲法は、我々がポーランドに献身し、母国を愛するのを妨げるものではないので、全ポーランド人は帰化市民になる（べきである）」と決議し、独自の帰化ハンドブック（*Podręcznik naturalizacyjny*）まで刊行していた。このポリシーのニュアンスをＰＮＡの『一〇〇周年記念団体史』はこう記している。「本質的にＰＮＡのイデオロギーは、ポーランド人アイデンティティとアメリカへの忠誠が調和しうることを強調し、両者の間に対立を求めるものではなかった。そのうえでアメリカの地にいかにポーランド的感情を維持するかが主要な課題だった」と。そして、ＰＮＡは具体的な方策のひとつとして「ポーランド人コミュニティに立地する公立学校にポーランド史やポーランド語、ポーランド文学のコースを設置する戦略」をとった。「これによって、ポーランド移民の若者はアメリカ社会と英語に適応しつつ、自らの文化遺産を保持することができた」という。先に見た一九〇〇年における教育委員会への母語教育請願運動にＰＮＡの名前が現れたのは、こうした経緯からだった[24]。しかし、移民大衆の間には、教育言語としてポーランド語を使用し、ポーランドのカトリック文化を次世代に継承する教区学校は高い人気があった。例えば、ストックヤーズ地区の聖ヨセフ教区学校の生徒数は一八九五年には四一九名だったが一九一二年には一二一二名に達していたし、後発のイエス聖心教区の生徒数も一九二〇年代半ばまでに一五〇〇人を超える。(25)

その一方で、ヨーロッパの政治情勢の変化は、北米におけるPNAの急成長を促した。一九〇五年、ロシア領ポーランドで起こった反ツァーリズム運動はひとつの転機だった。民族蜂起の鎮圧後、約三〇〇〇名の亡命者が、運動に資金援助をしたPNAを頼ってシカゴに逃れている。この結果、PNAの権威は高まり、会員数は一九〇〇年の二万八三五八名から一〇年の七万一三三五名、一五年の一一万三三一名へと伸張し、加えて、一九〇七年にはポーランド語日刊紙『ジェンニク・ズヴィヨンスコーヴィ』を創刊して、ますます影響力を拡大した。(26)また、第一次大戦勃発の前夜の状況の中で、PNAは在パリのローマン・ドモフスキやイグナツィー・パデレフスキの直接的な影響を受けるようになり、そのことはシカゴのポーランド・コミュニティ内の彼らの政治力をさらに強めることになった。PNA世俗ナショナリストは、保守的なPRCUカトリックを圧倒し、これを飲み込むかのような勢いを示していた。

この一連の展開は、PNAが体現する民族意識を急進化させてもいた。一九一一年暮れの『ズヴィヨンスコーヴィ』紙は、かつての同化主義を忘れたかのように、若年層のナショナリティ喪失の恐怖を煽りたてていた。「アメリカニズムがポーランド人家庭に……浸透してくる。それは、ヨーロッパにおけるドイツ化やロシア化のように獰猛には見えない。しかし、それゆえ危険である……アメリカニズムは、我々をなだめすかして寝かしつける。それは様々なトリックを用いて我々を魅了する。しかし、アメリカニズムはすべての人種とナショナリティをひとつの大衆にしてしまおうとしているのだ……アメリカの学校は……アメリカ愛国主義を教え込むことで、我々の子供たちのナショナル・アイデンティティを喪失させようとしている。(27)」同じ問題を当時のチェコ語日刊紙は、「二世世代における、民族意識の自然死」と表現したが、こうした移民集団の逼迫した民族感情は、世俗ナショナリストをして母語教育とアメリカ化の問題にあらためて注目するきっかけを与えた。ここに、一九一〇年前後から公立学校の母語教育運動は、再度大きなうねりを作り出していく。[28]

3　ハルハウス・グループと移民の母語教育

これまで見てきた移民の母語クラス創設運動は、一九一〇年頃の全国的な教育言説の中では、おそらく、なかなか認められない主張だったように思われる。東部を中心に勢力を伸ばした移民制限連盟（Immigrant Restriction League）や、ボストンのセツルメント活動家、ロバート・A・ウッドなどは、移民コミュニティの即時解体を求め、同化主義に反する母語教育を全く容認できなかった。[29]また、やや極端な例ではあるが、当時大きな影響力を持ったスタンフォード大学の教育学者エルウッド・カベリーなどは、一九〇九年の著書で、「教育の目的は、これらの人々（新移民）をアメリカ人種に同化させ、統合することである。彼らの子弟に可能な限りアングロ・サクソン的な正義と法秩序、そして人民政府の概念を植え付け、その心を覚醒させ、民主的制度（と国民的価値）……を尊敬するようにさせなくてはならない」と書いていた。[30]また、移民に対するアングロ化の強要が、単に言説の中だけにとどまらなかった点も見逃せない。先に記したように、一九〇六年の帰化法改正は、帰化に必要な五年の居住期間に英語を習得することを求めたのである。

しかし、シカゴの政治空間の中には、ポーランド人のPNAやチェコ人のBANUなど、世俗の祖国ナショナリストの運動を評価する知識人が一定層存在した。その代表的なものが、ジェーン・アダムズとメアリー・マクダウェルを中心とするハルハウス・グループであった。この問題に関するアダムズらの立場は、第一に教区学校への反対、第二に外国文化への寛容を前提とした国民的な「共通感覚（like-mindedness）」創出の努力に集約される。まず、第一の立場に関連してアダムズは、ハルハウスの近隣運動の目的を、「移民の社会化」にあると宣言していた。この「社会化」が意味するところは、越境の過程でアトム化し、疎外された移民個々人を、市民としてアメリカのコミュニティに再統合し、彼らの生活に人間的な共同性を回復しようというものだった[31]。それは、彼女が当初、南・東欧系移民を根なし草のようにさまよう流民と見ていたことを反映していた。しかし、時がたつにつれ、移民の大半はヨーロッパからの漂流者などではなく、旧世界の文化や信仰に根ざした「共同体」を北米都市に築いていることが明らかになった。アダムズは、そうした移民コミュニティが、新来の移住者に経済的・感情的な安寧を与えている事実を評価しながら、彼らが民族単位・言語単位で自ら隔離し、孤立的な生活空間に閉塞している現状を憂えた。それは個人析出以前の旧い共同体の再生産であり、「社会化」と市民形成の妨げである――そう彼女らの眼には映った。そして、かかる自発的な孤立の元凶として、カトリックの教区共同体の前近代性を批判した[32]。なかでも、教区学校はそうした孤立を次世代の子供たちにも永続させる制度として問題視された。この点で、ハルハウス・グループとPNA等の世俗ナショナリストが非常に近接していたことは言うまでもない。

次に第二のリベラルな国民化の立場に関連して、アダムズは一九〇八年の全米教育協会（National Education Association：NEA）年次大会で講演し、公立学校のカリキュラムに「移民の工芸品や……民謡、民話」を題材とした、いわゆるエスニック教科を導入することを強く推奨している。その理由は次のように説明された。「公立学校は移民街の救世主であり、子供たちをアメリカ生活の異なる環境に導き入れる制度である。だが同時に、公立学校が移民の子供を両親から引き離し、親と子の溝をひろげている」面がある。それゆえ「学校は移民の子供たちと過去の最良の事物を結びつけ、両親が代表する言語や歴史、伝統の美と魅力を理解できるようにすべきである」。そうすれば移民たちも「アメリカで安心し快適な気分になれる」と。[33]

元来ハルハウス・グループは、公立学校をまさに移民二世世代の「社会化」と地位向上のための装置として重視してきた。それゆえ、一九一〇年前後の時期には、多くの移民子弟が一四歳を境に学校を離れる現状を憂慮し、彼らの実際的なニーズに合った工業高校をつくる運動を手掛けてもいた。この頃新設されたピルセンのハリソン工業高校（図1-④）やバックオヴザヤーズのティルデン工業高校（後掲図2参照）は、それぞれチェコ移民とポーランド移民の労働者街に立地した。そのような公教育観を持つ彼女らが、公立学校で移民の文化遺産を保存し、移民二世世代に享受させようとしたのは、少なくとも二つの深刻な文化断絶を修復することを期待したからだった。ひとつはアダムズ演説の最後に引いた故国の文化とアメリカ生活との断絶であった。ハルハウスは設立当初から、主宰するソーシャル・プログラムのレセプションやクラブ活動に、移民のエスニックな舞踊や演奏を積極的に取り入れてきた。また、アダムズの盟友、メアリー・マクダウェルがバックオヴザヤーズに運営したシカゴ大学セツルメントには、ポーランド語を話すソーシャル・ワーカーが常駐し、移民の母娘を集めて毎週開かれた婦人クラブでは移民の民族賛歌とアメリカ国歌が交互に歌われ、夏にはアメリカ生まれの二世にポーランド語とポーランド文化を学ばせるプログラムが実施されていた。[34] こうした活動の目的は、移民にヨーロッパでの過去とアメリカでの現在の生活との連続性を感じさせることだった。それは、アダムズやマクダウェルが助言を仰いだシカゴ大学の社会科学者の言葉で言えば、統覚（appreciation masses）や同族意識（consciousness of kind）を移民のアメリカ生活の中に生成し、ひとつの社会的連帯へと向かわせるはずだった。そして、この任務は社会化のエージェントである公立学校が当然担うべきものでもあった。

いまひとつの修復すべき断絶は、移民一世と二世の間に横たわる世代間の溝であった。この問題は、ハルハウス・グループが極めて高い関心を持ち続けたテーマで、例えばシカゴ歴史博物館が収蔵するメアリー・マクダウェル文書には、異なる文化で引き裂かれた親子を架橋する営みを通して、多様な移民を包摂する国民社会を築こうという内容の文書が非常に多く見られる。ほんの一例であるが、「形成途上のアメリカ人（The American Citizen in the Making）」と題された講演原稿にマクダウェルはこう記している。「アメリカ国籍を持つ子供たちを、親である移民から乱暴に引き離してはならない。この二世世代のあまりに多くが、拙速な教化によって、その発育が阻害されている。この小さなアメリカ市民は（公立）学校へ行って英語を学び家族のための通訳になるだろう……そして、彼らはすぐに故国の言語と習慣、そして理想に敬意を払わなくなる。……外国人家庭に見られるこうした両親の過去と子供の未来の断絶のために、二世たちは、何世代もアメリカに住んでいる人々が、歴史的展望を持てることから享受している文化的恩恵を受けることなく、人生をスタートさせなくてはならない」と。さらに同文書は、「……われわれは、なんとかして、この新たに誕生した〝アメリカ人〟の人生を、両親とその理想を尊敬する心を持ってスタートさせなくてはならない。さもなければ我々の民主主義は多大な被害をこうむるだろう」と続け、ひとつの解決策として親の母語と文化遺産を子供世代に教育することを推奨した。マクダウェルは言う。「両親と故郷、その美しさ、その英雄、伝説、民話、歴史、民謡を子供にとっても興味深いものにさせたい。（外国の）詩歌の理想化された雰囲気の中に両親を位置づけることで、彼らを子供にとって重要なファクターとすることはできないだろうか……過去において賞賛すべきであった事物を再びここで賞賛させることで、親の権威を取り戻そう。新しい市民に自尊心を持たせ、家庭と国の権威を尊敬させる歴史的展望を創出しようではないか」と(35)。

このように、ハルハウス・グループは移民コミュニティとその文化遺産を、個々の移民がアメリカの都市生活に適応し、市民化するうえで欠かせないものと認めていた。だが同時に、彼女らはこの旧い共同体が未来永劫、存続すべきものとも考えていなかった。あくまでそれは、緩やかな同化にいたる補助的制度なのであり、数世代存続した後は、その役割を終え消滅していくと考えられたのである。そうした姿勢が保守的な移民集団をより防衛的にしていたことも指摘してよい。特にポーランド系のカトリックはセツルメントと公立学校に拭いがたい疑念を抱いていた。そのため、聖ジョン・オヴ・ゴッド教区（バックオヴザヤーズ）のルイス・グラジンスキ神父のグループは、わざわざ四六丁目・グロス通りというシカゴ大学セツルメントに隣接する場所に、「守護天使勤労女性寮」（後掲図2参照）という身寄りのない独身女性の宿泊施設を設立し、無料の医療や保育所活動をあわせて行っている。シカゴ大学セツルメントの潜在的なクライアントを教区的秩序の中に囲い込もうとする意図は明白であった。また彼らは、ティルデン工業高校の存在にも抵抗感を示し、あらゆる機会を捉えて教区学校の重要性を論じていた。ポーランド系カトリックは、「自ら民族性を失ったり、他の者がそうするのを助けようとする民族は道徳上の殺人を犯しているのに等しい……自分の宗教や母語、民族衣装を遠ざけようとする移民は人殺しと同じである」という立場であった。(36)

ハルハウス・グループの外国文化に対する本質的な立ち位置を示す必要から、やや遠回りな議論をしてきたが、ここで今一度、公立学校での母語教育の問題に立ち返るなら、彼女らにとっての移民の母語教育は、あくまで、時間をかけたソフトランディングのアメリカ化のための媒体であり、これが教区学校に独占されている現状は大いに問題であった。ハルハウスのレジデントであった社会学者グレース・アボットの『移民とコミュニティ』は、極めて明瞭にこのことを記述し、また移民の中の世俗ナショナリストに理解を示す。「移民の子供は次の理由で……こうした学校（教区学校）に通わされている……①学校の宗教的影響力……、②ポーランド語、リトアニア語、ギリシア語、ボヘミア語、ドイツ語その他の外国語教育。……したがって、もし公立学校で週に数時間でも近隣の言語が教えられれば、教区学校を好まない親もいる。自らの母語の読み書きを子供たちに学ばせたいという外国人の両親の熱意は多くのアメリカ人にとって理解しがたいかもしれないが、説明は簡単だ……母親が特殊な孤立状態にあるため英語を学ぶ機会がなく、母語にほぼ完全に依存している現状がある。それゆえ、家族の生活のためには、子供が当該言語を知ることが必要になるのである。加えて、チェコ人、スロヴァキア人、ポーランド人、リトアニア人などの諸民族では、母語への献身はとりわけ強烈である。彼らは長年、（支配者の）政府が母語を抑圧し、ドイツ語やロシア語やマジャール語を押しつけるのに抵抗してきたために、言語の自由こそを真の自由の証と見なすようになったのだ」と。[37] 教区学校という共通の敵を持ち、コスモポリタンな世界観から「小国」の権利を支持するハルハウス・グループは、ポーランド系のPNAやチェコ系のBANUと急速に接近していく。さらにこの傾向は、一九〇九年、やはりハルハウス人脈の一人、イーラ・ヤングがシカゴ市教育長に就任したことで一気に加速し、公立学校の母語クラスは次々と実現していくことになる。

4　「公的な」母語教育の成立

ヤングは、大都市域で初めて教育長となった女性として、また全米教育協会（NEA）の初の女性会長として、アメリカ教育史に名を残す人物である。しかし、そのキャリアは決して平坦ではない。彼女は二〇年以上サウスサイドの移民居住区を中心に教員生活を送った後、四〇代で市の教育行政に携わるようになる。しかし、その後、草創期のシカゴ教員組合に深く関わったことが原因で公職を辞すことになった。退職したヤングは、五〇代でシカゴ大学大学院に教育哲学を学ぶ。同大学院での指導教員はジョン・デューイだった。ヤングの学位論文は、経験学習の導入や教育コミュニティの民主化を柱に、教育がいかに市民社会の民主的自治の拡大に寄与しうるかを考察するものだった。論文中には、デューイの多元的アメリカニズムの影響が随所にうかがわれる。特に三章立ての最終章「デモクラシーにおける学校の機能」では、以下に引用するように、公立学校をいわゆる「多様の統一」の媒体として、外国系の子女の間に「民主的紐帯」を確保しようという立場が示されている。「(今日)異なったナショナリティの移民が分離して暮らしているために人種的慣習の差異は非常に大きくなり、互いに公然と敵対し合うのが普通になっている。(これに対し)公立学校は調和(oneness)を志向し、……ここでは、原初的形態を保持する人種的個性からくる対立は起こらない。子供時代に……アメリカ市民は人類の団結にとって根本的なものを学ぶのである。公立学校の授業と訓練の中に行き渡っている民主的精神によって、経験のうちに仲間意識を育むことができるなら、それは、異なった宗教的・社会的組織の成員たる生徒たちの間に相互理解を制度的に実現するうえで……非常にポジティヴなファクターとなるだろう。……今や統一は多くの要素をひとつの不変の形態に還元する発想ではなく、精神性と普遍的な目的との関連で捉えられるようになった[38]。」

一九〇四年の学位取得後、ヤングはシカゴ大学教授、シカゴ師範学校長を歴任し、一九〇九年にシカゴ市教育長に就任した。公教育のバイリンガル化を目指す移民グループの多くは、この人事を歓迎した。ヤングが移民二世世代の教育問題を公立学校運営の重要課題と認識していることは、彼女が職業教育プログラムの推進者だったことや、師範学校長時代の一九〇六年に教育実習校を外国人家庭の子弟が生徒の大半を占める学区に指定したことなどから明らかだった[39]。教育長着任直後から、多様な移民集団は積極的に彼女との接触を求め、協議を重ねていく。教育委員会は、少なくとも一九一〇年の暮れ頃までに方針を公にし始める。一二月一〇日付の『ズヴィョンスコーヴィ』紙は、公立高校にポーランド語クラスを開講することが同委員会で検討中だと報じている[40]。ついに一九一一年三月八日の教育委員会定例会議で、ヤング教育長の以下の設置勧告(教育委員会報告第一五三一八号)が承認された。「(教育委員会は)ポーランド国民同盟(PNA)からポーランド語をシカゴの公立学校に導入するよう請願を受けたところであるが、教育長は次のように考える。すなわち、偉大な文学のメディアと認められる外国語は公立高校で提供されるべきであり、PNAとのやりとりからわかるとおり、ポーランド語の知識がなければアクセスできないポーランド文学を学びたいと願う、極めて多くの人々がシカゴに在住することは明白である。したがって、ポーランド語をシカゴの公立高校で提供されているモダン・ランゲージに追加することを勧告する。[41]」具体的には、教育委員会は、ポーランド人が多く住むノースウェストサイドのカール・シュルツ高校（図1-③）に、ドイツ語を除く初の移民の母語クラスを開講したのである。

これは、ＰＮＡからの特に強い圧力に押される形で、ポーランド語のみを特例的に認めた教育委員会の処理であった。しかし、カール・シュルツ高校のポーランド語クラスは、いわば母語教育のパイロットケースとなり、一年後の一九一二年五月一日にはポーランド語以外の言語にも一般的に門戸を開く決定が出された（教育委員会報告第一七九一七号）。すなわち、「教育長は次のことを報告する。高等学校の選択科目に他のモダン・ランゲージも追加してほしいという請願が、数多くの協会や個人から寄せられている。……受講生の数が当該言語の教師を任命できるだけ集まるのであれば、いかなる言語も認可されるべきである[42]」と。より詳細に言うと教育委員会は、以下のように母語クラス設置の規準を定めていた。①母語クラスは、初等教育ではなく高等学校の選択科目として設置する、②開講の条件は、最低二〇人の登録である、③母語教師は、当該の外国語能力に加えて、一般の教員資格を有するものとする[43]。

教育委員会は、同年八月、先年度のポーランド語クラスの実績を高く評価する見解を示し、基準を満たした他外国語科目についても順次設置を認め、各言語の教員採用試験を実施した。その結果、ピルセンのハリソン工業高校などにチェコ語、スウェーデン語、スペイン語、ポーランド語の開講が発表され、合格者がなかったノルウェー語、イタリア語、ヘブライ語については設置認可はされたものの次学期からの開講は見送られた[44]。特にチェコ語の伸長は目覚ましく、一九一二年九月にスタートしたハリソン高校のチェコ語クラスは、初級四〇名の受講者で始まるが、翌一三年二月からの学期では新たに二五人のクラスが二つ設置されて、合計で九〇名の受講生を抱えるようになった。同年九月からの学期でも同規模の受講状況が維持され、登録者は、初級三五名、中級三四名、上級一六名の計八五名に達した。ハリソン高校以外にもチェコ語クラスを望む声は大きく、メディル高校ではすでに規定の三〇名を超える登録者が、チェコ語教員の着任を待っている状態だった。また、教員の適任者が得られなかったノルウェー人グループも、遅れて一三年二月にカール・シュルツ高校、同年九月にはテューリー高校でそれぞれノルウェー語クラスをスタートさせた。ノルウェー人コミュニティは、これを熱烈に支持し、受講登録者数は常時一〇〇名を超えた。なお、これらは、いずれも選択モダン・ランゲージ科目として、昼間の正規の授業時間に提供され、履修者にはドイツ語、フランス語と同じ正規の単位が与えられた(45)。

このように、実際に施行された母語クラス設置基準においては世紀転換期のワレック案以来の「平等」の原則が色濃いが、ヤング教育長の政策意図がもう少し深いところにあったことも付言しておきたい。一九一一～一二年度の『シカゴ教育委員会年次報告』には、通例どおり「教育長報告」が掲載されているが、この中に相当長文で「高校モダン・ランゲージ」について執筆されている。ここに、シカゴ・リベラルに典型的な移民問題への認識と洗練された国民形成論が垣間見える。「『外国人』という言葉を子供や若者に当てはめた結果、若者たちは両親の言葉と習慣に対して極端に過敏になった。外国人の烙印に関する感情があまりに強いので、彼らは両親が家庭で使う外国語を一切知ろうとしない……この拙速な改宗、現在と過去を結ぶすべての絆を断ち切る改宗の代償は何か。若い外国人は彼らの両親が言語や振る舞いで人種の特殊性や特異さを示したとき、屈辱感で圧倒されてしまう。……学校は移民の過去に埋め込まれた良き伝統に敬意を払わなくてはならない……学校は、外国人の両親とアメリカ人の子供たちの間の亀裂に対処しなくてはならないのだ」、しかるに、「もし……両親の言語の学習を選択単位にできるなら、これに反対するものはいるだろうか」と。さらにヤング報告は、二〇世紀のアメリカニズムの理想へと展開し、「……父祖の言語と人生を承認することは、多くの人種とナショナリティ（nationalities）を統一し、全人民が使う共

通言語を持つネイションという基本理論を妨げない」と主張した。(46)

むすびにかえて

シカゴ公立学校の母語クラスが認可されて間もない一九一四年八月、ヨーロッパで第一次世界大戦が勃発した。第6章で詳しく見るとおり、戦争は、シカゴの多様な移民集団の祖国ナショナリズムに火をつけた。チェコ語新聞『ハルサテル』紙は、マサリク案――連合国陣営の一員として世界大戦に勝利し、チェコスロヴァキアの独立と、これを軸にした中欧再編を目指す――の宣伝に余念がなく、民族的大義の柱と目された母語教育を愛国的調子で賞揚した。すなわち、「ハリソン高校のボヘミア語クラスは、シカゴにおける、最も偉大なる民族的業績である」と。これに応えるかのように、同校のチェコ語クラスは順調に成長を遂げていく。チェコ語受講生の数は、一九一五年六月には七学年一六〇名に、同年一〇月には二二〇名に膨らんだ。さらに、一九一七年一月にはシセロのモートン高校にも新しくチェコ語クラスが開講されている。(47)

移民にとって深刻だったのは、戦時の愛国的熱狂を背景に、英語以外の言語の使用を規制しようとする排外的な風潮が現れたことである。アイオワ、ネブラスカなどの州や自治体の中には、公共の場での非英語言語の使用を包括的に禁止するものもあった。シカゴの教育行政も例外ではなかった。シカゴの教育委員会では、一九一五年八月、保守派がヤングを教育長から追い落とすことに成功し、以後、バイリンガリズムに反対する勢力が実権を握ってきたが、参戦下の一八年六月には、「将来の市民が、徹頭徹尾アメリカ人となり、アメリカ精神を身につける（ために）……公立小学校（第六学年以下）の外国語教育廃止を求める」決議を採択したのである。(48)

だが、移民の祖国ナショナリズムが最高潮に達するのもまたこの時期であった。シカゴのチェコ語新聞は、一九一二年以来、チェコ語クラスを運営していたハリソン高校のニグリン教諭の発言を大きく掲載し、不寛容なショーヴィニズムを批判している。「この土地で〝英語化〟した移民の子供たちは、必ずしも〝アメリカ化〟したわけではない。言語だけで同化が行われるわけではない。多様な移民の国民的特性は取り除かれるものではないし、また、アメリカ的な特徴に単純に取り替えられるものでもないのだ。」「外国語を学ぶことは健全なアメリカ的感情にとって有害ではない。逆に、それは未開拓な移民的資質に働きかけるのを容易にすることで、本当のアメリカ化を助けるだろう」と。[49]

シカゴの公立学校におけるドイツ語以外の母語教育は、上記のような移民のアメリカニズム――「英語化」と「アメリカ化」を峻別し、母語とナショナリティの保持がアメリカへの忠誠と矛盾しないとする立場――に支えられて、アメリカの参戦下になお拡大していく。一九一七年九月からの学期には新たにハリソン、モートン両高校の夜間部にチェコ語クラスが増設され、カール・シュルツ高校のノルウェー語クラスは過去最高の一三五名の受講生を集めた。また、一九一二年に教育委員会から認可を得ながら、教員の適任者がいないという理由で開講が遅れていたヘブライ語がマーシャル高校とメディル高校の二校で授業を開始したのは、この年の一二月だった。[50]加えて、正規の教科としてではなく、夜間の空き教室を使った母語学習会も市内各地で開かれており、教育委員会の議事録にはスロヴァキア語の講習会が放課後のメイフェアー校で、週二回、二時間ずつ行われていた記録が現れる。[51]

しかし、公立高校の母語クラスは戦争を乗りきり、休戦直後の時期にも、ほぼ同じ規模・形態で存続したが、一九二二年頃を境に、いずれの言語のクラスも閉鎖に追い込まれていく。通説的見解に従うなら、一九二〇年代前半のシカゴの公立学校で起こったことは、戦後拡大するアメリカ政治の排外傾向によって説明されるだろう。研究者ヘインズ・クロスが指摘するように、戦時のドイツ語教育規制推進者は、戦後あらゆる外国語に対象を拡大していった。アイオワやネブラスカでは、早くも一九一九年に、教区学校を含むすべての小・中学校で、英語以外の教育を行うことを禁止する州法が成立するが、同様の外国語教育規制は一九二三年までに全州の約七三％にあたる三五州に広がったと見られる。ほぼ同じ内容の法案は、イリノイ州議会にも一九一九年六月に上程されている。[52] これを受けてシカゴ教育委員会が採択した決議は幾分ヒステリックですらある。すなわち、「(今日、求められる教育の中で) 特に重要なのは、外国人を〝アメリカ第一のアメリカ人〟に変えるためのアメリカ化である……外国生まれの者たちは、アメリカ言語の読み書きを教えられ……そして、建国の父祖が制定した政府の偉大なる基本原則への尊敬心を沁み込ませられる」[53] と。しかし、一〇〇％アメリカニズムと呼ばれたこのネィティヴズムの運動が、実際に外国系住民の言語生活、特に外国語教育規制政策に与えた影響については、あまり大きく見ることはできない。先述の一九一八年シカゴ教育委員会決議から、諸州に成立した外国語教育禁止法まで、いずれの規定も高校の選択科目を対象にしたものはない。さらに、一九二三年、連邦最高裁は一九年ネブラスカ州法に違憲判決を下し、州が初等教育における外国語教育を禁じる権限を否定することになる。[54]

問題は、移民自身の祖国ナショナリズム衰退にあった。戦後のヴェルサイユ会議で独立が認められた、チェコ人やポーランド人の運動は、急速にその政治性を減じていく。そのことは、移民の世俗ナショナリストが母語への執着を失っていくことにつながった。例えば、ＰＮＡの機関紙『ズゴーダ』は、一九二〇年二月より、英文社説の掲載を開始している。その目的は、「アメリカ育ちの若いポーランド人を……(英文の記事を通して)〝ポーランド化〟することだ」という。[55] 同様の現象は、ノルウェー人やチェコ人の間でも見られた。一九一〇年には五万部を超えていたシカゴのノルウェー語新聞『スカンディナヴン』の発行部数は、一九二五年には、二万五〇〇〇部へと半減してしまう。公立高校の母語クラスの閉鎖の背景には、おおよそ以上のような移民の祖国ナショナリズムの縮小と母語への関心の低下という事情があったと考えられる。一九二二年一月二六日付の『ハルサテル』紙は、チェコ語クラスの閉鎖を次のように伝えている。「ボヘミア語クラスへの関心の欠如ゆえに、ポーランド語やスウェーデン語その他の外国語クラスに降りかかったのと同じ運命がボヘミア語にも待っている……ボヘミア語の受講希望者がわずか一〇人か二〇人しかいないことを思うと悲しくなる。ボヘミア人の子供たちは……先祖の言語を学ぶのが恥ずかしいのだろうか」と。[56] この状況は、おそらくこれまで、越境的な祖国ナショナリズムに動員されてきた、移民コミュニティの社会紐帯が急速に非政治化され、いわゆる「エスニック・アイデンティティ」へと変質していたことを示していた。一九二〇年代になお、シカゴの移民街には、外国生まれの者のための外国語ラジオや映画館が繁盛し、祖国の食文化や祝祭はその後長く受け継がれていくだろう。しかし、自分の息子や娘に両親や祖父母の言語を学校で教育しようという能動的な活動は、急速に影を潜めていくのである。

以上みてきたように、シカゴの公立学校を舞台にした移民の母語教育運動は、多様なヨーロッパ移民が提示した二〇世紀アメリカ国民秩序のひとつのあり方だった。英語と市民としての教養を身につけさせ、移民の子供たちを「社会化」する公立学校。あえてこの同化のための制度に二世世代を通わせつつ、その同じ制度の中に自らの民族としての固有性（distinctiveness）を永続させるプログラムを確立させる。それは、シカゴの移民集団が現実の社会生活を営む中で実践した多元主義であった。ほぼ同じ時期に、ユダヤ系哲学者のホーレス・カレンが定式化した文化多元主義は、移民の人種・エスニックな「コミュニティ」生活を保障しつつ、同時にコミュニティの成員たる移民個々人が、アメリカの市民ナショナリズムに差別されることなく包摂されるという理想を描いたものだった。公立学校の母語クラスがこれと非常に似た構造を持つことは明らかであろう。公立学校がアメリカの市民ナショナリズムを体現するとすれば、母語クラス（母語の次世代への継承）は人種・エスニックな多元性を表象しよう。こうした二重性の主張は、単一言語主義、同化主義のアメリカ化圧力を前に、祖国ナショナリズムの責務も負った移民指導者がとりえた数少ない戦略のひとつであった。[57]

そうした移民エリートが模索した、多元主義に基づく二重アイデンティティ論は、究極的には移民の社会化、すなわち、市民形成を目指したハルハウス・グループの国民統合論とは異質だった。だが、それにもかかわらず、アダムズやヤング、マクダウェルといった活動家が、母語クラスの創設運動を積極的に支援したことは興味深い。ひとつには、公立学校の役割を非常に重視した彼女らが、教区学校をシカゴの教育空間から放逐したいという思いを抱いていたこともあるだろう。だが、より大きな理由はアダムズらがアメリカ社会の同化の力を強く信じていたことである。たとえ、母語教育のプログラムをいくつかの公立学校に設置したとしても、それは移民が何世代も先まで、ポーランド語やチェコ語を母語として話し続けることにはならないだろう。先に引いたイーラ・ヤングの「教育長報告」は、移民の母語クラス設置の真意を綴った文章の末尾に、こう付け加えていたのである。「(今回の母語クラスの新設は、それほど大きな問題にはならない。なぜなら)数年のうちにそうした特定の地域(移民コミュニティ)の親たちはアメリカ生まれに入れ替わり、父祖の国の言語を学びたいという願望は消滅するかもしれない」からだと。[58] 公立学校の母語クラスは、むしろ新移民をなだらかに、調和のとれた形でアメリカに適応させる上で有効な方策だと考えられたのである。事実、一九二〇年代に訪れる母語クラスの「自然死」状況は、ハルハウス・グループがおよそ三世代かかると見ていた同化のサイクルが、思いのほか早く進行していることを示していた。二〇世紀アメリカ国民秩序は、いずれにせよエスニック・アメリカ人の多層的な「国民意識」をも包含するものである。文化多元主義を唱道した第一次大戦期頃までの祖国ナショナリズムは、この新しいアメリカニズムの形成の途上に現れた無視することのできない一過程だったのである。

第II部　第一次大戦とアメリカの国民形成

第5章　産業民主主義の夢

――労働者と二〇世紀ナショナリズム――

はじめに――第一次大戦の衝撃とアメリカ民主主義

一九一七年四月、アメリカ合衆国は二年七カ月に及ぶ中立を捨て、第一次世界大戦に参戦した。四月二日、対独宣戦の決意を表明したウィルソン大統領は、戦争の目的を「世界の暮らしの中で、利己的で専制的な権力に対抗して、平和と正義の原則を確立すること」に求め、「世界は民主主義のために安全にされなくてはならない」と訴えた。[1] ウィルソンはすでに一月末の「勝利なき平和」演説で、一九世紀帝国主義の勢力均衡論を超えた普遍主義的な戦後構想を明らかにしていた。すなわち、戦後、「(大国と小国の別なく) 諸国間の平等のうえに平和が築かれねばならない。……そして、より深い問題は……諸政府の公正な統治権力は被治者の合意に由来するという原則……を承認しない平和は長続きしえない」ことだと。[2] 四月の参戦演説は概ねこの戦争観をふまえつつ、専制独裁か、民主主義か、という善悪二元論のレトリックをより強調したものだったと言える。いずれにせよ、「アメリカの戦争」は国際秩序の再編だけでなく、国民社会の民主化をも目指す理念の戦争、改革の戦争となった。そして、その後の一年半に及ぶ参戦期に、アメリカ政府はまさに「世界とアメリカの民主化」を旗印にして、史上初の全国的徴兵制を敷き、また、重要産業の国家管理を進めるなど、前例のない総力戦を遂行することになる。

この第一次大戦の経験は、本書が検討する二〇世紀国民秩序の形成過程にいくつかの重要な影響を残した。ひとつは、上のような経緯により戦時に、「民主主義」なる言葉が極めて愛国的な響きを持つようになったことからくる、社会変動の兆しである。特に一七年一月の「勝利なき平和」演説後、数多くの革新主義知識人が参戦を支持するようになったことは興味深い。彼らの多くは、民主化を目標に掲げる「戦争の社会的可能性」を信じた。[3] 哲学者のジョン・デューイやアメリカ社会党左派のウィリアム・ウォリング、シカゴの貧困研究で有名になったロバート・ハンターらは、戦時国家が構築する集産主義（collectivism）が個人主義と私有財産制が生んだ諸問題を解決し、平等な社会を実現するだろうと期待した。また、ハンターと同じくハルハウスを基盤に救貧活動を推進し、とりわけ黒人の貧困問題を世に知らしめたルイーズ・ボーエンは、シカゴ近郊の婦人クラブを連邦の動員ネットワークに接合し、公衆衛生の啓発活動などで成果を上げた。戦前には、主にコミュニティ・レベルの都市改革に携わってきた活動家の多くが、終戦までに何らかの公的な戦時機関で指導的な役割を果たすようになっていた。[4]

中産階級の改革者に限らず、後に詳しく見るように、多くの移民労働者や黒人団体、女性組織などが参戦を支持したことも見逃せない。「民主主義」がアメリカ愛国と同一不可分な理想として喧伝されるなか、国内のマイノリティは自らが国民社会に包摂される可能性を信じようとした。貧しい移民が兵器産業の労働組合に入り、職場の民主化とアメリカ的生活水準を求めてストライキに参加することは、今や愛国的な行為でもありえた。戦争は、それに関わった国内のあらゆる社会集団に、自己の求める民主的社会像を正当に要求する機会を与えたとも言える。例えば、軍需関連産業の移民労働者は、「戦争政策に対する忠誠心の延長線上に……強力な〝エンタイトルメント〟の感覚を養い」、また、「愛国的ヴォキャブラリーのうちに自らの要求を表現できるようになった」のだった。[5] 民主的理念の戦争は、マイノリティの平等要求に火をつけ、社会的・経済的なものを含む新しいシティズンシップの地平を拓こうとしていた[6]。

第一次大戦への参戦が二〇世紀国民秩序にもたらした第二の影響は、上に書いたリベラルな展開と表裏を成すものであった。それは、私的なもの全般に対する社会的な領域の拡大と、その国民国家化とも言うべき現象である。元来、二〇世紀の総力戦はそれ自体の論理から派生する傾向として、国民動員のための同質性（like-mindedness）や社会的な協同を必要とした。とりわけ、「民主主義の戦争」の一環として国内戦線を築かざるを得なかったアメリカでは、国民社会に「自生」する草の根の協同意識に依拠した「動員」を追求するしかなかった。つまりアメリカでは、ドイツのように中央集権的な国家による、あからさまに強制的な人的・物的資源の徴用を行うわけにはいかず、少なくとも形式的には、一般大衆の自発的な「合意」に正統性を求める体制が模索された。そしてその時、個人と国家の間に存在する「社会」とそれを構成する多様な媒体、中間団体の重要性が増していった。政府は、戦時広報委員会（CPI）の大規模な国内プロパガンダによって、国民的な「世論」を作り出す戦略をとるとともに、既存の地域コミュニティや労働組合、婦人運動などの規律と凝集力を活用して民衆を掌握しようとした[7]。例えば、一九一七年五月に成立した選抜徴兵制度は、対象者の登録から免除、選抜、入隊に至るほぼすべての実務を地域の徴兵委員会に委託するものだった。終戦までの一年半に二八〇万人の民間人を兵士として基地や戦場に送ったのは、彼らが育ち、働いた地域コミュニティであった[8]。

しかし当然のことながら、こうした分権的でヴォランタリーな戦争努力は、究極的にはより効率的に総力戦を遂行するためのものだった。それゆえ、戦時に新しい「力」を獲得したコミュニティや社会運動は、同時にワシントンDCの官僚や専門家の社会工学的な「計画」の受け皿になっていった。上に触れた選抜徴兵制においても、徴兵登録や免除の詳細な制度設計は、米軍きっての軍制専門家イノック・クローダーを中心に憲兵司令部が起案し、全国で画一的に実施させたものだった。ちなみに徴兵免除の対象者には、既婚者、熟練労働者、敵性外国人等が含まれ、徴兵登録時に選別の基礎となる個人情報の提供が義務づけられた。これによって政府は成人男子二四〇〇万人の家族構成、産業における職能、市民権上のステイタスを記載した巨大なデータベースを構築し、さらなる「科学的」な政策形成に役立てようとした[9]。それは、まさに二〇世紀の官僚国家が「社会」を抱擁しようとした瞬間であり、ハーバート・クローリーの言葉を借りれば「民主主義の国民国家化」の具体的な発現と言ってもよい[10]。

このように、「民主主義の戦争」は、下からの平等化の潮流と、上からの社会化＝国民化の運動を同時に加速させていた。そしてこのとき、民主化のレトリックを介して争点となっていたのは、まさに「社会的なもの」と国民国家の関係であり、社会的・経済的な要素を包含した新しいシティズンシップの可能性であった。この問題は、国内戦線のあらゆる部分に内在したが、とりわけ尖鋭に可視化されたのは産業——特に労働関係の領域であった。もとより、アメリカが総力戦を戦う中で、戦時の軍需生産をいかに維持するかは死活問題であった。だが、戦時の労働力不足を背景に、一九一七年はアメリカ史上最も多く争議が勃発した年となり、労働関係の不安定さは、戦争計画の根幹を揺るがしていた。戦時政府は、こうした状況の中で離職率を低く抑え、ストライキを防止するため、それまで私的契約の聖域と見てきた労働関係に大規模な介入を試みることになる。

注目すべきは、この戦時労働政策に関連して、「産業民主主義（industrial democracy）」という言葉が愛国的ニュアンスを帯びつつ、大流行していたことである。既存の産業を「民主化」することは、それ自体がウィルソン政権の戦争目的に直結した正義となった。ただし、民主化とは具体的に何を意味するのかという問いは、ここでも解答が困難な広がりを見せていた。急進的な労働運動は、「産業の市民」にふさわしく、労働者一人ひとりが、労働条件に関する発言権と見苦しくない生活水準を獲得することが真の民主主義だと主張した。また、戦争機関にリクルートされた労務管理専門家は、労働紛争を抑制できる合理的な人事・工程プログラムこそが民主化の証だと考えた。さらにウィルソン周辺の官僚や財界人は、政府と全国労組、業界団体の間に組織的な連携を築くことが、国民統合としての産業民主主義の理想だと主張した[11]。

このように戦時の「産業民主主義」は、非常に多義的な用語となっており、これが体現する改革の中身は、現実政治の展開に依存するしかない面もあった。しかし、当時の軍需労働者の多くが新移民や黒人の不熟練労働者で構成されていたこと、それゆえ、「産業の民主化」はエスノ・レイシャルな含意をともなうアメリカ化問題と直結していたこと、また関連して、戦時の「産業民主主義」論争の中に、同時代の社会的なナショナリズムをめぐる諸思想が色濃く反映されていたことなどは、やはり無視できない重要性がある。戦時の労働政策と産業民主主義を再検討することは、二〇世紀ナショナリズムの展開を考察するうえで避けて通れない道なのである。以下本章では、やや時期を遡って「産業民主主義」の歴史を検討するとともに、総力戦が起動させた国家による経済動員と労働運動の対応を見ていくことにする。

1　産業民主主義の諸潮流

産業民主主義という言葉がアメリカの言論界に現れるのは一九世紀末のことであるが、爾来この言葉には特別な曖昧さがつきまとい、今日なお厳密な定義を与えることは困難である。しかし、可能な限り多様な立場を包み込む形で一般化を試みるなら、労働史家デヴィッド・ガートマンの次の表現はそれなりに意味のある概括と言えよう。すなわち、「民主政における自由と平等の理想と、資本主義経済下の不平等と他律性との間にある、現代社会の際立った矛盾に起源をもつ」産業民主主義という語は、「社会的な危機に際して、この矛盾をいかに解消するかという闘争のための多面的な武器として出現したのだ」と[12]。

この産業における不平等の問題は、本書第1章で紹介したウォルター・ラウシェンブッシュやエドワード・ベラミーらが「社会的な」不平等と呼んだものの中核に位置する。ラウシェンブッシュは、近代資本主義という自由のシステムが、「実態として」大きな物質的不平等を生んでいる事実を批判し、その矛盾を乗り越えるべく「社会」という領域を見出していったが、ここにはさらに権力論的な展開が含まれてもいた。[13]つまり、産業民主主義という概念には元来、政治的民主主義が市民に対して自らの生活に影響を与えるような根本的な決定の過程に参加する権利を保障するのであれば、実際の市民生活が産業内の経済活動に大きく規定される以上、産業運営の過程で労働者にも一定の発言権が保障されるべきだという論理を持つものだった。そのため、産業民主主義は潜在的には大きな社会変革の源泉となりうる思想だった。[14]

もっとも、そうした産業の民主化によって目指された具体的な目標が著しく多様だったことはすでに述べたとおりである。筆者はさしあたり、一九世紀末以来、「産業民主主義」を標榜した諸社会思想を、①労働者リパブリカニズムに立脚した「職場自治」の主張、②労使団体交渉の制度化（constitutionalization）の主張、③国家の経済介入と産別主義を積極的に求める社会民主主義に近い立場、④科学的管理専門家を中心とする「効率促進」の立場からの改革要求、の四つのグループに整理し、以下、その歴史的展開を概観してみることにしたい。それらは、ある場合には全く異質な理念として激しく対立し合い、またある場合には部分的に共通の基礎を持つものとして互いに交流するなど複雑に絡み合いながら、いずれも第一次大戦期の労働関係改革に一定の影響力を持つことになろう。

合衆国史上、初めて本格的に「産業民主主義」が主張されるようになったのは、未曽有の企業合同と激しい労使紛争の時代として記憶される一八九〇年代である。ヘンリー・D・ロイドらが唱えた先駆的な産業民主主義論は、経済の組織化が進行する中で資本の強大化に脅威を覚えた労働者の心を捉えた。それは労働者リパブリカニズムの平等主義の流れをくむ「集産主義」の主張であり、資本による侵害からコミュニティの一般福祉を回復するために生産者協同（生産手段の集団的所有）と私有財産に対する道徳的規制、さらに言えば産業の自主管理を主張するものだった。産業の領域で「友愛」と「平等」を唱えるロイドの産業民主主義論のエートスは、合衆国建国の政治信条に深く根ざした、少なからず復古的色彩を帯びたものであった[15]。しかし、それゆえにこの思想は愛国主義と親和性が高く、第一次大戦下にも愛国を名乗る機械工などの草の根運動が復活している。

次に、世紀転換期以降、労働協約と団体交渉の制度化を目指す、ビジネスライクな産業民主主義論が影響力を増した。この主張の主な担い手はゴンパース派のアメリカ労働総同盟（ＡＦＬ）指導層とジョン・コモンズに代表される新進の労働経済学者集団だった。ゴンパース派の労働哲学はスペンサー主義との関連が指摘されるように、任意の労働団体たる労働組合の成長を不可欠のファクターとする有機的社会発展の思想である。当面の最重要課題は、組織された労働と組織された資本の任意の協力・調整に基づいた公正な産業活動の実現であった。またそれは、本来、極めて契約者的な思想で、労働関係への社会や国家からの介入を強く忌避するものだった[16]。この立場は、政治経済に対する制度的アプローチを特色とするコモンズ学派と共鳴した。コモンズらの学風は、経済活動を集合的現象と捉え、異なった集団的利益を調整するための社会メカニズムを探究するものだった。具体的には、労働協約と団体交渉を基盤にした労使の自治的な相互関係の制度化と公平な専門家による「科学的」な調停を通して、有機的総体としての産業社会を構築しうると考えた。ただし、集団的関係は任意に形成されるものとされ、国家の役割は労使間の合意を促すための公平なアドヴァイザー以上のものであってはならなかった。

このような産業の立憲的制度化としての産業民主主義論は、経済構造の近代化を考える一部の大資本家や社会協調を唱える政治的リベラルらから支持を得たが、その実現には障害があった。当時、多数の企業家は労働者の団結権・団体交渉権を否認し、黄犬契約を被雇用者と結ぶことで労働組合の存在そのものを否定しようとした。そして、より深刻なことには、司法が一貫してそうした保守的資本を擁護していた。一九世紀末以来、連邦および州レベルで成立した黄犬契約規制法に対して、連邦最高裁は、契約の自由を擁護する立場から、ことごとく無効を宣告していた。[17] 一九一五年のコパージ・カンザス判決では、労働組合は「一般福祉に直接かかわるような、あるいは政府の諸義務をともなう法を課せられたような公的機関ではない」と切り捨てられ、そうした被雇用者の「任意団体の強化を目的とするいかなる試みも警察力行使の合法的目的とはなりえない」と断じていた。さらに、一九一七年のヒッチマン法廷は、雇用者が黄犬契約から得る利益もまた、インジャンクション（スト差し止め令）によって保護されるべき「財産権」に含まれると判決するのだった。[18]

だが、「契約の自由」を絶対視し、労働協約の法的根拠を認めようとしない資本と司法の姿勢は、労働関係の著しい不安定化を招くことになった。労働運動の内部にはＡＦＬ指導層の政策に対する批判が渦巻き、被服、造船などの産業部門では、労働協約を無視して「直接行動」を主張する急進的なグループが台頭。ＡＦＬの中核を成す全国労組においても、社会主義者として知られるウィリアム・ジョンストンが国際機械工組合（International Association of Machinists：ＩＡＭ）の会長に選出されるなど左派勢力の伸長が目覚ましかった。[19] その間、労使の対立は激化の一途をたどり、一九〇九年に始まるニューヨークとシカゴでの被服争議、一二年の繊維争議など紛争の大規模化・全国化が顕著となった。さらに一九一四年、コロラド州の炭鉱ストで二〇名以上の人命が奪われたことは、字句どおり公衆を震撼せしめた。[20]

こうした状況下に国家の役割を重視するいまひとつの産業民主主義論が登場する。これを主導したのはシカゴの食肉産業地区（ストックヤーズ）の労組顧問弁護士、フランク・ウォルシュだった。ウォルシュは、第一期ウィルソン政権下の合衆国産業関係委員会（U. S. Commission on Industrial Relations：1913–1915）に公益代表として参加し、同じく調査部員ベイジル・マンリー、ジェット・ラウクらとともに公権力を積極的に用いた産業改革を主張して、同じく公益代表のコモンズやウィリアム・レーザーソンらからなるグループと鋭く対立した。結局、同委員会は統一した報告書を提出することができず、ウォルシュ・グループは独自に起草した報告書を公にした。その文書は、「政治的自由は産業の自由があるところにのみ存在し、政治的民主主義は産業の民主主義があるところにのみ存在する」と宣言し、連邦政府権限の拡張と法体系の大幅な変更をともなうドラスティックな産業改革を勧告した。

ウォルシュ＝マンリー報告の個性を最もよく表していたのは、その司法への否定的な眼差しと団結権の実質化の議論だった。まず同報告は、先に見た最高裁の憲法解釈を論難する。憲法修正第五条が保障する「財産権」擁護の立場から数多くの労働立法を違憲とし、労働争議に際してはスト破りの「労働権」と資本家の「営業権」（財産権に含まれるとみなされた）をインジャンクション発令の根拠としてきた法理を、「人身上の権利（personal right）は至高のものであり、財産権に置き換えられない優越性を持つと認められねばならない」と厳しく批判した。さらにこの問題の根本的解決を目指して「合衆国に住むすべての人々の人身上の権利保護を明確な用語で規定した憲法修正」と、「裁判所による違憲立法宣告を禁じる立法ないし憲法修正」をあえて勧告した。また同報告は、労働者の団結権を「労働者の自由にとって根本的で不可欠なものであり、それは民主政下のすべての市民に保障された一般的権利に固有なものである」と位置づけた。ウォルシュは、現実問題として「労働者の組織化なしには彼らの集団としての主張は考慮されず、自ら代表を選ぶ権利がなければ……要求を提示し主張するうえで（経営者と）対等ではありえない」と論じたが、その関心は労使の利害調整のみにあったわけではない。団結権はあくまで「人権」のひとつとして尊重されるべきであった。そして、そのためには、団結権を憲法が保障する諸権利の中に加えること、組合員差別を禁じる立法を行うこと、連邦取引委員会と労働省の権限を拡張して労働関係を厳格に監督させることなど、が必要だと勧告した。(21)

ウォルシュはもともと無名の労働弁護士であったが、一九一二年の大統領選挙時にウィルソン民主党陣営を支援したのがきっかけで、中央政界とコネクションを持った。この選挙戦でウィルソンは、リップマンやクローリーが起案したセオドア・ローズヴェルト革新党の福祉国家構想（ニュー・ナショナリズム）に対抗する必要があった。ウィルソンは、全国的には「ニュー・フリーダム」の小経営保護政策でローズヴェルトとの差異化を図ったが、同時に民主党内に社会センター室を立ち上げ、福祉・労働政策の検討を進めてもいた。この社会センター室の運営を任されたのがウォルシュで、彼は精力的に、労災補償や児童福祉、公衆衛生問題、八時間労働制等の研究を行った。ウィルソンが当選後設置した産業関係委員会にウォルシュが任命されたのは、ある種の論功行賞だったのである。[22]

したがって、党派政治の文脈から見ればウォルシュの思想は、ニュー・ナショナリズムの労働政策と対応すべきものである。だが、ウォルシュに比して、リップマンら『ニュー・リパブリック』誌の論客たちの立場ははるかに自由主義的であった。まずリップマンは、一九一四年の『漂流と統治』で「賃金労働者は、労働組合を通してしか産業の管理に参画できず、労組を通してしか自治に必要な規律を得られない」と産業民主主義の本質に迫る指摘をしながら、行政権力による組合支援には全く消極的だった。[23]またクローリーも、翌一五年の『進歩的民主主義』で産業の民主化に言及するが、前面に出てくるのは「科学」と「効率」であった。すなわち、「専制的な産業システム」を改革する上で「産業の立憲主義」（団体交渉の制度化）は有効な第一歩である。だが重要なのは、そうした「産業民主主義が産業効率に欠かせない労働規律と和解可能な」ことだ。つまり、「科学的な経営は職場の自治を必要とし、同じく産業民主主義は経営の科学的メソッドを必要とする」と。[24]彼らの国家主義は労働関係の領域に関してはすこぶる禁欲的だったと言ってよい。そして、このリップマン、クローリーの思想は、戦時政策の主流を成すものとなる。この政策集団は、一九一六年一一月のウィルソン大統領再選以降、ローズヴェルトを離れて民主党政権に急接近していくのである。[25]話をウォルシュの側に戻すと、こうした思想的なマッピングから明らかなことは、彼の産業民主主義論が戦前の全国政治の中では突出してラディカルで、社会主義に近接していることである。だがそれにもかかわらず、総力戦下の政治経済が、再びウォルシュを労働政策の最前線に引き戻していくことは後述するとおりである。

最後に第四の産業民主主義論として、効率主義からのアプローチを挙げておきたい。一九一〇年代前半の熾烈な労使紛争の拡大は企業の経営サイドにも深刻な危機感を抱かせた。とりわけ、科学的管理専門家の多くは広い意味での経営効率増進の観点から労働関係改革の必要を痛感し、独自の社会工学的発想を含む産業民主主義論を展開した。当面の課題は、他の工業国に比べて著しく高い合衆国の離職率を引き下げるとともに、生産工程合理化に対する熟練労働者層の根強い抵抗を平和裏に取り除くことであった。その目標を実現するためには高圧的な管理強化を行うよりもむしろ、従業員に企業運営への部分的「参加」を認め、一定の発言権を付与することで企業活動に対する彼らの集団としての「合意」を獲得する方向がとられるべきだという認識が広まっていく。一九一五年、テイラー協会の集会で演壇に立った産業カウンセラー、ロバート・ヴァレンタインは次のように述べている。「組織された合意が……より効率的な集団の基盤である」、それゆえ、科学的管理専門家の任務は、「最近の生産効率の発展と民主主義の科学技術の発展とを、建設的に組織された方法で、結合させることである」と。この頃いくつかの巨大企業で導入された職場委員会制度（部門（department）単位の被雇用者代表制）は、本来そうした「組織された合意」を獲得するひとつの手段として考案されたものであった。それは、従来の職能別労働者組織に比べて、熟練技術希釈化にともなう労働編成の変化に適合した、より効率的な労働者代表機関として注目を集めた。しかし、実際には職場委員会の多くがもっぱら既存の労働組合勢力の切り崩しを目的とし、労働者組織としての自律性に乏しかったことは、批判の対象となった。[26]

また、モリス・クックに代表されるテイラー協会左派の論客も、効率増進を進めるうえで「上からの命令ではなく、下からの動機づけ」を重視したが、そうした、産業ヒエラルキーの基底部からの積極的「参加」を引き出すためには、媒体となる被雇用者組織は自治的形態をとるべきだと考えられた。既存の独立労働組合は、それが合理化を受け入れ民主的な組織を持つ限り、従業員の代表機関として企業主導の職場委員会よりも好ましかった。つまり、クックは「合意」と「参加」を効率的に獲得するため、ある種の分権化を産業内に求めたのであるが、同時に彼は、諸機能集団の民主的統合に基づく合理的生産システムを構想する。それは自治的労働者組織たる労働組合の「参加」を前提とする産業計画化プランへと発展していく。こうした、科学的管理専門家の産業民主主義論は『ニュー・リパブリック』誌系の政治的リベラルと社会効率の理念を共有し、参戦期の政治エリートの産業民主主義論のひとつの幹を成していくであろう。一九一六年末、同誌は「今日のアメリカで我々に最も必要なのは、民主主義と科学の実際的な合意である。相互理解の基盤を見つけるのは科学的管理者と組織労働者の責務である」と論じている。[27]アメリカの参戦後、クックに代表されるリベラルな人事専門家の立場は、総力戦下の生産性向上の論理と響き合い、その多くは歴史家エリス・ホーリーが戦争管理者（war manager）と呼んだ戦時機関のテクノクラートに転じていく。[28]

2　戦時の産業民主主義

さて、ウィルソン政権の戦時産業政策を立案過程から牽引したのは、国防会議（Council of National Defense）という準国家機関であった。国防会議は、政府から二〇万ドルの予算措置を受けた行政調査組織で、大統領と各省庁に戦時動員に関わる助言を与えることを任務としていた。ワシントンDCの全国会議は、陸軍、海軍、内務、商務、労働、農務各省の長官で構成され、ニュートン・ベイカー陸軍長官が委員長を務めたが、その下に具体的な政策提言を行う「諮問委員会」が設置されていた。この国防会議諮問委員会は、①医療、②労働、③運輸・通信、④科学・研究、⑤原料・資源、⑥軍需・製造、⑦供給、の各分野の指導的な業界代表者で構成され、委員のリストにはボルティモア・オハイオ鉄道社長のダニエル・ウィラード、通販最王手シアーズ・ローバックのジュリアス・ローゼンウォルド社長、AFL委員長ゴンパース、そしてウォール街の大投資家バーナード・バルークらの名前があった。(29) このように国防会議は、中央政府と産業界・労働界が結びつく形で形成された萌芽的なコーポラティズムを体現していたが、まさにこの構造の中から戦時下に全国の鉄道を国営化した戦時鉄道庁や、戦争生産の計画化を進めた戦時産業局（バルーク局長）などが生み出されていった。そして、注目すべきはゴンパース率いる全国労組AFLがこの集産主義の一翼を担ったことである。先に述べたとおり、ゴンパースが唱えてきた産業の立憲主義は、元来、政府介入に否定的な思想であった。しかし、第一次大戦下にAFLの指導層は、戦時国家の権威を背景として全国労組が結ぶ労働協約に正統性を確保する道を選んだ。総力戦下に統治権力と密着したこの経験は、一九二〇年代以降のAFLの運動に重い影響を残すことになろう。

ところで、この国防会議を頂点とする労働と経済の国家統合は必ずしも安定的に機能することはなかった。戦時広報委員会を中心とする戦時プロパガンダがドイツの専制を非難する一方で、戦時生産に携わる労働を愛国的行為として鼓舞したとき、国内産業の民主化運動は、その階級闘争的側面を「愛国心の衣服で覆い隠すことができた」(30)。また生産拡大に起因する労働力不足は、熟練労働者層の交渉力を著しく拡大していた。それゆえ、戦時動員期には、一方では生産効率増進が国家的要請として叫ばれ、生産工程における熟練技術希釈化の圧力が飛躍的に増していったが、その同じ時期にもう一方では、職種分類（classification of trade）や先任権といった熟練工特権の主張が力を持っていた。そうした矛盾は賃金の上昇をはるかに凌ぐ生活費騰貴ともあいまって、激しい労使紛争に発展せざるを得なかった。労働省統計局の資料によると、一九一七年の一年間に発生した争議は四四五〇件で、その数は一八八一年から一九三七年の間で最多である。爆発的な争議拡大は一九一七年秋までに戦時生産の脅威となり、産業の平和と安定のために統一的な労働政策の形成を望む声が政府内外から急速に高まった[31]。

一七年九月、ウィルソン大統領は争議調停と労働問題の調査を主な目的とする大統領調停委員会（President's Mediation Commission）を設置、『ニュー・リパブリック』誌系リベラルとして知られるハーヴァード大学のフェリックス・フランクファーターを書記に任じ、実際の活動を指導させた。同委員会は四カ月にわたって調査を実施し、一九一八年一月、フランクファーター自身が起草した報告書を提出した。労働問題の原因分析とそれをふまえた改革案の勧告を内容とするこの文書は、戦時の産業民主主義論のひとつの到達点を示すものであり、その後の労働政策形成に多大な影響を与えることになる。まず、大統領調停委員会報告は「効率的な戦争遂行」が「ストライキによる労働妨害」と「驚くほど大量の」離職、労働移動によって妨げられている現状を批判的に受け止め、その原因を究明しようとする。同報告は「戦争は、産業への需要を増し、新たな混乱要因に機会を与えることによって、古くからある混乱を激化させた」と労働問題の歴史的検討を要請するとともに、「この戦争の海外における我々の民主的目標と、国内の主要産業のいくつかで見られる専制的行為との間に歴然とした矛盾がある」と戦時労働不安の本質を鋭く指摘し、労働者を「国家の市民として扱う」必要を強調している[32]。

フランクファーターが労働問題の諸原因の中で特に深刻なものとして挙げているのは「労使関係の健全な基盤の欠如」であった。それは「根本的には、雇用者が被雇用者との個別交渉を主張するためだ」と考えられ、「あまりにも多くの例において、雇用者が労働者組織に積極的に反対している。避けられない産業闘争を調整するにあたっての（労使）両陣営の均衡化の失敗は我々の困難の主な原因である」と指摘された。この問題に関して同報告は次のように結論している。すなわち、「近代の巨大産業は労使間の人的関係を効果的に破壊してしまった……それゆえ被雇用者を個人として扱うことによって産業を運営することはもはや不可能である。労使間のある形態の団体的関係が不可欠である。この原則を政府が承認することが我が国の労働政策の合意部分を成すべきだ」と。さらに、これらに関連して「産業における避けることのできない苦情を容易に、そして迅速に処理する」ための公平で恒常的な調停機構の確立が求められた。

こうした議論の背景にはフランクファーター自身の産業社会観があった。大統領調停委員会の活動と同時期、彼はテイラー協会の討論会で産業を経営者と労働者、そして社会科学者（公益の立場から両者の主張を調整）の三集団から成る三脚に見立てた議論を展開していた。その際、労働者は自治的組織を通して自らを代表すべきであり、「労働者組織の……承認は……産業公正の調整にとって不可欠だ」という立場が示された。ここにフランクファーターの思想のひとつの特色でもある社会工学的な関心に根ざしたある種の社会均衡の考え方が看取できる。彼の立場は、すでに見たコモンズ労働経済学の「調整の科学」の理念やテイラー主義左派の社会効率論、さらにはハーバート・クローリーの産業民主主義とも多くの接点を持ったが、労使両勢力の均衡を確保するためには、政府権力が労働者の自治的組織をオーソライズする必要があるという現実主義を堅持していた[33]。

同じころ、政府内では産業界、労働界を巻き込んで戦時労働政策の統一原則の作成が進められていた。まず、国内最大の製造業者団体である全国産業会議委員会（National Industrial Conference Board：ＮＩＣＢ）が一九一七年九月、国防会議に報告書を提出し、産業界が望む労働政策の諸原則を提示した。その主な内容は、①ストライキ禁止、②労働組合員による非組合員差別禁止（アメリカの基本ドクトリンとしてのオープンショップ制維持）、③産業関係の現状維持、④「戦時の労働争議調整のための連邦機関の設置」、などであった。「現状維持」については、この時点で、すでに国防会議から「私企業の雇用者も被雇用者も平時においては変更不可能な基準を変更するために、現在（戦時）存在する非常事態を利用しようとしてはならない」という声明が出されていた。これを甘受したＮＩＣＢ報告は、労組が戦前に獲得した既得権に敬意を払う姿勢を見せながら、保守的経営者の産業民主主義論とでも言うべき信念を吐露してもいた。すなわち、政府権力によるオープンショップ制の否定は「増産にとって重要な経営者の責任を破壊し、我々自身の民主主義――そのために今日我が国の市民は異国の地で死ぬこともいとわない――における個人の自由と機会の基本原則を否定する」ことである、と。[34] これに対して、一一月に開かれたAFL年次大会では、争議権やショップ制に関しては何ら触れられず、もっぱら戦時増産への協力が声高に叫ばれた。[35]

一九一八年一月、大統領は上述の経営者団体と労働組合の主張を背景にした国防会議と戦時生産関連省庁間会議での議論をふまえ、労働長官に戦時労働政策立案の権限を与えた。労働長官は同月末、NICBが指名する五名の雇用者代表とAFLが指名する五名の労働者代表、そして雇用者代表と労働者代表がそれぞれ一名ずつ指名する公益代表の計一二名から成る戦時労働会議委員会（National War Conference Board）の設置を決定した。雇用者代表はNICB執行委員長のロヤール・オズボーンを中心とし、公益代表の一人に前大統領のウィリアム・H・タフトを指名した。一方、労働代表にはAFL左派の指導者であるジョンストンが含まれ、もう一人の公益代表には、かのフランク・ウォルシュが指名された。

アイルランド系アメリカ人のウォルシュは、一九一五年の産業関係委員会終了後も強く反戦を主張していたが、一七年四月にアメリカが参戦するや一転して政府の戦争政策を支持した。ウォルシュは、旧産業関係委員会で労働者側証言者だった長老派の牧師、ダニエル・マクロクルに送った書簡でこのように心情を打ち明けている。「政府を後ろからしっかり支えることは、民主主義を信じる者すべての義務だと今は考えています。参戦前には私は平和主義者と言ってよかったかもしれませんが、……当時はこの戦争が非常に広範な局面におよぶ民主主義の戦争であることを捉えそこなっていました。……ドイツに勝利することは……人類の家族が民主主義に向かって進む素晴らしい前進となるでしょう。[36]」ウォルシュは、ゴンパースが主宰した労組の戦争協力団体、「労働者と民主主義のためのアメリカ同盟（American Alliance for Labor and Democracy）」に参加し、自らも全国労働者国防会議（National Labor Defense Council）なる愛国団体を立ち上げている。[37] また彼は、戦時広報委員会のジョージ・クリール委員長とも頻繁に私信を交わし、例えば、ドイツ語新聞の監視担当者として、皇帝に怨嗟の念を持つドイツ系の人物を推薦したりしている[38]。その一方でウォルシュはラディカルな立場を捨てたわけではなかった。戦時防諜法の言論弾圧に反発して、新聞検閲の責任者バールソン郵政長官を直接手紙で「ウルトラ官僚主義」だとなじり、シカゴの食肉加工産業（ストックヤーズ）争議では、運動の当事者として経営者との交渉の席に着き続けた[39]。ウォルシュの再登場は、戦時の産業民主主義が、何か根本的な変革をもたらすという期待を労働者とリベラルたちに抱かせただろう。

さて、その後、戦時労働会議委員会は労働側、経営者側の激しい論戦の末、一九一八年三月二九日、労働長官に報告書を提出して、連邦の戦時労働政策の統一原則（以下『原則』と略記）を明らかにした。ここで労働関係に関する部分を中心にその内容を検討しておこう[40]。

まず第一に注目すべきは、『原則』がかなりはっきりと労働者の団結権・団体交渉権を擁護する立場をとったことである。具体的には次のように明記された。「労働者が労働組合を組織し、自ら選んだ代表を通して団体交渉を行う権利が承認された。この権利は雇用者によって、いかなる手段によっても、否定されたり、削減されたり、妨害されてはならない」、さらに「経営者は、労働組合員であることや労働組合の活動を是認したことを理由に労働者を解雇できない」と。ただし、『原則』は冒頭で「戦争中、いかなるストライキ、ロックアウトもあってはならない」と争議権を放棄させるものであった。

そして、ショップ制に関しては、「ユニオン・ショップが存在する事業所ではそれが継続され……雇用条件に関するユニオン・スタンダードが維持される」が、「組合員と非組合員が……混在し、経営者がそこで働く労働者および、その代表者とのみ会合を持つ事業所では、そうした状態の継続に苦情を申し立てることはできない」とＮＩＣＢ報告の「現状維持」の精神を色濃く反映した表現が見られ、オープンショップ制や企業主導の職場委員会の継続を容認した。だが、『原則』にはあえて次の文言が付け加えられている。すなわち、上述の条項は「その事業所の労働者が労働組合を結成し、労働組合に加入する権利を……否定もしくは妨害するものではないし、……戦時労働委員会が賃金、労働時間、その他の……労働条件の改善を図るのを……妨げるものでもない」と。ウォルシュはこの成果を次のように手放しで称賛している。『原則』は「戦時の産業関係に関する我が政府の政策がいかにあるべきかについての労使の最高の思想を表現している……（それは）世界中で人々が自由になるための戦争を戦っているときに、産業に適用された民主主義原則の健全なる発展を保障した、いわば政府の産業憲章」である。本章の主題に引きつけて言うなら、『原則』は戦時下に到達できた「産業民主主義」のひとつの合意点であった(41)。

また、同報告では常設の調停機関である全国戦時労働委員会（National War Labor Board：ＮＷＬＢ）の設置が勧告された。その任務は「効率的な戦争遂行にとって必要な生産部門」と「その遅延と障害が軍事生産に決定的な影響を与えるその他の分野」における「あらゆる労使紛争を調停によって解決」することだと規定された。ただし「協定や連邦法による、いまだ発動されていない解決法が存在する産業……の労使紛争は認知しない」とその管轄を制限し、例えば、戦時動員機関を中心とした独自の調停機構を持った鉄道や造船業はほとんどＮＷＬＢの介入の対象にはならなかった。また、ＮＷＬＢは戦時労働会議委員会からそのまま委員を受け継ぎ、ウォルシュとタフトが共同議長を務めた。なお、実務担当の書記には、旧産業関係委員会でウォルシュ派の調査部員として活躍したラウクが任命された(42)。

一九一八年四月八日、大統領は、こうした戦時労働会議委員会の勧告をそのまま承認し、非常時の緊急大統領声明の形でＮＷＬＢの設置を宣言するとともに、先に紹介した戦時労働政策『原則』をＮＷＬＢによっても遵守されるべき基準と位置づけた。戦時労働政策はここまで、関連する諸利益集団が国家機関の支援を得ながら、いわばヴォランタリーに調整を進める方式で形成されてきた。しかし、この大統領声明をもって『原則』は、戦時の膨張した国家権力によってオーソライズされ大きな強制力を発揮するようになった(43)。ＮＷＬＢは一六カ月の活動期間に一二五一件の提訴を受け、うち四九〇件に裁定・決定を下すなど文字どおり「戦時産業の最高裁」として君臨した。裁定は一一〇〇以上の事業所、七一万人以上の労働者に直接影響を及ぼし、一三八件のストが回避されたという。

3　戦時労働政策と労働運動の変容

こうした戦時の政治経済の展開は、既存の労働運動を勢いづけるとともに、歴史的に見て重要な変容を促してもいた。以下、多様な発展を示した戦時の労働運動と政府介入の実態を、「産業民主主義」の問題に引きつけながら概観しよう。

まず、参戦期のアメリカ労働運動をその性格から新旧のいくつかのグループに分けて検討しておこう。第一の運動は、国防会議的コーポラティズムを構成したＡＦＬ全国労組である。ＡＦＬ執行部は、一九一七年九月に「労働者と民主主義のためのアメリカ同盟」を設立するなど、労働の戦争動員に徹底して協力し、その代償として労働協約の正統性を確立していった。ＡＦＬ加盟の組合員数は一九一五年の二六〇万七〇〇〇人から一九二〇年までに五一一万人に倍増したが、そのこと自体が第一次大戦の生んだ国民統合の特質を物語る。

第二に、戦時に国有化された重要産業を拠点とする全国労組である。その中には、鉄道修理工場を組織した国際機械工組合（ＩＡＭ）や戦時の炭鉱を支配した統一鉱山労組（United Mine Workers：ＵＭＷ）など、ＡＦＬ加盟の巨大な職能別組合もあった。ＩＡＭやＵＭＷは、戦時鉄道庁や戦時燃料庁による鉄道、鉱山等の国家管理から恩恵を受け、ＩＡＭのジョンストン会長のようにイギリス労働組合会議（Trade Union Congress）に倣って、戦時に限らず恒常的な、重要産業の国有化を目標とする指導者も現れてきた。

第一次大戦期にはローカルな組合活動も著しく活性化した。第三のグループとして記述すべきは、主に東部の兵器産業に広がった熟練労働者の職場自治運動である。元来、兵器製造業は生産工程の機械化・標準化が比較的容易であったため戦時下に大量生産技術が急速に普及し、不熟練工の役割が増していった。しかし、他方、熟練労働者は依然として製造における戦略的位置を占め、その絶対数の不足とあいまって強烈な自己主張を示すようになる。マサチューセッツ州ブリッジポートのIAM第五五支部の闘争は、非常に有名だが、彼らの運動にはぬぐい難い旧さがあった。「合理化」に強く反発する組合支部は、賃上げ、時短に加え、先任権や職種分類といった熟練労働者の特権維持の要求を常に掲げていた。それは、一九世紀末のヘンリー・ロイドの労働リパブリカニズムの系譜を継ぐ、反資本主義の産業民主主義運動だった。そして彼らは、戦時下に最も愛国主義の熱狂と一体化した勢力だった。ジョゼフ・マッカーティンの調査が明らかにしたように、ブリッジポートの熟練機械工は、経営者を「アメリカのユンカー」と非難し、「目覚めよ！　真の市民になろう！」の合言葉のもと産業の民主化を求める自分たちこそが、真の愛国者であると主張したのだった(44)。

同じくローカルな事業所単位の闘争に基盤を置きつつも、従来の職能別組合から排除されてきた移民不熟練労働者を中心とする運動が戦時下に出現している。この第四のグループは、萌芽的な産業別組織を特徴とするものだった。この動向は、後のアメリカ版福祉国家が産業別組織会議（Congress of Industrial Organization：CIO）の勢力を不可欠の構成要素としたことを考えると、極めて重要な展開であった。いくつか例を挙げるなら、軍服を生産した既製服産業の合同被服労組（Amalgamated Clothing Workers：ACW）は、先駆的な産業別組織を発展させたが、リトアニア生まれの委員長シドニー・ヒルマンをはじめとして、構成メンバーの大半が東欧ユダヤ人移民だった。第一次大戦期にACWは、シカゴとニューヨークのユダヤ人コミュニティの民族的紐帯を背景に勢力を伸ばしていく(45)。また、後にフランクリン・ローズヴェルトを支持して、ニューディールの全国復興局の重鎮となるヒルマンという人物の個性とも関係あろうが、この組合は、戦時の社会効率論に柔軟に対応し、組合の自立性と産業内での一定の発言権が保障される限りで合理化を受け入れる政策をとった。それは、ブリッジポートの機械工とは全く異なる先進性を秘めた運動であり、そのことは、両者に対する戦時政府の対応にも大きな違いを生じさせることになる[46]。

ＡＣＷが勢力を伸ばしたシカゴでは、サウスサイドの食肉加工業地区にも新しい産別運動ストックヤーズ労働評議会（Stock Yards Labor Council）が誕生した。この運動を組織したのは、シカゴ労働総同盟のジョン・フィッツパトリックとその盟友フランク・ウォルシュであった。当時のストックヤーズ地区は、東欧系移民を中心に約四万五〇〇〇人の労働者が働く町だった。食肉最王手のアーマー社による戦争直後の時期の推計によれば、同社の従業員のうち二五〜三〇％はポーランド人、二〇％がリトアニア人であったという。また、二七％は戦時下に南部から移住した黒人労働者であった[47]。食肉加工業は、大量生産産業の中でも、特に職能が細分化され、不熟練工程が多くを占める産業だったが、シカゴ総同盟は、そうしたストックヤーズでは、職能別組合の管轄を超えた新しい組合が必要だと考え、一九一七年七月、産別組織を特色とするストックヤーズ労働評議会を創設した。同評議会の組織運動の特色は、不熟練労働者を近隣の居住区ごとに編成し、組合に加入させることだった。当時、民族や人種ごとの住み分けが進行していたシカゴでは、それは、民族・人種集団単位で運動を編成することを意味した。こうした方式がとられたのは、移民コミュニティ内部の結合力や規律を組合活動の原動力として活用しようという発想によるものだった。実際、食肉産業の組織キャンペーンを契機にシカゴ同盟は移民社会との結びつきを強め、共闘の基礎を築いていったのである。ポーランド国民同盟（ＰＮＡ）幹部の一人、ジョン・キクルスキがこの頃、ポーランド語のオルグとして活躍していたことは、移民集団と労働運動との関係を示す好例である[48]。

一七年後半にストックヤーズ労働評議会は急成長を遂げ、年末までにシカゴの食肉産業労働者の半数以上が組合に加入した。特に熱狂的な支持があった東欧系移民密集地区では、加入率は九〇％に達したといわれる。しかし、アーマー社等の経営者は従来どおり、労組の存在を認めず交渉を拒否したため、産業全体を覆うストライキが懸念された。缶詰食品等、ストックヤーズの加工品は、重要な軍事物資（兵糧）であり、事態を深刻視した政府は、一七年一一月、大統領調停委員会の介入を決意する。同委員会は、サムエル・アルシュラー判事の調査に基づき、一九一八年三月末に初の裁定を下す。裁定内容は、大幅な賃上げ（週給一ドル増額）、八時間労働、男女同一労働・同一賃金といった労働者側の要求を概ね認め、また同時期に策定された「戦時労働政策原則」のラインに沿うものだった。[49] 興味深いのは、この間、ストックヤーズ労働評議会の顧問弁護士としてウォルシュがアルシュラーと緊密に連絡を取り合っていたことだ。ニューヨーク公立図書館に残されたフランク・ウォルシュ文書は、一九一八年三月にウォルシュがアルシュラーやウィリアム・B・ウィルソン労働長官と何度も電話で話し、書簡を交換して、裁定の内容について話し合っていたことを示す。[50] この時期はちょうど戦時労働委員会の活動が開始される頃にあたり、共同議長の一人のウォルシュが新しい産業別組合を代表して、戦時労働機関と調整を進めている姿は刮目に値する。もっとも大統領調停委員会の裁定を受け入れることは、食肉労働者のスト権の放棄をも意味するのであり、戦争協力という面も小さくない。事実、ウォルシュは一九一七年末の書簡では、CPIのクリール委員長に対して、労働者向けのプロパガンダを推奨してもいた。「……今この国で緊急に求められているのは……労働者の忠誠と愛国的支援です。……これは軍隊の戦争ではなく、人民の戦争だと言われてきましたが、私の立場からすれば労働者の戦争なのです。……あなたは……自由公債の購入や赤十字、YMCAなどへの寄付を募る愛国的アピールを熟知しています。しかし、労働階級――特に炭鉱や鉱山……鉄工所で働く不熟練労働者――の心に、忠誠と愛国心を植えつけるために何をされてきたでしょうか。[51]」

だが、こうした裁定を単なる政府との「取り引き」の問題に矮小化するのは、正確ではない。この点、ウォルシュの周辺で、移民の生活水準に注目した議論に関心が持たれているのは、産業民主主義と移民の国民化という観点からも重要である。戦時労働委員会でウォルシュの片腕として働くことになる労働統計専門家のジェット・ラウクは、「最低限の生活水準を維持するのに、従業員はいかほどのものを必要としているか」とアルシュラーから何度も問い合わせを受けたとウォルシュに伝えている。(52) 生活費が急激に高騰していた参戦期にあって、賃上げは「見苦しくない生活水準」のための不可欠の条件だった。また、ストックヤーズ労働評議会のコミュニティ・ベースの運動に協力してきた、シカゴ大学セツルメントのメアリー・マクダウェルは、巨大集会となったアルシュラー裁定報告会の模様を、『サーヴェイ』誌上に伝えているが、彼女が強調したのは、八時間労働が移民労働者にはじめて可能にした余暇の確保であった。やや長くなるが当該記事を抜粋しておこう。「今日（の集会で）は、スラヴ人やアルメニア人、ギリシア人、トルコ人、メキシコ人、黒人、そして非常に多数のポーランド人が参加し、あらゆる言語のあらゆる人々が、余暇の権利を勝ち取ったことを示していた。今日は本当に新しい夜明けの日である……。ここには痛みをともなわないアメリカ化がある。ここには、我々の産業コミュニティを戦時下に安定させ、戦後のより良い産業・社会構造の基盤を築く、民主主義が予示されているのである」と。(53) ウォルシュやマクダウェルらは、戦時国家の労働関係への介入が国民形成と密接に関わることを体感していた。

この大統領調停員会の裁定をひとつの試金石として、一九一八年春以降、政府機関による労働争議の調停は本格化していく。その中で最も大規模な活動を展開していったのがウォルシュを共同議長に据えた戦時労働委員会であった。そして、この戦時労働委員会が多大な時間と労力をつぎ込んで取り組んだのが、先に見た東海岸の兵器産業の労働争議であった。同産業では、草の根の熟練機械工が参戦を契機に、著しく戦闘化していた。彼らは、経営者権威に対抗すると同時に、戦時増産と「現状維持」に妥協した全国労働組合指導者との対立を深め、しばしば、地域組合の組織を中心に合理化反対と「職場自治」の要求をリンクさせたストライキを展開していた。一八年夏に始まる戦時労働委員会（ＮＷＬＢ）の対応は非常に現実的だった。まずＮＷＬＢは『原則』に従って団結権・団体交涉権を確認している。ベツレヘム鉄鋼会社争議に関する裁定では「被雇用者の団体交渉権は戦時労働委員会によって承認された」と宣言され、コネティカット州ブリッジポート争議の裁定でも「団体交渉権の承認は、我々が個人の時代から集団の時代に至ったこと、そして集団の意思が個人の意思に優越することを認める」と説明された。[54] 黄犬契約に関しても、マサチューセッツ州ピッツフィールドのジェネラル・エレクトリック社工場争議の裁定は「抑圧的性格の個別契約はこれを禁止する」と明言した。[55]

また、ＮＷＬＢはオープンショップ制の「現状維持」が約束された未組織産業では労働組合によらない団体交渉の基礎を作る集団として職場委員会制度を導入した。ピッツフィールド裁定は「苦情を提出し、会社と調停を行うための職場委員会」の設置、「労働者自身による代表者選出」を勧告し、ベツレヘムやブリッジポートの裁定でもこれに倣うことが求められた。[56] このことは、移民の国民的包摂の文脈からも非常に大きな意味がある。例えば、上記ベツレヘム鉄鋼の従業員三〇〇〇〇人は約三分の一が外国生まれの南・東欧系移民だった――兵器産業は戦闘的な熟練労働者の存在に目を奪われがちだが、労働工程の大半は不熟練職種が占める産業構造であった――。そして、ＮＷＬＢの職場委員会は外国人を排除しなかった。アメリカ国籍の有無にかかわらず全従業員が職場委員の選挙に投票できたし、たとえ外国人であっても、将来の帰化意志を宣言し、ファースト・ペーパーズ（市民権取得手続きの第一段階書類）を提出した者は、正規の職場委員となれた。実際、ベツレヘムでは多くの外国籍の労働者が職場委員選挙に投票し、また自ら職場委員となり団体交渉に加わっていたことが確認されている。[57]

ＮＷＬＢは、後に計一二五の工場に職場委員会を設置しているが、そのほとんどが経営者権威からかなりはっきりと自立していたため、多くの場合、労働者から好意的に受け入れられた。それどころか、ブリッジポートをはじめいくつかの兵器工場では、合理化に抵抗する熟練工がＮＷＬＢの職場委員会を実質的に支配し、職場自治運動のよりどころとしようとした。しかし、ＮＷＬＢの職場委員会が職能別ではなく部門（department）単位で委員の選出を行わせたことからもわかるように、基本的には、先に見た科学的管理専門家考案の職場委員会をモデルにした生産効率増進を重視するものとなった。そうしたＮＷＬＢの性格は、ブリッジポート争議の裁定に現れる「労働者がこの時期、職種分類……を得る権利を否定せざるを得ない」という文言からもはっきりと見て取れる[58]。

ブリッジポートの熟練工はこうしたＮＷＬＢ裁定を不服としてストを継続するが、これに対して、連邦政府は選抜徴兵法にもとづく徴兵免除権の剝奪を通告する大統領書簡を送付して、裁定受諾を迫った。戦時動員は法的根拠を持たない緊急避難的政策として展開されたが、政府は愛国的世論を背景に国民に対して戦争協力を強要する力を持ち、反抗する者には極めて厳格な制裁を加えることができたのである。ブリッジポート労働者に対するこうした脅迫はその一例といえるが、他方、経営者に対しても政府はＮＷＬＢの裁定に従わなかったいくつかのケースでプラントの接収を断行している[59]。

ところで、ブリッジポート労働者がＮＷＬＢ裁定の受け入れを拒否したのにはそれなりの理由があった。兵器製造業と同じく動員の対象となった鉄道や造船業では、熟練工の職種分類要求が承認されていたのである。そのことは、産業の生産工程における熟練労働への依存度や団体交渉の実績によって、連邦権力の介入のあり方が異なったことを示している。例えば、鉄道修理工場は兵器製造業とは対照的に、熟練技術の希釈化が困難で、参戦までに強固な労働組合運動の基盤があった。ここでは、戦時動員機関である鉄道庁とその下部組織の鉄道調整委員会が管轄した労働政策は、労働組合を承認するとともに熟練工要求を一部受け入れることで、労働組合から一定の譲歩、すなわち見習い規制の緩和等の合理化を引き出している。そして、鉄道でも山猫ストを防止する目的で職場委員会制度が導入されているが、鉄道調整委員会は全国労働組合に職場委員会の活動を管理させる方針をとり、ＩＡＭなどの全国労組への権威の集中を促している[60]。

このように、政府の介入機関と組織労働が、ほとんど一体化して労働関係規範を築いていったケースは、ＡＣＷ

の被服産業にも当てはまる。軍服生産の必要から陸軍省の管轄下に動員された同産業では、政府の戦時調停機関を中心にして産業の計画化・効率化の目標を共有するヒルマンやフランクファーターらの政治的リベラル、テイラー協会左派のクック、コモンズ学派のレイザーソンらの間に密接な協力関係が構築された。労働史家マシュー・ジョセフソンの研究によると、ACW委員長のヒルマンは一九一七年六月と七月にウォルター・リップマンと会談し、既成服製造の合理化と民主化について意見交換している。単純化して言えば、ACWは戦時生産への協力を明言し、戦時労働機関に協力することで団体交渉を拒否する保守的経営者と対抗しようとした。これに対してテイラー協会左派のグループはACWという自治的労働者組織を通して得られる労働者の自己規律と社会意識を高く評価し、『ニュー・リパブリック』誌も、民主主義の将来は「雇用者と被雇用者が効率的生産に不可欠な任意の自己規律とともに民主的自由の理念に協調できるか否かに……かかっている」が、「この事実をACWほどよく理解している……グループはない」と絶賛した。ここでは、戦時調停機関は強権的な裁定を押しつける主体ではなく、社会工学的発想を持った多様な政治・経済エリートに協議の場を提供していたように見える。(61)

つまり、諸戦時労働機関は具体的な介入の過程で、各産業の特殊性に鑑み、ある場合には既存の労働組合の組合員「統治」の能力に依存して、組合承認と引き換えに産業平和と生産合理化を実現しようとし、またある場合には生産工程における熟練技術の希釈化に対応すべく職場単位の被雇用者代表制度を普及させ、これを媒介として労働者の戦時生産遂行への「合意」を取りつけようとし、さらに別のケースでは効率増進のための広範な社会協調の基盤を準備しようとしたのである。しかし、こうした具体的な介入の事例の多様性にもかかわらず、戦時労働政策が推進しえた「産業の民主化」が、常に生産効率増進を最優先するものであったことは確かであろう。

むすびにかえて

ここまでの検討で明らかなように、産業を民主化するという名目で実施された戦時労働政策は参戦までの多様な産業民主主義論の蓄積に依拠していた。また、戦時の政治経済状況下に愛国的言論と混ざり合っていった多様な産業民主化運動は一様にある種の社会的正統性を獲得したかに見え、政府の労働関係改革に直接・間接に影響を与えた。ただし、実際の戦時労働関係改革の内容を規定した「産業民主主義」は、戦争がもたらした国家権威の膨張と産業の社会化を前提に、また、それに立脚して、社会効率を最大化しようとする立場であり、その際、団体交渉の制度化が主要な手段として認知されていった。この過程で、団結権・団体交渉権が政府権力によって保障され、黄犬契約を容認してきた個別契約の論理が否定されたことは労働運動にとっては大きな成果であった。

また、戦時政府の労働関係への介入が、南・東欧系移民のアメリカ化への道を拓いたことも重要である。一九一八年三月にシカゴの食肉産業（ストックヤーズ）争議を裁定した大統領調停委員会は、大量のポーランド系移民を含む従業員に対する大幅な賃上げを言い渡した。これによって新来の移民は、初めて「英語を話す労働者」の賃金に近づき、アメリカ市民として「見苦しくない」生活水準を期待できるようになった。また、ベツレヘム鉄鋼の事例などで明らかなように、戦時労働委員会が設立した職場委員会は軍需産業で働く未組織の外国人を組織し、これまで賃金や労働条件の決定過程から排除されてきた彼らに初めて産業内での発言権を与えた。さらに、軍服の生産という「愛国的」業務に携わったシカゴとニューヨークの東欧ユダヤ人移民は、ＡＣＷの産別組合に加わることで、新来の不熟練労働者でありながら、産業民主主義の実質化に大きく寄与した。こうした経験は、多くの移民労働者にとって「アメリカの良き市民になること」に直結していたことはすでに見たとおりである。[62]ところで、本章ではほとんど触れることができなかったが、移民と同様の、労働を通じた社会的包摂は、黒人については、ほとんど当てはまらなかった。シカゴの食肉加工業では、終戦までに黒人不熟練工の比率は全労働力の四分の一程度に達していたが、ストックヤーズ労働評議会の運動でも黒人の組織化は十分ではなかった。また戦時労働委員会は、多くの黒人労働者を擁する南部鉄鋼業に介入を試みるが、カラーラインを墨守する地域社会の慣行を黙認する結果となり、差別的な二重賃金制度を存続させてしまう。この問題についてはさらなる検討が必要なので第7章で再び考察することとする。

これまで見てきたように、「戦時労働政策の原則」を基準とする戦時労働政策は、多くの点で労働者の産業シティズンシップを実現する方向で進んでいったように見える。しかし、諸策はいずれも結局、立法化のかたちをとることができず、研究者ヴァレリー・コナーが言うところの戦時の国家が持った「半ば強制的」な「道徳的説得」の力に頼っていた。[63] かかる説得の限界は、大統領調停委員会が報告書作成の最終段階に入ったのと同じ時期（一九一七年一二月）に最高裁が黄犬契約の合法性を確認するヒッチマン判決を結審している事実が象徴的に示している。さらに、一九一八年一一月の終戦と動員解除は、戦時に承認されたはずの労働者の団結権・団体交渉権や労働組合の合法性を再び疑わしいものにしてしまった。ウォルシュが終戦の三週間後にシカゴの労働組合指導者に送った手紙は悲観的であった。「私見ではあるが、この委員会はすでに我が国の労働者にとって絶望的な幻想以外の何ものでもなくなっている……（NWLB）原則と裁定のおかげで多くの労働者の胸に大きな期待が膨らんだが……経営者たちは、特に休戦後、ワシントンと全国津々浦々で反動化し、委員会は機能しなくなってしまった。」この手紙の中で、ウォルシュは共同議長辞任の決意を明かしている。[64] ここに避けられない状況となった、国家の労働関係領域からの撤退は、戦時に野心的になった多様な産業民主主義運動を剝き出しの闘争へと向かわせるであろう。

だがいずれにせよ、戦時動員の経験が既存の産業民主主義論の中で国家の占める地位を著しく大きくしたことだけは確かであろう。例えば、戦後の反動的状況下に社会民主主義的傾向を持つリベラル、労働運動指導者グループが社会運動への影響力を増している。この時期、主要な労働組合のいくつかは政府権力を用いた産業民主化にはっきりと傾斜し、重要産業の国有化や社会保障制度の導入、あるいは労働党結成といった政治的要求を自己のプログラムに組み込んでいったのである。また、戦後、フランクファーターがテイラー協会の集会で述べた言葉──「産業問題は……調停力としての政府を得て、経営者と労働者がともに責任を持つものになりつつある」（一九一九年一〇月）──に見られるように、実効的な団体交渉システムもそれを媒体とした社会効率の増進も国家権威の後ろ盾を必要とせざるを得ないという認識が広く行き渡っていく。[65] 実際、一九二〇年代にAFLは国家との結びつきをますます強め、その実態は彼らのヴォランタリズムの信条からは程遠いものとなってしまう。しかしなお、強大化した国家をめぐってどのような「民主主義」が産業で実現するのか、そのことが二〇世紀国民秩序のあり方にどう影響するのかは、第8章で見る第一次大戦後の熾烈な社会闘争の結果を待たねばならなかった。

第6章　移民の戦争、アメリカの戦争
――総力戦とアメリカ化――

はじめに――国民をつくる戦争

「世界を民主化するための」理念の戦争は、強固な国民的連帯を必要とするナショナリズムの戦争でもあった。種々の戦時動員政策には、アメリカ社会を構成するすべての人々に、文化的な同質性を求める社会運動の側面があった。参戦から一カ月半後の一九一七年五月一八日、選抜徴兵法の成立にあわせて国民向けの談話を発表したウィルソン大統領は、そのことを十分に意識していた。この日、大統領は次のように国民を説得している。「この戦争では、通常考えられるような軍隊は存在しません。存在するのは武装した総体としての国民のみです。……したがって、我々が戦争のためにつくり、鍛えねばならないのは軍隊ではなく、国民なのです。……それ（徴兵）は己の身を、全体の共通目的のために思慮深く捧げるという義務（の感覚）を活性化するものであります。[1]」

戦時下とはいえ、ウィルソンがこのような、愛国主義を鼓吹するのには、やや遡って中立期以来の経緯がある。西部戦線が膠着し、大戦の長期化が避けられない情勢となった一九一五年中ごろから、アメリカでは戦備運動（preparedness）と呼ばれる参戦推進派の活動が活発化した。戦備運動はセオドア・ローズヴェルト周辺に結集した国粋主義者のグループから成り、財界の支援も得て大規模な政治キャンペーンを展開した。彼らの主張の中には、軍備増強だけでなく、エスノ・レイシャルな国民形成と同化主義の議論が含まれていた。例えば、ローズヴェルトの腹心であった元フィリピン総督レナード・ウッド中佐は、哲学者ジョサイア・ロイスの「大共同体」（＝国民国家）論に共鳴し、いわゆる義務兵役制の導入による民衆の規律化・国民化を訴えていた。ウッドは、義務兵役を通して「彼（若者）は身体的・道徳的に改善され、より良き市民となる。彼は国旗を敬い……戦時の国家に奉仕する義務を理解できるようになる」のだと論じた。(2) そして、「メルティング・ポットを熱くたぎらせよ」（『インディペンデント』誌、一九一六年七月）という論文を発表したウッドが、この政策のターゲットとして新来の移民を想定していたことは明らかだった。軍隊生活と戦争体験は、地域の公立学校のごとく、多様な出自のアメリカの若者を文化的に均質な同国人にすると期待されたのだった。(3)

戦備運動のもう一人の中心人物、フランシス・ケラーもまた厳格な同化論者だった。彼女は一九一六年刊行の『まともなアメリカ』と題された書物の中で、「アメリカニズムとは……自由、機会、義務」を意味するとしつつ、これを裏付けるのは共通言語としての英語の使用を外国系住民に徹底することだと論じた。また、「民間人の……義務兵役」が、「地方的で、利己的な……平均的アメリカ人にとってひとつの坩堝として」機能すると考え、来るべき「戦争がそうしたアメリカニズムに……機会を与えるだろう」と国民形成の観点から参戦を求めた。ケラーは前年（一九一五年）に、全国アメリカ化委員会（National Americanization Committee）という愛国団体を結成、七月四日の独立記念日を「アメリカ化の日」と定めて、全四七州一〇七の自治体で帰化市民を祝福する祭典を組織している。(4) この運動はその後も続けられ、参戦期のより大規模な愛国ページェントにつながっていく。

こうした戦備運動の同化圧力は、当初、エスニックなバックグラウンドを持つ知識人や、移民社会と交流のあった社会事業家などから強い反発を受けた。序章で紹介したホーレス・カレンの「民主主義対メルティング・ポット」（『ネイション』誌、一九一五年二月）はまさに、こうした文脈の中で公にされた反軍備運動の論文であった。カレンの文化多元主義は、アメリカのナショナリズムはあくまで市民的な領域にとどまるべきで、エスノ・レイシャルな共同体的紐帯はもっぱら移民コミュニティが独占すべきものだと論じていた[5]。また、戦備運動は、本来ニュー・ナショナリズムの人脈を基盤とする反ウィルソンの党派的な運動でもあった。民主党系の反戦論者であったフランク・ウォルシュやジェーン・アダムズのような左派知識人が、戦備派が体現する権威主義的な国家主義を嫌悪したことは想像に難くない[6]。

しかし、一九一六年の第二期大統領選挙が近づくにつれて、ウィルソン自身が排外的ナショナリズムに配慮する姿勢を示すようになる。ウィルソンは一九一五年末の議会教書で、「我々の国民的平和と安全に対する最も深刻な脅威は、国境の内部にある。他国の旗の下で生まれたアメリカ市民の中には……我々の国民生活の動脈に不忠誠の毒薬を流し込む者がいる」と、帰化市民の忠誠をことさら問題視してみせたが、さらに一九一六年六月の演説会では「アメリカニズムとはアメリカの原則を完全に信じることであり、それと競合するかもしれない何ものよりも上位のものとして第一番に位置づけることである」と、エスニックな帰属そのものを否定する発言を行った[7]。

その後、一六年秋の選挙に勝利したウィルソンは、短期間のうちに戦備運動の活動家の多くを自らの勢力に取り込んでいく。間もなく始まる参戦期に、戦争プロパガンダ全般を管掌したジョージ・クリールもその一人だった。戦時広報委員長となったクリールは、当初からエスニック問題に感受性が高く、外国系住民に対する広報活動を重視した人物であった。彼は後にこう述懐している。「アメリカが参戦したとき、これまで省みられなかった無数の人々（外国人）が、新たな重要性を帯びるようになった。なぜなら、我々の統一、我々の攻撃力、我々の最前線のあり方は、外国生まれや外国系のアメリカ人の態度次第だったからである[8]。」外国語を話す移民大衆を、他のアメリカ人とともにソーシャライズし、忠誠心篤く効率的な市民に育成すること、すなわち、彼らを「アメリカ化」して国民共同体の一部に組み込むことは、総力戦下の国家的要請となった。

だが、この課題には特殊アメリカ的ともいえる困難があった。ひとつは外国系住民の数の多さであった。よく知られるように、第一次大戦直前のアメリカは、人類史上まれにみる大量の移民を受け入れていた。一八九〇年から一九一四年の期間に少なくとも一八〇〇万人の外国人がアメリカに入国したと見られる。一九一〇年国勢調査によると、当時のアメリカ総人口は九二二〇万人。これに対して外国生まれの住民は一四・七％の一三五〇万人、両親のいずれかが外国生まれの二世世代は三三〇〇万人に達した。大都市では、軒並み人口の八割弱を移民とその子供世代が占め、非英語話者の数も全米で三〇〇万人を超えている。移民はウィルソンが「つくり、鍛えねばならない」といった「アメリカ国民の軍隊」の中にも、大量に入っていった。選抜徴兵法の規定によれば、帰化第一書類を提出（帰化宣言）した外国人は、徴兵対象であり、米軍内の外国人兵士の数は、終戦までに四一万四三八九人（帰化市民を含む外国生まれ兵士の総数は五〇万人超）に及んだという。さらに、移民兵の約八割は南・東欧出身であり、最盛期に三九〇万人に達したアメリカ軍のうち一〇万人は外国語話者だった。(9)

また、これらの移民は単にアメリカ主流社会と言語的・文化的距離があるだけでなく、第4章で見たように、この時期、越境的な祖国ナショナリズムに強く引きつけられ、それゆえ、各移民集団ごとに独自の政治的意図を持ってアメリカの戦争と関わっていた。戦備運動のフランシス・ケラーは、「全世界のドイツ人の一三％、全チェコ人の八％、全ポーランド人の八％、全ユダヤ人の二四％が現在アメリカに住んでいるという事実こそが事態の深刻さを物語る」と指摘しているが、それぞれの民族集団が祖国ナショナリズムとアメリカの戦争をめぐる、複雑な利害関係の網の中にあること、そのことが統一的な国民共同体の構築を多難な事業にしていた。(10)一説によると、第一次大戦期のアメリカ軍の中では四三の言語が話されたというが、そうした現実としての多様性を前に、戦時の国民形成はどのように進められたのだろうか。(11)本章では、その人口と政治的影響力の両面で、当時（第一次大戦期）、抜きん出た存在だったチェコ系およびポーランド系と戦争政策の関係に焦点をしぼって考察していく。

1　第一次大戦と移民コミュニティ

一九一四年八月の第一次大戦の勃発は、アメリカの東欧系移民に熱狂をもたらした。チェコ移民やポーランド移民には、戦争の到来は自民族の独立の好機と見え、コミュニティに胚胎していた祖国ナショナリズムは突如絶頂を迎えることになった。それは、母語教育運動の過程などですでに現れていた、いくつかの傾向を加速させることになった。ひとつは、コミュニティ内の多様な結社やソシアビリテが、世俗ナショナリストを中心に統合される傾向である。移民集団内の郷土主義的分裂や階級間対立は、次第に一枚岩的な文化アイデンティティに収斂されていく。第二に戦争を機に、移民コミュニティは急激に政治化していく。移民エリートは、在欧のナショナリストとの連絡を密にするとともに、祖国解放の潜在的な支援者としてのアメリカ政治にも強い関心を示すようになる。

開戦以来、シカゴのピルセン地区では連日、チェコ人の大衆集会が開かれていた。『デニ・ハラサテル』紙はそうした集会のひとつを詳細に伝えている。一九一四年九月三日、ウェスト・サイドのピルセン・ソコル会館で大規模な反オーストリア集会があった。議長を務めたのは著名なソコル運動家、ヤン・シマンであった。彼は、セルビア人ジャーナリスト、パランディッチを演説者に指名し、ドイツ人支配の打倒とスラヴ同胞擁護の目標を確認した。また議長は冒頭、出席予定であったハルハウスのジェーン・アダムズが急用で欠席する旨を聴衆に伝えていた(12)。アダムズとチェコ・ナショナリストとは、公立学校での母語教育運動で共闘し、また、トマーシュ・マサリクの長女が、姉妹団体のシカゴ大学セツルメント（メアリー・マクダウェル主宰）に滞在したことなどから、かなり近しい関係にあった。[13]この集会当日のアダムズのキャンセル理由は明らかではないが、平和主義者の彼女が、好戦的な集会の趣旨に違和感を覚えたことは想像できる。

その後、このピルセンの大集会の議題は、コミュニティとしてどう戦争に関わっていくか、いかに実りのある支援をボヘミアの民衆に提供できるかといった具体的問題へと移っていく。これを受けて集会の終わり近くには、既存の多様な民族団体の統合を求める動議がなされた。動議の趣旨に賛同した、①チェコスロヴァキア慈善協会（CSPS）、②ソコル、③ボヘミア系アメリカ人国民連盟（マサリク派）、④チェコ系アメリカ人報道局、⑤チェコスロヴァキア赤十字、の各代表者たちがこの場でチェコ国民同盟（Czech National Alliance）を新たに結成し、活動の一本化をはかった。[14]ここに新設されたチェコ国民同盟は、事実上マサリクの国際的活動のアメリカでの受け皿となるが、当面、雑多なチェコ移民の社会活動のすべてを祖国独立運動に糾合することに尽力した。国民同盟と密接な関係にあった『デニ・ハラサテル』紙は「この戦争はボヘミア民族に完全な自由と新しい、幸福な暮らしをもたらすか、さもなくば今以上の束縛をもたらすであろう。戦争の結果いかんでは民族が殲滅されるかもしれない」と民衆の危機感を煽りながら、民族解放を実現するために「(コミュニティ内の）すべての不和と差異を忘れよう！」と呼びかけたのであった。[15]国民同盟は、一九一五年八月には、アメリカの連合国側での参戦を求める特別声明をウィルソン大統領に対して発し、九月には在米スロヴァキア連盟と統一戦線協定（クリーヴランド協定）を締結して、チェコスロヴァキアとしての独立路線を起動させた。[16]また、一九一七年二月には、長く文化的マイノリティとしてボヘミア移民社会の不満分子であった宗教勢力、チェコ系カトリック同盟をも傘下に収めていく。チェコ国民同盟の会員数はアメリカの参戦までに八万人を超えていた。[17]

一九一七年四月七日、アメリカ参戦の報を受けたシカゴのチェコ人コミュニティは歓喜に包まれた。そして、このときから、アメリカ合衆国とチェコスロヴァキアという二つの国家に二重の忠誠心を示すことが、彼らの主要な戦略となった。同日の『デニ・ハラサテル』紙は次のように同胞に呼びかけた。「チェコ人よ義務を果たせ！――我が母国とウィルソン大統領に輝く忠誠心を示そう！……我々のチェコ的感情と我々のアメリカ的感情が一致していて、またとても強いということを示そうではないか。我々自身を欺くことなく……アメリカと祖国の双方を愛することができるのはなんと幸せなことか」と。[18]

二重の忠誠戦略は、単なるレトリックにとどまらない。実際、チェコ人地区のソコルは、米軍兵士のリクルート媒体となっていく。チェコ語新聞の報道によると、早くも一七年四月一四日、アメリカ参戦からわずか一週間のうちにシカゴのピルセン・ソコルが募兵した志願者六三名が出征している。歓送の式典が行われたソコルの「聖地」ピルセン・パークに集まった群衆は、志願兵とともにループ（ダウンタウン）のディアボーン駅まで行進し、訓練基地へと旅立つ彼らに対し、口々に祝福の言葉を投げかけていた。[19] 同様の報道は、ほぼ毎週のように見ることができ、こうした出征の風景が戦時下のシカゴのウェストサイドで常態化していたことがわかる。ちなみに、この二週間後にはノースウェストサイドのポーランド人コミュニティからも約二〇〇名の志願兵が同様のパレードを経て出征している。[20] 五月中旬の選抜徴兵法の成立をもって、アメリカ軍は徴兵主体の軍隊として再編されるが、それ以前の一カ月に「民主主義の戦争」にはせ参じた志願兵はアメリカ全体でわずか三万人足らずだった。そのことを考えると、シカゴの東欧系コミュニティのアメリカ「参戦」への反応は、迅速かつ精力的であった。そして、徴兵登録・選抜の始まる六月以降、ピルセンやストックヤーズの移民コミュニティは、近隣の徴兵委員会そのものとなって、エスニックな兵士を大量に米軍に供給した。終戦までに、米軍に入隊したチェコ移民は二世世代を除いても約四万人、ポーランド系は一三万八〇〇〇人を数えた。

特にポーランド移民の選抜徴兵への協力は組織的であった。現在シカゴの在米ポーランド博物館（Polish Museum of America）はポーランド中央救援委員会（Polski Centralny Komitet Ratunkowy：ＰＣＫＲ）執行部文書なる史料を所蔵している。PCKRとは、一九一四年一〇月、PNAを中心に、「諸民族団体間の競合と党派主義を忘れ」、戦災被害者の人道的支援を進めるべく創設されたポーランド系の統合組織である。[21] この文書史料には、第一回徴兵登録（一九一七年六月五日）の時期に、PCKR執行部と陸軍長官ニュートン・ベイカーが頻繁にやりとりした書簡群が含まれている。これによると、五月三一日にはベイカーがPCKRに打電して、二週間前に成立した選抜徴兵法の実施に協力するよう要請していたことが確認できる。民衆の戦争動員を急ぐ政府は、ローカルな移民集団の民族的、あるいは宗教的な結合を徴兵の媒体として必要としていたのである。一方これを受けたポーランド人団体側は、翌六月一日、PCKRの実質的な指導者である、在パリの民族主義者、イグナツィ・パデレフスキの名義ですべてのポーランド語新聞に通達し、四日後に控えた初の徴兵登録への参加を呼びかけさせた。[22]

こうした戦争協力は、必ずしもアメリカ政府の政治的圧力に受動的に従ったものではない。むしろ、PCKRは「大いに満足できる結果となった」ポーランド移民の登録実績を盾に、六月八日、一八日、さらには七月二三日と、再度ベイカーに書簡を送り、ドイツ国籍（ドイツ領出身の）ポーランド移民について、徴兵にかかる敵性外国人の免除規定から除外するよう求めていた。[23] 彼らにとってアメリカの戦争に参加することは、アメリカ愛国ではなく、主として反ドイツの民族感情によって動機づけられていた。「この戦争は、王と王の間の戦争ではなく……人種と人種、民族と民族の間の戦争である。それは長年我が民族を抑圧し……その発展を阻害してきた軍国主義と人間性の間の戦争である。だから、今こそ、スラヴ諸民族は共に立ち上がりドイツ主義と戦うだろう。『殺すか殺されるか！』なのだ。」これは、戦争の勃発時にPNAの『ジェンニク・ズヴィヨンスコーヴィ』紙が掲載した社説である。[24]

このようなファナティックとも言える祖国ナショナリズムに突き動かされて、在米ポーランド人社会は、アメリカの戦争政策に協力しつつも、これと並行して独自の民族軍団の創設を進めていた。当初、アメリカ政府はポーランド軍団の創設に否定的であった。戦時燃料庁はポーランド移民が大勢を占める炭鉱労働力の損失を懸念していたし、陸軍省も潜在的な米軍兵士が独立軍団に奪われる可能性を危惧していた。しかし、一九一七年夏にフランス政府がポーランド軍団を支持し、また、軍団構想の背後にあるドモフスキ、パデレフスキのポーランド国民委員会を連合国が代表機関として承認するという流れの中で、米政府も態度を軟化させざるを得なかった。一七年九月末、陸軍長官ベイカーはＰＣＫＲとの間に協定を締結し、米軍の徴兵対象者を募兵しないという条件でポーランド義勇軍の創設とフランス軍への編入を認めた(25)。

一七年一〇月一四日は、シカゴ・ポローニアにとっては特別な日となった。この日、バックオヴザヤーズにおいて、民族の英雄コシチュシュコの没後一〇〇年記念祭と新生ポーランド軍の軍旗贈呈式がパデレフスキ夫妻を迎えて合同で開催され、これをもって最初のポーランド義勇軍兵士の出征を祝ったのであった。翌日の『ズヴィヨンスコーヴィ』紙は次のように詳細を伝えている。祝祭は、午後一時頃、四八丁目の聖ヨセフ教会でのミサで始まった。ミサではまず二本のポーランド軍旗が清められた。一本はポーランド移民の女性たちが手作りで縫ったもので、もう一本の美しい旗はＰＣＫＲが贈呈したものだった。旗棹からは長い吹流しが伸びており、ＰＮＡ、ポーリッシュ・ファルコン、そして、カトリックのＰＲＣＵをはじめとする全移民団体の代表たちがその片端を手に手に握って参列していた。軍旗の後ろにはポーランド軍の志願兵が控え、聖ジョン・オヴ・ゴッド教会のグラジンスキ神父などから祝福を受けた。ミサ終了後、午後三時半頃から壮麗なパレードがストックヤーズを練り歩いた（図2）。騎馬警官と軍楽隊の先導に続いて、イリノイ州兵第一一連隊が行進し、その後にはポーランド人の少女たちが形作った星条旗の人文字が現れた。さらにポーランド軍志願兵が今清められたばかりの軍旗とともに行進し、その脇にはフランス軍代表者の姿も見られた。そしてファルコンの一団が歩いた後には、聖・俗のポーランド人団体が登場した。九つの地区ごとにＰＮＡ支部と教区団体が対を成して行進し、ストックヤーズ地区の番ではＰＮＡ第三九協

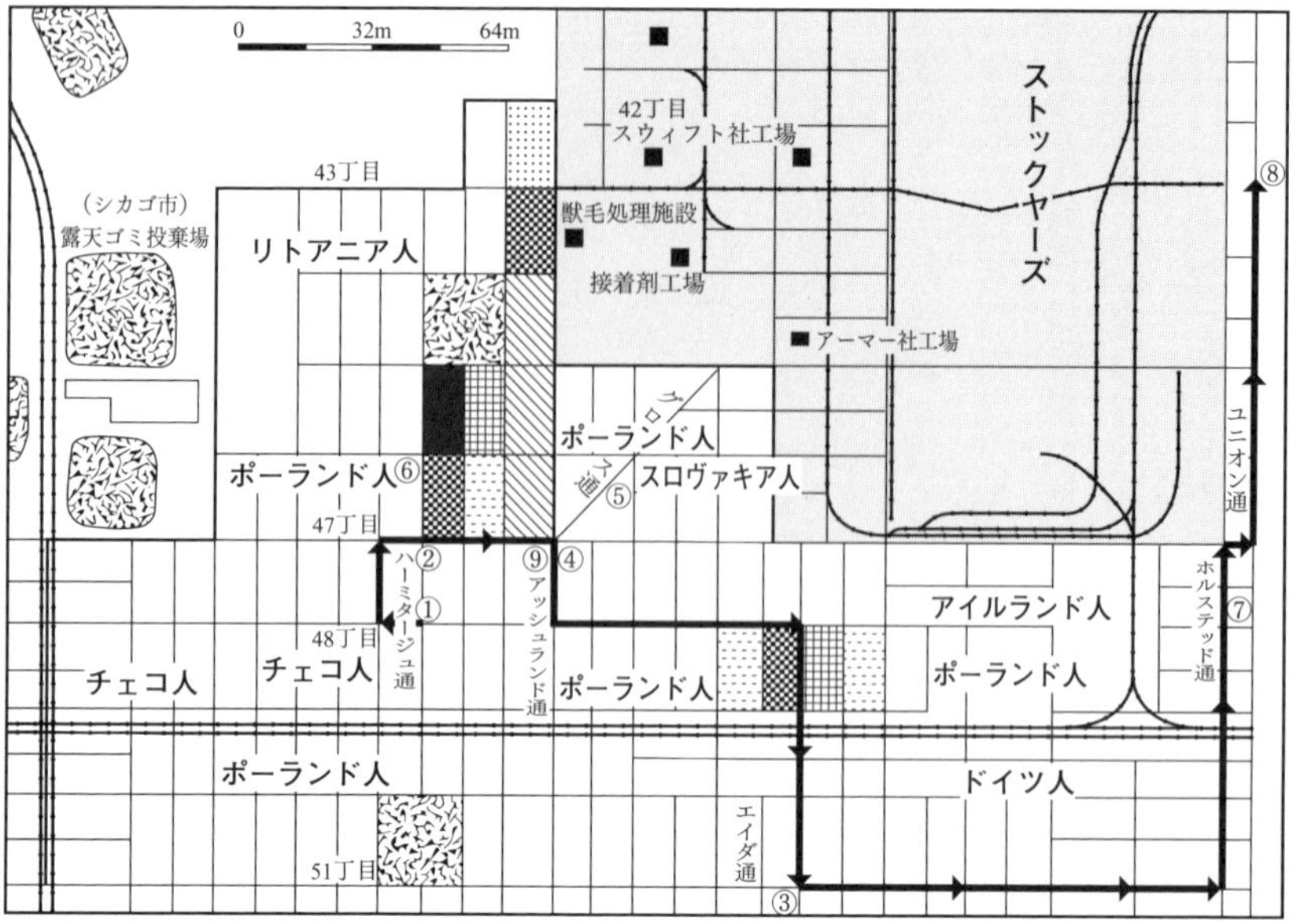

1エイカー当たりの人数　50–100　100–150　150–200　200–250　250–300　300–350

①聖ヨセフ教会　④守護天使託児所・勤労女性寮　⑦ティルデン工業高校
②イエス聖心教会　⑤シカゴ大学セツルメント　⑧デクスター・パヴィリオン
③聖ジョン・オヴ・ゴッド教会　⑥シワード高校・職業訓練学校　⑨ポーランド義勇軍募兵ステーション
➡はポーランド義勇軍パレード経路，⟷は鉄道引き込み線

図2　1910年代のバックオヴザヤーズ

出典）James R. Barrett, *Work and Community in the Jungle, Chicago's Packing House Workers, 1894-1922* (Urbana : University of Illinois Press, 1987), p. 80に加筆修正。作図協力：柴田俊文。

議会とイエス聖心教区、聖ジョン・オヴ・ゴッド教区、聖ヨセフ教区の代表者が談笑しながら歩いていた。五時頃、練り歩きは四三丁目・ホルステッド通りのデクスター・パヴィリオン（労組の会合でよく使用）に到着し、ここで盛大な式典に臨んだ。座長を務めたのはＰＣＫＲ幹部でシカゴのポーランド人銀行家ジョン・スマルスキであった。軍旗の贈呈に先立って、パデレフスキがこの日のために書き下ろした民族賛歌が演奏された。二万五〇〇〇人の観衆からの万雷の拍手は鳴りやまず、何度も演奏せねばならなかったという。さらに楽団は民族賛歌「ポーランドはまだ失われていない（Jeszeze Polska nie zginęła)」と「星条旗よ永遠なれ」を演奏し、続いてベイカー陸軍長官の親書を携えたスタントン将軍の演説が聴衆から熱狂的な喝采を受けている。全員で「神はポーランドを救いたまう（Boże, coś Polskę）」を斉唱して、スマルスキ座長が閉会を宣したときには夜の八時半を過ぎていた。以上、やや長く紹介したが、ポーランド義勇軍の創設を祝う祭典の中に、祖国への深い憧憬と聖俗移民指導者の和解、アメリカ愛国と民族主義の両立、さらには移民の生活空間と教区の絆といったポーランド移民のメインテーマが見事に表象されていた。(26)

その後、ポーランド義勇軍は全米一〇カ所に募兵所を開設し、独自資金で制作した一時間の宣伝映画『自由と父祖の地のために（*Za Wolność i Ojczyznę*）』が、各地の移民街を巡回するなど、大規模な募兵活動を展開した。(27) 単独の都市で最も多く義勇兵を出したのは、シカゴの五七四〇名で、そのうち約半数はストックヤーズの食肉工場の近隣から出ていた。(28) 二位以下は、ニューヨーク三二五〇名、デトロイト二八二五名、ピッツバーグ二三六七名、バッファロー一八一八名と続き、アメリカ全体で三万一〇〇〇人を数えた。兵士の年齢層は幅広く、最年少で一六歳、最年長は六六歳の者もいた。彼らの多くは、一九一七年一二月後半に渡仏、一八年七月のサン・ティレール・ル・グランの戦いに投入され、多くの死傷者を出している。(29)

2　戦時アメリカニズムの模索

ここまでかなり詳しく、戦時下の移民コミュニティの動向を検討してきたが、第一に確認できたことは、祖国ナショナリズムの極めて大きな求心力である。参戦当初からアメリカ愛国をも受容する二重の忠誠論が目立っていたが、それも移民のエスニックな共同体的圧力によって動員されている面が強かった。こうした展開に対して、総力戦に必要な文化的同質性を求める、戦時のアメリカ政府はどのように応じただろうか。

クリールのCPIは、早い段階から移民をターゲットにした情宣を行っていた。そうした初期のプロパガンダの中に、『外国生まれへの友好の言葉』というリーフレットがある。この文書は元々、一九一七年四月にフィラデルフィアの帰化式典で、ある連邦判事が新市民に述べた訓示の採録だったが、そのタイトルとは裏腹に外国文化に対する不寛容な言葉で満ちていた。すなわち、「今や戦争になったのだから、誰も二人の主人に仕えることはできません。……アメリカ政府に対して忠誠心厚く、正直で、健全でいなさい。そうすれば反逆を犯していないと自信が持てるでしょう」と。ある種の脅迫的な文言を含めて官製の愛国を強要する文書は、次の言葉で締めくくられる。「……すべての外国生まれにアドヴァイスしたい。家の扉に星条旗を取り付けなさい、外套にも国旗を付けなさい、そしてなによりもあなたの心の中にもう一本星条旗を掲げておきなさい。」総計五七万部刷られたこのリーフレットは、その多くがチェコ語、ポーランド語、ドイツ語、イタリア語、ハンガリー語、ロシア語の翻訳版として各地に配布された(30)。

外国系住民に同化を迫る主張は、CPIの対公立学校政策の中にさらに色濃く現れていた。CPIは、「生徒とコミュニティをアメリカ化するのは行政官としての教師の任務である」と位置づけ、『国民学校サービス』なる隔週発行の教員用マニュアルを全国の公立学校に送付した。同誌に掲載された「アメリカのメルティング・ポット」という記事は次のように言う。「ニューヨークには二四の民族の子弟が学ぶ公立学校がある。あなたの学校にも多くの民族の児童がいるだろう。もしあなたが真のアメリカ人なら、……偏狭でちっぽけな民族の絆にこだわらないなら、決して『あの子の親は……ロシア人ですか、イギリス人ですか、ドイツ人ですか』などと尋ねてはいけない。『あの子は正しく健全な少年ですか』と……聞きなさい」。また同誌は英語とアメリカ化の関係にも言及する。「……新来者はアメリカの理想とシティズンシップを教えられなくてはならない。……このことはとりわけ、小学校で重要だ。最初の数年間は英語学習に専念させ、正しい思考と行為の習慣を身につけさせなさい」と。[31]

こうした、移民の外国語使用と二重アイデンティティを一切認めない初期CPIのポリシーは、アメリカ化に関するいわば政府の公式の立場を代弁するものだった。移民の教育全般を管掌する内務省教育局は、フランシス・ケラーの「アメリカ化運動」に触発され、一九一六年九月には「全国百人委員会（National Committee of One Hundred）」なる愛国的な著名人の運動体を発足させていた。百人委員会は、参戦後「アメリカ第一運動」という政治キャンペーンを展開したが、そのとき運動の指針とされたのが、同委員会執行議長、ハリソン・ウィートンによる次の定義だった。ウィートンによると「アメリカ第一」とは次のことを意味した。①全市民の忠誠、②英語使用、③アメリカ政府が立脚する諸理念、④シティズンシップの理想と責任、⑤多くの外国系住民の相互理解、⑥市民による国家への効率的な奉仕、⑦ひとつの国民としての統一的行動、⑧人間性への奉仕。それは、戦備運動以来の偏狭な同化主義の潮流を表現するものだった。[32]

これに対して、一九一七年の暮れから一八年春にかけて各方面から批判の声があがりはじめる。つまり、外国系の集団アイデンティティを認めず、教条的なアメリカニズムに拘泥する抑圧的な対応は、むしろ移民を萎縮させその潜在的な人的パワーを引き出せないでいるのではないかという議論である。例えば、シカゴ大学セツルメントのメアリー・マクダウェルは『シカゴ・デイリー・トリビューン』紙に次のような論考を寄せている。「コミュニティの士気は軍隊でのそれと同様非常に重要である。しかるにこの士気が今日議論されているある種の強制的アメリカ化……によって危険にさらされている。……英語を教えることだけがアメリカ化プログラムではないだろう……我々は彼らが理解できる言語で我々の理想を迅速に伝えなくてはならないのである。」マクダウェル自身は反戦を基本とした人物だったが、アメリカニズムの民主化を主張するうえで、ここでは「士気」という軍事的レトリックを用いていた。[33]

同様の議論は政府内にもあった。シカゴ地区の自由公債運動を担当した連邦準備局理事のフェリックス・ストリークマンは、戦争直後に内務省教育局アメリカ化部が主催した「アメリカ化会議」で当時を述懐してこう述べている。「英語教育や学校の校舎を使ったアメリカ化、産業でのクラスの設立は結構なことだ。だが、それも移民をクラスに出席するよう誘えなければ意味がない。……我々の言語や慣習、制度を学ぶことで善きアメリカ人になりたいという願望は外国生まれの側で形成されなくてはならなかった」。総力戦遂行の観点からも、移民の側の自発的かつ積極的な「参加」を担保する、より洗練されたアメリカ化が求められていた。(34)

3　都市のアメリカ化運動——シカゴの事例

だが、参戦当初、このアメリカ化政策を誰が、どのような手法で実施するかという点について、政府内にほとんどコンセンサスはなく、百人委員会のような教育局の関連団体やＣＰＩが独自に散発的な愛国広報を行っただけだった。むしろ、実質的なアメリカ化政策は、地方レベルの実践が先行したと見てよい。例えばシカゴでは、非常に多様な勢力が様々な意味でアメリカ化の意味を捉え、実践にうつしていた。

シカゴにおける第一のアメリカ化運動は、財界主導で行われた。ハリス信託貯蓄銀行のアルバート・ハリスを中心とするグループが、ストックヤーズ食肉業者のＪ・Ｏ・アーマーらの力を借りて、シカゴ・コミュニティ・トラストなる民間基金を立ち上げ、大規模な戦時アメリカ化運動を組織している。この運動は、市内の各コミュニティに愛国センターを設立し、夜間の学習会等を通して共同体意識と国家忠誠を涵養しようとするものだった。(35)

第二に、ＹＭＣＡによる帰化支援事業があった。一九一七年の一年間で、シカゴでは四万四六二五人が帰化宣言

（帰化一次書類の提出）を行い、八七七八人が最終的な帰化申請を行っている。ＹＭＣＡはこれらのアメリカ市民権希望者に、独自のメソッド（ロバーツ方式）の市民教育と講演プログラムを提供した。[36]

第三に、市教育委員会の活動がある。戦時下に教育委員会は、外国人向けの夜間学校、工場での英語教室、婦人クラブと連携した料理教室（移民女性対象）などを運営するとともに、公立学校の空き校舎を、いわゆるソーシャル・センター活動に貸与する政策を実施している。この草の根フォーラムは「アメリカ化」の欠かせない要素で、コミュニティ・トラストの事業でも同種のものが含まれた。[37] 本書第2章でも見たように、ソーシャル・センター運動はもともと、地域社会における民衆の民主的陶冶の活動であった。それは、原理的な個人主義を克服し、民主主義に社会的な領域を認めるという点で新しい運動だったが、ここで言う「社会」は必ずしもナショナリズムに還元されるものではなかったはずだ。しかし、参戦期に運動の創始者のメアリー・フォレット自身が『新しい国家』という書物を上梓し、「小さな地域集団の人間組織は、絶えず国家を形成する政治行動に力を与え」、「国家が我々の集合的なシティズンシップを真に代表する」と論じるようになった。[38] こうした議論は、国防会議の目にとまり、同様の学区単位の組織（コミュニティ協議会）が全国の都市部に設立された。それは「戦争遂行のための新しい民主的な装置であり……これによって……募兵や産業動員などの戦争政策に人々を動員……できるようになる」――ウィルソン大統領もまたそう評価していたのである。[39]

シカゴ教育委員会は、いまひとつのアメリカ化政策として、敵性言語たるドイツ語の攻撃を行った。一九一五年にイーラ・ヤングが教育長を辞して以来、同委員会は排外傾向を強めていたが、参戦期の一八年秋学期には初等教育からドイツ語を撤廃する決定を行った。[40] もっとも当時、全米で一四州がドイツ語教育を全面禁止したことを考えると、シカゴの部分的制限はそれほど苛烈なものではない。それは、シカゴという都市のある種の特殊性を反映していた。地方自治体としてのシカゴは、第一次大戦期を通じて、どこかその忠誠心に疑いが残る都市として見られていた。参戦間もない一九一七年四月には、同盟国フランスの将軍ジョゼフ・ジョッファーがシカゴを訪れた際、シカゴ市長ウィリアム・トンプソンが正式な招待状を出さなかったという事件が起こっている。『ニューヨーク・タイムズ』紙の報道によれば、トンプソンはその理由を「シカゴは世界で八番目にドイツ人が多く住む町であるからだ」と述べたという。また、その後も市長は細かい内規の定めを盾に戦時公債の市庁舎での販売を認めず批判を受けている。さらに同年九月には、平和主義団体「民主主義と平和のためのアメリカ人民協議会（People's Council of America for Democracy and the Terms of Peace）」が市内で集会を開くのを黙認し、物議をかもした。同協議会の会合は中西部全域で拒否されていたからである。[41] たしかに戦争末期には、シカゴ交響楽団のドイツ人指揮者フレデリック・ストックがその国籍ゆえに解任されるなど、大衆ヒステリーとしか言いようのない事件も起こっているが、それでもなおこの都市では偏狭なナショナリズムが多数派を形成することはない。戦後、ニューヨークなど北部諸都市で、排外主義の高まりを背景に、投票にかかる識字テストが導入された際、シカゴではそうならなかったのはこうした事情にもよる（第2章）。

少なくとも、この都市空間の中では、ドイツ系エリートがなお隠然たる力を維持し、むしろアメリカ化の推進者として台頭する現象が見られた。なかでも注目すべきは、一九一六年にカトリックのシカゴ管区枢機卿にドイツ系アメリカ人のジョージ・マンデリンが着任し、特にポーランド系カトリックの「アメリカ化」を推進したことである。マンデリンは教区学校の初等年次で、移民の母語を教育言語とすることを禁止し、一六年の秋学期以降は教科書も英語の記述のみを許可した。[42] また彼は、教会での使用言語を英語に統一する指導を徹底した。第4章で概観したように、一九世紀末以来、教会での礼拝を母語で行う「民族教区」がポーランド移民のコミュニティ生活の基盤を成してきたが、マンデリンはこれを解体し、本来の領域教区に戻そうとした。[43] さらに、当時、民族教区で行われたエスニックな救貧活動にも否定的で、一九一八年一月以降、「カトリック・チャリティ」という枢機卿区単位の慈善に統合し、様々な行政の施策に接合していく。[44] これらの施策はポーランド系カトリックの猛烈な反発を呼んだが、政財界からは手厚い支持を受けた。このカトリック「改革」をシカゴにおける第四のアメリカ化運動と位置づけてよい。

最後に、第五のアメリカ化運動として、ハルハウス系のセツルメント・ワーカーらが唱えた、「生活水準のアメリカ化」という議論もある。なかでも、ストックヤーズ地区の東欧系移民と生活を共にした、マクダウェル（シカゴ大学セツルメント）は、アメリカでは「低い生活水準にあるシティズンシップはありえない」と述べ、アメリカ的生活水準の達成こそが移民のアメリカ化の柱であると主張した。[45] マクダウェルは言う、「……住環境のアメリカ化は、移民に故国の住居よりも広い住空間を与える……アメリカでは労働者階級の最低基準は四部屋であり、こうした条件は、新しい市民を我々の民主政に送り出す際に、英語教育よりもはるかに有効である。……外国生まれの人々を良きアメリカ市民にするうえで、より重要なことは、彼らにアメリカ的生活水準を与えることである」、と。[46] このマクダウェルのアメリカ化理解は、アメリカの住民が共有すべき連帯や共同性を考える際に、エスノ・レイシャルな解釈を排し、より普遍的なものとして「社会的な」領域にアプローチしようとする点で、他のアメリカ化運動と異質であった。[47] そして、彼女が提起した移民の生活水準という論点は、現実政治の中ではシカゴ労働総同盟等の産業民主化運動と結びついていたこともあり、必ずしも戦時の愛国的風潮と親和的ではなかった。

このように複数のアメリカ化事業が共生したシカゴの例の他にも、参戦直後から市長直属のアメリカ化委員会が市民教育を組織したクリーヴランドや、移民の住環境整備事業からアメリカ化運動が発展したカリフォルニアのケースなど、戦時の対外国系対策には、地域的な多様性が大きかった。[48] その一方で、連邦政府はなかなか一貫した全国的方針を見出せず、ようやく、一本化への兆しが見え始めたのは、一九一八年春のことである。

4　国策としてのアメリカ化

同年四月三日、内務省教育局が国防会議の後援で、全米アメリカ化会議を主催した。会議には、クリールなどCPIエージェントや諸州の国防会議代表者、アメリカ化事業に関係する財界人なども参集し、活発な意見交換を経て次の四政策を決議した。①連邦と州が連携を深め、地域コミュニティを通した、非英語話者（成人外国人）の教育を拡充、②非英語話者を雇用する企業の協力確保、③議会による適切な予算措置の要求、④小学校における英語のみでの授業。ところが、決議採択後、カリフォルニア州移民・住宅委員会委員長で、同時に同州防衛会議を代表したサイモン・ルービンがあらためて発言を求め、「我々のアメリカニズムのプログラムは移民に英語を教える以上の何かでなくてはならない」と述べた。彼は続けて「平時ならば、移民に英語を教え、（同化を）辛抱強く待つだけでよかったかもしれない……が、現下の緊張のもと我々は待っていられない。外国人が日々接している（外国語の）メディアを通して、彼らが理解できる言語でもって意思疎通をはからねばならない」と。[49] このルービンの主張が、祖国ナショナリズムの強い求心力に直面しながら、現実的な同化の可能性を模索したローカルな活動を代弁し、また、マクダウェルやストリークマンらが提起した教条的アメリカニズム批判とも共鳴するものであったことは明らかである。

他方、ルービンの問題提起を含めて全米アメリカ化会議は、生活水準としてのシティズンシップを構想するマクダウェルの議論や労働運動の左派が提唱した産業のシティズンシップ論については、全く等閑に付していた。アメリカ化会議は、外国語を用いたアメリカ化という現実主義的なアプローチを認める一方で、移民の同化問題を文化的な次元に矮小化していった。だがいずれにせよ、この展開の中で、戦時アメリカ化政策は、連邦機関がイニシアティヴを握るようになった。参戦期の後半、政府は次の三領域——①CPIの政治パフォーマンス、②自由公債購入運動、③軍隊の新兵訓練——で、既存の地域的活動と連携しながら、実験的な国民形成を試みることになる。

（1）CPIの変容

CPIは一九一八年春頃から次第に、かつて批判を受けた画一的な同化主義を改めつつあり、チェコ国民連盟やポーランド国民連盟、ポーリッシュ・ファルコンなどとも密に連絡をとるようになっていた。(50) さらにアメリカ化会議後は、移民集団の内部的自治を認めながら、彼らを言語・民族単位で組織しようという路線が定まっていく。一八年五月には「外国生まれ対策部」が設置されるに至り、クリール旧知のデンバーのセツルメント活動家、ジョセフィーヌ・ロッシュが部長に据えられた。また、ロッシュの下には、ポーランド課、チェコスロヴァキア課、リトアニア課、ドイツ課など言語ごとの部局が作られたが、その多くに祖国ナショナリストが介在したことは、同部創設の経緯から明らかだった。

例えば、ポーランド課を取り仕切ったジョン・ヴェッダは、シカゴのポーランド国民連盟の指導者で、在欧のドモフスキやパデレフスキの祖国再生運動とアメリカの移民団体との橋渡しをしてきたが、戦時下にはPCKRの執行役員となってポーランド系の祖国ナショナリズムを体現する人物であった。(51) ヴェッダのポーランド課は一九一八年建国記念日の祝祭の準備過程でクリールらと親密になり、その後、移民大衆の戦争協力に特記すべき活動を行った。同課は、第四回徴兵登録直前の日曜日には各地の教会で、徴兵対象者に特別な説教を行うようにアレンジし、また、入隊後の衛生問題に鑑みて軍医総監オフィス発行の『性病とその予防』のポーランド語翻訳版を一万五〇〇〇部用意してもいる。(52)

チェコスロヴァキア課においては、マサリクとボヘミア国民同盟の影響力が絶大だった。同課を通じて行われたチェコ語新聞へのニュース・リリースは総計九六回に及ぶが、国民同盟の機関紙でもある日刊の『デニ・ハラサテル』紙を含む四〇紙がそのすべてを記事化しており、特に重要だとされた徴兵、所得税関連の一五件については特集記事扱いで相当のスペースが割かれたのだった。また、同課の協賛で行われた第四次自由公債運動時には、マサリクがチェコスロヴァキア系住民に宛てた直筆の協力要請書簡が全チェコ系新聞に掲載された。CPIと祖国ナショナリストの関係を示す象徴的な事例と言えよう。[53]

要するに、外国系住民のアメリカ化にあたって、たとえその源泉がエスニックな民族感情であり外国語によるコミュニケーションであったとしても、移民集団固有の凝集力に依存せざるを得ないという認識がCPIの中に広く存在した。この点でクリールの言葉は明快である。すなわち、「この仕事は普通のタイプの『アメリカナイザー』に任せておけば、今までと同じく失敗してしまうだろうと強く感じていた。我々は……民族集団の中に……有能な指導者を見出さなくてはならなかった」と。[54] 終戦までに、CPIが外国語新聞に対して行った外国語でのプレス・リリースは総計二三〇〇回を数える。

外国生まれ対策部の活動は、CPIが実施した演説運動や祝祭イヴェントにも関与した。CPIは、参戦直後からフォーミニットマン（四分間演説）運動という、一般市民による愛国演説プログラムを大々的に進めてきたが、一九一八年春には新たに外国語の演説が加わった。シカゴでは四月に外国語での四分間演説が始まっている。彼らは友愛団体のロッジや労働組合の集会、はたまた教会の礼拝に現れ、そこに集まる民衆が理解する言語で愛国を叫んだのだった。[55] シカゴのフォーミニットマンは終戦までに、総勢四五一人に達し、約五万回の演説を行ったが、そのうち相当数は外国語で話されたものと考えられる。[56]

もとより、フォーミニットマンの外国語使用はCPI上層部の意向と考えてよい。国立公文書館所蔵のCPI文書の中には、ニューヨーク市フォーミニットマン委員長のジョセフ・トーマスが一八年七月二二日付でCPI本体の委員長補佐カール・バイオアに宛てた書簡がファイルされている。それは実験的に立ち上げた外国語演説の活動を報告し、今後の指示を仰ごうとするものであった。すなわち「我々の外国語演説事業の成功をお知らせしたく存じます。昨日、我が地域委員会のフォーミニットマンが四回にわたりポーランド語で演説しましたところ、大変な成功を得ました。ポーランド人の聴衆は自集団に公的な承認が得られたと知って大いに満足しているようでした」と。[57]バイオアの返信は確認できないが、肯定的な評価があったことは疑いない。一八年秋、ニューヨーク市委員会はイタリア語部とイディッシュ語部も恒常的な機関として設置した。特にイタリア語フォーミニットマンについて、CPIの広報誌はその意義をこう報じている。「潜在的には全米三〇〇万人のイタリア系を聴衆にすべき活動である。実際、その半数以上には通常のフォーミニットマンの声が全く届いていないのだから。[58]」

CPI外国生まれ対策部が行ったもうひとつの重要な事業は、一八年七月四日の「忠誠の日」祭典である。独立記念日でもあるこの日、全米各地で「アメリカ化」を表象する大規模なデモンストレーションが行われた。祝祭を企画したロシュ部長は、国防会議の地域的ネットワークの助力を得つつ、移民コミュニティの「自発的な」参加を促していた。ニューヨークではマンハッタンに七万人の大パレードが組織され、その中には多様な民族集団がそれぞれ独自の民族衣装で行進する姿が見られた。メディアの報道によれば、この「万華鏡のごときパレード」に、「今日の戦うアメリカの姿――多くの民族とひとつの理想の国（Land of Many Bloods but One Ideal）がゆっくりと編み出されていく」のが感じられたという。[59]またこの日、ウィルソン大統領は、CPIがワシントンDCに招集した三三民族の代表者をともなって、マウント・ヴァーノンにあるジョージ・ワシントンの墓所を参拝した。初代大統領の墓前で、ウィルソンは「あらゆる民族と協調し、アメリカの自由だけでなく、他のすべての民族の自由を保障できることはこのうえない特権です」と語っている。

シカゴでも巨大な祝祭が執り行われた。三〇の民族が共同で「メルティング・ポット・デモ」を企画し、移民二世世代の子供たちは「ＬＩＢＥＲＴＹ」の人文字を作って主賓の陸軍長官ニュートン・ベイカーを出迎えた。『シカゴ・デイリー・トリビューン』紙は当日の様子をこう伝えている。「シカゴのメルティング・ポット住民たちが……愛国デモに群れを成して参加したため、スラムを縫って進む高架鉄道の乗客は……いつもなら大混雑の近隣が閑散としているのに驚いたに違いない」と。愛国集会は、シカゴが誇る公園群で移民集団ごとにも開催されていた。『トリビューン』紙の推計では、「五〇万人の外国生まれとその子供世代が、市内のどこかで、ウィルソン大統領のメッセージが代読されるのを聞いた」(60)。

同紙によると、ノースサイドのリンカン・パークには三〇万人が集まり、そのうち一五万人はチェコ系の集会の参加者だった。人々は手に手に星条旗の小旗を打ち振り、鮮やかな色彩の民族衣装に身を包んだ子供たちは、「カイザーに死を！」と幼い声で連呼した。もうひとつの巨大移民集団、ポーランド系は市内六カ所で熱狂的なデモを行った(61)。ノースウェストサイドのフンボルト・パークでは、一九〇四年に彼らが建立したコシチュシュコ像の前でウィルソンの愛国メッセージが読み上げられた。また、ストックヤーズ地区（四七丁目・ハーミタージュ通り）では、練り歩きの喧騒と興奮の中で数名の死傷者を出すに至っている。その他にも、翌日の報道には、ドイツ系一万人の集会や日系数百人のパレードについての記述もあった。『トリビューン』紙は、「忠誠の日」への移民の参加は「新しい国旗と新しい祖国への献身を示すものであり……メルティング・ポットは激しく騒々しく煮え立った」と書いた(62)。

（2）自由公債と移民

外国語と移民のソシアビリテを活用した動員戦略は、財務省が管轄した自由公債運動でも成功を収めた。自由公債とは、戦時下に四度、戦後に一度発行された年利率六％の債券で、その販売益は戦費のおよそ六割をカヴァーしたが、重要なのは、同公債の購入が国家への忠誠心の有無を判定する「踏み絵」として機能したことである。それは単なる戦費調達を超えて、国民精神の総動員を表現する戦時の一大大衆運動の様相を呈していく。

特に一九一八年四月に販売された第三次公債は明らかに、外国系住民をターゲットとしていた。財務省は、連邦準備地区、州、カウンティの各レベルで、諸民族の代表が構成する「外国語部」という組織を立ち上げ、移民コミュニティ内での外国語による販促活動を指導させた。四一億七七〇〇万ドルを売り上げた第三次自由公債に見られる特徴は、ほぼ同額の総売上を達成した第二回公債時に九五〇万人であった購入者数が、一八三〇万人に激増している点である。つまり小口の購入が相対的に増加していたのであり、この新しいタイプの購入者を貧しい移民の中に見出すことは的外れな推測とは思えない。四月九日、連準銀第七地区の自由公債担当理事ストリークマンは、シカゴに参集した三〇民族の代表者を前に次のように語った。「第三次公債の購入成績は、外国系の市民が彼らに残された最後の資金で政府を支援したことを示す。シカゴと中西部はすでにメルティング・ポットが過ぎ去ったことを目撃した。今やアメリカンズ・オールとなったのだ」と[63]。事実、同公債販売総額の約一八％にあたる七億四一四四万ドルはこの外国語部が在米三八民族に売ったものだった[64]。

自身もベルギー出身のストリークマンは、CPI外国生まれ対策部に所属し、七月の「忠誠の日」には、ウィルソン大統領とともにジョージ・ワシントンを墓参した人物であった。彼は、非常に早い時期から、自由公債組織における外国語部局の設置に尽力し、その後も実際にシカゴを拠点に対外国系住民のキャンペーンを指揮した。彼は外国語による販売活動の必要性を次のように論じる。「異なる言語を話し、その人種的特徴を共有する者にしかアクセスできない各集団に到達する、何らかの組織が必要だった。……この愛国的な事業には、人種的血統の問題や外国語を熟知した人材が、……各人種集団内で運動を実施できるスペシャリストが必要なのだ。つまりは、イタリア系の内部で活動するには、イタリア系アメリカ人を活用すればよいではないかということである[65]。」

こうした彼の主張の背景には、外国語に対するデリケートな感受性に基づいたアメリカ化論があった。曰く、「善きアメリカ人とはこの国を愛する者のことである。必ずしも英語を話せなくてはならないということではない。……外国生まれを善きアメリカ人にするための唯一の方法は、彼らの心の中にこの国との絆を生み出すことである。それは英語やアメリカの制度の知識以上のものを意味する。それは……すべての住民の間に同朋感情を創出することを意味する」と。[66] 加えて、ストリークマンは冷徹な戦争動員の観点からも祖国ナショナリズムとの提携に言及していた。すなわち、移民大衆の動員に「参戦以前からある外国生まれの人々の団体を活用してはどうか。『国民同盟』と呼ばれるような、国民的展望を持ったものが多くあるではないか。友愛団体、教会、外国語新聞などがあるではないか。……これらの団体はいずれも合衆国の偉大な事業と協力したがっている。必要なことは、これらの人々とその結社を我が偉大なる国民の一部であると承認し理解することである」と。[67] 第三次自由公債の成功は、こうしたアメリカ政府内に生成した多元主義が移民社会の協力を引き出した成果だったが、この一九一八年春という時期が、先にに見たCPI外国生まれ対策部やフォーミニットマンの外国語セクションの立ち上げと重なっているのは偶然ではない。

外国語部の設立を足がかりに自由公債運動は、移民街の草の根的な社会結合にまで深く浸透していった。ノースウェストサイド（シカゴ）のポーランド系ローマ・カトリック連盟には、自由公債販売本部が置かれ、各教区ごとに売上の総額が競われた。ここでは、PNAの『ズヴィヨンスコーヴィ』紙が主要な宣伝媒体として、諸移民団体の販促競争を煽り、また一般の移民大衆には、この機会にアメリカ愛国者としての「承認」を買うことができると説得していた。「我々の民族集団が……アメリカ政府から適切な承認を受けられるように、すべてのポーランド人は自由公債を申し込み、購入フォームにポーランド人支部（Polish Branch）のスタンプをもらうべきだ」。外国系住民はむしろ戦略的に大量の自由公債を購入していたのである。[68]

同じシカゴでもウェストサイドのピルセンでは、チェコ人の地域ソコルがマサリクの号令一下、互いに公債販売を競争した。(69) ちなみに、戦争直後に発行された第五次自由公債においては、チェコスロヴァキア人支部が一三三万ドル、ポーランド人支部が一〇四万ドル、ドイツ人支部が六〇万ドル、イタリア人支部が四三万ドルの売上を記録したのだった。(70) このチェコ移民の凄まじい動員力の背景に、若干四四歳のアントン・サーマックの存在があったことは、あまり知られていない。サーマックは後に一九三〇年選挙で、初の東欧系のシカゴ市長となった人物である。フランクリン・ローズヴェルトの右腕を自認し、ニューディール政治誕生の立役者の一人でもあった。(71) 第一次大戦下のチェコ語新聞史料を通覧すると、このサーマックの名前に何度も遭遇する。彼は、ストリークマンが組織した自由公債「外国語部」のチェコ人代表で、ピルセンではハリソン高校のチェコ語教師ニグリンらが組織する地域の販促運動を効率よく束ねていた。また、サーマックは戦争真っただ中の一九一八年、市政選挙に出馬し、クック郡保安官職をすんでのところまで引き寄せる。当時この重要な公職は、長くドイツ系が独占するところであったが、早くもこのクラドノ（ボヘミア）出身の青年政治家が、旧移民の牙城に手をかけようとしていた。サーマックは参戦期を通じて、精力的に徴兵逃れを探索し、ドイツ人を中傷し、国民軍支援協会（国防会議の軍慰問団）の運営に携わり、私財を投じて数千ドルの自由公債を購入し、アメリカの主流社会と移民街の橋渡し役となって、政治的野心を膨らませていった。(72) サーマックのその後のキャリアを考えると、東欧系移民が単なる戦争動員の客体ではなかったことがわかる。

しかし、そうしたことを含んだうえで、なお戦時機関のテクノクラートは、多元的統合の戦略に総力戦の活路を見出していた。内務省教育局アメリカ化部理事のフレッド・バトラーは、戦後の「アメリカ化会議」で次のように述べて運動の功績を称えたのである。「アメリカ化事業において、人種・民族団体との関係ほど重要な局面はないと考える。……移民の民族団体には強力で凝集的なファクターがあり、それによって、活発な事業に活用できる。

……財務省は自由公債組織を通して、これらの団体（諸人種の全国、州、ローカル組織）と協力して活動してきた。おそらくアメリカ中で、シカゴ地区自由公債組織ほど、この事業を効果的に行ったものはないだろう」と。(73)

（3）移民とアメリカ軍

CPIや自由公債運動が格闘してきた外国系住民のアメリカ化問題は、選抜徴兵によって膨大な外国系兵士を抱え込んだ軍隊にとっても深刻な課題だった。第一回徴兵でおよそ一二万人の外国生まれが入隊したが、その数は終戦までに五〇万人を超えるのであり、そのうち約一〇万人は英語での意思疎通が困難であった。訓練キャンプには英語とシティズンシップの教育や、移民兵と英語を話す兵士との交流といった機能も期待された。「この戦争の中で追求されるべき目的のひとつは、混合的な人々をアメリカ化することである」と、陸軍の広報誌『歩兵ジャーナル』が直截に宣言するゆえんである。(74) かつて、戦備運動の中でウッド将軍やセオドア・ローズヴェルトが喧伝したように「メルティング・ポットを熱くたぎらせる」ことは可能だったろうか。

移民兵の分布は、基地ごとに相当の偏りがあり、ニューヨーク近郊のキャンプ・アプトン（第七七師団）、シカゴの徴兵が入営したキャンプ・グラント（第八六師団）、「全アメリカ」師団を訓練したジョージア州キャンプ・ゴードン（第八二師団）などは、特に多言語・多文化の訓練基地として知られた。例えばキャンプ・ゴードンには終戦までに二万八〇〇〇人の徴兵が入営するが、常にその二〜五割はイタリア人やロシア系ユダヤ人等の外国生まれだった。(75) 同基地にたまたま赴任したセオドア・ローズヴェルトの長男は、その人員構成に驚愕し、後に「(第八二師団は）我々の国民を構成するあらゆる血統――すなわち、植民地時代のイギリス系から新来のイタリア移民の子までを含んでいる」と書き記している。(76) また、第七七師団のキャンプ・アプトンでは、駐留兵士のうち約七〇〇〇人（全兵士の二五〜四〇％）は、ロシアのペール出身のユダヤ人移民とその子供世代で、ニューヨークのロウワー・イーストサイドで徴兵された人々だった。陸軍省は、兵士の生活改善を職務とした訓練基地活動委員会（Commission on Training Camp Activities：CTCA）にユダヤ系福祉委員会やコロンバスの騎士団（カトリック）等の加盟を認め、これを通して移民兵の文化的・宗教的不満を吸収する政策をとったが、特に言語的な問題から来るコミュニケーション不足は参戦期を通じて軍指導層を悩ませることになる。[77]第八六師団（キャンプ・グラント）の公式戦史は率直にこう記す。「相当の比率に及ぶ兵士が英語の読み書きをできなかったことから、訓練の進捗は大いに妨げられた。この共通の言語を話すことも理解することもできない兵士が存在していたのである」と。[78]

この問題は、少なくとも一九一七年暮れには、移民の「士気」への関心として、米軍内部に広く共有され、訓練プログラムの一環として「アメリカ化」が模索されるようになる。軍が最初に着手したのは、移民兵の実数調査だった。各基地の司令官は、一七年一二月半ば「外国語話者の兵士数を民族（Nationalities）ごとに報告」することが求められた。これによると、例えば、シカゴに最も近いキャンプ・グラントの一二月二一日付の報告は、六六五六人の外国語兵士を認知し、うち二六七九人がドイツ語、六八五人がポーランド語、五五〇人がチェコ語の話者であることを伝えている。[79]このような調査の過程で明らかになったことは、多くの移民兵が上官との意思疎通の困難を理由に、非戦闘組織たる兵站部に隔離されていた事実である。国立公文書館に残された陸軍情報部の資料によると、第七七師団のキャンプ・アプトンの第一五二兵站部には二四〇人のユダヤ人と六五名のポーランド人兵士が在籍していたが、ユダヤ兵のうち四七人、ポーランド兵の四八名は英語がよく話せなかったという。[80]また、同様の資料は、キャンプ・グラントの兵站部に言及し、一九一八年春に一〇〇名強の逃亡兵が収容されたが、そのうち八二名はシカゴのウェストサイドで徴兵されたポーランド人とロシア人だったと記していた。[81]加えて、情報部がこの問題を認識するうえで、移民団体からの調査申し入れがあったことも興味深い。ファイルされた通信文によると、兵站部で雑用を割り当てられ、自尊心を傷つけられたポーランド人兵士の処遇について、シカゴのポーランド人団体がパデレフスキの名前を出して抗議していることがわかる[82]。

こうした一連の流れの中で、軍情報部は一九一八年一月、新たに外国語兵士セクション（Foreign-Language Soldier Section）を創設し、訓練キャンプでのアメリカ化の実態と外国系兵士の現況を検討し始めた。この部局は、同年五月に情報部が軍事士気セクション（Military Morale Section）を新設すると、その下部組織として編入されたことからもわかるとおり、非英語兵士の精神的動員、すなわち士気高揚を主任務としていた。すでにいくつかの研究でも確認されているが、外国語兵士セクションは一八年の前半、バイリンガルのエージェントを各地の基地に派遣し情報収集にあたらせている。その中の一人にロシア領ポーランド出身の帰化市民であったスタニスラウ・ガトウスキという情報将校がいた。彼の報告は、外国系兵士の低劣な士気を強調するものだった。すなわち、「非英語兵士は徴兵されて以来すでに五カ月もキャンプで暮らしているが、ほとんど英語を話すことができず、何も学んでいない。この中には非識字者も多く、将官は彼らを肉体労働や厨房警備その他の英語兵士がやらないような任務に就けるのが現実的だと考えている。彼らは重労働を課され、その結果、当然のことながら英語兵士の嘲りの対象になっている」と[83]。

この問題を解決すべくガトウスキが軍上層部に具申した対策は、同時期のＣＰＩや自由公債運動の改革と同じく、移民の母語を用いたアメリカ化であった。具体的には、非英語兵士を言語別の部隊に編成し、それぞれに当該言語を話す将校をつけるというものであった。軍は一九一八年五月、兵站部の一部を開発大隊なる訓練組織に改編することでこれに応えた。この改組は、初めて実験的に導入されたキャンプ・ゴードン（ジョージア州）にちなんで、キャンプ・ゴードン案として知られるようになる。同キャンプの非英語兵士は新設の開発大隊に転籍され、母語に従って二つの中隊、すなわち「スラヴ中隊」（大半はポーランド人）、「イタリア中隊」が編成された。スラヴ中隊には二名のポーランド系将校と一名のロシア系将校が着任し、イタリア中隊では二名のイタリア系将校が指揮を執った。両中隊の兵員数はいずれも約二七〇名だった。さらに順次ギリシア人中隊とロシア系ユダヤ人中隊が形成されるが，いずれも訓練を指導したのは移民の母語を話す将校だった[84]。

キャンプ・ゴードンの広報誌『塹壕と基地』によれば，「開発大隊任務の長を務めたのは，ガトウスキ大尉であるが，彼は純血のポーランド人で……先の自由公債キャンペーンではフィラデルフィアのポーランド人コミュニティから五〇万ドルを売り上げた」という。また同誌はエスニック中隊の効果について，言語問題が解消するとスラヴ，イタリア両中隊は「どの部隊より優秀になった」と伝え，そして，「もとよりイタリア人兵士の半数以上，……ポーランド人兵士の相当数がヨーロッパで従軍経験がある」ことを考えればこれは驚くにあたらないと記すのだった[85]。この外国系兵士の士気改善については，陸軍省発行の『歩兵ジャーナル』も注目し，キャンプ・ゴードン案により「彼らの精神と情熱は五〇%向上」したと報じている。それは軍幹部の高い評価を反映したものだった。ベイカー陸軍長官は全米の三五の訓練キャンプ司令官にキャンプ・ゴードン案の導入を発令した[86]。また政府は，同案を戦時アメリカ化政策の具体的表現と位置づけていたようで，エスニック中隊の詳細は，全国の基地広報誌だけでなく，内務省教育局が出版した『アメリカ化旬報』などにも広く掲載された。

このエスニック中隊の形成は，一見，国民軍内部に民族的分離主義を持ち込んだようにも見える。しかし，キャンプ・ゴードン案は，アメリカ軍全体で，イタリア移民やポーランド移民をひとつの師団や連隊に集結しようというのではなく，あくまで「中隊」という二〇〇名強の小集団の編成にすぎない。それは，数万人規模の師団の中にあって，独立性を確保できるような規模ではない。また，軍当局が同じ移民兵に英語習得を求めていたことも，エスニック部隊が永続的な隔離を意図していなかったことを示している。キャンプ・ゴードンには新たに「教育委員会」が設置され，独自の英語コースを開設した。一九一八年の春には，約三〇〇〇名の移民兵が週四時間から六時間，YMCAの英語インストラクターによる研修を受講した[87]。これとほぼ同じプログラムは，キャンプ・グラントでも採用され、同じく三〇〇〇名の外国語兵士は訓練終了後、YMCAが運営する夜間英語学校への出席が義務づけられた。[88] こうした実践例をふまえて、陸軍参謀本部は一八年七月、一日三時間、四カ月の英語課程を定式化することになる。[89] さらに政府は、エスニックな開発大隊を設置した、一八年五月、新しい帰化法を成立させ、軍に所属する外国人に限り、米国での居住期間を市民権取得の条件から除外するという改正を行った。これを受けて、軍は非市民兵士の速やかな帰化を大々的に奨励し、終戦までにアメリカ国籍を取得した移民兵の数は、一五万五二四六人に達した。軍隊内部に移民集団の自治をある程度認めようとする施策は、究極的には、より効率的な同化と統合の戦略だったと言ってよい。

むすびにかえて

このように見てくると第一次大戦期のアメリカ政府と米軍は、先行した多様な都市のアメリカ化プログラムから、「コミュニティの取り込み」というひとつの最大公約数を取り出し、一九一八年の春頃までにいくつかの制度に結晶化させていったことがわかる。それらは総じて、ヨーロッパ移民の複雑な文化的背景を考慮し、一定の多元性を担保しつつも、全体としては包摂的な「国民形成」を進めようとするものだった。しかし、この政策を移民の側から眺めると、若干異なる風景も見えてくる。[90]

ポーランド系やチェコ系の新移民は、アメリカの参戦当初から「民主主義の戦争」の大義にほぼ一貫して奉仕してきた。だがその背景に、戦時のアメリカ・ナショナリズムが一般の民間社会に惹起した極端な排外感情（一〇〇%アメリカニズム）への強い恐怖心があったのも事実である。戦争末期の一九一八年八月七日、ポーランド国民同盟の機関紙『ジェンニク・ズヴィヨンスコーヴィ』紙は次のようにネイティヴィズムを批判している。「（この戦争は）アメリカが諸国民間の……友愛のネジを……固く巻き、世界市民権を実現すべく戦っているときに始まった。戦争は、アメリカのメルティング・ポットがもはや必要ないことを示していたはずだ。自由への愛、理想への愛、この自由の国への愛が……多くのナショナリティの魂をひとつに結びつけてきた。……アメリカは、多様な血統を持つ勇敢な市民たちを誇りに思っている。彼らは、外国生まれの者まで含めて、アメリカニズム精神の下にひとつになってフランスの戦場で戦っているのだ」、「この新しい運動が、〝外国人たち〟を親密にし……彼らを啓蒙するのなら……アメリカ化は歓迎されるだろう……しかし不幸にも……（現行の）アメリカ化運動の中には、強い反カトリックの流れ……外国語教育を廃止しようという潮流……が見られる」、「このようなアメリカ化は何とかして食い止めなければならない。それは、不安と人種間の憎悪を生み、相互理解の可能性とアメリカ化の理想をだめにする」――(91)。

図3　ポーランド人墓地（St. Adalbert Cemetery）の第一次大戦記念碑。忠魂碑の三方に，アメリカの陸軍・海軍・海兵隊の制服姿の移民兵が立ち，一方にポーランド義勇軍の兵士像が立つ（手前左側）。著者撮影。

こうした同化とナショナリティ喪失の恐怖は、全くゆえなきものではない。第4章で若干ふれたように、第一次大戦後の祖国ナショナリズムの衰退は顕著であった。例えば、一九二〇年四月から二一年二月にかけて、一七年にアメリカから出征した、ポーランド義勇軍約一万二五四六人が復員している。彼らは第一次大戦の休戦後も、新生ポーランドの対ソ連国境紛争に従軍し、ほぼ四年ぶりに帰還したのだった。だが、『ポーリッシュ・ファルコン一〇〇年史』は、当時を振り返って、「ポーランド人コミュニティに彼ら（帰還者）を歓迎する雰囲気はなかった」と記す。「独立闘争と結びついた感情の高揚はすでに沈静化していた」のだという。独立ポーランド再建の悲願が達成されたことで、これまでのナショナリズムの熱狂は去った。在米のナショナリスト団体はダイレクトな影響を受け、運動の変質を余儀なくされた。一九一七年に二万七〇〇〇人いた会員が、二〇年に五〇〇〇人にまで落ち込んだファルコンは、二二年以降は、保険事業に重点を移していかざるを得なかった。(92)

多元的国民統合はＰＮＡやチェコ国民同盟がとりえた唯一の戦略ともいえた。一九二〇年代中葉までに、アメリカ・ナショナリズムは「出身国（national origin）」という非常に人種化された概念を創出し、移民法の改定を通して、南・東欧系移民に劣者の烙印を押そうとする。一方、移民集団の方はエスニック・アメリカ人という脱政治的なアイデンティティを軸に、アメリカ市民社会への参入を企て続けるだろう。事実、第一次大戦下のシカゴには、カトリック教区の権力政治を梃子に独自のアメリカ化を追求したマンデリン枢機卿や、移民社会とアメリカ・ナショナリズムの両方に軸足を置いた都市政治家サーマックのような、新しいエスニック指導者が台頭していた。ヨーロッパ系移民の多元主義的な戦争動員は、そうした過渡期に現れた、国民化の一様式であった。

第7章　戦争とカラーライン
──「分離すれど平等」──

はじめに──国民統合とカラーライン

これまで見てきたように、第一次大戦が起動した総力戦は、アメリカにかつてない社会統合をもたらしていた。急激に拡大した連邦の行政機能を背景に、社会効率の最大化が図られ、文化的な同質性や国家への忠誠が強く求められた。そのことが、政府による市民的自由の抑圧など様々な問題を生んだことはすでに指摘されている。だが一方で、統合の政治が二〇世紀の「平等化」潮流を加速させる面はなかったのだろうか。実際、軍事関連の産業では、労働関係への国家介入を梃子に、不熟練の移民労働者に対してさえ、団体交渉権や見苦しくない賃金といった産業シティズンシップがある程度、承認されつつあった。また、文化的・政治的な意味でも、ヨーロッパ系の新移民は、多元主義的な忠誠政策を享受し、曲がりなりにもアメリカ化（国民化）される傾向にあった。さらに軍需増産を背景に、多くの黒人が南部の綿花畑を離れ、工業労働者として都市部に移住したが、そのことは、黒人と他のアメリカ人や移民との生活環境を接近させた。今や「社会的平等」は当然の権利となるはずだった。いずれにせよ、「民主主義の戦争」は、マイノリティの平等要求を刺激せずにはおかなかったのであり、戦時のアメリカニズムは、社会的な地位向上を目指す人々にとって希望の光でもあった。[1]

しかし、二〇世紀アメリカの戦争動員は、それが依って立つ科学的な、あるいは社会工学的な統治技法ゆえに、住民一人ひとりの社会的属性をモニターし、これをもとに厳格な分類・隔離を行うものであった。例えば、一九一七年五月に始まる選抜徴兵システムは、登録時に全米統一フォームの質問票をファイルし、巨大な成年男子のデータベースを構築している。質問項目には、職業、家族構成のほか、人種や国籍、帰化宣言の有無までが含まれた。制度の設計者であるイノック・クローダー憲兵司令官は、「問題は……可能なかぎり科学的なやり方で、（民衆の中から）兵士を抽出することであり」、そのために「徴兵登録者をその軍事奉仕上の有用性に従って分類すること」だと語っていたが、こうした行政による個人情報の収集それ自体が、カラーラインという二〇世紀的な不平等の制度化を促していた。[2]本章で詳しく見るように、かかる登録データは、三〇万人を超えた黒人徴兵を白人兵から効果的に分離しつつ、少人数部隊に細分して各基地に配備するという、軍の複雑な人種対策を可能にしたのだった。

同様の戦争動員とカラーライン形成の結びつきは、アジア系の兵士、特にハワイ準州で徴兵された日本人兵士の処遇についても見ることができた。ハワイで施行された選抜徴兵法は、終戦までに七一六三名を招集したが、そのうち八三八名は日本人移民で、彼らは「全日本D歩兵中隊」という日本人だけの中隊に組織された。[3]問題は、同部隊の日系兵士の多くが、一九一八年五月の帰化法改正にともない市民権取得を申請し、一部が手続きを完了していたことであった。前章で用いた移民兵のアメリカ化に関連する陸軍情報部文書の中には、休戦直後、陸軍参謀本部と情報部がこの件を感知し、日本人兵士の帰化に疑義を呈していたことを示す史料が存在する。この件でワシントンから問い合わせを受けたハワイ準州軍当局の返信は、新しい帰化法においても、従来の帰化にかかる人種要件、すなわち「白人、あるいは、アフリカ出身者およびその子孫であること」（修正帰化法第二一六九条）を変更するものではなく、それゆえ、日本人の帰化は認められないとするものだった。同文書は続けて、「シマダオ・サチなる……日本人兵士が合衆国ハワイ地裁ホーレス・ヴォーン判事の決定により、すでに一九年一月一九日付でアメリカ市民権を取得している」事実に触れ、「この地裁決定が判例となるなら、さらに四〇〇名の日本人兵士の帰化が可能になるだろう」と指摘している。[4]このシマダオという人は、おそらく、ハワイの徴兵記録に現れる「シモダオ・サチ」と同一人物で、登録票の記載情報によれば、たしかに一八九五年に日本で出生し、一九一八年四月に米軍に入隊（一九年二月に除隊）したことがわかる。[5]

なお、ハワイの軍当局は、この問題の解決策として、シモダオのアメリカ国籍を再度剝奪する訴訟を起こし、これをモデルケースとしたいと報告した。[6]重要なのは、この時期日本人移民の帰化権はなお、曖昧な部分を残していたことである。特にハワイでは、前出のヴォーン判事が公のメディアでアジア系兵士の帰化を容認する発言を繰り返しており、実際にハワイ地裁は数百人の日本移民に市民権を付与していた。[7]有名な小沢孝雄裁判で、最高裁が人種的要件により日本人移民の帰化資格を全面的に否認するのは、三年後の一九二二年のことである。[8]つまり、一九一八年、一九年におけるハワイの日系兵士の市民権要求は、これまで地域的な多様性の中で許容されていた「例外」をワシントンDCの行政官僚に可視化し、一元的統治を求める立場からの強い反発を惹起したのであり、そのことは歴史的には、カラーラインの厳格化に向かう二〇世紀前半の潮流に掉さす結果となった。

同じ「平等」の期待を抱き「国民を創るための」徴兵に応じながら、日本人移民が最終的に直面した人種境界と、「メルティング・ポット軍」などと称賛を受けた南・東欧系移民の戦争体験とが著しい非対称を成すことは、いまさら言うまでもない。むしろ問題は、南・東欧系移民の同化自体が、カラーラインと人種的な他者の創出に依拠する面があることだ。その意味で、一九一八年三月一八日のキャンプ・ゴードン広報誌、『基地と塹壕』の構成は衝撃的ですらある。写真とイラストで飾られた紙面は、ＹＭＣＡが提供する移民兵向けの英語プログラムの紹介と基地内の劇場で行われるブラック・フェイス・ミンストレルの広報（図4）で占められている。[9]ミンストレルとは顔

図4　キャンプ・ゴードンのミンストレル広報

出典）*Trench and Camp*, Vol. 1, No. 24, March 18, 1918.

を黒塗りした白人の役者が黒人の姿態をコミカルに演じる、一九世紀以来の大衆劇（ヴォードヴィル）で、黒人を客体化して笑いの対象とする「白人」観衆のための娯楽である。

陸軍省の訓練基地活動委員会（ＣＴＣＡ）は、協賛団体であるＹＭＣＡを通じて各種の文化活動を兵士に提供し、士気の維持とアメリカ人としての同胞意識の涵養に努めていたが、ミンストレルの上演もまたそうしたレクリエーション事業の一環として行われていた。すでに見たように、キャンプ・ゴードンは、全米の訓練基地の中でも最も多く南・東欧系の移民兵を収容した施設のひとつだった。このエスニックな兵士たちが、ミンストレルの観衆であったことは想像に難くない。ちなみに、キャンプ・ゴードンのミンストレル一座は、地元ジョージア州アトランタの劇場でも一般公演を行い、基地と民間社会との交流に一役買っている。これを伝える四月一日付の『基地と塹壕』誌が、同時に第八二師団の兵士六〇〇〇人がアトランタ市の自由公債購入運動に協力し、市街で大規模なパレードを行ったことを報じているのも興味深い。[10]

ミンストレルは移民兵が在籍した他の基地でも上演されていた。シカゴの徴兵を収容した第八六師団（キャンプ・グラント）の公式戦史は、約六六〇〇人のヨーロッパ移民兵が訓練を受けていたこと、そして、ここでもＹＭＣＡがこの人種偏見に満ちた大衆娯楽を提供したことを記録している。[11]だが、同基地では約九〇〇〇人の黒人兵が隔離された別部隊で訓練を受けていた。そして彼らは、一九一七年一一月に開設されたＹＭＣＡの「黒人用」兵舎

(hut) で黒人向けのプログラムを与えられていた。[12] では、ポーランド系やチェコ系の移民兵が、従軍経験の中で漸次「育ての国」の同胞意識を持つようになったとして、それは少なくとも部分的には、隔離され排斥される「他の兵士」たちを横目で見ながら身につけた、「白人」としての共通感覚（＝白人性）によるものだったろうか。また、上に見た選抜徴兵システムの運用実態から垣間見えるように、戦時のカラーラインは、秩序だった動員を目指すテクノクラートの工学的な分類の手法が、ミンストレルのごとき、人種にまつわる旧い慣習や偏見と妥協し、混ざり合う地点に胚胎したのだろうか。

だが、こうした問いは当時、国内最大のマイノリティ集団だった黒人の指導者からすれば、それ自体聞くに堪えないものだったろう。繰り返し言おう。総力戦下の社会統合は、黒人にとっても旧来からの差別や疎外を克服し、社会的な平等を実現する好機に見えた。黒人新聞『ニューヨーク・エイジ』紙の主筆ジェームズ・W・ジョンソンはアメリカ参戦の直後に、次のように少数者の決意を語っている。「今日世界は作りかえられようとしている。旧い伝統、旧い理念、旧い慣習、旧い政府、旧い文明は今この瞬間に瓦解しつつあり、この偉大な戦争の坩堝の中で溶け落ちようとしている。そして、それらは全く新しいものに形づくられるのである。問題は、アメリカ黒人が我々の善き将来のためにこの再編に関わることができるかどうかである」と。[13] しかしながら、こうした黒人の野心と、すでにやや先取りして見たカラーライン形成の現実との間に、大きなギャップが存在するのは明らかである。それゆえ、黒人の戦争動員は広範囲に苛烈な紛争を引き起こし、またそのことが二〇世紀国民秩序のカラーライン形成に大きな影響を与えることになる。本章では以下、この黒人をめぐる問題群に焦点を絞って考察を進めていこう。

1　民主化の期待と人種の暴力

参戦直後の一九一七年五月、アメリカの主要黒人団体は全国有色人地位向上協会（NAACP）主催の「戦争会議」で次のような合同決議を採択した。「我々は、世界戦争の真の原因は支配民族が有色人を蔑視すること、そしてその結果として、ヨーロッパ諸国間で……被抑圧者にとっての善を一顧だにしない利己的な有色人収奪が競い合われたことにあると考える。永遠平和は、被治者の合意による統治の原則が、ヨーロッパの小国だけではなく、アジア、アフリカ、西インドの現地人、そしてアメリカ黒人の間にも広げられて初めて実現するであろう」と。[14]会議を主導したのは、NAACP創設者の一人で同機関誌『クライシス』の編集長、W・E・B・デュボイスだった。デュボイスはすでに中立期の一九一五年、「戦争のアフリカ起源」という論文を発表し、帝国主義国間の植民地争奪こそが戦争の主たる原因だと論じていた。[15]「黒人戦争会議」の決議は概ねその路線に沿ったものだったが、この黒人主流からの帝国主義批判は、必ずしも反戦にはつながらず、むしろ国際関係と国内の民主化を同時に推進するというウィルソン主義の公約に信頼を置くものだった。戦争会議決議は、政府の戦争政策への支持を表明したうえでこう続けた。「(全米）一二〇〇万人のアメリカ黒人がリンチを受け、投票権を奪われ、侮辱を受け続ける限り、そして他の数百万の有色民族が搾取され殺され続ける限り、世界もそしてアメリカも……民主的にはなりえない」と。[16]それは黒人の戦争協力と引き換えに、一定の人種関係改革が国家の力で推進されることを期待する立場でもあった。[17]

しかし、参戦間もない一九一七年春、この戦略にはすでに暗雲がたれこめていた。五月には陸軍内の黒人の出世頭、チャールズ・ヤング中佐が、黒人の指揮を受けたくないという白人新兵の苦情を発端に解任され、六月には黒人の士官訓練プログラムを白人と別施設（フォート・デモイン）で実施する隔離政策が決定した[18]。デュボイスら、NAACP幹部を受け皿とする政府との交渉はいずれの場合も全くの守勢に立たされていた。そして、続く七月と八月には、彼らが構想した「改革の戦争」の前提を一から覆す事件が続発した。それは、いずれも民間の白人社会からの凄惨な人種暴力の発露であった。

最初の事件は、イリノイ州南部のイースト・セントルイス市で起こった人種暴動である。背景には、戦時経済が惹起した未曽有の人口移動があった。同市には、重要な軍需品のひとつであるアルミニウムの製造工場が立地したが、戦時の増産要請に応えるべく、経営者は新しい労働力を南部黒人の中に求めたのである。一七年春には毎週二〇〇〇人以上の黒人が流入し、そのことは古くから住む白人労働者層に反発心を醸成していた。ついに七月二日、白人労働者による黒人地区の襲撃が行われ、およそ一五〇名の黒人が殺害。その後も、住居を焼かれた約六〇〇〇名の黒人移住者が、難民化して近郊の諸都市をさまよった[19]。

黒人メディアは、この群衆暴力を「ポグロム」と呼び、特に白人労働組合の人種主義と政府や自治体の不作為を強く非難した[20]。なかでもシカゴの黒人女性ジャーナリスト、アイダ・B・ウェルズ＝バーネットは、事件直後にイースト・セントルイスに入り、激しい怒りを込めた筆致でこの前代未聞の暴力の本質を伝えた。「それは文明の名のもとに、無防備な黒人の男性、女性、子供たちに加えられた、歴史上最も卑劣な犯罪だった。リンカンの……州がその歴史に黒い一頁を加えねばならないことは、真のアメリカ市民全員にとっての恥辱である。……アメリカの人種偏見は黒い肌のアメリカ人を劣等な地位に据え置き、彼ら黒人は生命、自由、幸福追求の平等な機会を求めたその時に、リンチを受け、生きながら焼かれ、投票権を奪われ、虐殺された！　黒人がこの自由と勇気の国——産業、市民生活、政治活動——に足を踏み入れようとすると、いつも……この怪物が立ちはだかり、彼を支配し、抑圧し、殺害するのだ！」と[21]。

さらにウェルズ＝バーネットは、暴動の原因のひとつと見られた労働問題に言及する。「この暴動は労働者の名において行われた！　黒人は北部の労働力不足がもたらした機会を受け入れ、……彼を農奴のように扱ってきた南部を出た。より良い賃金以上に彼が喜んだのは、子供たちを十分に教育できる土地に来られたことだった。しかし、労働組合は……黒人とともに働くことを拒み、黒人が『白人の仕事』をした場合は彼を殺害するというのだ。[22]」また、彼女は暴動後の処理をめぐり、加害者を厳罰に処すことを強く求めて次のように記している。「私たちの赤子をなぶり殺しにし、私たちの上品な紳士を木に吊るし、女性たちを襲い、家を焼き、傷ついた人々をその炎の中に投げ入れた、そんな人間の少なくとも一人を、白人社会が絞首刑にするまでは、黒人はこの街に帰ることができない」と。[23]

イースト・セントルイスの暴動は、全米を震撼させるものでもあった。黒人人口の増大が、暴力の直接的な原因だとすれば、それはほとんどの北部都市にも潜在的に暴動の危機があることを意味する。国勢調査の記録を参照すると、一九一〇年に四万四〇〇〇人であったシカゴの黒人人口は、戦争を挟んで二〇年には一〇万九〇〇〇人を超え、同時期にニューヨーク市の黒人人口も九万二〇〇〇人から一五万二〇〇〇人へと急増していたのである。また、ウェルズ＝バーネットの言葉から滲み出ているように、「民主主義の戦争」に期待を寄せた黒人にとっては、軍需産業で働く同胞の虐殺は、「アメリカ」による裏切り以外の何物でもなかった。七月二八日には、ジェームズ・W・ジョンソンとNAACPの呼びかけで、大規模な「沈黙の抗議デモ」がニューヨークで行われた。当時、黒人が集団的な示威行動を行うことは極めてまれであったが、デモ当日、約一万人の正装した黒人の男女が参集し、ドラムの音だけを響かせ、五番街を無言でゆっくりと練り歩いたのであった。[24]

この戦時下の人種暴力は政府に対する深い不信感を醸成していた。八月二五日、ハワード大学の黒人教授ケリー・ミラーは『ボルティモア・アフリカ系アメリカ人』紙上に、ウィルソン大統領宛の公開書簡「民主主義の恥辱」を発表している。同書簡は人種暴動に対する政府の不作為を非難し、ウィルソン主義の欺瞞を鋭く指摘するものであった。「黒人は、自分たちがアメリカ民主主義の構成要素と考えられていないと感じています。そのことが……（我々の）あらゆる怒りの根底にある不満なのです。……世界の諸国は、民主主義を海外に広めようとする前に、自国の制度に取り組めと要求して当然です。……志あるアメリカ人なら、人道の解放というアメリカの叫びが、この人種的蛮行によって幻想へと堕したことに赤面せざるを得ません。……（大統領閣下）非難されているのは、あなたが悲しむべき国内の過ちに直面して、なお世界の民主化を唱えていることなのです。」[25]

ミラーが提示した戦時政府批判のロジックは、「民主主義の戦争」の正統性を根幹から揺るがす厳しいものであった。また重要なのは、これに対する政府側の反応であった。後に詳しく見るとおり、ウィルソン政権の主たる関心が、暴動の原因究明や再発防止にではなく、黒人の忠誠問題にあることが、次第に明らかになってくる。政府や軍は、黒人のあまりに激しい反発にたじろぎ、「黒人戦争会議」の協調路線での忠誠心確保が困難になったと悟った。そして、人種関係の改善よりも、黒人指導者の監視にリソースを割くようになる。この頃から陸軍情報部は、ウェルズ＝バーネットやケリー・ミラーの著作を収集し、彼らの人間関係を調査するようになる。この抑圧的傾向は次に見るヒューストン事件後、さらに強まることになろう。

ミラーの公開書簡が発表される二日前、より深刻な人種紛争が南部のテキサス州ヒューストンで発生していた。同地に駐屯する黒人兵士が地域の白人住民と衝突し、住民側に一六名の死者を出す事件が起こったのである。彼らは、黒人のアメリカ正規軍第二四歩兵連隊第三大隊の所属で、このとき徴兵用に建設中のキャンプ・ローガンの警備にあたっていた。この正規軍の兵士たちは、ヒューストン到着以来、南部独特の黒人への侮蔑にさらされ、地域の白人との間に緊張が高まっていた。そうしたなか、一九一七年八月二三日の正午頃、ある黒人兵が、市中でスパークスという白人巡査が黒人女性に暴行を加える現場に遭遇した。彼はこれを制止しようとしたが、逆に逮捕されてしまう。同日後刻、連絡を受けた憲兵のボルティモア伍長が、警察署に出向き、黒人兵の身柄引き渡しを求めた。これに対し、スパークス巡査は彼を銃撃し、拘束する。夕方から夜半にかけて、この展開を知った一五六名の黒人兵が抗議の声をあげた。彼らは武装してヒューストン市街を行進し、白人住民と衝突した。双方が発砲し、黒人兵四名、白人警官四名、白人民間人一二名が死亡した。翌朝、黒人「反乱兵」は軍当局によって武装解除される。彼らは非公開の軍法会議にかけられ、一九一八年一〇月までに一九名が処刑された(26)。また、第三大隊以外の第二四連隊は遠くフィリピンに転出させられることになる。

ヒューストン事件のニュースは戦時下のアメリカに大きな衝撃を与えたが、その捉え方には、若干の温度差があった。まず黒人社会は、これをイースト・セントルイス暴動に続く人種差別事件と見て深く憤った。九月一日付の『ボルティモア・アフリカ系アメリカ人』紙は、「怒りと憎悪と偏見がないまぜになった」問題として暴動を検証し、以前からヒューストンの住民が第二四連隊の駐留を嫌っていたこと、また事件の直前に白人警官が黒人女性を手荒に扱い、止めに入った同師団兵士にも激しい暴行を加えたことなどを報じている(27)。他方、同じ日に発行された『インディペンデント』誌（全米の中産階級を読者に持つオピニオン誌）は、「小さな不正への復讐として、黒人たちは街を襲う決意をした」のであり、その結果、恐怖におびえる「白人住民は、今現在も、テキサス州からすべての黒人部隊を退去させるよう叫び声をあげている」と書いた(28)。主流社会の白人は黒人兵士による不服従の事実そのものに恐懼したのである。

ヒューストン暴動は、シカゴのメディアでも注目を集めていた。建設中のキャンプ・ローガンに入営する部隊のひとつに、シカゴ黒人が多く所属するイリノイ州民兵第八連隊がいたからだ。ここでも、白人と黒人の新聞報道には微妙なニュアンスの違いがあった。前者を代表する『シカゴ・デイリー・トリビューン』紙は、事件の二日後に「証言者は語る――いかに黒人兵が白人を撃ち殺したか」という大見出しで「血に飢えた第二四連隊の死の行進」

を報じ、その後も当該の黒人兵を「反乱者（rioters）」あるいは「掠奪者（raiders）」と記載した。[29] これに対して、黒人新聞『シカゴ・ディフェンダー』紙は、黒人兵の命令違反を正当化することはないが、収監され処刑された者たちを常に「兵士」と呼び、深い同情を込めて彼らに寄り添う記事を書き続ける。『ディフェンダー』紙は、一九一八年一月には、長期刑を受けた元兵士をカンザス州リーヴェンワースの連邦刑務所でインタヴューした記事を一面に掲載し、同年九月には、その「不運な第二四連隊兵士の一人」が獄中出版した「戦争歌」を紙上に紹介している。[30]

上に見た一連の人種間暴力と世論の分裂は、すでにデュボイスらの「協調路線」が破綻しつつあることを示していたのだろうか。『クライシス』誌の一九一七年九月号は、もっぱらイースト・セントルイス暴動に抗議する「沈黙の行進」に紙面を割いており、ヒューストン事件に触れていない。黒人の戦争協力、わけてもその軍事的貢献を前面に出して、政府と交渉しようとするＮＡＡＣＰやデュボイスの立場にとって、「黒人兵の反乱」は極めてデリケートな問題であった。[31] また、一七年九月の時点で、陸軍参謀本部や情報機関は、黒人をもはや戦争政策の協力者としてではなく、潜在的な反乱分子として警戒する傾向を強めつつあった。この頃、軍情報部が「黒人の破壊工作（Negro Subversion）」という諜報ファイルの作成を始めるのは、その証左のひとつだった。そして、そうした認識は、これから本格化していく黒人の徴兵や経済動員の実践に暗い影を落としていた。

2　黒人と戦争動員

（1）徴兵と黒人軍の編成

しかし、アメリカ黒人の戦争動員全般に対する態度は総じて協力的であった。例えば、一九一七年六月の第一回徴兵登録の記録を見ると、黒人はおよそ一〇〇万人が登録し、九月の第二回を合わせると二三〇万人近くに達した[32]。この数字は、概ね黒人の人口比に対応したものであった。むしろ白人社会、特に人種主義の傾向の強い南部に、黒人徴兵を否定的に見る世論があった。この状況を観察した『ニュー・リパブリック』誌は、「黒人の徴用」という調査記事を掲載し、次の三点において「南部は黒人の徴兵に不安を抱える」と指摘している。第一は、労働力の問題だった。「ヨーロッパ移民が枯渇し、北部が労働者としての黒人をより強く引き付ける昨今、農業労働力の供給が奪われるのは厄介なことだった。」第二に、「規律のない若い黒人が特定の場所に大量に集結すること」は、それ自体が大きな脅威だった。第三の、そして、最重要の問題は、「軍務から帰還した黒人兵が与えるであろう黒人社会への影響」だという。「黒人帰還兵は、かつてのように白人優越主義を受け入れられるだろうか、あるいは、黒人の動揺を助長するような新しい自立の感覚を持つようになるだろうか」と同誌は問い、そのうえで、こう結論づける。「戦争がそれに従事した者の心と行為の習慣に甚大な影響を与えると南部が信じるのは当然だ……黒人の徴兵によって、南部はその人種関係スキームを再検討する必要に迫られよう[33]。」このように、連邦の政策策定者と非常に近い関係にあった『ニュー・リパブリック』誌が、徴兵に関して黒人固有の問題を見出し、これをアメリカ白人やヨーロッパ系移民の徴兵とは全く別のものと見ている点は注目してよい。

こうした趨勢の中で軍当局は、黒人兵の編成と活用について、広範な白人世論に配慮した対策の必要を認識する。

この問題は、タスカー・ブリス少佐らを中心に陸軍参謀本部で検討を重ねられ、一七年九月までに次の方針を確立している。①黒人徴兵の入隊は、綿花の収穫期を考え、今しばらく延期する、②黒人徴兵の大多数は、鉄道建設や港湾労働等に活用することとし、軍事訓練は最小限にする、③各訓練基地での白人兵と黒人兵の「安全」比率は二：一であり、黒人兵の数はそれ以下に保つこと。④基地内の施設および訓練プログラムは人種別とする。[34]

ここに人種隔離は、二八〇万の民間人（徴兵）を取り込んだ第一次大戦期のアメリカ軍制の基本路線として確立した。また、軍が徹底して黒人を戦闘兵力から排除しようとした点も見逃せない。徴兵制の導入後、黒人兵の総数は三六万七〇〇〇人（全米軍兵力の一三％）に膨れ上がるが、実際に戦闘に参加したのは、その一〇％強の四万二〇〇〇人にすぎない。アメリカ軍は、ヨーロッパ遠征にともない、第九二師団、第九三師団という二つの黒人の分離軍団を形成した。だが、前述の第二四連隊を含め歴戦の黒人正規軍はこの任務から完全に除外されている。第九二師団はすべて徴兵の四連隊で構成され、第九三師団は州民兵三連隊、徴兵一連隊であった。両師団は総じて実戦経験に乏しく、しかも、いわゆる安全比率（二：一）問題に縛られて、黒人徴兵は常に小規模の部隊に分割されたうえで全米の基地にばらまかれ、最後まで連隊、師団レベルでの集合的訓練を受けられなかった。[35]

また、第九二師団のバロウ司令官は、前述の黒人士官訓練校の校長を務めた人物だったが、新卒の黒人将校を尉官クラスに限定して配置する一方で、「黒人の扱いを知る」南部白人の下士官を好んで採用した。こうした人事は、戦前の黒人正規軍ではありえない新しい慣行であった。白人下士官の加入は、チャールズ・ヤング中佐の解任以後、全佐官、幕僚クラスを白人が占めたこととも相まって、黒人兵士への日常的な虐待の温床となっていく。さらに軍は、ヨーロッパ遠征の過程で、もうひとつの黒人軍団、第九三師団をフランス軍の指揮下に移譲し、以後、米国の「戦争の記憶」から黒人の貢献を不可視化してしまう。[36]

もとより、第一次大戦下のアメリカ軍が導入した人種主義的政策の起源は、社会に横行する偏見や憎悪にあった。

参謀本部がその影響を考慮したイースト・セントルイス暴動や、ヤング中佐の更迭、ヒューストンの正規軍反乱などはいずれも、白人が多数を占める民間社会と黒人兵士や黒人労働者との摩擦が原因だった。そもそも徴兵制は、大量の民間人を軍隊の中に導入する制度であり、人材を送り出す社会と軍の関係はかつてなく緊密にならざるを得ない。しかし、この社会と国家（軍）の相互浸透は、前章で見た移民兵に関わる文脈では、ユダヤ兵士に宗教食を認め、ポーランド兵士に母語を話す指揮官を付けるといった展開を生んだのに対し、黒人の問題に関しては、民間の理不尽で抑圧的な人種慣習が軍内部に広がっていくことにつながった。そして、一旦軍の制度の中でオーソライズされた人種隔離等の慣行は、今度は全国規模の公共性を身にまとい民間社会に還元されていく。その再帰的な関係の中に、第一次大戦後に顕在化する、新しいカラーラインの起源のひとつを見ることができよう。二〇世紀国民秩序が内包する人種境界は、人々の差別意識やアイデンティティのような心理的な問題だけに還元できるものではない。それは、二〇世紀的な統治権力が効率的統治の論理から旧い差別を受容し、抱擁する過程で、ひとつの強制力をともなう制度として立ち現れてきたものである。その意味で、「国民を創るため」の徴兵と従軍経験は、それ自体がカラーラインの形成主体のひとつであった。

（2）産業動員と黒人

全国的な徴兵が、当初、国民形成の装置として期待されたように、戦時政府による軍需関連産業の動員も、マイノリティに「平等化」の機会を与えるものと見えた。戦時労働委員会等の介入を後ろ盾とする産業民主主義の盛り上がりは、移民や黒人が「産業の市民」となることで国民社会に包摂される経路をひらいた。戦争中に起こった五〇万人を超える黒人農民の都市部への移住は、いずれかの地点でこの「社会的な平等」の希望と結びついていた。[37]しかし、すでに見たように戦時の産業民主主義は、どのような最終目標を掲げるにしても、労働組合かそれに代わる職場委員会を媒介した制度だったのであり、歴史的に労組から排除されてきた黒人が受益者となるのは困難な面があった。

実際、戦時の国防会議コーポラティズムの一翼を担った、国内最大の労組アメリカ労働総同盟（ＡＦＬ）は、それ自身の規約には人種差別の禁止を謳っていたが、各々自治権を持つ加盟全国労組の人種慣行については基本的に干渉しなかった。そのため当時、ＡＦＬ内には明確に黒人労働者の加入を認めない全国労組が八つ存在していた。そして、そのうち七つは国際機械工組合（ＩＡＭ）を含む鉄道関連労組だった。[38] 周知のとおり、第一次大戦期の鉄道は戦時鉄道庁のもとで国家管理となっており、「産業民主主義」が最も成功した業種でもあった。鉄道業界には、ＡＦＬ加盟労組の他に、鉄道友愛会という熟練労働者の独立した組合連合があり、これに加盟する伝統的な四労組もまた黒人の加入を禁じていた。この状況は経営者が賃金の引き下げやスト破りの目的から未組織の黒人労働者を導入することを可能にし、そのことが新たな人種間憎悪を生んでいた。イースト・セントルイス暴動を取材したウェルズ＝バーネットが厳しく労働組合を批判したのはそのためだった。[39] いずれにせよ、労働組合の問題は黒人移住者を戦時産業民主主義の基本構造から疎外し、産業労働者の中にカラーラインを引き直すことにつながっていた。

そうした観点からすると、南部からの黒人移住者を労働運動の中に積極的に組織しようとした、シカゴ食肉産業のストックヤーズ労働評議会は、ひとつのブレイクスルーを予感させるものがあった。シカゴ総同盟を母体とし、黒人オルグを用いて進められたキャンペーンは、一時期、全黒人不熟練労働者の九割近くを加入させたといわれる成功を収めた。しかし、この運動もまた国民形成とカラーラインをめぐる、この時期特有の矛盾を抱えていた。ストックヤーズ労働評議会は、当初、黒人労働者を一般の不熟練労働者の支部に加入させていた。だが、そうすると、支部内の少数派となる黒人の苦情等を吸い上げにくく、そのため、後に評議会は、人種・民族ごとに住み分けが進む市内の居住区を支部組織の単位とするようになった。[40] この戦略は、エスノ・レイシャルなコミュニティの凝集力を組合活動に生かせるという意味で、運動の発展を促した面がある。

しかし、戦後、ストックヤーズ労働評議会の書記だったウィリアム・フォスターが述懐しているとおり、当時からこの組織方法は「ジム・クロウ原則」だと非難されていた。フォスター自身はこの批判が不服で「ジム・クロウ論を克服するために、白人支部と黒人支部を合同させようとしていた」と述べるが、その途上の一九一九年七月、シカゴでも巨大な人種暴動が勃発し、すべては水泡に帰してしまう[41]。暴動後、シカゴの黒人労働者の多くは、労働組合と距離を置き、食肉加工業者等が主宰する従業員代表制や福祉資本主義の保護を受ける。だがその一方で、昇進や先任権等において、長く不公平な待遇を甘受することになるであろう[42]。「大移動」の終着地点シカゴの急進的な労組が、最も現実的な組織化の試みとして、人種隔離とも揶揄されるエスノ・レイシャルな多元主義を採用していたこと、また、そうした手法を経て目指された「統合」の夢が、人種暴力の前に無残に粉砕されたこと、そして、その後により恒常的な人種秩序が残されたこと、この一連の出来事は、第一次大戦期のカラーライン形成のひとつの縮図であった。

黒人労働者を組織化し、産業民主主義の市民としようという関心は政府内にもあった。特に、シカゴの運動にも関わったフランク・ウォルシュと戦時労働委員会（NWLB）の一部は、アラバマ州バーミンガムの鉄鋼産業で、人種統合的な組合組織を支援しようとした。戦前の同産業では熟練職種のすべてを白人が占める一方で、不熟練労働者の九割は黒人で、彼らは労組に加入できなかった。だが、一九一八年三月に出されたウィルソン政権の「戦時労働政策の統一原則」の影響を受けた白人労組は、一八年春から夏にかけて、八時間労働制を求めて断続的にストを行い、その過程で、黒人を組織するようになった[43]。当時、ウォルシュは、黒人のNWLB調査員を採用するなど、産業内の人種問題を深刻に捉えており、バーミンガム争議にもNWLBが介入すべきだと論じていた[44]。

だが、バーミンガムの地域社会では労組の活動を忌避する雰囲気があり、それは人種主義者からの脅迫のかたちをとるまでになった。そうした中、NWLB内では「地域慣習の尊重」を唱える不介入派の声が強まり、結局この火種は放置されることになった。[45]ついに八月末、労組指導者が地元のクー・クラックス・クラン(KKK)に拉致される事案が発生し、白人と黒人の労働者の連帯も、八時間労働の運動もすべてが空中分解してしまう。この一件をKKKへの半ば興味本位の関心から報じた『ニューヨーク・タイムズ』紙は、こう記していた。「……この(アラバマ州バーミンガムの)労働指導者は、相当の人数のストを計画していた。しかし、突然夜闇に『見えざる帝国』の掣肘が加えられた。ストは中止され、この組合員もその後、行方知れずとなった。『見えざる帝国』は、こうした行為が敵性外国人や不忠誠の輩、そしてストの首謀者を監視するために行われていると喧伝している」と。[46]

このバーミンガム争議の事例でも、再び人種暴力に対する政府の不作為とアメリカ社会の脆弱性が如実に現れている。総力戦を戦う戦時国家にとって、民主的な国民統合の要請と深まる人種対立の現実は、どのように調停され得るものだったのだろうか。いま少し、統治権力の立場からこの問題を眺めてみることにしよう。

3　監視と不作為

第一次大戦がアメリカ国家にもたらした、制度的な変容のひとつは、いわゆるインテリジェンス部門が恒常的な政府機関として急成長を遂げ、国家による治安維持の枢要を担い始めたことである。なかでもFBIの前身である司法省調査部(Bureau of Investigation：BI)と陸軍情報部(Military Intelligence Division：MID)は、政策立案の根拠となる様々な「情報」を政府に提供するようになった。前者は、戦時の治安維持立法を後ろ盾に、反戦派の労働運動や社会主義者を弾圧したことで知られ、後者は軍隊内部の忠誠問題、士気・規律対策に取り組んだが、いずれもよく似た黒人観を共有していた。それは、戦時下に黒人を潜在的な反乱者と見る眼差しだった。両機関のエージェントは参戦当初から、黒人の不満とドイツの政治工作を結びつける情報に関心を示し、「大移動」の報に接しても、シカゴ等で求人広告を掲載した黒人新聞が、南部経済の破壊を目論む敵国工作に加担した結果ではないかと疑った(47)。

黒人の忠誠心に対する国家の疑念は、イースト・セントルイス暴動とヒューストン反乱以降さらに強くなった。一九一七年秋、ウィルソン政権は、ブッカー・T・ワシントンの系譜に属する穏健派の黒人指導者エメット・スコットを陸軍長官特別補佐官に任命し、黒人の不満を懐柔する一方で、情報機関による監視を強化していく。先にも触れたとおり、一七年九月、陸軍情報部は、司法省調査部と共同で「黒人の破壊工作」という対黒人諜報を立ち上げたのである。今日、米国国立公文書館で閲覧可能な「黒人の破壊工作」文書は、一七年八月から一九年三月に至る、全四七三項目から成る調査資料である。初期のファイルに示される最大の関心は、イースト・セントルイス事件に関する黒人メディアの反応だった。本章でも引いたウェルズ＝バーネットの報告やケリー・ミラーの公開書簡は、発行と同時に収集・分析されている。特にミラーに対する調査は執拗で、一九一八年三月までに少なくとも三度、情報部のエージェントが彼のもとに訪れ、事情聴取していることがわかる(48)。

その後、ヒューストン暴動が起こり、一九一七年一一月末、第一回軍法会議の評決で一三名の死刑宣告があると、情報機関はこのニュースの広がりに非常に神経質になっていく。「黒人の破壊工作」文書には、一七年一一月二七日付で司法省がサンアントニオ（ヒューストン近郊）の黒人新聞（『サンアントニオ新報』）編集長に送付した文書の写しがファイルされている。実は、ヒューストン事件と関わって、同紙がいわゆる「読者の声」欄で紹介した黒人の一般女性（デニーズ・スレッギル）の手紙が問題視され、司法省は編集長のG・W・ボールドウィンを戦時防諜法違反（第一条一項：不服従を惹起する試み）で告発していた。陸軍情報部が入手した書簡は、司法省が同編集長に不服申し立ての手続きを通知したものであったが、まさに新聞記事の当該箇所がタイプ打ちされており、あらためて戦時政府が恐れた「情報」とは何かを知ることができる。以下やや長くなるが、読者の手紙「第二四師団の兵士たち」の一部を抜粋しておこう。

……あなたたちは、警官の姿をした南部の野獣による侮辱から、黒人女性を守ってくれたのだから、手に入らない自由のためにヨーロッパで戦わされるより、むしろ、米軍の最高法廷の手で射殺されてほしいと思います。黒人女性はあなたたちが反乱者となったことを悔い、無実の血を流すことをすまなく思っています。しかし、五人（ママ）の南部警官の遺骸がヒューストンの墓地で白骨化していくのをすまないとは思いません。あなたたちが、自分の手に届かぬ民主主義にとって世界を安全にする、そのような戦争の塹壕戦で自然死するくらいなら、黒人女性を守ろうとしたかどで、銃殺された方がよいと思います。(49)（傍線：情報部の加筆）

結局、『サンアントニオ新報』紙のボールドウィン編集長は、有罪判決を受けて投獄される。黒人新聞が戦時防諜法に基づいて検閲を受けたのは、一年半の参戦期にこの一件のみであり、政府の過敏な反応を示す事例と言える。「黒人の破壊工作」文書の記録によると、黒人世論は一九一七年暮れから一八年春にかけてひとつの転機を迎えていた。この頃、黒人大衆の間では二つの問題から無視できない心理的動揺があった。ひとつは、突如ヒューストン事件の被告に対する刑が執行されたことだった。一二月八日、第二四連隊の黒人兵士六名が予告なく処刑された。この処置に各地の黒人コミュニティには静かな怒りが広がっていく。地域の黒人教会では、処刑された兵士を追悼するミサが開かれ、喪章を付けて職場に出る黒人もいた。(50)

また、一八年三月には、いわゆる「告示第三五号」問題が注目された。事件の発端は、第九二師団所属の黒人軍曹が、駐屯地カンザス州マンハッタンの映画館で、肌の色を理由に特定の座席に座るのを拒まれたことだった。中西部の同州には南部のようなジム・クロウ法はなく、民間人である劇場支配人の悪意によるものだった。軍曹はただちに師団当局にこの差別を報告し、抗議の声をあげた。これに対して、師団司令官バロウの命令として発されたのが「師団告示第三五号」だった。それは、次のように被害にあった軍曹に言及した。

> 彼（軍曹）は、たしかに法的な権利を行使しようとしたのであり、劇場支配人は法的に誤っている。しかし、それにもかかわらず、軍曹は、いかに法的に正しくとも、人種憎悪を喚起する何かをしたという点ではるかに罪深い。師団司令官は次のことを繰り返す。師団の成功は民間社会の善意によっている。そしてその民間社会の九割は白人である。白人がこの師団を創ったのであり、師団がトラブルメーカーとなるなら、いともたやすくこれを解体するだろう。……人種的な反感を惹起するようないかなる状況も避けるようにせよ。静かに、そして忠実に任務を果たし、貴君の存在が望まれない場所には出向くことのないように。[51]（傍点ママ）

この命令に、軍当局のあからさまな白人優越主義と人種差別に対する意図的な不作為を見るのは容易である。しかし、政府が危惧したのは、むしろこの情報の管理の方だった。陸軍情報部は、四月初旬には「師団告示第三五号」の複製が、オハイオ州のキャンプ・シャーマンでも発見された事実をキャッチし、また、ジェームズ・W・ジョンソンの『ニューヨーク・エイジ』紙（黒人新聞）が四月一三日付で全文を掲載したことを重く見た。[52]ちなみに、キャンプ・シャーマンの情報将校がワシントンに特段の注意を促したのは、「白人がこの師団を創ったのであり、師団がトラブルメーカーとなるなら、いともたやすくこれを解体するだろう」という一節であった。同訓練基地の「黒人の間で相当の不快感と怒りが醸成されている」と報告された。[53]対黒人諜報は、黒人を潜在的な反乱者とする予見を政権中枢に与える一方で、人種マイノリティが抱く不満の実態をきめ細かく伝える機能を果たしてもいた。

この一九一八年四月という時期は、アメリカ軍のヨーロッパ遠征が本格化する頃である。黒人の第九二師団と第九三師団（フランス軍傘下）も最前線の戦闘に参加し始めていた。ウィルソン政権は、折からの黒人世論の悪化に国内戦線の危機を見出していた。政府は主要な黒人指導者との協力関係を密にする必要を認識し、一八年六月一九日から二一日にかけて、黒人新聞の編集者、全国的活動家を集めて大規模な意見交換会を行った。会議の企画・運営は、CPIのクリール、陸軍長官ベイカー、そして黒人の陸相特別補佐官エメット・スコットを中心に進められた。[54] 黒人側ではNAACPの機関誌『クライシス』の編集長デュボイスが取りまとめ役を果たす一方で、ジェームズ・W・ジョンソンら政府に批判的な指導者は招待されなかった。会議は、黒人諸団体の全面的な戦争協力を約束する場となった。三日間の討論を経て、参加者はデュボイスが起草した次の共同決議を採択した。「我々アメリカ黒人は、ドイツ……を打倒することが世界の福祉全般……にとって、重要であるという変わらぬ信念を持っている。一二〇〇万人の黒人全員が……受動的な忠誠心を持つだけでなく、積極的かつ情熱的、そして自己犠牲的にアメリカの戦争に参加できるように尽力しよう。[55]」同決議は、続いて人種問題の改善課題を列挙し、政府に積極的な行動を求めた。その中には、リンチの即時廃絶、人種隔離の廃止、黒人兵士の戦闘への参加等の要求が含まれていた。[56] デュボイスは翌月の『クライシス』誌上に、有名な戦争協力論文「隊列を密にせよ」を掲載した。その一節は次のように訴える。「この戦争が続く限り、我々の特殊な不満を忘れ、民主主義のために戦っている我が白人市民や同盟国民と協力し合おうではないか。[57]」

一方、ベイカー陸軍長官と参謀本部は、同会議の議論を通して、何にもまして黒人への暴力が彼らの士気を低下させているとの認識を得た。タスキーギ協会の調査によると戦時下に少なくとも六四件、九六名がリンチの犠牲となっており、殺害される前に拷問を加えられるケースも増えていた。[58] これに対して一八年春に議会は二度下院で反リンチ法案（リンチ事件の捜査・立件の義務化）を通していたが、ウィルソンは基本的にこれを連邦の管轄外の問題と見て、かかる立法に消極的だった。

ウィルソンは、翌八月末にはヒューストン事件の残りの死刑囚一〇名に恩赦を与え、黒人世論に配慮する姿勢を示していたが、世界民主化の「聖戦」を戦うアメリカ自身が人種差別の悪に身をゆだねている現実を認めたがらなかった。それは、黒人士官訓練校を運営し、例外的な黒人戦闘部隊を率いて、いわば軍隊内の「黒人の領域」確保を助けてきたバロウ大将が、公的には人種差別の存在を認知せず師団告示第三五号を発したのと似ている。政府は、戦時のアメリカ社会に広がる人種主義にメスを入れるのではなく、歴史家マーク・エリスの言葉を借りれば、「人種問題の封じ込め」を目指したと言ってよい[59]。

黒人遠征軍がフランスで死闘を繰り広げていた一九一八年秋、アメリカ軍は人種問題についてひとつの結論に達しようとしていた。一〇月、新たに陸軍参謀本部直轄として再編された情報部士気向上部門（Morale Branch）は、リンチ関連の著書（『リンチ法――合衆国におけるリンチの歴史』一九〇五年）のある情報将校ジェームズ・カトラー少佐を部長として任用した[60]。カトラーは着任早々、人種に関わる案件を整理し、情報部告示第三一号「軍隊内の黒人問題」を公にしている。それは、黒人兵の処遇に関する軍の包括的な方針として位置づけられるものであった。重要な箇所を次に引用しておこう。「今日政府は、全黒人人口に対して、戦争の負担を完全に分担するよう求めている。……その結果、有力な黒人は……黒人の『平等』を主張し……『なぜ我々はアメリカのために戦わねばならないのか？』と問いかけるようになった。『アメリカは我々に何をしてくれたか？　軍隊に入ってもジム・クロウのままか？』と。……（実際）徴兵された黒人は……軍の中でも白人より孤立している。この孤立と（黒人独特の）騙されやすさゆえに敵国諜報員の工作が黒人には有効なのである[61]。」

同情報部告示は、右の文言に続いて黒人兵の不満を列挙する。昇進差別、白人下士官の横暴、YMCAの諸施設で行われている人種隔離などである。カトラーは文書の末尾で「我々は生産の効率化と士気の維持だけを考えている」と書き、そのかぎりで差別の改善を目指す姿勢を見せている。だが、人種隔離についてだけは明らかに肯定的な見解を示していた。「民間の生活には、白人と黒人の人種境界（dead line）をめぐる争いが常にある……われわれは、軍隊の中にも同様の問題があることを認めねばならない。次のように考えるのは健全なものの見方だろう。すなわち、白人兵と黒人兵を分離しつつ……黒人兵が彼らの領域内で持つ機会を大きくすることである。いわば分離すれど平等の機会である。[62]」

黒人の士気向上を目的として書かれたはずの告示文書は、ここではむしろ人種間の紛争回避を第一義的に重視している。そしてその目的で、黒人が他の兵士と分離した組織を構成する必要が説かれていた。カラーラインと人種隔離は合理的な国策のひとつとして認知されようとしていた。

むすびにかえて

「情報部告示第三一号」の「分離すれど平等」という言葉は、言うまでもなく、ルイジアナ州のジム・クロウ鉄道車両法を合憲と見なした、連邦最高裁「プレッシー対ファーガソン」判決（一八九六年）のロジックを想起させる[63]。問題の本質は、この表現をカトラーのような人種差別問題の専門家が明らかに肯定的に用いている点にある。実のところ、人種隔離が黒人の向上に寄与するという主張は、革新主義の言説の中では目新しいものではない。軍隊内の親黒人派のバロウやカトラーの行動は、かつて南部の社会改革の一環として「隔離」を評価したレイ・スタナード・ベイカーやエドガー・マーフィらの主張とも遠く離れていない。だが注意しなくてはならないのは、プレッシー事件を含めて、これまでの隔離政策が、主に州や地方政府の自治の範囲内で許容されてきたのに対し、第一次大戦期に起こったことは、軍をはじめとする連邦の行政権力が人種政策の当事者となったことである。総力戦の中で、まさに国民国家が差別の当事者となって現出してきたと言っても過言ではない。

戦時政府の人種関係政策のもうひとつの重要な特徴は、この問題の裏面に移民のアメリカ化問題があったことだ。前章で見たように、軍情報部の士気向上部門はキャンプ・ゴードン等で、移民兵士についても分離軍団の形成を推奨している。だが、それは母語を共有する移民集団に、一定の「自治」を与えることで、同化プロセスが円滑になると考えられたからであり、決して永続的な「隔離」を意味するものではなかった。また、士気向上課は、一九一八年の早い段階で外国語兵士セクション（ＦＳＳ）を設置し、移民兵の言語生活と文化遺産を尊重する姿勢を示していた。これに対して、黒人コミュニティが人種隔離軍を望んだことはないし、そもそも黒人問題に関しては、ＦＳＳにあたる機関は存在しなかった。結局のところ、軍が配慮した民間の論理は、黒人をトラブルメーカーと見る白人社会のものであった。そして、アメリカ国家は人種暴力を最小化し、人種問題を封じ込めるために、黒人の不満を承知で人種隔離を制度化していった。国家にとって黒人は、あくまで分けて、そして監視する対象だったのである。

つまり、戦時下の社会統合が向かっていったのは、住民のある部分を恒常的に隔離し、経済的にも二級市民として放置する、そうしたメカニズムを内包した国民形成であった。それゆえ、徴兵登録カードに自らの「人種」を記入した二四〇〇万人の若者たち、さらにその中から兵士となって、人種隔離の軍隊に入隊した二八〇万人――彼らが画定されつつある二〇世紀のカラーラインを特に意識したことは想像に難くない。ある者は帰化申請を通じて、また、ある者はミンストレルのブラック・フェイスを笑うことで、自らの「白人性」を確認しようとしたが、そのことは他方における第二四連隊の悲劇や人種隔離軍の組織と無関係ではない。しかも、この人種境界は凄惨な民間暴力とこれと妥協しながら安定的な秩序を維持しようとする統治権力の合作として築かれていた。特に多様な移民兵にとっては、かかる境界のいずれ側に立ちうるかは深刻な問題となったろう。

だがその一方で、世界を民主化するという戦争の約束が、平等を求める非白人の期待の地平をかつてなく高く押し上げていたことも忘れてはならない。デュボイスの『クライシス』誌は、休戦の月になお、「愛国主義」と題する論説を掲載し、ウィルソンが指導する世界とアメリカの夢を信じようと呼びかけていた[64]。

また戦後、ヨーロッパ各地を転戦した黒人兵士たちは、「より広い視野を持ち、より深くアメリカのシティズンシップを理解し、自由の真の意味とは何かについての新しい考えを身につけて帰還した」(陸相特別補佐官スコット)[65]。彼らが、いまさら故国の旧い人種慣行を受け入れられようか、また、参謀本部がたどり着いた人種隔離の一般化を容認できただろうか。かつて『ニュー・リパブリック』誌が南部の不安として予言したこと――「戦争がそれに従事した者の心と行為の習慣に甚大な影響を与え……人種関係スキームを再検討する必要に迫られよう」――は、アメリカ社会全体に突き付けられた問題だった。しかし、この頃、黒人帰還兵が故郷の町で制服姿のままリンチにかけられる事件が、一九一九年だけで十件以上発生した。戦争直後のアメリカには、なお新しい秩序を求める情熱と、さらなる暴力の予感が漂っていたのであった。

第III部　二〇世紀国民秩序へ——一九二〇年代の展開

第8章 「新しい社会秩序」構想の行方
——シカゴ労働党と急進的知識人——

はじめに——第一次大戦「戦後」の意味

第一次世界大戦の経験は、一九世紀末以来、アメリカの様々な分野で現れていた「社会化」の潮流を劇的に増幅した。特に重要なのは、戦争がアメリカ・ナショナリズムそのものの「社会化」を加速させたことだった。もっとも、それはある種の倒錯をともなうものでもあった。参戦にあたり、ウィルソンの政府は、アメリカの国際政治へのコミットメントを正当化するために「世界の民主化」という、一八世紀啓蒙の解放者的レトリックを活用した。そのことは、伝統的な市民ナショナリズムを鼓吹することで、戦争動員を可能にしようとする国内政策と結びついていた。だが、二〇世紀の総力戦を遂行するのに不可欠な、専門家的な行政官僚機構や、これを感情的に支える国民紐帯の感覚、協同意識などといったものは、「市民的なもの」の圏域をはるかに逸脱した広がりを見せていた。従来の個人主義が私的領域として留保してきたはずの、思想信条や労働契約の問題、さらには人種間の交際や使用言語に関することまでが、いわば公的な課題として政府と社会の監視・介入を受けるようになった。かつて、歴史家エリック・フォナーは「民主主義の戦争」が喧伝された第一次大戦期に、アメリカ史上初めて、「市民的自由問題が誕生」（政府による「言論の自由」侵害等により）するパラドクスを指摘したが、それは市民ナショナリズムのレトリックで起動された戦時のナショナリズムが、いわば一九世紀的な市民主義とは異質な国民国家を形成していたことをよく示していた(1)。

さらに重要なことは、戦前の革新主義期に醸成された社会的平等や社会的なシティズンシップを求める思想と運動が、この過程で二〇世紀ナショナリズムと深く交わり合い、ある種の正統性（legitimacy）を獲得していったことである。「民主主義の戦争」は、不可避的に「平等化」のメカニズムを駆動させ、人種マイノリティの承認欲求を高めた。また、大都市に住む新移民は、自らが十全な産業の市民となって、「見苦しくない」生活を獲得することを当然の権利と考えるようになった。だが、戦時の「社会化」が意味するところは、多義的で広範だった。例えばそれは、アメリカ統治権力の性格の問題にもおよび、政府内では科学的な思考を特徴とする専門家の役割が増大した。社会と経済の工学的な設計・指導を本格的に担い始めた「戦争管理者」たちは、効率的統治の観点から、多様な産業利益やエスニック集団、ジェンダー・グループ等を多元的に統合するという、斬新な戦争政策を試行した。また、先見性のある財界人や全国労組は、この政府の「指導」やコーポラティスティックな集産体制に、協力し、適応することで、自己利益の最大化を目指すようになっていた。彼らもまた、伝統的な自由主義やヴォランタリズムと決別しようとしていた。

こうした、下からの平等化の情動と、上からの統治・組織化の原理の違いを見ても明らかなように、「民主主義の戦争」の約束は矛盾に満ちたものだった。だが、その矛盾はひとまず総力戦という巨大な暴力の傘の内に保存され、統御されていた。したがって、一九一八年一一月に終戦を迎え、戦時機関が次々解体された段階で、戦争の暴力によって流動化した社会秩序をどのような形で再編しうるかという次の闘争が惹起されざるを得なかった。この平時への移行プロセスはおおよそ一九二〇年代半ばまで続くものと思われるが、この期間を経て、二〇世紀国民秩序はいよいよ長期持続的な制度として定着していくことになるであろう。

さて、本章では以下、「産業民主主義のその後」という視点から、この問題を検討していくことにする。議論の前提となるのは、戦争直後の時期、アメリカ労働者がこれまでになく社会改革を希求し、かつ野心的であったことだ。戦時体制下に労働組合運動が急成長したことに加え、ロシアでボリシェヴィキ革命が進行し、イギリスでは労働党が大躍進を遂げたことは、アメリカ労働者の変革へのイマジネーションを強く刺激した。労働者は、自らがいわば社会的に認知された存在となったと自覚し、戦後再建の主要な担い手となろうとしていた。ユダヤ系の合同被服労組（ACW）の指導者シドニー・ヒルマンは、当時、広範な労働者層が共有していたある種の熱情を次のような言葉で表現している。「世界は、新しい社会段階の真っ只中にある……今日労働者が全世界で求めているのは、賃上げや時短といったわずかな物質的なものではなく産業運営における発言力である」、「メシアが到来しようとしている……（戦後社会は）労働者が支配するだろう。そうすれば世界は解放されるだろう」と。[2] だが、休戦後、連邦政府と産業界は、労働者の期待を裏切って反動化し、労働運動の戦時の既得権益はその多くが損失の危機に立たされる。既存の政治・経済秩序への失望が広がり、折からのインフレ激化とも相まって、労働者は著しく戦闘性を強めた。一九一九年はまれにみる労使紛争の年となった。この一年間だけで争議件数は三六三〇件に達し、非農業従事者の七人に一人の割合にあたる四一六万人が何らかの形でストライキに参加した。[3]

結果的に、労働者勢力はほとんどの闘争に敗北し、政治的保守主義と文化的不寛容が一九二〇年代のアメリカを覆っていくことは周知のところである。だが、この第一次大戦直後の労働運動は、いくつか画期的な諸要素を内包していた。なかでも、①地域の移民コミュニティと深い関係にあった都市中央労働評議会などのローカルな職能横断的な運動が、しばしば争議への大衆動員に指導的役割を果たしたこと、②そうした草の根的運動と多くの場合密接に結びつきながら、食肉加工や鉄道修理工場、被服産業等で産業別の組合組織化がみられたこと、また、③これらの経済闘争と並行して、シカゴで中央労働評議会の役割を担うシカゴ労働総同盟が、イギリス労働党をモデルとする独立政治運動――アメリカ合衆国労働党の結成に踏み切ったこと等々は、特に重要である。この労働者の政治運動は、ハーバート・クローリーをはじめとする『ニュー・リパブリック』誌系の知識人からもあつい支持を受け、イギリスの革新政治に倣った、リベラル・労働者連合で社会改革運動を牽引しようとする試みが現れた。この一連の政治化した労働者とリベラルの運動の盛衰を検証することは、我々が二〇世紀ナショナリズムの秩序化という問題を理解するのを助けてくれるだろう。

1　アメリカの戦後労働運動とシカゴ総同盟

二〇世紀アメリカにおける労働党運動の起源は、諸都市の中央労働評議会の活動にある。中央労働評議会とは、多様な職能別組合の支部で構成される都市単位の職能横断的組織だった。大都市では、その規模は巨大で、例えば、シカゴ労働総同盟の場合は、三五〇の加盟組合、三五万人の加入者を擁した。だが、この組織は一九世紀末以来、中央集権化を進めたAFLのヒエラルキーの中で冷遇され、年次大会で割り当てられた投票数は、加入者数の多少にかかわらず一票のみに限られた。労働運動の全国組織の中で僅かな発言力しか持てなかった諸都市の中央労働評議会は、専ら、地域の労働者の日常的な組合員リクルート活動や、賃金闘争に携わることで組織基盤を固めていったが、その多くは、そうした活動を通して、大都市内に点在する移民コミュニティとの関わりを深め、移民不熟練労働の組織化を試みるようになる。かつて労働史家デヴィッド・モントゴメリーは、第一次大戦参戦期から戦争直後の時期、労働運動の真の戦闘性が、労働組合の組織階梯のローカルな基底部からもたらされていたことを強調したが、各地の中央労働評議会の成長もそうした一般的な傾向の一翼を成すものだった[4]。ただし、シカゴの例などに顕著であるが、この中にはモントゴメリーが注目したような労働リパブリカニズムの色濃い職場自治運動とは若干異質な、より合理的な産別組合主義に向かう潮流も内包されていた[5]。

そうした都市中央労働評議会の活動は、第一次大戦参戦期から休戦直後の時期には、各地で職能別組合主義の壁を超えた、大規模な組織キャンペーンや大衆ストライキへと発展する。一九一八年から一九年にかけて、全国労組の意志に関わりなく、カンザスシティーやシアトルなど六つの都市の評議会がゼネストを敢行。シカゴ同盟は食肉産業と鉄鋼産業に移民不熟練層をも包摂する産業別組合組織の構築を試みた。それは、いわば、労働運動の中央に対する地方の反乱と言いうるものだった。労働党は、こうした諸都市の中央労働評議会の独特の経済闘争の中で、多分に自然発生的に誕生したものである。それゆえ本来労働党は都市ごとに組織され、その数は最盛期には四五に達した[6]。その中で本章は、シカゴ総同盟によって展開された労働党の活動に焦点を絞って論を進めていきたい。シカゴ労働党は、組織の規模、指導者の資質、政策・綱領のすべてにおいて最も充実していただけでなく、全国の労働党勢力とそのシンパ知識人に絶大な影響力を保持し、一九年一一月の合衆国労働党結成に指導的役割を果たしたからである[7]。

二〇世紀初頭のシカゴ同盟は、一九〇六年から四六年までの四〇年間にわたって、委員長を務めたジョン・フィッツパトリックの指導下にあった。自身もアイルランド生まれのフィッツパトリックにとって、シカゴ労働運動の最重要課題は、いかに移民不熟練労働者を組織するかにあった。それは、シカゴ居住者の性格を考えると当然ともいえる。一九一〇年代のシカゴでは、人口の七〇％以上が移民とその子供世代で占められ、アイルランド系、ポーランド系、ユダヤ系など雑多をきわめていたが、とりわけ、東欧系移民の多くは食肉産業、鉄鋼産業といった大量生産産業の不熟練労働者層を構成し、劣悪な労働条件下に未組織なまま放置されていた。だが、彼らの組織化は、決して容易ではなかった。その多くが、旧来の職能別組合から排除されていたからである。そのためフィッツパトリックは、この時期、鉄道幹線労働者連盟や金属産業労働者評議会などが試みていた産業単位の労働者組織に強い関心を寄せていた。とりわけ、一〇年代半ばにシドニー・ヒルマンがシカゴとニューヨークの被服産業で展開したユダヤ系移民を中心とする産業別組合設立の闘争には、シカゴ総同盟による資金、宣伝活動の両面での援助を実現し、両者の間に協力関係が築かれた[8]。参戦期の一九一七年七月、フィッツパトリックが労働弁護士のフランク・ウォルシュの助力を得て、ストックヤーズ労働評議会を食肉産業に創設し、重要な成果を得たことはすでに記したとおりであるが、さらに翌一八年八月には鉄鋼産業への進出を果たし、二四の職能を横断する「製鉄・鉄鋼労働者のための全国委員会」という新しい運動を立ち上げている。

ところで、シカゴ同盟の運動が、単なる経済闘争から、既存の政治秩序に異を唱える政治活動へと飛躍する事情を理解するには、第一次大戦参戦直前の時期まで遡ってみる必要がある。その頃、シカゴ総同盟はニューヨーク市中央労働連盟や合同被服労組、ペンシルヴァニア州労働同盟などとともに、労働運動内の反戦ブロックを形成していた[9]。ヨーロッパの小国出身の移民勢力を支持基盤に持つシカゴ総同盟は、旧大陸のナショナリズムと国際関係の動向に敏感で、特にアイルランド系の反英・反帝国主義感情はその政策を左右する力を持った。委員長のフィッツパトリック自身が、アイルランド自由友愛会（Friends of Irish Freedom）に属するアイルランド独立運動家としての顔を持っていたことは、運動の性格の一端を示す事実であろう[10]。だが、彼らが唱えた参戦反対の主張は、AFL指導層によって圧殺される。ウィルソン政権との連合を第一義的に考えるAFL会長ゴンパースは一九一七年三月、AFL全加盟組合会議を催し、アメリカ労働者の戦争協力・国家への忠誠を誓う「平和または戦時におけるアメリカ労働者の立場」という宣言を採択したが、シカゴ同盟をはじめ諸都市の中央労働評議会は、あまねく同会議に召集されていなかった。このことは、ローカルな労働運動にAFLへの不信感を残したように思われる[11]。

一七年四月の参戦当初、シカゴ総同盟はなお反戦の姿勢を変えなかった。しかし、戦時国家への忠誠を求める政治的圧力は耐え難いものとなり、五月下旬までに、正式に戦争支持の立場を表明するに至る。ただし、決して無批判に戦争協力を行ったわけではなく、戦時の市民的自由（とりわけ反戦論者の言論の自由）の抑圧には断固として反対した。第5章で紹介したフランク・ウォルシュの戦争支持への転向と郵政長官バールソンへの抗議文送付のエピソードは、こうした文脈から理解できよう。実際、シカゴ労働者の「愛国的姿勢」は、どこか抑制のかかったものであり、例えばフィッツパトリックはAFL主宰の戦争プロパガンダ機関「労働と民主主義のためのアメリカ同盟」のシカゴ支部を最後まで認可しなかった(12)。

さらに、対ソ連干渉戦争とアイルランド独立をめぐる立場の違いは、シカゴ総同盟のAFLとウィルソン政権への反感を惹起した。彼らは、一九一八年八月に合衆国政府がロシアに派遣した反革命干渉軍の即時撤兵と対ソ連経済封鎖の解除を求めて、公然と政府を非難している。またシカゴ同盟は、参戦間もないころから、合衆国政府が英国政府にアイルランド独立を要請することを求める主張を展開し、この要求を全合衆国労働者の総意として掲げるべくAFLに働きかけていた。しかしAFLは、この提案を一九一七年大会では棚上げし、一八年大会では骨抜きにしてしまう(13)。

シカゴ同盟を政治運動に踏み切らせたいまひとつの重大な誘因は、連邦政府の戦時労働政策への不満であった。もとより、部分的であるにせよウィルソン政権の戦時労働政策が、一般的な意味で労働者の団結権・団体交渉権を承認するなど、労働組合の活動を保護する性格を持ったことは疑いえない。シカゴ同盟による食肉産業組織化の成功の背景にも、そうした戦時労働政策の基本路線が大きな意味を持ったと考えられる。先に触れた、大統領調停委員会アルシュラー裁定はその具体例であり、それゆえ、当初はシカゴ同盟も戦時労働政策を支持する立場にあった。ただし、AFLと産業界、連邦政府の妥協の産物でもある戦時労働政策が「労働関係の現状維持原則」をひとつの柱としたことには批判的で、特にＡＦＬが行った未組織の鉄鋼産業における「現状維持」誓約には強い反発を示した。シカゴ同盟が参戦下に着手した鉄鋼産業の組織キャンペーンは事実上、「現状維持原則」を無視したものと言える。シカゴ同盟の指導者は、ウィルソン政権の戦時労働政策に一定の評価を与えながらも、戦時の増産要請と労働力不足という好条件を十分に活用できれば、さらなる「産業の民主化」と組合勢力の拡大が実現可能なはずだという認識を持っていたのである。食肉産業についてみても、アルシュラー裁定自体は、ほとんどのシカゴ労働者から好意的に受け入れられたが、実務を委任された政府機関の賃金基準設定が、戦争インフレに追いつかない状況が現れるようになるや、政府批判が噴出している。さらに、休戦が近づくにつれ戦時労働委員会が紛争の介入に消極的となり、労働者の諸権利の擁護者としての性格があやふやになっていくと、彼らのウィルソン政権への幻滅はさらに深まっていった[14]。

参戦問題、戦時の忠誠問題を経て、醸成されてきたＡＦＬとウィルソン政権への不満は、反帝国主義・民族自決原則の徹底と、さらなる労働政策の民主化を求める声が高まる中で、次第に強まっていった。研究者エリザベス・マッキリンによると、そうしたシカゴ総同盟の批判はつまるところ、ゴンパースなどのＡＦＬ指導者が抱いていた「コーポラティスト的権力分有構想」の拒絶を意味するという。すなわち、政治的には民主党政府を支持し、政府機関に労働代表として参加することで政策形成に影響力を発揮しようというＡＦＬの立場は、権力にアクセスする経路を持たない都市中央労働評議会にとってはリアリティに乏しく、シカゴ・グループもまた到底これを受け入れることはできなかったとされる[15]。いずれにせよ、フィッツパトリックやウォルシュらが、一九一八年一一月の休戦直後の時期にはウィルソニアン・リベラリズムの限界を認識していたことは確かであろう。彼らは食肉産業と鉄鋼産業の組織化を成功させるためにも独立政治行動が不可避だと考えるようになっていた[16]。

2　シカゴ労働党の結成

シカゴ総同盟は一九一八年一一月一七日、労働党結成を決定し、この時「労働者の一四カ条」と呼ばれる基本綱領を採択した。その後、加盟組合による批准を経て、一八年一二月二九日、労働党結成大会を開催。ポーランド国民同盟（PNA）幹部でストックヤーズ労働評議会指導者のジョン・キクルスキとシカゴ総同盟会長のジョン・フィッツパトリックを含む一五人の党執行部が選出された。[17] ここで、基本綱領「労働者の一四カ条」の内容を検討しておこう。その概要は、以下のとおりである。

第一条　労働者の団結権・団体交渉権の承認
第二条　公共の福祉を目的とする産業の民主的コントロール
第三条　一日八時間労働、最低賃金の保障
第四条　不況時の公共事業による失業対策
第五条　同一労働に対する男女同一賃金
第六条　協同組合の育成、寄生的中間商人や不当利得者の排除による生活費の低減
第七条　教育の民主化
第八条　軍人保険の継続と、すべての男女への拡大（連邦政府による生命保険、傷害・疾病保険制度）
第九条　相続税、累進所得税、不当利得者への資本課税の導入を柱とする税制改革
第一〇条　鉄道、ストックヤーズ、穀物エレベーター、穀物ターミナル市場および電信・電話をはじめとする

全公益事業の公有・公営化。天然資源や水力の国有化と国家による開発

第一一条　言論、出版、集会の自由の早期回復

第一二条　全政府省庁において労働者がその投票力に相当する代表権を持つこと

第一三条　平和会議において、労働者が世界の陸・海軍、および職場で占めた人数に相当する代表権を持つこと

第一四条　全世界の王政、専制政治、軍国主義、帝国主義の廃絶。反戦を目的とする全民族の労働者連盟の創設[18]

綱領の起草にあたったのは、ウォルシュとその腹心、マンリーを中心とする労働問題専門家グループである。彼らは、参戦前の合衆国産業関係委員会（一九一三〜一五）において、連邦権力による労働者の団結権・団体交渉権の保障と所得再配分政策の実施を訴える報告書を作成したこと、戦時労働委員会の共同議長として労働組合承認に尽力したことで知られるが、一九一七年の食肉産業闘争を契機に、シカゴ総同盟の活動に直接コミットするようになっていた。[19]

ここで重要なのは、ウォルシュやマンリーらが、シカゴ労働者の政治運動のモデルとしてイギリス労働党に注目し、同党が、当時、戦後再建をにらんで作成した政治綱領をひな形にして新党の綱領を作成したことである。一九一八年六月に採択されたイギリス労働党綱領は、フェビアン協会のシドニー・ウェッブによって起草され、「労働者と新社会秩序」と名付けられていた。それは、国民的最低限の保障を謳う社会民主主義の政策であったが、すでに一八年二月の段階で、合衆国の言論界で大きな話題となっており、この年の英国総選挙における労働党の大躍進とも相まって、同時代の合衆国社会に強烈なインパクトを与えた。「労働者と新社会秩序」に示された社会改革プ

ランは、①国民的最低限（ナショナル・ミニマム）の普遍的実施、②産業の民主的コントロール、③所得再分配を目指す税制改革、④過剰利得の接収と公共の福祉のための利用、の四項目に大別され、各項目はさらに、仔細なテーマごとに分けて具体的に論じられている。また、同綱領の末尾では、国際問題に言及され、反帝国主義、植民地の自治、諸民族の民主的な国際機関設置などを求める立場が提示された(20)。

この文書の内容と類似する議論が、シカゴ労働党の「労働者の一四カ条」には、多く含まれている。「労働者の一四カ条」第三条の八時間労働および最低賃金保障の要求は、「善きシティズンシップをもたらし……健康で快適な生活を維持する」のに必要なものと説明されるが、その文言は「労働者と新社会秩序」においてナショナル・ミニマムを、「健康な生活と価値あるシティズンシップに必要なもの」と定義し、これを実現するための具体策として、最低賃金法を要求する論理と響き合う。第八条の政府による社会保険運営、第一〇条の重要産業の公有化、第一一条の市民的自由を制限した戦時立法の廃絶、の諸要求は、「労働者と新社会秩序」の第二項目「産業の民主的コントロール」の具体的内容と符合し、第九条の税制改革案は、イギリス労働党綱領の第三・第四項目の所得再配分構想と合致する。また、第四条の失業撲滅要求についても「労働者と新社会秩序」に全く同じ主張が現れる。国民的最低限を保証するプランのひとつとして、政府が失業対策に責任を負うべきことが規定されたのである。さらに、第一四条の国際関係の民主化要求は、「労働者と新社会秩序」末尾の反帝国主義の主張に呼応し、第一二・第一三条に見られる諸政治機関における人口比に応じた労働者代表権の要求は、少数の特権階級による政治支配に反発し、非民主的制度の改革を通して、本来の多数派たる勤労者の政権掌握を実現すべきだと考える独立労働党の政治思想と同じ感性を持つものとして理解できる(21)。このような「労働者の一四カ条」は、アメリカの労働党運動に大きな方向性を与えた。それは、ニューヨーク労働党（ニューヨーク中央労働評議会が一九一九年一月に結成）をはじめ一九一九年初頭、各地に出現した四〇を超える地域労働党の共通政策として受け入れられていった(22)。

シカゴ労働党が最初の政治的挑戦の場として選んだのは、一九年四月のシカゴ市政選挙だった。労働党は「すべての公的領域において純粋な民主主義を確立する」ことを公約し、①市内の全公益事業の市有・市営化、②市営市場・穀物冷蔵所の建設による生活費の低減、③市の衛生事業の拡充（住宅密集地区における市営住宅建設を含む）などの具体的要求を掲げた。それは、「労働者の一四カ条」中の最も穏健な部分を表現し、同時に、戦前の革新主義期にみられた貧困対策や市政改革の路線を概ね継承するものだった。幅広い革新票の獲得が目指されたことがうかがえる。(23)

実際の選挙キャンペーンは、多様な移民コミュニティとの連携と労働組合の動員力に依拠していた。そのことは、労働党の候補者名簿にも明らかだった。市長候補にはアイルランド系のフィッツパトリックが、市総務局長候補にはポーランド世俗ナショナリストのキクルスキが、市出納官候補にはスウェーデン系のヌート・トーケルソンがそれぞれ指名された。労働党綱領が書かれた多言語のビラが大量に刷られ、アイルランド系、スラヴ系、北欧系のいずれのエスニック集団からも同時に支持を集めることが期待された。また、選挙期間中、フィッツパトリックは、様々な移民社会の民族行事に参加したり、民族主義グループの活動を支援したりすることで票固めを試みている。それは、アイルランド系のものに限らず、ポーランド独立運動やインド独立運動、さらには黒人労働者の集会にまで及んだ。彼はあらゆる機会を捉えて、大量生産産業の移民労働者に対し、産業民主主義と国際関係の民主化がシカゴ労働者階級の共通の要求であると主張した。(24)

そうしたエスニック戦術は、一定の成果を上げたと考えられる。一九一九年三月にストックヤーズで開かれた数々の集会では、参加者の大半がポーランド系移民と黒人の労働者で占められたにもかかわらず、アイルランド独立支持が繰り返し決議された。シカゴ労働党は民族間・人種間の対立の歴史を乗り越えて、労働者勢力の結集にある程度成功していた。実際、同地区のポーランド系およびリトアニア系移民の集住地域は労働党候補者の最大の票田となった。シカゴ同盟による大量生産産業の組織活動と労働党の選挙キャンペーンは、いわば、表裏一体を成して共に発展していったように見える[25]。

だが、一九年四月五日の開票結果は、同時に労働党の明らかな力不足を露呈した。社会党を抑えて、第三党の地位を得たとはいえ、労働党候補の得票総数は、わずか五万六千票、得票率は八％にすぎなかった。最大の敗因は、AFLの妨害にあったとされる。シカゴ同盟に加盟するAFL系労組支部の多くは、このころ、あらためて無党派主義キャンペーンを始めたAFLの圧力から、最終的には労働党候補を支持できなかった。労働党候補の得票総数は、シカゴ同盟加入者総数の六分の一にすぎなかったのである[26]。

しかし、シカゴ労働党指導部は、この選挙結果に必ずしも悲観しなかった。何より彼らを勇気づけたのは、各地の市政選挙で、数多くのローカル労働党が善戦したことであった。イリノイ州南部の炭鉱地帯では八都市に労働党市長が誕生し、シカゴ近郊の鉄鋼都市ジョリエットでも、落選した労働党の市長候補はあと三〇〇票差にまで迫っていた。イリノイ州以外でもペンシルヴァニア州やニューヨーク州など二三州にまたがる四五都市にローカル労働党が誕生し、なかにはカンザスシティーのような大都市で既成政党を脅かすほどの成果を上げるものまで現れた。こうした情勢をふまえて、シカゴ労働党は、自らが中心になって全国に散在する労働党勢力をひとつに結集する方針を固めた[27]。

3　運動の全国化とリベラル・労働者連合

シカゴ労働党は元来ローカルな運動だったが、その一方で、運動の全国化は必然的でもあった。なぜなら、彼らが政治行動に踏み込んだそもそもの動機は、連邦政府の労働政策の改善や国際関係の民主化といった、一都市の権力掌握のみでは実現不可能な目標を達成することにあったからである。すでに、連邦政府の強力な戦時労働政策を経験した労働運動の指導者たちにとって、山積する労働問題を解決する上で国家権力が持つ意味の大きさは十分に認識されていた。さらに、労働党運動が、大量生産産業の全国規模の組織活動と密接に結びついていたことを考えれば、当時最大の闘争の場たる鉄鋼産業において、ピッツバーグやクリーヴランドなどシカゴ以外の地域にも産業拠点が存在した以上、活動の全国化は必至だった。

シカゴ労働党指導者は、市政選挙の五日後の一九一九年四月一〇日、早くもイリノイ州労働党の結成大会を開催し、来るべき運動の全国化を視野に入れた四七項目に及ぶ政策リストを採択した。それは、「労働者の一四カ条」を基本的に継承しながら、より具体的要求として洗練したものだった。国内政治問題では、議会の労働者保護立法に無効宣告を繰り返す最高裁判所との対決姿勢が鮮明になり、その違憲立法審査権を一部制限する要求が加えられた。また、戦後の激しい労資紛争の中で、個々の労働者が直面していた深刻な市民的自由の抑圧に抗議して、戦時下に制定された防諜法の即時廃止、言論・出版・集会の自由の早期回復、政治囚の釈放等の要求が盛り込まれていた。外交政策に関しては、アイルランド共和国の承認、ソ連の承認と対ソ干渉軍撤兵、インド自治支援などの反帝国主義要求が初めて明文化され、国際連盟構想についても、民族自決と公正な国際関係の促進といった本来の目的が貫徹されるのであれば、これを支持する旨が明らかにされた(28)。

全国化への第一歩としての州組織結成を機にあらためて表明された政策リストには、労働運動以外の社会運動を考慮した主張もあった。同文書は、「店員、主婦、新聞屋、農民、教師、小店主……搾取者でも不当利得者でもない団体や事業の指導者は皆それ（労働党運動）に属する」と述べるとともに、具体的に「イリノイ州労働党は、ノンパーティザン・リーグ……に友愛の意を示し、……全国規模の運動において、相互協力……を歓迎する」と、当時ノースダコタ州を中心に勢力を拡大しつつあった急進的な農民運動との提携を呼びかけている。全国政治の舞台で多数派を形成すべく、労働党は、①政治的リベラル・知識人、②全国労働組合革新派、③急進的農民運動との間に協力関係を築いていった(29)。

ところで、第一次大戦への参戦は、革新主義の知識人や社会活動家にも極めて深刻な影響を与えた。戦争がもたらした国家による経済統制と国民動員、そして何よりも組織労働者勢力の急激な成長は、彼らをして、従来の中産階級的な社会改革アジェンダを根本的に修正する必要を痛感させた。もとよりアメリカのリベラル・知識人は、必ずしも統一的な「戦後再建」像を持ったわけではない。しかし、これからの社会改革においては、組織労働者が決定的な役割を担わざるを得ないという点で幅広い共通認識があった。言論界のオピニオン・リーダーだった『ニュー・リパブリック』誌は、一九一八年六月二九日付の論説で次のように述べて、当時、広範に共有された感覚を代弁している。すなわち、「戦争はその後に新しい世界をもたらすだろう。……その新しい世界は労働者の高められた威信と政治力によって、過ぎ去った世界と特に区別され、……将来の民主主義は、かなり組織労働者運動の……指導者に左右されることになるだろう」と(30)。

また、合衆国のリベラル・知識人は、同じころ、イギリスで盛んだった同様の議論に「戦後再建」の具体的モデルを求める点でも一致していた。ただし、イギリス再建の何を参照するかという点においてはばらつきがあった。例えば、大統領調停委員会のフェリックス・フランクファーターは、産業内平和と社会効率の増進を第一義的に考え、イギリス再建省のホイットリー委員会が作成した、富と権力のより幅広い分有論(＝労・公・資の代表で構成する産業会議案)に注目したのに対し、デューイなどは、大量生産労働による「疎外」を案じる立場から、ショップ・ステュアードのギルド社会主義に共感を示していた(31)。

だが、第一次大戦末期から戦争直後の時期において、合衆国リベラルの間で最も大きな支持を集めた「イギリスの前例」は、イギリス労働党の運動だった。すでに一九一八年二月の時点で、『ニュー・リパブリック』誌は、前出のイギリス労働党綱領「労働者と新社会秩序」の特集号を組み、同綱領の全文を掲載するとともに、次のような主張を展開している。「リベラルなアメリカ人にとって、不可避の……任務は幅広く政治力を行使するためにアメリカ労働者の組織を援助することである。政治目的を持つ……労働組合の存在が……戦後経済への秩序だった推移への条件となるだろう」、「階級戦争を最も効果的に防ぐ」ためにも「イギリス労働党の政策に匹敵するラディカルな」政策を掲げる「労働者の政党を結成すること」が必要である、と。組織労働者勢力の成長を認識する政治的リベラルは、彼らとの政治提携を軸に推進されるであろう戦後の社会改革運動の中で、いわば、アメリカのフェビアン協会としての役割を果たそうと決意したのである。[32]

そうした機運の高まりは、戦前から急進的な労働運動と密接な相互関係を築いてきた独立革新主義者と呼ばれる社会活動家グループを改革運動の前面に押し出した。独立革新主義者は、必ずしも二大政党のいずれかに属することに固執せず、むしろ第三政党志向が強かった点で、確固たる政治媒体を持った他の革新主義者と区別され、ニューヨーク市を中心に専ら都市の社会問題に関わってきた。例えば、エイモス・ピンショーやジョン・H・ホームズは同市の失業問題委員会のメンバーとして失業の原因調査、失業者の救済に尽力し、ベテラン都市改革者のフレデリック・ハウはこの頃、エリス島移民局のコミッショナーとして新来の移民に対する待遇改善に努めていた。[33]

彼らと労働運動の急進分子との間に明確な協力関係ができるのは、一九一五年一一月の「産業関係協議会」結成に遡る。この組織は、「合衆国産業関係委員会」（連邦政府主宰）のウォルシュ＝マンリー報告に記された諸勧告の実現を目指す私的なロビー団体だった。[34] すでに見たとおり、のちに「労働者の一四カ条」の起草者となる二人を中心に作成された同報告書には、団結権・団体交渉権を労働者の天賦の人権として国家が保障すべきこと、所得の再分配を目指す税制改革、政府による失業対策、労働立法に対する最高裁判所の違憲立法審査権の制限等の勧告が盛り込まれていた。この報告は、労働運動の幅広い層と社会主義者を中心に支持を集めたが、『ニュー・リパブリック』誌をはじめ革新主義の主流は当時、その内容があまりにも階級的であるとして否定的だった。だが、ピンショー、ハウらのグループはウォルシュ＝マンリー報告を支持し、「産業関係協議会」の設立に至ったのである。注目すべきは協議会の構成で、独立革新主義者のピンショーとハウ、労働問題専門家のウォルシュ、マンリー、シカゴ同盟のフィッツパトリック、そして鉄道労組代表等の名前があった。ここに早くも、第一次大戦後の社会改革運動を推進するリベラルと政治的労働運動の連合の原型が形作られていたと見ることもできる。(35)

その後、ニューヨークの知識人たちは、参戦期の反戦運動を通じて、フィッツパトリックやヒルマンといったラディカルな労働運動指導者との交流を深める。一九一七年秋のニューヨーク市長選挙に即時講和と市民的自由回復の要求を掲げて出馬したユダヤ系社会主義者、モーリス・ヒルキットの選挙活動をリードしたのは、ピンショー、ハウ、ヒルマンらのグループだった。選挙キャンペーンは合同被服労組の資金供与とそのユダヤ系移民労働者の集票活動によって、かなりの盛り上がりを見せ、ヒルキットは、当選にこそ至らなかったものの三つ巴の選挙戦で約二二％の得票を実現している。このように戦前から経済と政治の民主化を求める活動の中で労働運動との提携の実績を築いてきた独立革新主義者は、大戦末期以来の、リベラリズムの左傾化の中で、にわかに影響力を増していく。(36)

一九一九年一月、彼らは、「イギリス労働党に匹敵する」社会改革運動の形成を目指して、「四八委員会」なる組織を結成した。四八委員会は、一九年三月に「革命か再建か？――アメリカ人への呼びかけ」という宣言文を公表し、結成の主旨を明らかにしている。その論旨を要約すると以下のとおりとなる。すなわち、戦後の合衆国は社会主義革命と政府反動の双方の危機にさらされている。危機の原因の中でとりわけ深刻なのは、「その工場と農地での労働が、我々の経済力の基盤をなす階級が、自らの要求を実現する政治媒体を持たず、……我が国の立法機関に適切な代表を出すことを否定されている」ことである。したがって、「反動と革命の双方に対抗する再建」は、

「新たな政治活動を必要とし」、「その勢いと方向性は、……労働者の政治組織から引き出されなくてはならない」。そこで四八委員会は「リベラルな思想と前向きな市民たちの指導者を結集し、……社会再建の任務のために、組織労働者や農民との効果的な提携を可能にするような原則」について討議する——と。それは、かつて多くの革新主義者たちが抱いた無階級社会への憧憬とは異質な階級政治の呼びかけだった[37]。

ここで、四八委員会に直接加入した知識人の顔ぶれを見ておこう。結成時のメンバーには、ピンショーやハウはもとより、『ニュー・リパブリック』誌の主幹、ハーバート・クローリーやJ・A・H・ホプキンス、ジョージ・レコードといった、かつてセオドア・ローズヴェルトのニュー・ナショナリズム運動を牽引した改革者、また反戦リベラルとして知られた『ネーション』誌のオズワルド・ヴィラードなど多彩な全国的著名人が名を連ねていた。一方で、これまでフィッツパトリックらの草の根的な運動を支援してきた、ジェーン・アダムズやメアリー・マクダウェルらのシカゴ人脈は、変わらず労働党のシンパでありながら、運動の全国化に際して後景に退いたように見える。実際、戦後のアダムズはむしろ国際的な平和運動（婦人国際平和自由連盟：ＷＩＰＦ）の活動に力を割いており、ＷＩＰＦ本部があるジュネーヴなど海外に滞在することが多くなった。だが、往年の革新主義の左右を糾合した社民路線の政治運動は、それなりのインパクトをアメリカ社会に及ぼすことが期待された。

一九一九年三月二九日付の『ネーション』誌は好意的な論調でこう報じている。「シカゴ同盟に率いられて独立の労働党運動が全国に出現した」、「それらは、……ラディカルな経済的要求を掲げ、具体的な産業民主主義を目指している。そして、組織された全国の農民も同様の問題に目覚め、ノンパーティザン・リーグは着実に成長を遂げている」と。また、先に見た、四八委員会の「アメリカ人への呼びかけ」の末尾には、「新しい労働党や組織された農民の指導者が我々を見つめている。そして、我々の協力を期待している」との一文が太字で印刷されていたのである。その後、リベラルの再建運動は、具体的政策の面でも労働党に歩み寄る姿勢を示し、一九年夏に取り組まれた四八委員会綱領の起草作業の中では、「労働者の一四カ条」が強く意識された。八月に作成された同暫定綱領には、市民的自由の回復、天然資源の公有化、鉄道など輸送関連施設の国有化といった比較的穏健な要求と並んで、国家による社会保険の運営、累進所得・相続税、対外政策の民主化といった条項が含まれていた。労働党と四八委員会は一九二〇年の大統領選挙で共通の独立候補を擁立する方針を固め、一九一九年一二月には具体的な調整作業に入る。[38]

4　統一戦線

労働党勢力の台頭は、労働組合の全国組織や農民運動にも衝撃を与えた。我々はすでに、労働党運動がローカルな都市中央労働評議会の活動に起源をもつこと、そして運動内には、常に全国労組への強い不満が充満していたことを確認した。そのことは、労働党運動が全国労組にとって無視しうる存在だったことを意味しない。労働党に否定的であったＡＦＬでさえも、彼らの主張を強く意識して、『ＡＦＬ戦後再建プログラム』という政策宣言を出さざるを得なかった。一九一九年の年次大会で採択された同宣言は、「労働者の一四カ条」への対案と位置づけられ、単なる賃上げ・時短要求にとどまらず、公益事業の公有・公営化や累進所得税、協同組合事業の促進による消費者保護といった政治的要求を含んでいた。それらが、「労働者の一四カ条」の穏健な条項を取り入れたものであったことは、言うまでもない。表向き「純粋かつ単純な労働組合主義」を掲げるＡＦＬによる、純粋な経済要求を超えた主張は、それ自体注目に値する。[39]

しかし、労働党からはるかに大きな影響を受けたのは、全国労組「革新派」と呼ばれたグループであった。上述のＡＦＬの政策が、労働党への対抗を目的としたのに対し、「革新派」は労働党の諸政策を好意的に受け入れ、シンパとして運動を側面から支えた。革新派とは具体的には、国際機械工組合（ＩＡＭ）や合同被服労組（ＡＣＷ）、統一鉱山労組（ＵＭＷ）等を指し、第一次大戦直後の時期においては、以下のような特徴を共有するものとして把握できる。まず、それらは、①組合内部にかなり強力な社会主義勢力が存在し、政治志向が強いこと、②厳密な職能別組合主義にこだわらず、他の職種の組合との統一戦線や産業別組合組織の構築に積極的だったことなどから、ＡＦＬゴンパース派と鋭く対立し、むしろシカゴ総同盟の運動論と近い立場にあった。また、いずれの組合も、③その軍事上の重要性から戦時労働政策の恩恵を最も潤沢に享受し、その結果、④指導者の多くは、戦時労働政策にコミットする中で社会効率論に基づく産業関係観、ないしは、社会工学的な国家観を学んでいった。だが、指導層の目指す方向とは裏腹に、⑤一般組合員の間では、職場自治の思想が広まり、その強い戦闘性ゆえの山猫ストに全国組織は悩まされた[40]。機械工組合（ＩＡＭ）会長のウィリアム・ジョンストンや合同被服労組のヒルマンにとって、一般組合員のローカルな闘争のエネルギーをいかに全国労組の規律の中に吸収できるかは、戦後の政治反動の中で苦戦を強いられた防衛的闘争の帰趨を決しかねない重要課題だった。労働党運動すなわち労働者の独立政治行動は、そうした問題を抱える全国労組革新派に残された魅力的な打開策でありえた。イギリスの全国労組の連合体、労働組合会議（ＴＵＣ）が労働党活動を拡大する過程で、ショップ・ステュアードの運動を効果的に取り込んでいったことは、合衆国でも広く知られていた。一九一九年六月のＡＦＬ年次大会では、ＴＵＣを代表して参加したマーガレット・ボンドフィールドが、労働党を軸にした労働運動再編の有効性を説き、満場の喝采を浴びている[41]。

全国労組革新派のひとつと目される合同被服労組は、ＡＦＬ未加盟のインディペンデントの組合で、もともと反戦労働運動の代表的存在だった。しかし、一九一八年三月の段階で、委員長ヒルマンは、戦争支持を表明する。「ウィルソン一四カ条」に反帝国主義の、そして、戦時労働政策に社会民主主義の精神を見出したからだという。

ともあれ、彼は、ニューヨーク市の労働基準監督委員会や戦時労働政策委員会等の戦争機関に参加することになり、ここで、フランクファーターやモリス・クックといった社会効率論者と交流を深めていった。その結果、ヒルマンをはじめとするACW幹部は、一九一九年九月までに、「科学的管理」を受け入れ、労組規律を用いて生産効率の増進に努めること、そして、それと引き換えに労働組合による職場組織の運営を承認させ、さらに、将来的には、労組の経営参加を目指す方針を明らかにした。ただし、そうした政策は、労働者の政治活動と不可分のものと捉えられていた。合同被服労組内には戦時中からイギリス労働党を理想化する声が存在したが、一九一八年末から合衆国各地にローカル労働党が出現すると、ニューヨークとシカゴを中心に熱心にこれを支援した。特に、シカゴにおいては、一九一〇年の既製服産業スト以来のシカゴ総同盟との協力関係から、一九年四月の市長選挙ではフィッツパトリック労働党候補の集票活動の中心となっている。(42)

機械工組合の場合、独立政治行動は、鉄道国有化運動の延長線上に現れた。機械工組合をはじめとする鉄道関連の一六組合は、戦時の政府による鉄道管理が、総じて、労働者に有利な条件をもたらしたという共通認識を持ち、戦後の民間への経営権返還に抵抗した。それに呼応して、鉄道友愛会顧問弁護士のグレン・プラムは、鉄道を民間に返還せず、新設の国営企業体の管理下に置くこと、そして、同企業体においては、労働者、経営者、政府の代表から成る委員会が、経営に全責任を負うことを求める案（プラム案）を提唱した。機械工組合のジョンストンは、一九年初頭までにすべての鉄道関連組合から、プラム案への合意を取りつけ、プラム案連盟なる圧力団体を結成している。しかし、ウィルソン政権と連邦議会のプラム案への反応は冷淡で、そのため彼らは、同様の重要産業国有化を目指す他の改革派勢力との提携に向かった。一九年四月、鉄道労組は、労働党支持を表明し、同年九月には統一鉱山労組との間に、鉱山と鉄道の国有化を目指す共闘を約束した。ここに開始された、機械工組合の政治活動は翌二〇年の夏までにさらに本格化する。(43) すなわち、二〇年二月、鉄道の民間への返還が最終的に決定（一九二〇年輸送法）し、同年四月には、戦後一年以上も続く生活費高騰に耐えかねた各地の組合支部が山猫ストを決行するという状況の中で、七月、ジョンストンを中心に一六の鉄道組合会長の連名で、「政治行動の呼びかけ」なる文書が全米に発され、独自の集票組織の構築が宣言された(44)。

だが、ジョンストンが極端なラディカリズムを望まなかったことは、山猫ストに対する厳格な処罰に明らかだった。彼はむしろ、ストの拠点となった鉄道幹線労働者連盟のようなローカルな職能横断的組織を改造し、産業効率改善と労組の経営参加のよりどころとする構想を、ボルティモア・オハイオ鉄道社長のダニエル・ウィラードやテイラー協会のオットー・ベイヤーらと共有した。それは、社会民主主義の経済要求を掲げる労働党政治を通して、一般組合員のラディカリズムを全国労組の規律の懐中に制御し、社会と産業の効率増進を実現しようという発想である。こうした全国労組革新派の思考は、本質的にローカリズムに規定されたシカゴ労働党の運動とは異質だったと言える。だが、同党こそが労働者の独立政治活動の先例を示したのであり、ジョンストンらの方もこの運動を真摯に支えようとした(45)。

また、労働党が、中西部農民の政治運動、ノンパーティザン・リーグとの間に確立した友好関係も無視できない。ノンパーティザン・リーグは小麦農民の反独占運動で、一九一六年から二一年にかけてノースダコタ州政を掌握し、州営の穀物エレベーターや州政府による災害保険制度を設立したことで知られる。この運動は一九一七年以降、全国化の方針をとり、農業人口の少ない地域では、政治的多数派形成のために労農提携を展開。ミネソタ州では、最も大きな成果を収め、後のミネソタ労農党の基礎を築いている。シカゴ労働党は結成当初からこの農民運動を協力者と見ており、すでに「労働者の一四カ条」の中に「穀物エレベーターの公有・公営化」、「協同組合事業の促進」といった農民要求が含まれた。ノンパーティザン・リーグの側も一九一九年一月の全国会議でシカゴ労働党支持を決定し、同年二月には、運動を代表してノースダコタ州知事リン・フレイザーがシカゴを訪れている。彼は、「都市の勤労者と農村の勤労者が連合して初めて、我が国の勤労者は政治的に、何かを成し遂げることができる」との立場から、労働党主催の集会での講演を引き受け、「我々は同じ小舟に乗っているのだ」と語って六〇〇〇人の聴衆から絶賛を博した。両者の提携は、一九四〇年代まで中西部に生き続ける労農ラディカリズムの基礎を築いていった。(46)

こうした、多様な社会改革勢力からの支持を背景に、シカゴ・イリノイ労働党は、一九一九年一一月二二日～二五日、シカゴで合衆国労働党結成大会を開催し、全米に散らばる労働党勢力の統合を実現した。大会は約一〇〇〇名の代議員で構成され、彼らは、五〇の都市労働評議会、二〇のローカル労働党、イリノイ、ウィスコンシン等の州労働総同盟、そして、機械工組合、鉄道友愛会、統一鉱山労組など五五の全国労組を代表した。さらに、オブザーヴァー資格でノンパーティザン・リーグ、四八委員会、アメリカ社会党、モントリオール労働党の代表などが参加した。(47)

大会初日は、フィッツパトリックの長めの開会宣言で始まった。彼は冒頭、ゴンパースのAFLが労働党に非協力的であることを非難し、続けて、当時進行中の食肉産業と鉄鋼産業の争議における労働者の苦境を滔々と語った。特にインディアナ州ゲーリー等でのUSスティール社の無法について怒りを込めて告発し、さらに経営者側を利する新聞メディアの偏向報道を「言論の自由に値しない」と批判した。そして次のように演説を締めくくった。「今、こうした民衆への裏切りを打ち破る政党が作られようとしています。この国の民衆の意思に従い、男性、女性、子供たちの諸権利を守ることを至上の任務とし……真の民主主義と正義の概念に基づく組織が誕生しようとしています」と。(48)

二日目の午前にはノンパーティザン・リーグの代表が、労農提携を求める演説を行い、午後にはグレン・プラムが演壇に立って、鉄道および、すべての公益事業の公有化を訴えた。三日目以降は、新党の基本方針をめぐる討議が中心となり、最終日の二五日、基本綱領「合衆国労働党原則」が採択された[49]。

以下、その主な条項を列挙しておこう。①反帝国主義――秘密条約の廃止、現行の国際連盟構想反対、国際軍縮、労働者の国際組織構築、②政治の民主化――言論・出版・集会の自由の回復（戦時防諜法即時撤廃）、女性参政権承認、裁判所による労働インジャンクション禁止、最高裁の違憲立法審査権制限、連邦上院廃止、市の自治権確立（公益事業の接収・運営および市の福祉事業拡大を可能に）、③産業の民主化――団結権・団体交渉権の法律による保障、協同組合活動の拡大（生産物流通過程の合理化）、鉄道および重要産業・天然資源の国有化と民主的運営（プラム案支持）、遊休地の国有化、八時間労働制、④所得再分配と社会政策――累進所得・相続税、政府による社会保険（生命、老齢、傷病、労災、シングルマザーを対象とする）、政府による失業対策（不況時の公共事業）、生活費に基づく最低賃金の保障、農産物価格の維持[50]。

上記①に明らかなように、労働党勢力はパリ講和会議の結果に失望し、国際連盟構想を非難する立場に転じていた[51]。また、③の産業民主主義項目においては、大会に参加した政治的リベラルや農民運動など多様な社会勢力の合意を得るために、あえて「産業の民主的コントロール」という経営権要求は削除されている。シカゴ大会をもって、労働党を軸とする諸社会改革運動の政治連合は、ひとつの頂点を現出し、次の目標として一九二〇年の総選挙に狙いが定められた。運動の大衆的基盤も、決して小さくなく、研究者スタンリー・シャピロは当時、ＡＦＬが公式政策として反労働党の無党派戦術を採用していたにもかかわらず、ＡＦＬ加盟労組組合員の約三分の一から半数が、労働党を支持していたと見積もっている[52]。

5　戦後再建の帰結——社会改革運動の分裂と敗北

だが、一九二〇年一一月の選挙が近づくまでに、労働党運動を取り巻く政治状況は、急速に悪化していた。参戦下に、労働者の団結権・団体交渉権を実質的に保障した戦時労働委員会は、すでに一九一八年一二月の段階で紛争当事者双方から調停要請があった場合のみ介入を行うと規約を改定し、その活動を大幅に縮小していた。同委員会に失望したウォルシュは共同議長を辞してシカゴの労働運動に本格的に身を投じていく。[53] 後任の共同議長となったマンリーは、戦時労働委員会を平時の恒常機関として再編するプランを提唱するが、ウィルソン大統領の経済動員解体の意志は固く、結局、同委員会は一九一九年八月に公式に解散。後継機関はついに作られず、労働運動は公権力の後ろ盾を失っていった。こうした中で、シカゴ総同盟とフィッツパトリックが労働党の政治活動と並行して情熱を傾けた鉄鋼産業の組合活動も深刻な状況に陥っていく。戦後、「製鉄・鉄鋼労働者組織のための全国委員会」は、生活費高騰に追いつかない低賃金、一日一二時間の苛酷な労働、経営者による組合員差別の横行といった切実な苦情を訴え続けたが、経営側は無視を続け、組合は団体交渉を求めてストライキに訴えるほかなかった。一九年九月、約二五万人の鉄鋼労働者が職場を離れた。[54]

一〇月、ウィルソン大統領は、遅ればせながら労働者・経営者・公益各代表を招集し、紛争の解決と戦後産業秩序の再編について協議する（第一回産業会議）も、成果を上げることができなかった。AFLのゴンパースや機械工組合のジョンストンらから成る労働者代表が、独自の決議案を作成し、「賃金労働者が労働組合に団結し」、「自ら選出した代表者によって……雇用者と団体交渉を行う権利」の承認を求めたのに対し、「契約の自由」と「財産権」の不可侵性を強調する産業界の代表は、終始オープンショップ制を賞揚し、労働争議に直接被雇用者以外の外部組合員が関与することに鋭く反発した。それは事実上、労働組合の存在そのものを否定する立場であった[55]。

また、労働者代表の決議案には「各産業ごとに組織労働者と雇用者協会の協定によって、労使同数の代表からなる全国会議委員会を設置する」要求が含まれていたが、これについては、ほとんど議論の対象にすらならなかった。この決議案は、明らかにイギリス再建省ホイットリー委員会の「合同産業協議会」案を模倣したものであった。ウィルソン大統領の産業会議は、最も穏健な部類に属する産業改革構想すら拒絶し、ただひとつの決議も採択することなく二週間後に散会した[56]。さらに、この頃「レッド・スケア（赤の脅威）」と呼ばれる排外主義・反ラディカリズムの大衆ヒステリーが全米に広がっていく。鉄鋼ストは社会的に孤立し、翌二〇年一月までに事実上闘争をあきらめ、鉄鋼労働者の「全国委員会」も七月、解散に追い込まれていった。二〇年前半には労働党運動の中枢部分に敗北感が蔓延していったのである[57]。

一九一九年末に顕在化したアメリカ社会の保守化への流れは、労働党の全国大会に結集したばかりの社会運動の中に早くも分裂を生じさせた。政治的リベラルの四八委員会は、一九年一二月に初の全国大会を開催したが、ここで採択された綱領は、①市民的自由の回復、②公益事業・天然資源の公有化、③輸送機関の国有化、に集約され、起草過程で議論された社会福祉や国際関係民主化の政策に関してはコンセンサスを形成しえなかった。この時点で、一年前にはイギリス労働党に傾倒していた知識人の一部はすでに思想的後退を始めていたと見るべきである。このため、当初、予定されていた一九二〇年選挙における労働党との政治連合は、暗礁に乗り上げた。結局、共通の大統領候補と目されていたロバート・ラフォレットの擁立は実現せず、労働党は単独で無名の弁護士、パーリー・クリステンセンを出馬させる。リベラルの支持は、フレデリック・ハウやハーバート・クローリーなどのごく少数に限られた。また全国労組革新派や都市中央労働評議会の多くも、ＡＦＬの無党派政策の中で孤立化し、軒並み労働党支持を断念した[58]。

さらに、労働党運動の本体であるシカゴ総同盟も運動内の民族・人種間対立の激化から危機的状況に陥っていた。この問題を最初に顕在化させたのは、一九一九年七月にストックヤーズ周辺で起こった人種暴動だった。暴動が火をつけた人種間の憎悪は、次第に食肉労働者を汚染し、多人種・多民族から成る団結を謳ってきたストックヤーズ労働評議会は、翌二〇年二月、活動停止に追い込まれる。さらに加えて、二〇年四月にソ連と新生ポーランドの間で国境紛争がはじまると、もはやエスニックな対立はせき止められなくなった。ポーランド・ナショナリスト指導者で、シカゴ労働党幹部のキクルスキは、ソ連支持の方針を変えないフィッツパトリックらと対立し、運動から離脱していく。(59)

二〇年一一月の総選挙は、改革派勢力を失望させる結果となった。大統領選挙では、彼らがこれまで攻撃の対象としてきたウィルソン民主党よりも、はるかに保守的な共和党ハーディングが「常態への復帰」のスローガンを掲げて当選。労働党候補の得票数はわずか二五万票（得票率約一％）に終わった。ここに、戦後再建をめぐる闘争は、政治的には保守勢力の勝利というかたちで一応の決着を見たと言ってよい。(60)

むすびにかえて

以上検討してきたように、第一次大戦後に出現した合衆国労働党は、シカゴ総同盟に代表される都市単位のローカルな労働運動にその起源を持った。労働党結成の背景には、新移民の不熟練労働者の組織化という大命題が伏在し、彼らを政治的に統合する目的を含んでいた。そのため、労働党は、ローカルな労働運動の多様な構成員が共有した全国政治への不満を体現し、内政と外交の徹底した民主化を要求した。だが、労働党は、決して地方政治のレベルにとどまる存在ではなかった。シカゴの労働党運動は発足当初から、政策面で同時代のイギリス労働党の影響を強く受けており、基本綱領「労働者の一四カ条」は社会民主主義的要求の色濃いものだった。

そうした労働者政党の出現はイギリスで展開していた労働党運動を軸にした戦後再建のあり方を理想視する人々を鼓舞し、全国的な影響力を持つ知識人の多くがシカゴ労働者の運動を支持した。総力戦の現実をすでに経験した彼らは、旧い市民道徳や無階級社会の夢を引きずる革新主義の限界を認識し、より「社会化」された民主主義の世界に歩みを進めようとしていた。そして、この目標を具体化するために、イギリスの前例に倣って、労働運動の一部と政治的に結びつく路線を見出した。労働党自身が運動の全国化を目指し、他の社会勢力との提携を望んだこともあって、一九一九年秋までに、広範な改革派の政治連合が形成された。

しかし、全国労組の連合組織であるＡＦＬの指導層は、終始一貫して、無党派戦術に固執し、労働党運動を妨害し続けた[61]。この点は、イギリス労働党運動が、全国労働組合会議（ＴＵＧ）を母体として発展していったことと著しい対照をなす。国内最大の労働組合の支持が得られなかった改革派勢力は、思想と実践の両面で大きな後退を余儀なくされた。労働党勢力は一九二〇年の大統領選挙時にはすでに勢力を減じ、選挙後、全国政党としては事実上、霧消してしまう。一九二〇年代は、共和党保守派の政権が権力を掌握した政治反動の時代として記憶されるであろう。

しかし、ハーディング新大統領が言う「平常への復帰」は、その経済政策において、必ずしも伝統的な個人主義への回帰によって特徴づけられるものではなかった。二〇年代には、戦時に食糧庁を率いたハーバート・フーヴァー商務長官を中心に、商務省が二〇〇〇に及ぶ各種業界団体を指導し、全国規模で産業界をコーディネートする体制が確立した。それは、親労働的ニュアンスが後退したとはいえ、戦時の国防会議のコーポラティズムを引き継いだ「協同的国家」であった。経済と社会の組織化は、二〇世紀アメリカの不可逆的な運動だった[62]。

そしてある意味で、そうした潮流に適応する形で、アメリカ・リベラリズムの中に労働党運動の遺産が継受されていた。第一次大戦直後の時期に、シカゴ労働党に触発されて政治化した全国労組革新派やリベラル派の知識人は、一九二二年、鉄道労組の独立政治活動を基盤に「革新主義政治行動会議（Conference for Progressive Political Action：CPPA）」を創設する。[63] 執行部を構成した、元四八委員会のハウ、合同被服労組のヒルマン、機械工組合のジョンストン、「労働者の一四カ条」の起草者マンリーらは、一九二四年には、重要産業の国有化と労働組合の法的承認を柱とした選挙綱領を作成し、独自の大統領候補ロバート・ラフォレットを擁立。五〇〇万票近い得票を実現した。この運動の政策と人脈には、明らかに社会民主主義的な、あるいは、コーポラティスティックな要素が含まれ、また、組織の原理としてもリベラルと労働指導者の連合という様式を貫き、その意味では、一〇年後のニューディール政治との連続性も看取できた。[64]

その一方で、労働党運動の拠点であったシカゴの労働運動は、急速に勢いを失っていた。その理由について、社会史家リザベス・コーエンは、ニューディール以前の「労働者は人種、エスニック集団、近隣、職場といった〝ローカル〟な世界でこそ政治化される」存在だったと指摘し、運動の全国化が求心力の喪失につながったと見ている。[65] だが、一九二〇年代前半のシカゴでは、むしろローカル・コミュニティの凝集力が、労働組合の団結力に還元されないばかりか、事業所を文化的に分断する状況が目立った。食肉産業では、ストックヤーズ労働評議会がエスノ・レイシャルな内部対立から解散した後、戦後不況期の一九二一年から二二年にかけて、旧来の熟練労働者組織を中心に再び激しい争議が闘われた。この運動は、ソ連承認問題のような政治問題から距離をおき、純粋な経済闘争を目指したため、ストックヤーズ近隣のポーランド・カトリック教区（グラジンスキ神父ら）の支援も受けられたが、黒人労働者の参加は皆無に等しかった。[66]

労働組合の衰退にともない、一九二〇年代の前半の食肉産業では、大統領産業委員会（一九一九年一〇月）でお墨付きが得られた、従業員代表制（組合員を排した企業組合）が叢生し、経営資本による福祉事業が大規模に展開された。そして、その最大の受益者は、黒人従業員と彼らのコミュニティであった。実際、二〇年代には、黒人コミュニティの文化活動や生活インフラの多くが食肉加工業者の資金に依存しており、そのことが、黒人を独立した労働組合に組織することを著しく困難にしていた。[67] もとより、二〇年代のオープンショップ経営者は、こうした従業員のソーシャル・ライフへの関与を含めて福祉資本主義を推進し、これを「労働問題への科学的なアプローチ」、すなわち、アメリカ的な「産業民主主義」だと称していた。経営者特権――財産権、契約の自由等――を固守しながら、「効率増進」への関心ゆえに、労働を取り巻く「社会的な」領域にリソースを配分する経営思想は、二〇世紀を通じて、フランク・ウォルシュ的な福祉国家の産業民主主義と、国民的な正統性をめぐってせめぎ合っていくだろう。[68]

ともあれ、本来、「労働」は多様な人々の分業と連帯の源泉であるはずのものである。それなのに、二〇世紀の社会化された労働の意味を問い直した、産業民主主義論争は、第一次大戦後の秩序形成という文脈と触れあう中で、エスニックな対立やカラーラインの再生産に寄与したようにも見える。この問題は、衰退期に向かったシカゴのローカルな労働運動だけでなく、フーヴァー的なコーポラティズム（権力分有論）とも親和性のあった全国労組にも当てはまる。端的に言って、革新主義政治行動会議（ＣＰＰＡ）の加盟労組の主力であった鉄道友愛会や機械工組合等は、内規や慣習で黒人の組合加入を禁じた団体であった。もし一九三〇年代に、こうした労働組合勢力がニューディールを通して政治・経済の中核に位置するようになるのであれば、二〇世紀の国民秩序は労働や福祉政策の側面においてもカラーラインが深く埋め込まれた体制とならざるを得なかっただろう。次章以降に今一度、一九二〇年代のアメリカにおけるエスノ・レイシャルな統合と分離の問題を考察することにする。

第9章　シカゴ人種暴動とゾーン都市
――「分ける」統治へ――

はじめに

「一九一九年の赤い夏は荒れ狂い、国中の黒人は心を痛め、困惑していた。」黒人指導者、ジェームズ・W・ジョンソンは、第一次大戦が終結して半年を経た当時のアメリカの状況をこう表現した。(1)「赤い夏」とは、この年の春から秋にかけて、全米に蔓延した人種間暴力のことである。二五都市（主要なものだけで七都市）で人種暴動が勃発し、リンチ事件は七六件を数えた。社会学者アラン・グリムショーの言葉を借りれば、「大規模な人種間暴力は、第一次大戦末期から戦争直後の時期において、ほとんど合衆国の風土病と化していた」のだった。(2)

サウスカロライナ州チャールストン（五月）に始まり、ワシントンDC（七月）、シカゴ（七月〜八月）、テネシー州ノクスヴィル（八月）、ネブラスカ州オマハ（九月）、アーカンソー州エレイン（九月）と続く、「赤い夏」の暴力は、地域的にも低南部から中西部の大都市までと多様であり、個々の事件の様相も異なっていた。しかし、いずれの背景にも、数カ月前に終わった第一次大戦期の国家動員の影が見え隠れしていた。チャールストン暴動を引き起こしたのは、同市に駐留した水兵だった。ワシントンDC暴動は戦時下に膨張した首都機能を支えるべく到来した大量の南部白人の不満が引き金となった。[3] また、死者三八名、負傷者五三七名（九四二人が家屋焼失）を出した史上最悪とも言われるシカゴ暴動も、ヨーロッパ遠征軍に兵糧を供した食肉加工業とそれが引き寄せた六万人の南部黒人移住者抜きには語れない。

とはいえ、人種の暴力はその行為自体に何らかの意味を見出すことは難しい。暴動のかたちをとって顕現する暴力は、いわばその統御不能性を特色としている。暴力を予感させる何らかの事情が背景にあったとしても、ほとんどの場合、暴動は何らかの具体的な目標を共有するものでも、組織だった行動を旨とするものでもない。それは、「憎悪」に突き動かされた突発的で無軌道な力の発動に他ならない。したがって、我々が一九一九年の暴動を歴史学の課題として分析しようとするとき、単に暴動の具体的な展開を跡づけるだけでなく、暴力を取り巻くいわば二次的なコンテクストを参照しないわけにいかない。それは、ひとつにはアメリカの風土と暴力という観点であり、いまひとつは二〇世紀、特にポスト第一次大戦期という時代によって規定される文脈であろう。そしてさらに重要なのは、この暴力が同時代人にどのように理解され、またどのようなかたちで鎮静化されていったかという平和形成のプロセスである。特に最後の点は、それ自体として空虚な概念である暴力が、いかに公的な秩序の変更ないし形成に関わったのか、またいかなる経験として記憶されていったのかという問題、つまり歴史学で検証可能な領域に変換されてくるという意味で重要である。

1　アメリカの暴力、二〇世紀の暴力

かつてアメリカ史研究の泰斗リチャード・ホフスタッターは、アメリカの国内的暴力の歴史を次のように概括し

た。すなわち、アメリカの暴力は、その大半が民間人と民間人の間で行使される私的暴力であり、公権力をターゲットとした革命的暴力は相対的に僅かである。その意味でアメリカの暴力には拭いがたい保守的性格を見出しうる。また、この民間人同士の私的暴力は総じて都市的でしばしばエスノ・レイシャルな感情から生じており、なかでも暴動の形をとるものは、「その歴史的な継続性や犠牲の大きさから判断するに、アメリカ史上最も重要な国内暴力であった」と。(4) そうだとすると、本章で取り上げる一九一九年のシカゴ人種暴動もまた、ある意味でアメリカ史上に通時的に遍在するオーソドックスな民間暴力のひとつということになるかもしれない。

だが、一方で二〇世紀という時代性に着目してシカゴ暴動を見ると、そこにある種、独特な暴力像を析出することもできるだろう。ひとつには、すでに触れたように、この暴力が現代史上の総力戦がもたらした未曽有の人口移動を背景としたことである。一般的に言って、二〇世紀というナショナリズムの時代は、国内・国際の大規模な人の移動の時代でもあった。そのことは、世界のいくつもの地域で、民族的・人種的帰属の問題を深刻化させ、時に強制的同化や住民交換、民族浄化といった激しい暴力を惹起していた。アメリカでは第一次大戦下に、三九〇万人の兵士が、故郷と遠く離れた訓練基地や欧州の戦場に赴き、軍需生産の要請から、約五〇万人の南部黒人が北部都市に移住した。人口移動自体はアメリカ史のどの時期にも見られる現象だが、その規模の大きさ、そして、参戦期の約一年半に集中した激烈さは、一九世紀までの「自由な」移動とは比較にならない。そこに「生活空間の奪い合い」としての人種紛争が起こる素地があった。

兵士と労働者のドラスティックな移動による人種暴動は、すでに戦時期の一九一七年頃から散見された。例えば、この年の夏に起こったイースト・セントルイス暴動は黒人移住労働者を地元白人労働者が襲撃したものだったし、ほぼ同じ時期にテキサス州ヒューストンで起こった暴動は、同地のキャンプ・ローガンに配属された北部出身の黒人兵士が、やはり地元白人との間に起こしたトラブルが発端であった。(5)「一九一九年の赤い夏」とその頂点をなすシカゴ暴動は、そうした潮流が休戦と動員解除にともなう混乱の中でさらに増幅したものと見える。そもそも、一九一九年という年は、アメリカ社会が極端に不安定化した瞬間でもあった。戦争直後のこの時期、「民主主義のための」戦争の遺産をめぐって、保守と革新、国家と民衆が激しくせめぎ合っていた。二月のシアトル・ゼネストに始まり、秋には三〇万人の炭鉱・鉄鋼労働者がストライキに突入した。一方、ワシントン州セントラルでは在郷軍人会が世界産業労働者組合（ＩＷＷ）を襲撃した凄惨な自警団的蛮行があり、さらに四月にはレッド・スケアと呼ばれた公権力による赤狩りが公然と開始されている。

こうした状況下に勃発したシカゴ暴動が、ある種の社会不安をアメリカ中産階級の間に呼び起こしたことは想像に難くない。そしてこの暴力は、従来のいわば民間に放置された人種対立の事例と異なり、治安維持と秩序構築の観点から緊急の公的対応を必要とするものとみなされた。具体的には、暴動の直後からシカゴ人種関係委員会(Chicago Commission on Race Relations：ＣＣＲＲ）なるイリノイ州知事の諮問機関が設置され、荒れ狂った暴力の原因調査と再発防止に取り組んだ。シカゴ暴動をこの局面まで含めて眺めると、それがホフスタッターの言うアメリカの伝統的暴力――「民間人同士の社会関係をめぐる紛争」を越えたものであったことがわかる。そこにはもうひとつの暴力、すなわち、紛争を調停し、暴力の再発を阻止しようとする法治の「暴力」が立ち現れていた。別言すれば、民間の社会的な暴力として勃発した人種暴動を、何らかの公的な秩序に昇華させるプロセスがあった[6]。つまり、シカゴ暴動は、私的暴力と公的な秩序との関係性においても、歴史的な変化を表現していたのではないか。事実、人種暴動後に設置される調査委員会は、シカゴの事例がひとつのモデルとなって、これ以降、統治権力が好んで活用する制度として定着していく。そして社会学者アンソニー・プラットが言うように、こうした「暴動委員会は（全く）二〇世紀の現象」なのであった[7]。

このように「暴動とその後」を構成した二つの暴力は、一九二〇年代以降のアメリカに、いわば、無視できない

「強制の力」となって、新しい政治・社会秩序を形成していく。だが、そうした重要性にもかかわらず、一九一九年シカゴ暴動と人種関係委員会に関する先行研究を概観するとき、そこに奇妙な偏りがあることに気づかされる。ひとつは、暴動後、約半世紀間にわたって、同時代のジャーナリスティックな記述を除いてはほとんど研究らしい研究がなかったことである。前述のホフスタッターは、秩序と結びついた暴力が歴史の中で不可視化していくことに触れて、「国民的記憶喪失」を指摘したが、このことはシカゴ暴動にも当てはまるようだ。ところが一転して、一九六〇年代後半から七〇年代初頭にかけて相当数の研究が上梓されることになる。おりしもキング牧師暗殺後の都市暴動頻発期にあたり、失われた過去の暴動の記憶が突如蘇ったかのように見えた。

アーサー・ワスコーやアレン・グリムショーに代表されるこの時期の研究にはひとつの特徴があった。それは自由な社会での、統治と暴力の問題をそれ自体として哲学的に考察しようとするものだった。そのためか多くの分析では、暴動そのものの展開だけでなく、人種関係委員会の権力性が大いに注目されたのだった。[8] また、一九六〇年代、七〇年代の研究の中には、折からの社会史研究の隆盛を受けて、民間暴力としての暴動の内実を検証しようとするものも現れていた。ウィリアム・タトルやアラン・スピアーらの研究は、綿密な地域史アプローチを駆使して、ある程度、シカゴの人種間紛争の全容を描き出すことに成功していた。[9]

このタトル以来の暴動の社会史は、一九九〇年代以降も移民史研究の一部に継受されており、ドミニク・パシーガやトーマス・ガグレルモらは、シカゴの南・東欧系移民のコミュニティ形成と白人性の構築の観点から、一九一九年暴動に注目している。だが、彼らの関心は実のところ移民の集団アイデンティティやエスニックな都市生態にあり、後述するとおり、「暴力」そのものに関する理解や、住民の暴動への関与についての解釈には問題もある。[10] 一方、暴力論、権力論の立場からの研究は、一九九〇年代以降のポストモダンの思想状況の中で、暴動時のメディア報道や人種関係委員会が用いたレトリックに注目するものが多い。カラーラインを支えた言説としての権力を考察するのが近年のトレンドであった[11]。

こうした研究状況をふまえた上で、本章ではイリノイ州スプリングフィールドの州文書館が収蔵するシカゴ人種関係委員会文書を手がかりに、できるだけ実証的なかたちで、「暴動とその後」の二つの暴力――すなわち人種暴動の暴力と平和形成の暴力を再考したい。その「力」は何を源泉とし、都市の住民に何を強制するものであったのか。歴史の中で忘却され、再び想起され、断続的な記憶としてしか存在しえない暴力の過去に、我々はどのような意味を見出し、その暴力自体を不可視化していく秩序の形成過程を説明できるのだろうか。このローカルなケース・スタディは、二〇世紀国民秩序の根本的な性格を問い直す試みでもある。

2　一九一九年シカゴ人種暴動

ここで一九一九年のシカゴ暴動の経緯を概観しておこう。タトルをはじめとする従来の社会史研究は大まかに言って、次のように記述している。

まず、暴動の発端になったのは、酷暑だった一九年夏、七月二七日、ミシガン湖上（二九丁目付近）で起こった「殺人」であったという。この日、二七丁目のビーチからミシガン湖に手製のいかだを浮かべて友人と遊んでいたユージン・ウィリアムズという一七歳の黒人少年が、白人の投石を頭部に受けて溺死した。投石の理由は、強風で流されたユージンのいかだが、この頃非公式に確定しつつあった湖面のカラーラインを越えて白人側に侵入したというものだった[12]。

この意味を知るには、当時のシカゴ市南部の人種・民族的な人口分布を考慮する必要がある。あらためて述べるなら、シカゴ・サウスサイドの湖に近い東地区には、ブラックベルトと呼ばれる歴史的に黒人が多く住んだ地域があった（図5）。ブラックベルトは大まかにいって、北は二五丁目、南は四三丁目付近、東は湖岸、西はウェントワース通りでおおよそ区切られた南北に細長い領域だった。ブラックベルトの南側にはケンウッド、ハイドパークというネイティヴの白人中産階級の住宅地があり、西側にはアイルランド系労働者階級の街、ブリッジポートとキャナリーヴィルがあった。また、キャナリーヴィルの西奥には、これまで何度も言及してきたストックヤーズという大食肉加工工場群が控えており、この後背地（バックオヴザヤーズ）には新来のポーランド系、リトアニア系など東欧系移民が多く暮らしていた。つまり、ブラックベルトはエスニックな人々を含む「白人」に取り囲まれるようにして存在していた。ウィリアムズの死はこの肌の色の境界線が生んだ悲劇であった[13]。

社会史の暴動記述に戻ろう。ウィリアムズ溺死事件は、一両日中にシカゴ全市を巻き込んだ人種暴動へと発展する。通報を受けて駆けつけた白人警官が投石者を逮捕しなかったことに黒人住民が激しく抗議し、これに白人側も応酬するかたちで騒擾が拡大していった。翌二八日には白人のストリート・ギャングがウェントワース近辺（四七丁目～五一丁目）やハイドパークの混住区の黒人を襲撃し、被害はますます深刻化する。また、この二八日から二九日にかけては、ブラックベルト中心部の三五丁目とワバシ通りの交差点にある白人・黒人混住のアンジェラス・アパートという巨大集合住宅が争点となり、白人入居者を救出すべくシカゴ市警の大半がここに集結した。そのため、ブラックベルト外の混住地区に住む黒人は全く無防備となってしまった。暴動は、四日目に州政府が、六〇〇〇名の州兵を動員したこと、翌三一日に豪雨で気候が寒冷化したことなどから一時沈静化するが、八月二日には、バックオヴザヤーズのリトアニア人街が放火で全焼する事件が起こっている。だが、懸念された南・東欧系移民の暴動への参入は見られず、その後、暴力は終息へと向かっていった。八月八日の州兵撤退をもって、狂気のごとき人種暴動はひとまず終わりを告げたという[14]。

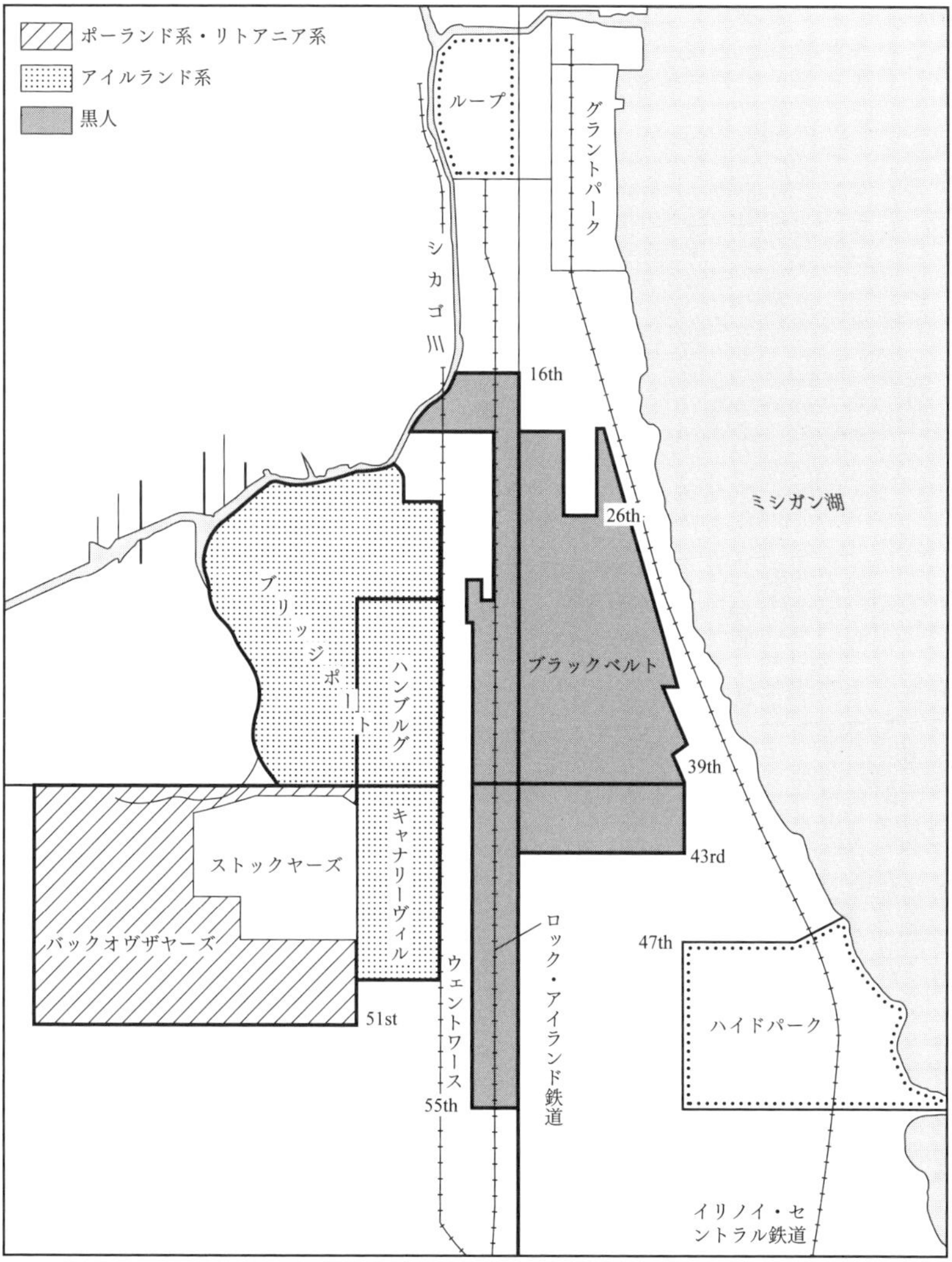

図5　シカゴ・サウスサイド地図（人種分布）

出典）James Barrett, *Work and Community in the Jungle*（University of Illinois Press, 1990）, p. 70 より作成。作図協力：柴田俊文。

以上の暴動描写はほとんどの先行研究——その多くは当時の新聞報道に依拠している——に共通するものである。しかし、事件当時の司法による調査記録を参照すると、少なくとも暴動の発端に関して微妙に異なる見解が存在したことがわかる。シカゴ人種関係委員会文書には、暴動直後の一九一九年八月に書かれた大陪審（Grand Jury）報告書と一一月の検死陪審（Coroner's Jury）報告書という二篇の捜査記録がファイルされている。特に、暴動後二カ月を経て出された検死陪審報告は、その間に聴取された四五〇件の証言（タイプ打ち五五八四ページの調書）に基づく相当に詳細な資料で、人種関係委員会による事実認定の基礎となったとみられる。実は、この検死陪審報告書は、ユージン・ウィリアムズの溺死を「直接」投石によるものだとは見ていない。同報告書によると、ウィリアムズの遺体には死にいたるような外傷は見られなかったという。むしろそこで重視されているのは、事件の直前にビーチで発生していた騒動である。その日の午後早く、当時、暫定的に白人住民が専有していた二九丁目のビーチに、黒人の水浴客が入ってきた。それがきっかけで、このビーチでは両人種間で喧嘩が始まり投石の応酬があったという。ところで、この二九丁目のビーチは、サウスサイドの概ね二五丁目から南がブラックベルトなのであるから、黒人が集住する地区にいわば浮島のごとく存在していたことになる。近隣の黒人が同ビーチの使用を主張して騒動になるケースは頻繁にあったのではないか。だが、この日は巡りあわせが悪く、ビーチでの紛争の最中にウィリアムズが湖上に到来した。投石は湖に向けてもなされた。動転したウィリアムズはいかだから離れたものの、さりとてビーチに上陸することもできず、力尽きて湖底に沈んだ。それが検死陪審の見方である。(15)

しかし、同報告書が記すように「彼の死の知らせは、ものすごい速さで地域の黒人住民の間に広がった。そしてその中身は、投石が当たって水死したというものだった」(16)。事実、事件直後の黒人紙『シカゴ・ディフェンダー』は次のように報じていた。「日曜日の午後、二九丁目の湖上にいかだを浮かべていたユージン・ウィリアムズ……に、ジョージ・ストーバー（白人）が一撃を加えたが、コテージ・グローヴ署のダニエル・キャラハン警官（白人）

は彼を逮捕しなかった。このことがイリノイ史上最悪の人種暴動を引き起こしたのである」と。[17] ここで問題なのは投石が本当にウィリアムズに当たったのか否かではない。重要なのは、捜査記録から醸し出される「偶然」の契機であり、その「結果」の伝わり方である。たしかに、白人住民の投石はウィリアムズの溺死の遠因となっただろう。しかし、黒人の間で喧伝されたように、そこに最初から残忍な殺意があったのだろうか。暴動のはじまりは、誰も意図せざる偶発的な出来事だったかもしれない。しかし、陪審報告が言うように「(『ディフェンダー』紙等の)報道が白人の感情を高ぶらせ、黒人住民の大部分に復讐の願望を抱かせ、そして暴動は拡大していった」[18]。黒人、白人のメディアの扇動的な報道やこれと結びついた流言飛語の類――例えば、ストックヤーズ地区の運河に一〇〇人の死体が密かに投棄されたとか、ウェストサイドのマットレス工場でイタリア移民の少女が黒人従業員に射殺されたとかいう噂など――は、暴力の拡大と凶悪化を著しく促していた。[19]

それは、典型的な群衆暴力(mob violence)であった。シカゴ大学セツルメントのメアリー・マクダウェルは、ストックヤーズ地区で白人暴徒に取り囲まれた黒人が殴打され、衆人環視のなか荷馬車で轢き殺されようとしている場面に遭遇し、キャナリーヴィルでは「若いアイルランド人不良が……銃を振りかざして、『もっとニガーをやっつけろ!』と叫びながらブラックベルトに殴りこむ」のを見た。[20] ウェストサイドでもジョセフ・ラヴィングズという黒人がイタリア系白人に残虐な殺され方をした。「隠れていた場所から引きずり出された彼(ラヴィングズ)は罠にかかったネズミのように無防備に暴徒に取り囲まれ、殴られ、頭骨を粉砕され、一四発の銃弾を撃ち込まれた」。検死陪審はそう報告する。陪審はさらに続けて「(このケースは)群衆暴力の残虐で獣じみた性格をあらわしている」と評価した。[21]

ところで、検死陪審報告の叙述がさらに興味深いのは、ウィリアムズ溺死事件の前に起こった白人住民と黒人住民の騒動を強調している点である。それはミシガン湖ビーチのカラーラインがいまだ流動的だったことを示唆するからである。明らかに二九丁目のビーチの占有権をめぐる白人・黒人住民間の争いは未決着だった。そのような場所で、最初の暴力は発現したのであり、その後五日間にわたる暴動の主戦場もまた、同様の「流動的」地区だった。図6は、シカゴ人種関係委員会が一九二二年に刊行した最終報告書の中で、暴動中に殺人・傷害事件があった場所をドットで示したマップである。これを一見して明らかなことは、暴力の発生地点が、ハイドパークの北西側やウエントワース通りの西側、あるいはブラックベルト内の三五丁目付近など、黒人中産階級と白人の混住地帯だったことである。社会学者モーリス・ジャノヴィッツは、一九一九年の暴動を根本的に居住空間をめぐる紛争であったとして、「共同体的暴力（communal riot）」と呼んでいる。彼によれば、我々にもなじみのある二〇世紀後半以降の暴動の多くは、黒人ゲットー内部で黒人のみが行う店舗略奪などの暴力であり、こうした「財物暴力（commodity riot）」と区別して、一九年暴動は、白人と黒人が混住地区で縄張りを求めてフィジカルに殺し合った、生態学的な暴力だったという[22]。

また、シカゴ暴動のもうひとつの特徴は、黒人側が、従来の人種暴力のように一方的に白人から暴力を受けるのではなく、「やり返した（fight back）」ことであった。これは、「一九一九年の赤い夏」の他の事例――チャールストン暴動やワシントン暴動――でも見られた新しい傾向であったが、その背景には第一次大戦の経験があった。『シカゴ・デイリー・ニューズ』紙上で連日暴動を報道したジャーナリストのカール・サンドバーグは、「何のために死ぬのか？　なぜ生きているのか？　民主主義とは何か？　自由の意味は何か？　民族自決の意味は？　そんなことを語り合ってきた何千という屈強な若者がそこにいる」と黒人の帰還兵の存在を強調していた。ともあれ、黒人の反撃は良い悪いを別にして、紛争自体の拡大の一因であった。騒擾はサウスサイドに限られず、都市中心部の商業圏、ループ地区にまでおよび、シカゴは全市的におよそ一週間にわたって無法状態にあった[23]。

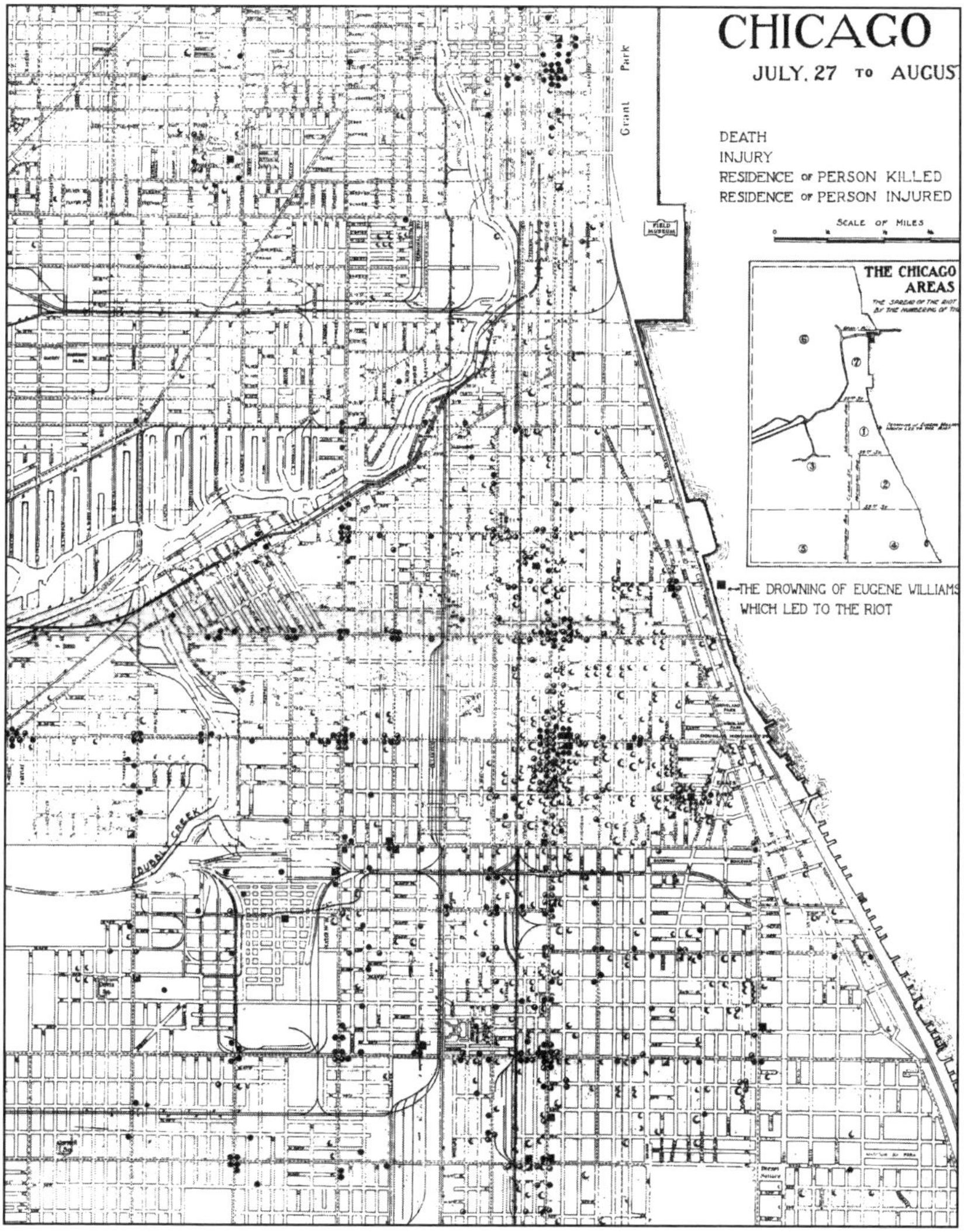

図6　CCRR報告書　暴動の発生地点

出典）The Chicago Commission on Race Relations, *The Negro in Chicago : A Study of Race Relations and A Race Riot*（University of Chicago Press, 1922）の折り込み図（p. 6の後）。以下の図9・図10も同じ（それぞれp. 116, p. 120の後）

3　人種暴動の原因を求めて

第一次大戦の経験と人種暴動を結びつける議論は、また別の領域にもあった。それは、人種暴動のそもそもの背景ともいえる人種間対立の原因を戦時の「人の移動」に求める言説である。それは、対立する白人と黒人の「危険な」人種混住こそが暴動の温床であり、そうした状況を作った原因は、戦時下に起こった黒人人口の流入にあるとする見解である。すでに暴動直後の大陪審報告（一九一九年八月）は次のように記している。「主に南部からの黒人労働者の導入により、過去数年間でシカゴの黒人人口が急増したこと、そしてそうした事業が経営者による事前の適切な住宅供給の準備なしに行われたことが、サウスサイドの黒人地区に密集を生み、一部の黒人が白人近隣へと侵攻（invasion）する契機となった。だが、当該地区の白人住民はこれを歓迎せず、怒りの感情と軋轢が醸成されていった。[24]」

このような認識は、実のところ当時のシカゴ知識層が幅広く共有した人種問題観にもとづくものだった。一九一〇年頃からシカゴでは、黒人移住者の増加にともなうブラックベルトの貧困や住宅問題が関心を集め、ソフォニスバ・ブレッキンリッジのシカゴ大学市民・博愛学部やルイーズ・ボーエンの青少年保護協会などが精力的な社会調査を行っていた。そうした調査が喧伝したのは、黒人地区の過密や荒廃した住環境、あるいは治安と風紀の悪化であり、その犠牲となっている黒人中産階級への同情であった。[25]この状況は、客観的に見て、第一次大戦中に加速度的に悪化した。第一次大戦期の総力戦経済が生み出した北部工業の雇用拡大は、五〇万人ともいわれる南部黒人農民を戦時下に北上せしめたが、最大の軍需物資（加工食肉）の生産拠点を持つシカゴは、この「大移動（Great Migration）」の主要なターゲットであった。一〇年に四万四〇〇〇人たらずであったシカゴの黒人人口は、参戦期をはさんで二〇年には一〇万九〇〇〇人を超えていた[26]。移住者の多くはブラックベルトに住みつくが、戦時下に住宅供給がほぼストップしている状況から、この地区は超過密に陥った。そのため、経済力のある黒人がよりよい住環境を求めて、ブラックベルトの外に転出する例が目立つようになる。まさにこの黒人中産階級のブラックベルト脱出こそが「危険な」混住、すなわち人種間暴力の源泉だと見られた。一九一九年一一月の検死陪審報告は、暴動の根源的な原因を次のように直截に指摘するのである。すなわち、ブラックベルトには、「過剰な密集と見紛うこともなき劣悪な生活環境があり、それゆえ正当な行為として清潔さと健康を求める黒人が相当数ミシガン通りの東、三九丁目の南に転出し、白人の住区を浸食している」と[27]。そして、「そのことは白人の間に新たな焦燥感をかき立てていた」――サウスサイドのシカゴ大学セツルメントから事態の推移をつぶさに観察していたマクダウェルも後にそう述懐している[28]。

トーマス・フィルポットの研究が明らかにしたように、暴動以前から、この「人の移動」に敏感に反応していたのは、戦争中の一九一七年、一八年に設立されたシカゴの二つの不動産関連団体だった、ひとつは、シカゴ不動産委員会（Real Estate Board）という市内の主要不動産業者の団体で、いまひとつは、ハイドパーク・ケンウッド住宅所有者協会なる草の根の白人住民組織だった。両者はともに、黒人の転入が近隣の不動産価値の下落を招くという確信から人種に基づく厳格なゾーニングを主張していたが、そのアプローチには大きな違いがあった。前者のシカゴ不動産委員会が推進したのはブラックベルト再開発計画であった。それは、黒人中産階級の混住地区への流入の背景にブラックベルトの過密化問題があることを認め、ブラックベルト内に黒人富裕層向けの巨大集合住宅群を建設することで第二の人口移動を抑制しようとするものだった。一九一七年四月の黒人新聞『シカゴ・ディフェンダー』紙は、このプランに少なからざる黒人指導者が賛同している事実をすっぱ抜いている。特に、シカゴを代表する黒人の不動産業者ジョージ・ジャクソンが、深くこの人種隔離に直結する議論に関与していた。ジャクソンが暴動後の人種関係委員会の黒人代表の一人となっていることは無視できない[29]。

一方、後者のハイドパーク・ケンウッド住宅所有者協会の戦略は、より直接的なテロ行為であった。ターゲットは新たに白人近隣に転入してきた黒人世帯やこれを促した不動産業者などだった。暴動前の一年半に二五件の爆弾事件があり、一九一九年の春には一カ月に二件以上の割合でテロがあった。三月には、著名な黒人銀行家のジェシー・ビンガも標的とされ、オフィスに手製の爆弾が投げ込まれている。ビンガの会社は白人地区に住居を求める黒人に積極的にローンを斡旋していたからである[30]。こうしたなか、ブラックベルトの住環境改善という課題を抱えたシカゴの黒人指導者は、同時に白人の一部の凶悪な暴力に戦慄していた。たとえそれが人種隔離につながることであっても、彼らが不動産委員会のブラックベルト再開発計画に魅力を感じたのは無理からぬことかもしれない。

いずれにせよ、一九年の前半、事態は深刻化していた。シカゴ・アーバン・リーグを率いて人種関係委員会に絶大な影響力を持つことになる、シカゴ大学教授ロバート・パークは、この頃、「戦争勃発に引き続き起こった、南部プランテーションからの大移動はわが北部都市に深刻な危険を惹起する状況を生んでいる」と述べて警戒を強めていた[31]。不運にもこの予言は的中し、先に見たように、七月末のミシガン湖上で起こった半ば偶然の事故が引き金となって、全市を覆う巨大な暴力が発現した。人種暴動の惨状を目の当たりにしたシカゴのエリートは、なにより暴力の再発生を恐れ、積極的な事後処理に当たらざるを得なかった。人種関係委員会という新しい秩序形成組織が創出される所以である。

4　シカゴ人種関係委員会の性格

シカゴ人種関係委員会の創設を直接的に促したのは、既存の市民団体による州知事への請願活動だった。早くも暴動四日目、『シカゴ・ディフェンダー』紙と全国有色人地位向上協会（NAACP）を中心にした請願があり、その二日後には、メアリー・マクダウェルやグラハム・テイラーといったシカゴを代表するソーシャル・セツルメント活動家とアーバン・リーグが主体となって、より大規模な請願がなされている(32)。イリノイ州知事フランク・ローデンは、彼の部下で同州登記・教育局長のフランシス・シェパードソン（元シカゴ大学教授）を受け皿としてこの動きに応え、八月二〇日に人種関係委員会を正式に発足した。

この請願活動で特別なイニシアティヴを発揮したのはシカゴ・アーバン・リーグであった。この組織は、一九一六年一二月に創設された黒人移住者の都市生活への社会的適応を援助する団体である。シカゴ・アーバン・リーグは、シアーズ・ローバック社（全米最大の通信販売会社）社長で、黒人向上活動の全国的スポンサーだったジュリアス・ローゼンウォルドから資金を得、かつてブッカー・T・ワシントンのタスキーギ黒人教育運動を支えたジョージ・ホールを指導部に迎えていた。周知のとおり、タスキーギの運動は反人種差別の政治闘争よりも、黒人大衆の自助精神の涵養や経済的向上を優先しているとして、W・E・B・デュボイスら一部の黒人指導者から批判を受けていた。だが、その漸進的統合の哲学は、人種融和を志向する多くの博愛主義者や社会科学者をひきつけていたのであり、シカゴ人種関係委員会設立の背景にそうしたタスキーギ人脈があったことは興味深い。

なお、アーバン・リーグの初代会長は、やはりワシントンのブレインのひとりで、当時シカゴ大学教授となって、いわゆるシカゴ学派社会学を牽引したロバート・パークだった。パークの存在は、少なくとも二点においてシカゴ人種関係委員会に重要な傾向をもたらしたと考えられる。ひとつは、パークが構想した社会適応の思想である。パークの学風は今日の多元的統合論のプロトタイプとも言うべき同化サイクル論であり、マイノリティの主流社会への適応、すなわち「アメリカ化」へと向かう文化変容の一局面で、エスニック集団が形成されることを肯定的にとらえる立場であった。したがって、パークはアーバン・リーグの「究極の目標は……（南部農村から来た）黒人を産業生活に完全に同化させることである」としながらも、必ずしも黒人の間に芽生えた「人種の誇り」を否定するわけではなく、むしろ同時代の南・東欧系移民に対して推奨された集団アイデンティティを尊重した「同化」論を黒人移住者にも当てはめようとしていた。曰く、「シカゴの黒人を他の移住者——ユダヤ人、イタリア人、スラヴ人——と同じカテゴリーに入れて考えることができれば、その状況をよりよく理解できる」と。そうした人種問題へのアプローチが、元来、穏健な国民統合への道を示す反面、現実政治の中では、黒人の特殊性や社会的孤立を一定程度容認する立場につながりかねないものであることは予め指摘しておいてよい[33]。

パークがシカゴ人種関係委員会に与えたもうひとつの影響は、その都市研究の手法と社会科学的な都市観であろう。同委員会は、次に見るようにシカゴ各界の指導者が結集したひとつの権威——平和維持のための「政治的な力」——を構成したが、具体的な活動においては暴動の原因究明のための大規模な社会調査を実施していた。ここに、徹底したフィールドワークを駆使して、都市の人口動態・産業構造を分析し、ある種の生態学的理論へと高めていったシカゴ学派社会学の影を見ることができる。

パークは人種関係委員会の活動とほぼ同時期に、シカゴ大学の同僚のアーネスト・バージェスとの共著で、『科学としての社会学序説』を執筆している。同書は、自然環境への適・不適により植生が変化する植物生態のメタファーから、都市の人間行動を説明する画期的な議論を含んでいた。ここで彼が問題にしたのは異なる階級・文化・人種の「住み分け」とその境界の流動性である。境界線上では常に新たな侵略と紛争が起こり、やがては都市社会の「植生」も変化していく。そうした見方は、都市の景観や住環境と市民性を結びつけた旧来の都市認識とは趣を異にするものであった。なにより、パークは都市空間が多元的構造に分画されることを当然視する。それは道徳的な環境主義とは一線を画した、社会科学の都市観だった(34)。『序説』のもう一人の著者バージェスは、人種関係委員会のフィールド調査にも関わった研究者だが、後にやはりパークらとの共著『都市』で、いわゆる都市ゾーン・モデル図（図7）を発表し有名になった。それはシカゴ中心部のループから外へ向けて円環状に複数の異なる「ゾーン」——すなわちスラム、労働者居住区、中産階級住宅地、郊外住宅地——で構成されるイメージだった。各ゾーンは、内側の集団が外側の集団を侵攻することで常に不安定な状態にあるとされ、そうした都市空間の流動性を示唆するものとして遷移帯（zone in transition）なる危険領域が明示されていた。そもそも、このように都市秩序の脅威として「境界の流動性」が可視化されることは、大規模な人種暴動を経験したシカゴにおいては、都市ゾー

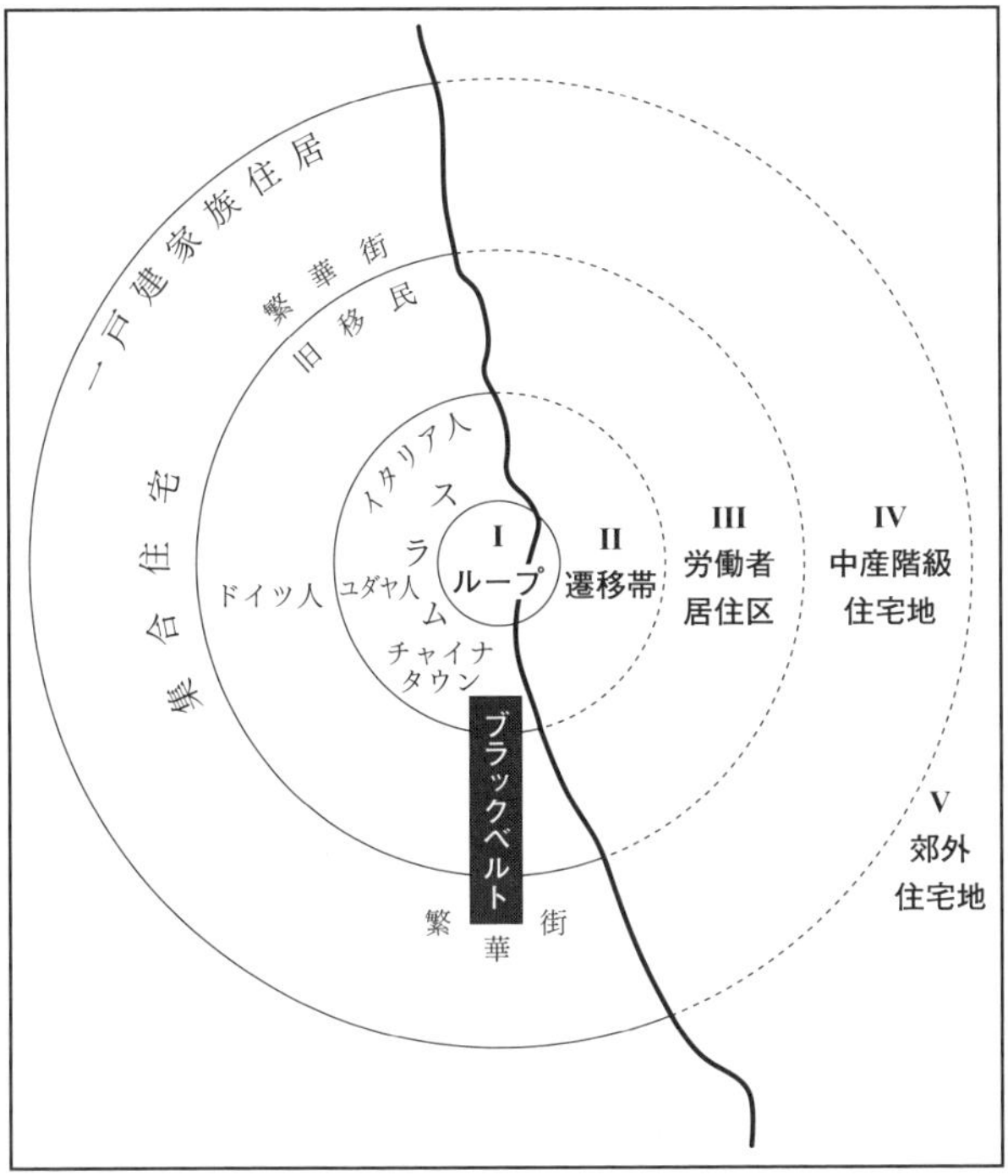

図7　バージェスの「都市ゾーン・モデル」

出典）Robert E. Park, Ernest W. Burgess, and Roderick D. McKenzie, *The City* (University of Chicago Press, 1925), p. 55 をもとに作成。

ニングや人種隔離を正当化する論理に発展する可能性があった[35]。

こうしたシカゴ学派社会学の影響力は、アーバン・リーグの人材を基盤に、人種関係委員会の暴動調査の実務を左右する力を持った。シカゴ・アーバン・リーグは、すでに戦時下の一九一七年七月に調査局を新設し、南部と北部での黒人移住者のフィールド調査を始めており、このとき局長に抜擢されたチャールズ・ジョンソン（シカゴ大学でパークが指導する黒人の大学院生）は、暴動後の人種関係委員会で大きな役割を果たすことになる。ジョンソンはパーク直伝の移住者研究に加えて、ブレッキンリッジらの貧困研究が蓄積してきた住環境調査も取り入れ、シカゴ人種関係委員会の調査事業を組織していくことになる。こうした最先端の社会学の学知が、暴動後の政治秩序を支える知的な力となったことは興味深い[36]。

一方、人種関係委員会の人選は、むしろ既存の都市権力構造を前提とした、極めて政治的なものであった。委員一覧（資料1参照）が示すとおり、ローデン州知事が任命した白人、黒人各六名の委員の人選は、複合的な人脈を反映したものだった。ひとつは、最初の請願を実施した『シカゴ・ディフェンダー』紙とNAACPといった黒人世論の代弁者であり、いまひとつは、ローゼンウォルドをはじめとするタスキーギ系統の政財界の大立者である。また先に見たアーバン・リーグも委員構成の柱になっていて、黒人代表の中にジョージ・ホールの名前を見ることができる。加えて、白人、黒人代表の中に一名ずつ不動産関係者が含まれていたことも見逃せない。黒人代表のジョージ・ジャクソンはシカゴ不動産業委員会のブラックベルト再開発事業に同調した人物としてすでに触れたところである。さらに一九一九年一二月には正式な委員に加えて、執行書記としてアーバン・リーグ調査局のチャールズ・ジョンソンらが就任し、調査事業の実務を取り仕切ることになる。人種関係委員会は一九二一年一二月まで二年以上にわたって活動し、翌二二年に最終報告書『ニグロ・イン・シカゴ』を刊行する。

なお、丸二年におよぶ委員会の活動はすべてローゼンヴォルド財団の私的な資金で賄われていた。委員の任命者

資料1　シカゴ人種関係委員会，研究スタッフの構成

・フランシス・シェパードソン（Francis W. Shepardson）：委員長代行／州登録・教育ディレクター，元シカゴ大学教授，ローデン イリノイ州政の人種関係アドバイザー

<u>白人代表</u>
・エドガー・バンクロフト（Edgar A. Bancroft）：委員長，元シカゴ法曹協会会長，タスキーギ協会理事
・ジュリアス・ローゼンウォルド（Julius Rosenwald）：シアーズ・ローバック社長，ローゼンウォルド財団理事長，タスキーギ協会理事，元国防会議諮問委員
・ウィリアム・ボンド（William S. Bond）：不動産業，シカゴ大学理事
・エドワード・ブラウン（Edward O. Brown）：弁護士，前 NAACP シカゴ支部長，シカゴ・アーバンリーグ
・ヴィクター・ローソン（Victor F. Lawson）：『シカゴ・デイリー・ニュース（*Chicago Daily News*）』紙社主
・ハリー・ケリー（Harry E. Kelly）：弁護士

<u>黒人代表</u>
・ロバート・アボット（Robert S. Abbott）：『シカゴ・ディフェンダー（*Chicago Defender*）』紙
・ジョージ・ホール（George C. Hall）：医師，シカゴ・アーバン・リーグ副会長，タスキーギ協会幹部
・エドワード・モリス（Edward H. Morris）：弁護士
・アデルバート・ロバーツ（Adelbert H. Roberts）：弁護士
・ジョージ・ジャクソン（George H. Jackson）：不動産業者
・レイシー・ウィリアムズ（Lacy K. Williams）：バプティスト派教会牧師

<u>事務局（執行書記）</u>
・グラハム・ロメイン・テイラー（Graham Romeyn Taylor）：シカゴ・コモンズ・セツルメント創設者グラハム・テイラー（Graham Taylor）の息子
・チャールズ・ジョンソン（Charles S. Johnson）：ロバート・パークの大学院生／シカゴ・アーバン・リーグ研究員／調査計画立案

<u>研究スタッフ</u>
・テイラーとジョンソンが採用した18名（白人，黒人同数）
内訳は，ソーシャルワーカー（赤十字，アーバン・リーグ）等，3名はパークの大学院生
・報告書作成スタッフ：さらに7名追加（うち3名はパークの大学院生）

出典）The Chicago Commission on Race Relations, *The Negro in Chicago : A Study of Race Relations and A Race Riot* (University of Chicago Press, 1922), pp. xv–xix.

であるイリノイ州知事の権威と、研究大学シカゴ大学の実践的学知とが、全米を代表する慈善財団の経済支援によって結合し政策立案を行う形式は、オリビエ・ザンツが二〇世紀アメリカの政策形成モデルとして描いた産（財団）・官・学三位一体の制度的マトリクス（institutional matrix）にも似ている。人種関係委員会の体現した公的な「暴力」が、厳密に言うと、その主体を同時代のマックス・ウェーバーが当然視した国民国家ではなく、州レベルに求めたことに、この時期のアメリカ連邦制のなお分権的な性格を留保するとしても、ここにもある種の公なるものによる暴力の独占と安定的秩序構築の様式が現れていたことは確かであろう[37]。

5　シカゴ人種関係委員会の活動

以下、シカゴ人種関係委員会（CCRR）文書に残された議事録と関連資料を手がかりに、やや詳しくCCRRの活動を跡づけておきたい。CCRRの全体会議は、一九一九年一〇月九日の第一回に始まり、翌二〇年一二月二八日の最終回まで計一八回開かれている。当初は月数回のハイペースで集中的に諸問題の検討がなされ、一九年の終わりまでにすでに一〇回をこなしていた。翌年は、会議のペースは落ちるが六月一六日の第一六回までは月一回のペースで進み、実質的な調査検討はこの段階で終わっている。

まず、一九年一〇月に行われた第一回から第三回の会議は、主に具体的な社会調査を組織する執行書記の人選を行った。ロバート・パークらの名前が取りざたされたが、第二回会議にはチャールズ・ジョンソンの売り込みがあり、早くも調査計画の概要が提案されている[38]。その後、一一月一三日の第五回会議では、先に触れた一一月三日付の検死陪審報告書が時間をかけて検討された。同報告の全文の写しが委員全員に配布されたうえ、委員長代行シェパードソンがこれを読み上げている。また後述する同報告の勧告部分については、とくにその抜粋が議事録に転載されている。検死陪審の事実認定と暴動の原因に関する認識がいかに深刻に捉えられていたかがわかる。(39)

続く、一二月四日の第八回から翌一九二〇年一月八日の第一一回にかけての四回の会議では、①ハイドパーク・ケンウッド住宅所有者協会の活動、②陸軍情報部の暴動報告、の二点に注目してかなり突っ込んだ討議がなされた。まず、前者の問題について、第八回会議で「いわゆる黒人の侵略に抵抗する」住宅所有者協会の集会に調査員を派遣した旨が紹介され、第九回会議ではその会合での速記録が提出された。さらに一二月一八日の第一〇回会議では、このハイドパーク・ケンウッド住宅所有者協会が発行する『住宅所有者雑誌』についても注意が喚起された。さらに続く第一一回会議では、同雑誌の第一巻第八号の内容がサンプルとして提出された。議事録にも残された抜粋の中には、「(ハイドパークという) 最高のクラスの居住区が三九丁目の北からの望ましからざる人間たちの侵略により、甚大な被害にさらされている……、人の財産を棄損し、その価値を破壊することは強盗に等しい」といった表現が見られる。(40)

また、後者の陸軍情報部の報告とは、同部の在シカゴ事務所が人種関係委員会に供与した極秘文書のことで、暴動に関する軍当局の懸念が表明されていた。第八回会議議事録に残された抜粋によると、その概要は次のとおりだった――暴動の原因は住宅問題をめぐる人種間対立にある、しかし、急進主義者による黒人の扇動も重要である、具体的には一九一七年秋のストックヤーズ食肉加工業ストの折に、ウィリアム・Z・フォスター（後のアメリカ共産党委員長）が黒人労働者に影響力を広めた、またシカゴの黒人労働者はＩＷＷの影響も受けている、と。(41) ＣＣＲは、この「レッド・スケア」の文脈から語られる、黒人発の騒擾という観点を全く排除したわけではなく、例えば、ワシントン、シカゴ、ノクスヴィルと続く一連の人種暴動がボリシェヴィキの黒人向けプロパガンダの成果であったと報じた一一月五日付の『シカゴ・デイリー・ニュース』紙をファイルするなど、検討の対象としている。(42)

実際、客観的な情勢からしても、シカゴ暴動が急進的な労働運動と全く無関係だったわけではない。暴動が発生したシカゴ南部では、当時食肉加工業での黒人労働者の組織化が政治問題化していた。一般には黒人移住者の労組嫌いが、シカゴ労働運動の脆弱性の原因としてよく語られる。しかし、シカゴ労働党が発行する週刊誌『ニュー・マジョリティ』の伝えるところによれば、暴動直前の一九一九年七月六日（日曜日）、フォスターとジョン・フィッツパトリック率いるストックヤーズ労働評議会（SLC）が、移民居住区とブラックベルトの境界地点でもある三五丁目・ラサール通りのビュートナー公園で集会を開いている。演壇に立ったSLCのJ・W・ジョストナー書記は、「皆さんは、顔の色が白かろうが黒かろうが、みな同じ人間として、肩を組み合って立っています」と語った。『ニュー・マジョリティ』誌は「これほどコスモポリタンなグループが友愛（brotherhood）という、共通の言葉のもとに参集したのはシカゴでは例がない」と書いたが、事実この集会には、イギリスの労働組合会議（Trade Union Congress）から滞米中のマーガレット・ボンドフィールドが招かれ、SLCのポーランド系オルグのジョン・キクルスキは、聴衆に含まれるポーランド移民労働者に向けてポーランド語の演説を行った。そして集会後、SLCは黒人の居住区に入り組合加入を勧めるデモ行進を行っている[43]。

数週間後に勃発した人種暴動は、そうした黒人移住者とヨーロッパ移民の両方を組織しようという急進的労組の試みを粉砕した。それゆえ、シカゴ労働総同盟が暴動直後に出した声明は次のように経営者を批判するものだった。「シカゴの精肉業者の私利私欲こそが……人種暴動に責任がある。それはストックヤーズの労働運動を解体するために彼らが意図的に仕組んだことである」と[44]。もとより、人種関係委員会もこうした人種やエスニシティで分断されがちなシカゴの労働運動に無知だったわけではない。CCRRのフィールド調査でも六つの調査領域のひとつに「産業」が選ばれ、詳しい聞き取り調査を関係者から行っている。しかし、CCRRの基本スタンスはSLCの運動に批判的で、調査者の主たる関心は、「スト破り」としての黒人労働者イメージと労働組合における人種差別の実態にあった。そのことは、アーバン・リーグがその資金の大半を財界の寄付に頼り、黒人移住者の適応と秩序維持を大命題とする運動だったことと無縁ではないかもしれない[45]。

しかし、そうした事実をふまえてなお、暴動のより直接的な契機としては、住宅と居住区の問題が大きかった。それは、すでに見た暴動以前から続く、物理的なテロ行為の蛮行が示すところでもある。人種関係委員会（CCRR）もまたそうした見方をしていた。議事録を通読するかぎり、一九二〇年初頭の段階でCCRRが暴動の原因として最重要視していたのは、白人の住宅所有者協会の活動である。一月八日の第一一回会議では、ジョージ・ホール委員が、陸軍情報部の報告に引きつけて、「情報部は『住宅所有者雑誌』のごときメディアの扇動的な言辞とそれが人種トラブルを喚起する効果を知っていたはずだ。今の人種状況にあっては、そのような言葉を用いる者こそ真の赤である」という趣旨の発言をした。またこの会議では、ローゼンウォルド委員も同雑誌の有害性を指摘し、郵政長官にその第二種郵便特権の妥当性を問い合わせたいと発言していた[46]。

さてこの間、CCRRは待望の執行書記の人選を終えて、新任のチャールズ・ジョンソンが提案する、①人種衝突、②住宅、③産業、④犯罪と警察、⑤人種コンタクト、⑥世論、の六領域について社会調査の準備に取り掛かっている。この過程で、CCRR執行書記は、シカゴの既存の社会科学アカデミズムと密接な連絡を取っていた。CCRR会議議事録によると、少なくとも次の学識経験者と事前に面談し、調査計画が練られていたことがわかる。ロバート・パーク（シカゴ大学社会学部）、アンソニー・バージェス（同）、ソフォニスバ・ブレッキンリッジ（シカゴ大学市民・博愛学部）、エディス・アボット（同）、カール・サンドバーグ（作家、シカゴ・デイリー・ニュース）、チャールズ・メリアム（シカゴ大学政治学部）、アーノルド・ヒル（シカゴ・アーバン・リーグ）、メアリー・マクダウェル（シカゴ大学セツルメント）[47]。実際の調査にあたった研究スタッフも、このやりとりの中で、ブレッキンリッジとパークが紹介した大学院生から選任された。特にパーク研究室はジョンソンを含めて七名の大学院生を出し、指導教官は報告書執筆時にも定期的に面談を続けるなど絶大な影響力を発揮していた。このCCRRの調査部門は、二〇年三月には活動を本格化し、専門家・関係者の公聴会、大規模な聞き取り調査を行うとともに、アーバン・リーグや連邦センサス局から提供された統計資料も活用して、同年一一月に調査を完了することになる。

6　居住区の人種隔離へ

CCRRの議事録と関連資料をつぶさに見ていくと、CCRRを取り巻く環境の変化とともに、その人種暴力に対するスタンスが微妙に変わっていくことがわかる。おそらく転機となるのは、一九二〇年二月頃である。うえに見たように、当初CCRRはハイドパーク・ケンウッド住宅所有者協会らが唱える暴力的な人種分離論に否定的であった。CCRRは二〇年春になお、不動産団体でもよりリベラルな立場の『不動産ニュース』誌などを収集し、居住区の隔離に抗する論理を求めていた。例えば、CCRR文書にファイルされた同誌の二〇年二月号は、住宅所有者協会を批判する記事で埋め尽くされている。「特定の人種の市民が不動産を売買、貸借するのを拒む目的でつくられたいかなる協会も、無法な結社であり……そうした行いは陰謀行為にあたり、刑法の処罰対象である」と論じる同誌は、そもそも居住区の隔離政策は憲法修正第一四条と一八七〇年市民権法に反する行為であると主張した。加えて、黒人の転入が近隣の不動産価値を毀損するとする言説自体を根拠がないとしりぞけ、ハイドパークで起こっている地価下落は、近年のストックヤーズ食肉工場の膨張や鉄道の増発、そして新たな自動車工場の立地によるものだと述べている[48]。

しかし、この二〇年二月の末頃からCCRR委員の態度には微妙な変化が現れていた。それが、最初に表面化したのは、二四日シェパードソン委員長代理がシティ・クラブで語った「知的隔離」なる議論である。この日、シェパードソンは、CCRの業務が一向に進展しないと苛立ちを見せ、事態の打開に向けての「私案のひとつ」として「サウスサイドといわゆるブラックベルトの再開発」に触れている。つまり、現在のブラックベルト住環境の悪化のために、黒人が「シカゴの中で最も住みたくない場所（ハイドパーク）に押し出されている。その結果、黒人が自分と同じ人種の中で暮らせるような知的隔離（intelligent segregation）が行えていない」というのである。シェパードソンはさらに続けて、「黒人はシカゴ中に散らばりたいのではない。彼ら（中産階級の黒人）は清潔な場所を求めているのだ。彼らの居住区を奇麗にする方法を開発するのは我々次第だ」と述べている。[49] これは第3章で見たコムストックのブラックベルト調査以来、シカゴの言論界で何度となく現れる主張――黒人中産階級のニーズを満たすブラックベルト内の住環境改善を行うことで人種混住を回避するという議論への回帰でもある。

シェパードソンがこの会見の中でCCRの活動が遅滞している原因として挙げているのは、人種感情の悪化、特に爆弾テロの復活である。これに触れて彼は次のように語っていた。「今や最悪の状況にある。実際、シカゴは火山のうえにぎこちなく座っているようなものだ。現在とそして将来のために、細心の注意を払わなくてはならない。[50]」

すでに一九二〇年一月二三日の第一二回CCR会議で、人種憎悪の高まりを示す不吉な動向として、サウスサイドの小学校の黒人臨時教員が白人児童から授業のボイコットを受けたという報告があったが、二月以降、より直接的な暴力である爆弾事件が暴動直前の時期を上回る頻度で再開されていた。[51] サウスサイドの人種分離に公然と異議を唱えた黒人実業家ジェシー・ビンガの自宅は再度テロの標的にされた。ビンガは総計六度の爆弾攻撃を受けることになる。シェパードソンの「知的隔離」論はこうした展開を背景とするものであった。

ところで、シカゴでの人種隔離の議論自体はここに始まったものではない。まだ第一次大戦中の一九一八年八月には、シカゴ市教育長のマックス・ロエブが公立小学校内の人種対立を解消すべく、学校の人種分離を提案し、多くの校長がこれに同調するという事件が起こっている。この話は一種のスキャンダルとしてメディアに喧伝され、隔離が実現することはなかった[52]。だが、黒人移住者の急増を背景に、人種間憎悪が社会問題視されるたびに、この手の話が何度も浮上した。人種暴動後も、本章の冒頭で取り上げた二つの陪審報告書は、いずれも暴動再発の防止策として、「自発的隔離（voluntary segregation）」を推奨していた。まず一九一九年八月の大陪審報告は次のように論じる。「黒人は、白人と混住するよりも黒人同士で住みたいのだから、適切な住宅設備と十分な住区が供給されれば、彼らは自発的に自らを隔離するであろう。」また一一月の検死陪審報告も簡潔に、「黒人の住区を拡大し、衛生状態を改善すれば困難が一部解決されよう。自発的な隔離がこれに続くと考えられ、そうなれば混乱の原因は相当程度取り除かれるだろう」と述べていた[53]。特に後者の検死陪審報告の勧告文は、マスメディアも注目するところであり、一九年一一月五日付の『シカゴ・デイリー・トリビューン』紙は「暴動陪審、協定による人種分離（separation by agreement）を推奨」という見出しで大きく報道していた[54]。発足当初のCCRRが、これら陪審報告を暴動に関する基本的な情報源として重視していたことは先に述べたが、一九二〇年春以降も再度この文書が参照されている。三月の「人種衝突」研究部会は、検死陪審資料を綿密に再検証しているし、七月のCCRR会合では、大陪審報告が今一度委員に配布され、さらに陪審長のアルバート・ピックを召喚して意見交換の場を持っている[55]。

「知的隔離」、「自発的隔離」、あるいは「協定による分離」。いずれにしても、このアイデアの求心力の源は、それが、自らを黒人の貧困層と区別し、アメリカ的生活水準への「適応」と「同化」を目指そうとした黒人中産階級の潜在的願望に応えていたことである。爆弾テロが激しさを増した二〇年二月、黒人新聞『シカゴ・ディフェンダー』紙は、ついに黒人市議L・B・アンダーソンの次のような論説を掲載した。「私が接触した黒人の大半は、本当は黒人だけからなる地区に住みたいと思っている。そもそも黒人は無差別に白人と混ざりたいわけではない。しかし、彼らも屋根のある家に住まなくてはならない。……黒人は生活環境を改善したいと願っている」のであり、そのためには現状では白人地区に住居を求めざるを得ないではないか、と。[56]

ＣＣＲＲと黒人コミュニティが、人種暴動の暴力を所与の経験として受容し、そのうえで新たな秩序形成に協力したとすれば、ここで言う秩序形成なるものは実際的な交渉と妥協を前提するものである。それはすなわち、次なる暴力の恐怖と人道的な黒人支援の間に横たわるリアルポリティクスの領域であった。そして、ここで注目されたのが強制によらない事実上の居住区隔離の政策だった。それこそが、再度の暴力発露を防ぐための最もプラクティカルな解決策だという認識が広く共有されつつあった。加えて言うなら、ロバート・パークに代表される、ＣＣＲＲ内のアカデミズムがこうした流れを受け入れていたことも重要である。パークの影響下に組織されたＣＣＲＲの社会調査部門が活動を開始するのは、偶然この二〇年二〜三月に符合するのだが、彼らが奉じた「人の移動」と都市生態学の学知は、すでに見たように同化、適応と秩序維持のための暫定的な分離を排除しなかった。

だが、『シカゴ・デイリー・トリビューン』紙の言う黒人と白人のエリート間の「協定」ないしは「合意」が仮にそこにあったとしても、実際の都市生活において暴動再発の恐怖は容易に去らなかった。例えば、二〇年六月、黒人の分離主義者（マーカス・ガーヴェイ系アフリカ帰還運動の分派）が路上で白人を殺害する事件が起こると人種間の緊張は一気に高まった。[57] ＣＣＲＲのフィールド調査と報告書作成はそうした暴力の予感の中で進められていたのである。

7　シカゴ人種関係委員会最終報告

一九二一年一二月、シカゴ人種関係委員会は二年に及ぶ活動を終えて、全一一章、六七二頁という大部の最終報告書を上梓した。同報告書は、翌二二年『ニグロ・イン・シカゴ』というタイトルでシカゴ大学出版会から公刊されている。ジョンソンを中心に執筆されたというこの文書の構成は次のとおりである。暴動の概要（第一章）、イリノイ州での他の暴動（第二章）、南部黒人の大移動とシカゴ（第三・四章）、黒人の住宅問題（第五章）、人種間コンタクト（第六章）、犯罪と悪環境（第七章）、黒人と産業（第八章）、メディアと世論（第九・一〇章）、是正勧告（第一一章）。

CCRR最終報告は、暴動そのものの事実関係については、ほぼ大陪審、検死陪審の捜査結果に依拠している。それによると、暴徒の中核は、両人種の不良（hoodlum）であり、特に悪質だったのは「アスレチック・クラブ」と称する白人のギャングだったと同定された。このギャングは、多様なヨーロッパ系移民二世世代から成り、その多くは未成年だったという。また、最も代表的なものとして、アイルランド系の名前を持つリーガンズ・コルツ団が挙げられ、暴動一週間後に起こったバックオヴザヤーズ（リトアニア人街）の放火事件も彼らが黒人の犯行を偽装して行ったものだと断じていた(58)。

このように、同報告書は全体として、白人側の暴力を強調する内容であったが、それにもかかわらず、暴動の原因自体は主として黒人側の事情に求められていた。書物の構成が示すように、同書は「黒人問題」の研究という性格が強く、例えばシカゴの住宅、犯罪等の状況を論じた第五章や第六章では、延々とブラックベルトの貧困が記述されているのであり、暴動の主力たる白人不良の生活環境が分析されることはない。社会問題の元凶を探ろうとする眼差しは、常に黒人住民の方に向いている。この点は『ニグロ・イン・シカゴ』という書物の無視できない特色として、指摘せざるを得ない。

また、黒人の貧困が主に、地理的な住み分けと不動産価値の観点から検討されているのも特徴的である。同書は言う。「調和を欠いた土地利用から来る、不動産の荒廃を防ぐべく」、「ゾーニングの推進」が必要なのではないかと。この見方は、先に見たパークやバージェスの都市生態学で「遷移帯」をいかに社会的に管理するかという議論と通底するものであり、都市の分画化を肯定的に評価するものであった。その後の展開をやや先取りして言うと、シカゴ市は一九二三年の連邦都市区画授権法の成立を受けて、初のゾーニング条例を成立させる。それは建物の高さ、間口の広さを管理する、特定地区の物理的環境の保全策であったが、こうした規制はそもそも同質的な近隣の形成を目指すものであり、翻って都市全体として見た場合、階級と人種による居住分離を促すことは言うまでもない[59]。

さて、ここで同書最終章に掲げられた五九項目にわたる是正勧告に注目し、人種関係委員会の改革案の概要を検討しておこう。資料2の抄訳を参照しながらその内容を検討してみよう。かつて、アンソニー・プラットは一九六八年の研究で、二〇世紀の多様な暴動委員会が作成してきた勧告文は一般的に言って統制と改革の両面を併せ持つと概括したが、一九二一年のシカゴ勧告にもこれは当てはまる。すなわち、冒頭の第一項から第一五項は警察、州兵といった暴力装置の強化と社会統制に関わる主張であり、第一六項以降が暴動の原因除去を目指す社会改革要求であった。改革案の中で非常に顕著なことは、ロバート・パークとシカゴ学派社会学の影響を思わせる、人種間の協調や共通理解、そして「適応」を唱道する立場である。前文や、教育委員会に求めた第一九項や第二〇項、白人公衆向けの第三二項、第三六項、黒人に投げかけた第四二項、さらには新聞に対する第五九項などがこれにあたる。この背景には、人種憎悪を自然的なものとしたり、人種の差異を生物学的なものとする立場を排し、いわゆる黒人

資料 2　シカゴ人種関係委員会是正勧告（1921 年 12 月 6 日）

前文

「……両人種間の相互理解と共感に調和と協調が続く。しかし，これらは偏見が消えてから初めて到来するのだ……」

警察，州兵，州司法，裁判所に対して

〈暴動への対処〉

1. 警察，州兵による迅速な……共同行動による暴動抑止を行うこと
2. 上のプランを進めるにあたり以下の事項を勧告
   a）黒人と白人から成る州民兵は，暴動勃発後ただちに組織されるものとする
   b）白人と黒人の警察，保安官代理，州兵を適切に配置すること
   1919 年暴動で，白人地区の黒人に対して行われた殺人を含む破壊行為や白人不良（hoodlums）の黒人地区襲撃を容認した不平等な保護を改め，両人種を適切に保護すること
3. 肌の色に関係なく，暴動に関与した者は皆逮捕され，迅速に処罰を受けるべきである

〈取締りの強化——以下の対策を行う〉

4. 警察，州司法，裁判所による黒人への爆弾攻撃抑止
5. 警察，州司法，裁判官，陪審員による公正・公平な（差別のない）法執行
7. 当局による黒人居住区内の歓楽街の取り締まり　8. 公園とビーチの監視

市議会，行政委員会，公園委員会，市公園・ビーチ局に対して

11. 銃の販売，所持の徹底的な規制を行うこと
12. 「アスレチック・クラブ」の監視，登録制を導入すること
14. 黒人地区において，衛生基準を遵守させること
15. 黒人地区に両人種が利用可能な娯楽センターを設立すること

教育委員会に対して

16. 黒人地区に小学校を増設し，設備改善を行うこと
17. 黒人地区に夜間学校やコミュニティ・センターを設立すること
18. 黒人児童に対する義務教育を徹底すること
19. 校長や教師の態度は，公立学校での黒人，白人児童の関係に大きな影響力を持つので，学校内の良い人種関係の推進に共感し，知的関心を持つ校長や教師を任命すること
20. 学校とコミュニティでの人種関係の改善と相互理解を進める手段としての生徒活動に，両人種の生徒が参加するよう，校長や教師は奨励すべきである

ソーシャル・市民団体，労働組合，教会に対して

21. 黒人への反感は，事実や正義に基づかない伝統の上にあるので……相互の寛容と友愛を助長させること
23. 黒人コミュニティでのソーシャル団体の活動を奨励すること（25. ソーシャル団体は少年非行問題などに貢献する）
26. 市内の公的レクリエーション施設で働くための訓練の機会を黒人にも与えること

公衆一般に対して

27. 強制的な立ち退き（deportation）や人種隔離（segregation）といったアプローチは違法であり，実施不可能である。それは，人種問題を解決せず，むしろ激化させるのであり，適応のプロセスによる正しく秩序だった解決を先に引き延ばすことになる……全市民が人種関係における強制と暴力の行使，敵意と憎悪の精神に反対する
29. 文化的・協調的努力の中での人種コンタクトを称賛する

31. 両人種を代表する恒常的な地域制度を創設し……人種関係の改善に努めること

白人公衆に対して
〈混住地区での人種適応〉
32. 近隣に黒人が存在することが，必ずしも人種感情の原因ではない
〈人種隔離（segregation）によらない，よりよい黒人住宅の提供〉
33. 「住宅の質量両面での不十分さがシカゴでの人種問題の最重要ファクターである。……黒人の強制的隔離や排斥を目指す手法……は，この状況をかえって悪化させるだろう。……全白人市民がこのような無益で有害，無法な行為を抑止し，破壊的な方法ではなく建設的な方法で住宅問題を解決する運動に参加せよ」
34. 不動産価値の下落は，黒人が近隣にいることだけが原因ではない
36. 白人は，黒人の特徴や性格を判断するにあたり，責任ある黒人から情報を求めよ

黒人公衆に対して
37. 人種憎悪を煽り，人を暴力へ駆り立てるプロパガンダや扇動を抑えよ
39. 黒人コミュニティは，ソーシャル団体の設立，拡充によって娯楽活動を促進すべきである
40. 黒人居住区での社会浄化活動を推進せよ
41. シカゴ・アーバン・リーグや黒人教会，その他の団体が，南部からの黒人移住者の適応（シカゴでの生活への）を助けたことは称賛に値する。かかる活動のさらなる拡大を勧奨する
〈人種の誇り〉
42. 黒人の人種プライドを適切なもので，社会的価値あるものと認めるが，あまりにも人種の言葉でばかり考え，話すことは人種の分離につながり人種適応を妨げることになる
〈黒人労働者問題〉
44. 黒人は白人従業員と緊密に連携しながら働いており，両者の間に摩擦は見られない
45. 黒人が雇用される分野，ポストを拡大すること　　46. 昇進差別を撤廃すること
47. スト破りとしての黒人の一時雇用が見られる
49. 産業内での人種平和を推進すること

黒人労働者へ
51. 人種分離の労組より，両人種に開かれている労組への加入を勧める
53. 黒人は職業訓練の機会を利用すべきである
54. 単純労働にいそしむ黒人は，熟練職能の学習をすべきである

路面電車会社へ
55. 車掌と機関士は乗客保護のための研修を受けること

レストラン，劇場，店舗，その他の公共施設
57. 黒人は，法令により，公共施設で他の人々と同じ扱いを受ける資格がある

新聞メディアに対して
58. 外国語を含む新聞は黒人について報道する場合も白人の場合と同じ正確さ，公正さ，バランスの基準に従い，誇張を避けよ（黒人の犯罪が強調される傾向がある）
59. 黒人メディアは，自身の社会的・経済的発展のため，人種間の適応を早めるために黒人読者を教育せよ

出典）The Chicago Commission on Race Relations, *The Negro in Chicago : A Study of Race Relations and A Race Riot* (University of Chicago Press, 1922), pp. 640–651.

問題に社会的・心理的アプローチが必須であることを説く文化主義的（culturalist）人種観が見て取れる。[60]

ただし、人種の寛容と統合の可能性を説くリベラルな報告書が、結果として、その後に人種融和のための一本の州法、市条例にも結実しなかったことも事実である。また、そもそも人種関係委員会報告は、同委員会を立ち上げ、資金を提供したシカゴの支配的政治構造を批判する部分を持たなかったし、さらに、最大の争点であった居住区、生活空間の人種的編成の問題については極めて曖昧な表現が記されていた。[61] 勧告の第三三項の文言、すなわち、「住宅の質量両面での不十分さがシカゴでの人種問題の最重要ファクターである。……黒人の強制的隔離や排斥を目指す手法……は、この状況をかえって悪化させるだろう。……全白人市民がこのような無益で有害、無法な行為を抑止し、破壊的な方法ではなく建設的な方法で住宅問題を解決する運動に参加せよ」という言葉は、この間の白人のテロの激化とブラックベルト再開発問題の展開を考え合わせたとき、どのように読むことができるだろうか。端的に言って、社会改革の一環として、強制的ではない隔離の可能性を示唆する言葉と受け取ることもできるだろう。[62] これには、黒人コミュニティの一部にも不満があったようで、黒人側委員の一人エドワード・モリスは理由らしい理由を明かさぬまま最終報告案への署名を拒んでいた。

8　「事実上の」分離をどう見るか

一九一九年のシカゴ人種暴動とその後の人種関係委員会の活動を詳細に見てきたが、この間の暴力は一体何を変える力であり、歴史的に見ていかなるルールを措定したのか、あらためて問うてみよう。

暴動二日目の一九年七月二八日付の『シカゴ・デイリー・トリビューン』紙は、人気漫画家ジョン・マカチョン

The color line has reached the north.

図8 『シカゴ・デイリー・トリビューン』紙（1919年7月28日）の挿絵

出典）James R. Grossman, et al., eds., *The Encyclopedia of Chicago* (University of Chicago Press, 2004), p. 203.

の手になる印象的な風刺画（図8）を掲載している。ミシガン湖上にはるか沖へ向かってロープが伸びており、その南側と北側に黒人と白人の男女が分かれて対峙し、にらみ合っているという構図だった。注目すべきは風刺画のキャプション、「カラーラインが北部に到達した」という言葉である。代表的な公共スペースたる湖面の帰属をめぐって、非公式の人種境界線が引かれていく様子を示したこの画は、まさにそのような人種分離のルールが、新たに南部から北部に到来したのだという人々の感慨を表していた[63]。

　同様の認識は他の多くのメディアにも散見される。例えば、人種関係委員会報告が公刊された直後の一九二三年一月、『黒人史評論』誌に面白い書評が掲載されている。同書評には次のような一節が見られた。「この報告書は、ひとつの重要な暴動の原因を見逃している。それは、大戦期の労働力不足による多くのプア・ホワイトの北上である。この南部人が北部に、彼らの黒人抑圧の思想を持ち込みシカゴの状況を激化させたのだ」と[64]。南部白人の大量北上とはかなりの誇張を含む表現だが、この記述には同時代の観察者の率直な印象が表現されている。それはつまり、暴動とその後処理の中で、北部大都市の南部化、すなわちカラーラインの全国化現象が起こったという見方である。

　いずれにせよ、暴動は結果として、北部都市シカゴでの白人と黒人の「社会的な平等」をほとんど期待できないレベルにまで後退させてしまった。黒人労働者の労働組合への組織化は以後一〇年以上停滞し、黒人移住者は毎週の礼拝から互助活動、私的な交際においてさえ、白人住民と隔絶されてしまう。そしてなによりも、両人種の居住区の厳格な分離——より正確に言うと——各居住区の人種的純化とも言いうる状況が生み出されていった。CCRR最終報告には、一九一〇年と二〇年における街区ごとの白人と黒人の占有率を示した地図が添付されている（図9、10）。例えば、これらを比較してわかるのは、この一〇年間でブラックベルトの内部で黒人の占有率が二〇〜四〇％の街区が激減していることである。[65] 歴史学者のアラン・スピアーの言葉を借りると、「ブラックベルトはかつては、人種混合的な近隣を含んでいたが、今や黒人だけの地区になった。同時にブラックベルトを取り囲む近隣は白人だけになってしまった」のである。[66]

シカゴでは、前述のカラーブラインドな都市ゾーニングの影響に加え、一九二〇年代後半から、人種制限的不動産約款の慣行が急速に広まったことで、事実上の人種隔離が恒常化していくことになる。制限的不動産約款とは、一定の居住区画内の一定比率以上の住民が参加することで「望ましからざる」転入希望者（この場合は黒人）に不動産を売却しないことを誓い合う契約付帯条項である。この約款はブラックベルトに隣接するハイド・パーク地区の九五％、シカゴ市全体でも四分の三の領域をカヴァーしたと見られ、少なくとも一九五〇年代まで、かの理不尽な暴力で引かれた人種の境界線を維持する制度となった。[67] 再び一九七〇年のスピアーの著作を引くなら、「ブラックベルトほど、過去五〇年間に変化しなかった地区はない。市内のアイルランド人、ポーランド人、ユダヤ人、そしてイタリア人の地区が瓦解し、あるいは郊外で新しい形態へと展開したのに対し、黒人ゲットーは昔のままなのである」と。[68]

このスピアーの言葉は、カラーラインの構築と並行して進むヨーロッパ系エスニックの「統合」の側面にも触れている点で重要である。ここではほとんど書くことができなかったが、一九一九年のシカゴ暴動は移民のコミュニティ形成や集合的アイデンティティを考える際にも無視できない事象である。近年、冒頭でも触れたパシーガやガグルモの社会史的アプローチが、新来の南・東欧系移民の人種化という文脈から一九年暴動に注目しているが、彼らの主張の柱は、この人種暴力の主たる担い手が、すでにアメリカ化し中産階級化しつつあったアイルランド系アメリカ人であって、新移民たるポーランド人やイタリア人の暴動への関与は薄かったというものである。アメリカに固有の人種規範に適応して白人としての意識を確立することを重要な同化のプロセスと考え、当時の南・東欧系移民にある種の「中間性」を見出そうとする立場である[69]。

しかし、実際に暴動に参加したのは誰で、その目的は何だったのかを実証的に同定するのは極めて難しい。たしかに、暴力沙汰が頻発した地区は、アイルランド人の住区とブラックベルトとの境界領域が多く、ギャングの構成員にもアイルランド系がいたことは指摘されてきた。またパシーガなどは、シカゴ市住所録に現れるホワイトカラーの氏名とアイルランド系の逮捕者名がしばしば符合することや、黒人の襲撃に自動車がよく使用されたという事実などを挙げて、中産階級化した（自家用車を所有できるほどに）アイルランド系を主犯像として描いている[70]。だが、本章の冒頭でやや詳しく述べたように、人種暴動の群衆的擾乱は、突発的で統御不能な暴力である。そこに特定の集合的意思（例えば白人性の主張など）が働いているとみるのは無理がある。また、自動車の使用にしても、そのこと自体が加害者の経済力を示すものとは言い難い。一九年の検死陪審はギャングの不良たちを「自動車泥棒の予備軍」と名指しているのである[71]。

だが一方で、暴力の行為者の出自とその意図が不詳であったとしても、暴力の事実とその結果の享受のされ方には、また別のリアリティがあったことも確かである。ストックヤーズ地区で、暴動の推移を見守っていたシカゴ大学セツルメントのメアリー・マクダウェルは、「私のポーランド系の隣人たちは暴動に加担しなかった……。我々の自家製の人種偏見が外国人の子供たちに影響を与えるのであり、このアメリカの強迫観念は彼らが持ち込んだも

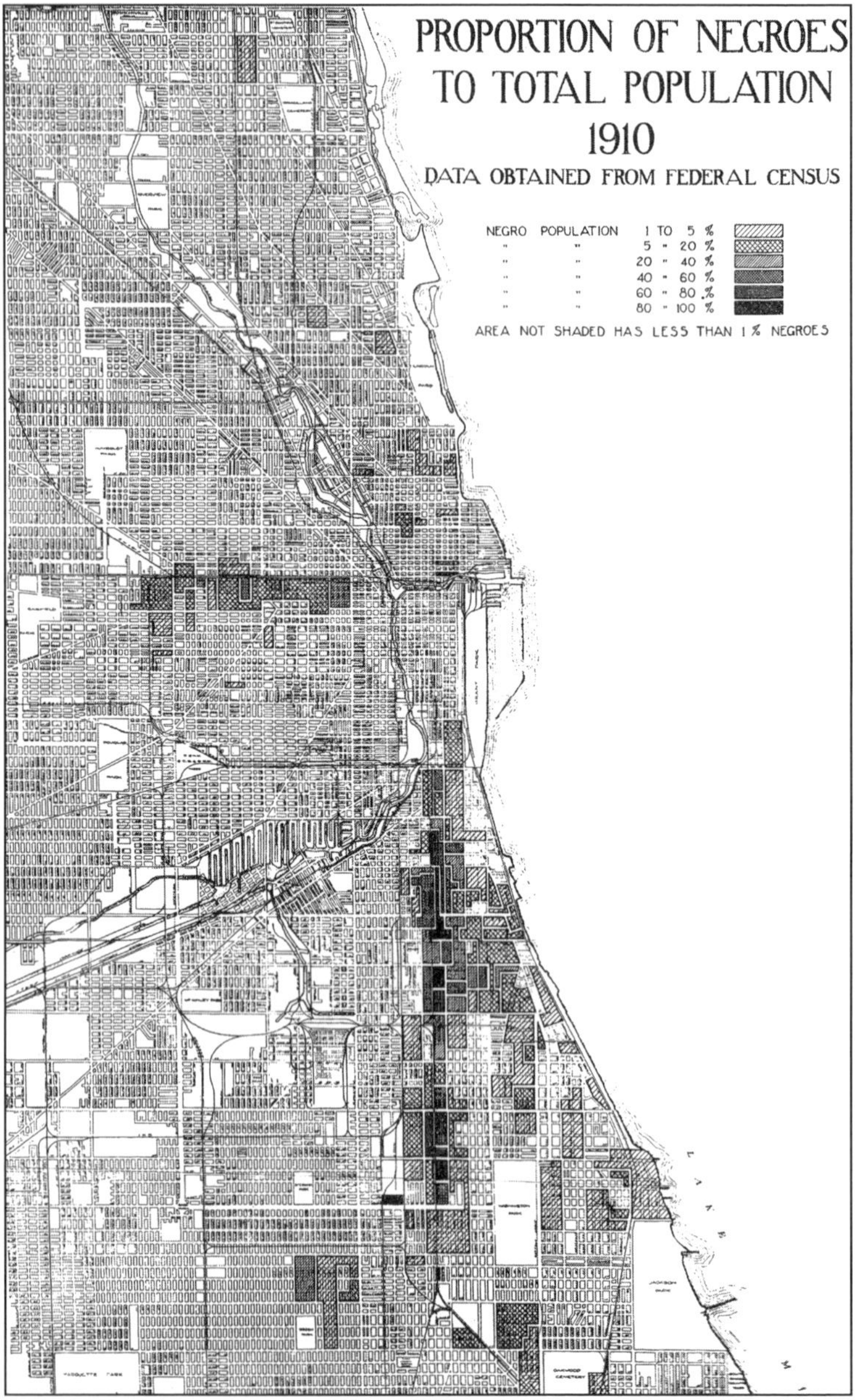

図 **9**　CCRR 報告書　ブラックベルトの人種混住・分離（1910 年）

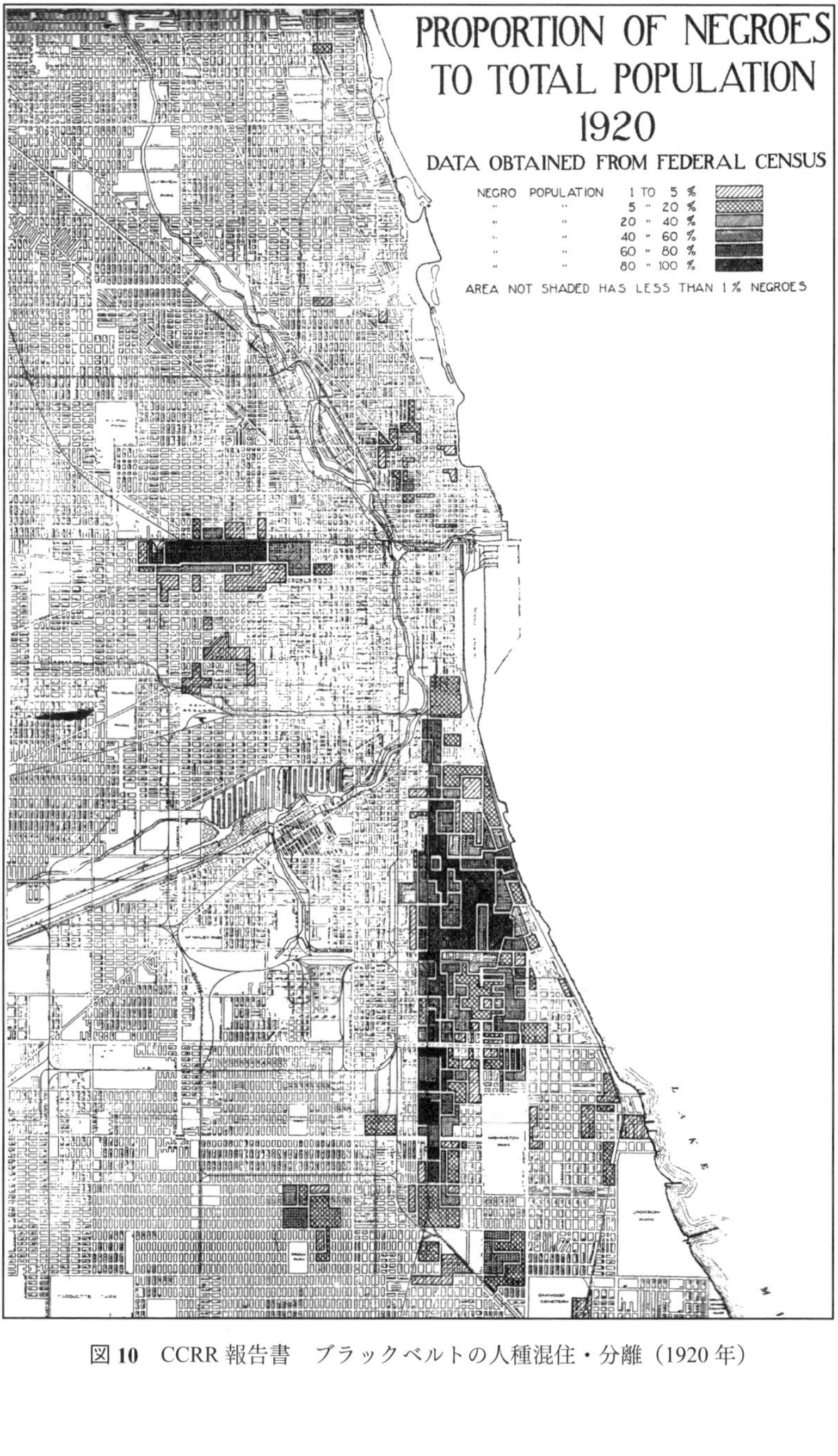

図 10　CCRR 報告書　ブラックベルトの人種混住・分離（1920 年）

のでは決してないからだ」と語っていたが、暴動後の一九二〇年代後半に、この「外国人の子供たち」(移民二世世代)の多くが郊外に移り住み、人種制限約款の締結者となった[72]。一週間に及ぶ戦慄の暴動体験と「自発的隔離」を認めたCCRRの秩序形成が、移民の白人性構築に寄与したと見るのは大筋で首肯できる議論である。

しかしなお、繰り返しになるが、人種暴動のごとき理不尽な暴力の原因を、エスニックな帰属や地位不安に還元するのには慎重でなくてはならない。以下の引用は、管見のかぎり先行研究で参照されたことのない、暴動直後のアイルランド系新聞の社説である。「この国は黒人に対するこれまでの罪を償わねばならない。その間、我々は忍耐を学ばなくてはならない。暴力によっては何も得られない。黒人が近隣に住むから不動産の価値が毀損されるというのは公正ではない。……この悪を防ぐ何らかの理解があるべきだ。しかし、暴力を許してはならない」(『シカゴ・シティズン』一九一九年八月八日付[73])。ここに表現されているのは、近隣への黒人の「侵略」に激昂するホワイト・エスニックの姿ではなく、黒人の状況に一定の理解を示しつつ、統御不能の暴力を忌避する態度である。これまで見てきたように、こうした極めて広範囲な平和形成の願望がCCRRの活動を支えていた。そして、暴力の再発を抑える、新たな知的・物理的秩序をCCRRが構築する中で、先行する理不尽な暴力に意味が与えられ、ルールの変更(自発的隔離)が抗いがたき「力」となって支配し始めたのだ。

むすびにかえて

すでに見たようにシカゴ人種関係委員会は「赤い夏」の暴力を本質的には、人種憎悪に突き動かされた若者の騒擾と見ていた。しかし、にもかかわらず、同委員会は暴動に先行する「人の移動」、すなわち南部黒人の大量移住を暴力の根源として重視していた。また、かかる人の移動が暴力につながる筋道として想定されたのは次のような展開だった。つまり、「大移動」によって、シカゴの黒人住民内に貧困問題（特に住環境問題）が発生し、そのため黒人の中の富裕層が市内の他の住区に転出する、そのことが既存のエスニックな居住パターンとの間に軋轢を生んだ、と。そうしたCCRRを支配した思考は、すでに一定の蓄積のあったシカゴの貧困研究や都市生態学を背景とするものであり、そうした都市の学知はCCRRが最終報告書で示した平和構築案に大きな影響を与えていた。それは、都市の居住構造に人為的な統御を与えることで、都市生活の安定を図ろうとするものだった。

だが、今日の目から見ると、このCCRRの秩序形成が、結果として居住区の事実上の隔離を容認したことは、ひとつの限界であったというほかない。このことを敏感に感じ取ったW・E・B・デュボイスは、一九二一年一月号のNAACP機関誌『クライシス』で、CCRRは、「狡猾に揺るぎなく人種隔離プログラムを推進しようとする黒人の敵たちで構成されている」と批判した。デュボイスの発言は、暴動再発の脅威にさらされながら両人種の和解を進め、そして何よりシカゴに住む黒人の住環境と社会的処遇の改善に尽力した現場の黒人指導者や社会活動家の複雑なあり様を理解しない頑迷な原則論者のものとも聞こえる。[74]だが一方で、暴動の再発に怯える黒人と白人の指導者が、ある種の「協定」として「自発的な隔離」を認め合ったこと、そして、人種に関する文化的アプローチから「適応」をいうシカゴ学派社会学の体系が、暴動後のリアルポリティクスの中で皮肉にもカラーラインを容認し、その長期安定的継続を支える秩序を構成したことは無視できない事実である。

実際、CCRRの遺産はその後も断続的に勃発する都市人種暴動の調停モデルとして生き続けることになる。一九三五年のハーレム暴動、四三年のデトロイト暴動後に、同様の委員会が作られたことは周知のところであるが、さらに月日を経てジョンソン政権下の六八年、ワシントンDCの暴動後に設置された、かのカーナー委員会もまたこのシカゴ委員会の系譜のうえにある。カーナー報告書に掲載された、黒人の社会心理学者ケネス・クラークによる批判的な回顧は広く知られている。「一九一九年シカゴ暴動の報告書を……読んだところ、まるで三五年ハーレム暴動の調査委員会報告を読んでいるような、ワッツ暴動のマッコーン委員会報告を読んでいるような気分になった……それは『不思議の国のアリス』のようなものだ――つまり、同じ映画が何度も見せられている。同じ分析、同じ勧告、同じ不作為である」と。[75]

一九八〇年代のシカゴ学派の後継者マーティン・バルマーは、それでもなお人種関係委員会報告に肯定的である。同報告は、「感情的になりがちな主題について高度に科学的な公平さ」を保っており「社会科学と政策イシューの関連性を明示した」からだという。だが、この「科学的中立性」なるものは、暴力の記憶が生々しい暴動直後の政治の中で、そして事実上、黒人の地位向上が白人社会の知的・経済的リソースなしに構想しえない状況にあって、いったい何を含意したのだろうか。歴史家マーロン・ロスは二〇〇四年の著作の中で次のような批判を展開した。すなわち、「バルマーは科学的公平さと白人パトロネージや人種的妥協とを切り分けて論じようとしているが、実のところ両者は深くもつれ合っている。チャールズ・ジョンソンがこうした中立的なふるまいを優先したことは、それが何であれ自らの声とアジェンダを、バイレイシャルな『協調』および学術的な協同作業……に従属させようとしたからである」と。[76]

この「バイレイシャルな『協調』と学術的な協同」こそが、暴動後の政治秩序の源泉であった。[77] 黒人社会学者ドレイクとケイトンが第二次大戦期に書いたように、暴動後の「二〇年間、シカゴ人種関係委員会の提案がアーバン・リーグやYMCAのような市民グループの活動のパターンを定めたのであり、同報告書は、ブラック・コード以来初めての、シカゴでの黒人・白人関係の公式な成文法（codification）」であった。[78] そして、すでに見たように、この二〇世紀の「法」は社会改善と自発的分離とをセットにした、「分離すれど平等」ならぬ「分離して改革」とでも言うべき思考を含んでいた。カール・サンドバーグの暴動報道をまとめた著作に序文として寄稿された、当代一の言論人ウォルター・リップマンの次の言葉は、そうした「暴力とその後」の意味を雄弁に物語る。「暴動の記録を検証すると……人種問題は、我々の無計画で、無秩序で、薄汚れた、漂流する民主主義の副産物であると結論せざるを得ない」、しかし、一方で「混合（amalgamation）は黒人にとっても白人にとっても望ましくないのだから、理想は人種並行論（race parallelism）とでも呼びうるものの中にあるように見える」、「黒人にとって、共通文明のあらゆる機構に完全にアクセスできるが、白人の天国と漂白された天使の夢を見なくてすむような関係、そんな関係を我々は黒人との間に築かねばならない」と。(79)

たしかにＣＣＲＲが形成した社会秩序は「分けること」を不可欠の統治原理とするものだった。「自発的な隔離」を認めつつも、「バイレイシャルな『協調』と学術的な協同」によって、漸進的な黒人の向上と「適応」を助けること。それ以外に、「火山に腰かけたような」暴力の予感の中で構想できる改革のヴィジョンはありえなかったかもしれない。だがいずれにせよ、リベラルな統合論者たちがこの路線を支持したことは、この分画された環境に制限された「平和」にある種の普遍性を与えることになっただろう。そして、その過程で新しい秩序の中に埋め込まれたこの「力」はもはや暴力とは認識されなくなっていく。一九二〇年代後半以降、「暴動とその後」の二つの暴力は瞬く間に「忘却」されていくであろう。この歴史が再び可視化されるのは、ＣＣＲＲの「平和」（＝人種隔離）が市民権運動の「非暴力の力」によって終わりを迎える一九六〇年代のことである。一九六八年にアーノ出版がシカゴ人種関係委員会報告『ニグロ・イン・シカゴ』を再出版したのは決して偶然ではなかった。

第10章　二〇世紀国民秩序の形成
――「出身国」とカラーライン――

はじめに

二〇世紀ナショナリズムという、「社会的な」領域を含み持つ国民形成の展開を考察する本書は、第一次大戦後、わけても一九二〇年代中葉を、ひとつの歴史的な区切り――すなわち、一九世紀末から続く一連のプロセスが、ひとつの政治秩序として結晶化してくる時期――として注目してきた。本書の主要な仮説のひとつは、かつて啓蒙の理想と市民的な紐帯を軸に発展してきたアメリカ・ナショナリズムが、工業化社会の現実の中で、深く「社会問題」にコミットするタイプの国民国家へと変容してきた――そして、その過程でアメリカのナショナル・アイデンティティは、よりエスノ・レイシャルな共同性に依拠する何かに転化していったというものである。そのように問題を立てるとき、二〇年代中葉が、いくつかの非常に重要な制度が確立した時期であることは明らかである。

ひとつは、前章でも注目したカラーラインの厳格化と全国化の流れである。連邦最高裁は、一九一七年のブキャナン対ワーリー（Buchanan v. Warley）判決で、都市の条例等による居住区の人種隔離を禁じておきながら、シカゴ暴動後に全米で叢生する人種制限的な不動産約款には甘く、一九二六年のコリガン対バックリー（Corrigan v. Buckley）判決は、これを憲法修正第一四条の定める「適正法手続き」の対象とならない「私的行為」だとして認容した。また一九二四年には、あらゆる白人と非白人の結婚を例外なく禁じたヴァージニア州人種純血法が成立している。同法は、ひとつの「モデル」となって全米の三〇の州に同様の法律が誕生する先駆けとなった(1)。

いまひとつの重要な制度的展開は、一九二四年に成立した包括的な移民法である。同法は、人種・血統としての出身国（national origin）という新しい概念を基礎に、南・東欧系移民の数を制限するものだった。この法律の詳細は後の叙述に譲るとして、さらに重要なのは、同法が出身国による移民の差異化とは別に、「帰化不能人」排斥条項と呼ばれる独立した規定を設けて、当時、第一世代の帰化が認められなかったアジア系移民の入国を全面的に禁じたことである。二四年移民法は、外国人のアメリカ社会への受け入れに際して、ヨーロッパ系移民の間に序列をつけると同時に、白人と非白人を峻別するカラーラインを内包した法令でもあった。そして、この法体系は少なくとも一九五二年と六五年の移民法改正まで、長期間持続することになる。

こうした一九二〇年代の人種主義に関して、先行研究に見られる最も代表的なアプローチは、ジョン・ハイアムの古典的研究が行った社会史的手法と、近年のメイ・ナイらによる法制史・法文化史的観点からの分析だろう(2)。前者のハイアムが重視したのは第一次大戦期に醸成された偏狭なアメリカ愛国主義（一〇〇％アメリカニズム）の問題だった。ハイアムによれば、終戦後、行き場なく鬱屈していた「嫉妬深いナショナリズム」が、一九二〇年夏以降のヨーロッパ移民再開と深刻な戦後不況の到来を機に、素朴な人種的ネイティヴィズムをはけ口として表出し、そのことがＫＫＫの台頭や一九二四年の移民制限法につながったと説明される(3)。

他方、後者のナイらは、移民法それ自体が歴史的に人種を構築してきたとする立場をとり、戦後の社会動向や政治過程についての関心は相対的に低い。ただし、ナイの研究は二四年法における、ヨーロッパ移民内部の序列化とアジア系移民禁止の論理の非対称性を重く見、実のところ、後者における民族的出自（nationality）の人種化（帰化不能性）によって、前者の総体としての白人性が担保されているという権力構造を看破していた。[4] また、ナイは二四年法の人種構築が、同法制定の二日後に創設された連邦国境警備隊（労働省の管轄）とも深く結びついていたことを示唆する。メキシコからの非合法移民の摘発、国外退去といった行政活動は、西半球からの移民とその子孫にも新たな人種的スティグマを押すことにつながったが、翻って、その過程は「非合法ではない」南・東欧系移民の地位を保障した。[5] こうしたアジアやメキシコからの移民の問題は、当初、ハイアムの研究からすっぽり抜け落ちていた論点でもあり、近年の研究の進展をうかがわせるものがある。

だがナイの研究にも問題がないわけではない。特に彼女の研究は、移民法に注目するあまり、人種構築に関わる同時代のもうひとつの重要な展開——国内の有色人差別の広がりにあまり配慮していない。制限立法を含む移民の社会統制、規律化（アメリカ化）と「有色のアメリカ人」という内的な他者創出の過程は、相互依存的な関係を維持しつつ、共に国民社会のエスノ・レイシャルな構造を形作ってきたと考えられるが、この両面を捉えた研究は意外に少ない。その意味で、二〇〇一年のマシュー・グテールによる研究は参照に値する。グテールは二四年移民法における「出身国」問題が論じられていた当時、すでに全国的な政治文化においては、カラーラインを前提としたバイレイシャルな感受性が支配的になっていたと指摘する。つまり、第一次大戦後に顕著となった南部黒人の北部への「大移動」とラディカルなニュー・ニグロ運動の台頭は、「黒人問題」を政治の最前線に押し出したのであり、長く語られてきた南・東欧系移民の脅威論は、あくまで確立された白人性内部の差異の政治に回収されていった、と。もっとも、グテールの研究は白・黒二元論的な「カラー」政治の枠組みに拘泥する面がある。ここでは、ナイが指摘したような多様なエスニシティの人種化現象——アジア系における「外国人性」、メキシコ系に押された「非合法性」の烙印など——は、ほとんど視野に入ってこない。[6]

こうした研究状況を意識しながら、本章は以下、やや遡及的にアメリカの対移民政策と二〇世紀の人種主義の関係をレヴューし、あわせて、二四年法の成立に至るナショナリズムの歴史的な文脈を考察する。蛇足を承知であえて繰り返すなら、クーリッジ共和党政権下の一九二〇年代中期は、アメリカ史上の保守回帰の時代と見られがちである。しかしこの時期は、一九世紀末以来、長い論争と実験期間を経て構想されてきた二〇世紀ナショナリズムが制度として定着をみる画期的な時代でもある。なかでも一九二四年の春の展開は、今日の目から見ると鮮烈ですらある。三月末からのほぼ二カ月間に起こった関連する出来事を列挙すると、ヴァージニア州人種純血法（異人種間結婚の禁止：三月二〇日）、一九二四年移民法成立（五月二六日）、対メキシコ・カナダ国境警備隊創設（五月二八日）、インディアン市民権法（全アメリカ先住民の合衆国市民化：六月二日）等々と続く。これらの新制度の多くが、それぞれ微修正を経ながらも、第二次大戦後から一九六〇年代の市民権運動の時代まで存続したことは、周知のとおりである。二〇世紀国民秩序の形成を論じる本書が、ここに現出した歴史のダイナミズムを再検討しようとする所以である。

1　ハンキー・ステレオタイプと「社会的なもの」——「出身国」の起源

（1）一九二四年法の見方

まずここで、本章が注目する一九二四年移民法の内容を概観しておこう。第一に、すでに若干記したとおり、同法は出身国別割り当て原則なるものを採用した。一八九〇年を基点にして、ヨーロッパ系アメリカ人の「出身国別」の血統を人口換算し、向こう三年間はその二%を各ナショナリティの入国数上限とした。これにより、例えば年間二〇万人あったイタリア移民はわずか三八五四人に限られ、ポーランド移民も五九八二人に制限された。[7]

第二に一九二四年移民法は、アジア系のいわゆる「帰化不能人」の入国を禁じた。もっともこれまでに、アジア・太平洋からの移民は、いくつもの個別的制度の積み重ね――排華移民法（一八八二年）、日米紳士協定（一九〇八年）、アジア移民禁止区域指定（一九一七年）等――により、すでにごくわずかに限られていた。したがって、一九二四年法の規定はアジア系移民の数への影響よりも、むしろ一般の法令が多様なアジア系を包括して、カラーラインに基づく「帰化不能性」を定義した点で重要だった。

第三に同法は、西半球からの移民を割り当て制度から除外していた。そこには、メキシコ移民を農業労働者として雇用した南西部の農場経営者の利害も関わるが、なによりも、この施策が国境警備隊の創設とセットで行われたことが重要だった。メキシコ移民は、その後も経済概況が左右する労働力需要の調整弁として活用される一方で、入国管理自体は厳格化されていく。一九二〇年には一〇〇〇〇人に満たなかったメキシコ人の国外退去者数は、一〇年後には八四三八人に達した。

その他、一九二四年法はアメリカの移民管理史上初めて、在外領事館によるビザ発給をアメリカ入国の条件とする制度を導入し、また、在米居住者の扶養家族や農業技術者等の移民を優先する規定を持つものでもあった。なお、同法は当初三年間の時限立法として成立するが、一九二七年に恒久法化され、移民総数も一五万人へとさらに絞り込まれた。このような条文の内容には、最後に挙げたビザ制度のように、法案の審議過程で財界の支持を取りつける目的から、いわば妥協的に挿入されたものも含まれるが、主要な規定は、革新主義期以来の複雑な国民思想に起源を持つものであった。以下、同法の規定の中で、特に重要な出身国別割り当て制度の意味について、やや時期を遡りながら検討しておこう。(8)

出身国（national origin）という概念を考えるうえで、まず押さえておかなければならないのは、「アメリカ人」なるものを、いくつかの固定的な血統によって構成されるひとつの血筋だと見るこの慣習自体が、全くの二〇世紀的な発明であることだ。例えば、一九〇九年に国勢調査局は、建国当初のアメリカ人の出身民族比率を計算し、北欧人種が大勢を占める調査結果をアメリカ・オリジナルの「血統」の相貌だとして提示した。しかし、もとより建国期の記録に市民一人ひとりの出自を示すものはなく、それはあくまで調査資料に現れる世帯主の姓名などから類推したものにすぎなかった。だが、それにもかかわらず出身国別割り当て制度の創設を担ったジョン・トレヴァーらの人口統計専門家は、二〇世紀アメリカの現状についてさえも、同様の類推をもとに全体としての血統比率を喧伝し、南・東欧系の急増に警鐘を鳴らした。もっとも、ナイの研究が鋭く指摘したように、およそ一八九〇年代までアメリカ国勢調査や移民局（一八九三年創設）が移民の出身地を記録したり、アメリカ生まれの第二・第三世代に民族的バックグラウンドを問うことは稀であった。また、トレヴァーらの言説では混血やトランス・アイデンティティの可能性がほとんど無視されており、出身国という概念それ自体が、著しく現実性を欠いた捏造物——あるいは、その表現が不適切なら、ひとつの「想像の産物」——だったというほかない。[9]

したがって、問題は出身国に基づく、移民許容数の按分が正当か否かといったことではそもそもなく、何がこのように二〇世紀のアメリカ国民をエスノ・レイシャルな血統の次元で想像する心性を育んできたかという点にある。その意味で、広範な移民制限論者が南・東欧系移民を見た眼差しがいかなるものであったかは、なお再考する価値がある。

（2）人種としての「新移民」

世紀転換期以降の移民問題をめぐるアメリカ知識人の思考は、その幅広い多様性にもかかわらず、いくつかの基本的な傾向を共有していた。ひとつは、移民に対するステレオタイプを「人種」の特質として理解することだった。例えば、スラヴ系移民は「白人なら死んでしまうような……汚濁にも耐えられる」と身体的な強靭さを強調した社会学者エドワード・ロスは、同じ一九一四年の著作で、「無知で迷信的、不潔で、家庭的な幸福を知らない者たち」とその内面にも言及し、それらはいずれも先天的資質であると主張していた。総じて、この時期の一般的認識においては、ある集団の母語や特定の信仰に対する忠誠心、あるいは衛生観念やラディカリズムの誘惑に対する耐性といった心理的傾向は、「人種」と不可分なものとされていた。ゲイル・ビダーマンが指摘したように「ヴィクトリア期の教養人は身体的形態学と文化的特性を区別する概念枠組みを持たず、両者を同時に、彼らが『人種』と呼ぶところのゲシュタルトに包摂していた」のである。(10)

新移民に関するネイティヴの思考のいまひとつの傾向は、移民の身体を媒介して持ち込まれた異質な「血統」が、既存の社会秩序の安寧を脅かしているという認識だった。世紀転換期のエリートの多くは、当時急速に深刻化していた都市問題――貧困、犯罪、売春、少年非行、急進的労働運動、人口の密集、衛生状況の悪化など――に、一九世紀のアメリカ社会が育んできた市民文化と道徳規範の衰退を見て、大いに不安をつのらせていたが、彼らはしばしばこのアメリカニズムの危機と新移民の「人種」とを結びつけて問題視していたのである。反南・東欧系移民の急先鋒マディソン・グラントの言を引くなら、「人種は遺伝を含意し、遺伝は政治と政府の源泉たる道徳的・社会的・知的性格を含意する」のであった。(11)

そして、さらに重要なことは、こうした「外国人の脅威」、すなわち、新移民の「人種問題」が、国家権力によって積極的にコントロールされるべきだという、幅広いコンセンサスが形成されていったことである。それは、一八八〇年代まで主流だった社会進化論のレッセフェールとは対照的であった。ジョージ・ストッキングの言葉を借りれば、「文明化された世界では、自然選択は、ほとんど停止しており、実践的人間介入なしに前に進むことがもはやできなくなっていると確信」されるようになっていたのであった。こうした移民問題へのアプローチは、産業化・組織化への激しい社会変動に対して、国家介入と法的な規制を求めた二〇世紀革新主義の潮流の中に位置づけられるものである。[12]

逆に言うと、革新主義者が「社会的な平等」を唱えて建設した規制国家は、移民の人種と身体への関心ゆえに、排外的な科学的人種主義と背中合わせのものでもあった。医療史家ハワード・マーケルとアレクサンドラ・スターンが言うように、この時期、入国管理と公衆衛生の文脈では、「移民は一貫して細菌と感染に結びつけられ……広範な身体的・社会的病理の原因としてのスティグマを与えられていた」。またそれは、「持続的な生物学メタファー」を媒介して健全な国民形成の言説と密接に関わっていた。すなわち、「無制限の移民は、国民の社会的健康にとって潜在的なリスクであるとする」一般に流布した考え方である。また、同時代の専門医療と科学的人種主義——特定の「人種」の生物学的劣勢を言う言説——が共鳴し合う中で、移民の身体は厳格な監視の対象となった。入国時の移民の健康診断を管掌した合衆国公衆衛生局（U.S. Public Health Service）が、医学的事由により入国拒否を宣告した事例は、一八九八年には拒否者全体のわずか二%であったが、一九一五年には六九%にまで急増する。[13]

他方、一般民衆のレベルでも、南・東欧系移民を白人未満の「ハンキー」（スラヴ系の蔑称）と嘲る事例が報告されているが、その多くは、厳密にはアメリカの産業・労働文化の文脈から語られたものだった。時に「ハンキー」とは、「英語を話す白人組合員」が、「奴隷のごとく」苛烈な賃労働に従事する未組織の移民不熟練工を他者化した言語であったし、また別の場合には、一部の経営者が、工場労働に適応できない農村出身の移民を社会効率の観点から排斥しようと用いた言葉だった。[14] また、ハンキー・ステレオタイプは、移民自身にも内面化され、セルフリスペクトの阻害要因になっていた。ある日のチェコ語新聞『デニ・ハラサテル』は、「ボハンクス（Bo-Hunks：ボヘミアンとハンキーの合成語）……と馬鹿にされる不当な恐怖」から逃れ「普通の人間」になりたいと書いていた。[15]

ところで、右に見てきた二〇世紀初頭の新移民の「人種問題」が、ほとんどの場合、貧困や依存、不衛生、あるいは産業の市民権問題（苛酷な不熟練労働）といった、まさに「社会的な」領域において可視化されていたことは注意してよい。新移民の血統への恐怖は、革新主義における社会問題の発見と無関係ではなかった。それは、はじめてヨーロッパ系移民を対象として策定された一九〇三年移民制限法とその改訂版の一九〇七年法が、伝染病患者とアナーキスト、物乞い、売春婦、そして「産業上の不適合ゆえに公的負担となりそうな者」の入国を禁じたことにもよくあらわれていた。だがこの問題は、第一次大戦期までに、社会的な領域から政治的な領域――すなわち民主主義への参加資格の言説――へと転化し、そのことがより直接的に「出身国」別の移民制限につながる議論を惹起していった[16]。

2　市民的人種主義へ

(1)　南・東欧系移民の「人種」――民主主義への脅威

およそ、一九一〇年前後から移民制限論は第二の段階に入りつつあった。それは、特定の移民集団の「資質」を、アメリカの民主的自治への適性という観点から選別し、序列化しようとするものだった。一九一三年に『移民の侵略』という書物を著したフランク・ワーンは、そうした論者のひとりだった。ワーンは同書の中で、いわゆる新移民は「旧世界の無産者人口である」と断じ、彼らの流入がアメリカの生活水準を引き下げ、「金権支配の階級社会を生み出そうとしている」と警告した[17]。この主張は、「(南・東欧系移民がもたらす) 人種的分裂が社会階級間の分断を呼び、民主主義を破壊する」という経済学者ジョン・コモンズらの議論とも共鳴して、幅広い支持を集めた[18]。実際、こうした移民と民主主義、そして階級問題を結びつける思考は、移民の地位向上を支援する立場の論客の間にすら移民制限を必要と考える人々を多く生んだ。例えば、後に第一次大戦期の戦時労働委員会でフランク・ウォルシュの片腕として活躍するジェット・ラウクは、一九一一年に刊行したジェレミア・ジェンクスとの共著『移民問題』において、移民の「よりよい同化」や生活水準向上のための「富の再分配は、移民制限によってこそ可能になる」と結論づけたのだった[19]。

このように、アメリカ社会の同質性と民主的自治の維持のために、何らかの移民制限が必要だと考えた知識人は広範であったが、元来この中に、南・東欧系移民の「人種」に関して二つの異なるアプローチが存在したことは留意してよい。ひとつは、環境（nurture）派、もうひとつは生得（nature）派と呼びうるものだった。前者の環境派は、職場や住環境の改善、あるいは教育の充実を通した移民の「同化」とアメリカ市民社会への包摂を重視する立場であった。アメリカ化運動の主唱者だったセオドア・ローズヴェルトの一派や、先進的な再分配論を唱えたラウクとジェンクス、大都市の貧困地区で「アメリカ的生活水準」の伝道に努めたセツルメント運動も広い意味でこのグループに含まれよう[20]。

他方、生得派は、移民の「先天的資質」をより固定的に捉え、環境や教育によって変わるものではないと考えた。それゆえ、彼らは同化困難な移民を、包括的な入国制限の導入によって、あらかじめ市民社会から排除する必要を訴えていた。前出のエドワード・ロスは、南・東欧系移民の二〇％は「明らかに知能が低い」と断定して、そうした劣等者の増殖がアメリカ全体の遺伝子プールにおける「開拓者タイプ」の相対的減少傾向に拍車をかけていると警鐘を鳴らしたのだった[21]。

両派の議論において特筆すべきは、その多くが同時代の多様な「人種の科学」で自己の主張を武装していたことである。例えば環境派のラウクとジェンクスは、人類学者フランツ・ボアズの研究に依拠して、移民の文化的・身体的改善の可能性を示唆した。曰く「アメリカの教育的・社会的・政治的条件の中で、移民が生活習慣や思考を変化させる（だけでなく）……新しいアメリカ的環境は移民とその子供世代の身体的特徴すら変化させる」と[22]。

また、ローズヴェルトの「アメリカ化」の背景には、「獲得形質の遺伝」を柱とするネオ・ラマルク派遺伝学への信奉があった。すなわち、学習や適応を通して後天的に獲得する文化的資質（道徳的美徳や行動上の規範など）もまた「人種」の「血」によって次世代へと伝達される、それゆえ、遺伝は環境への適応（同化）を通して、場合によっては一世代のうちに改善されるというものである。ローズヴェルトが南・東欧系移民を劣等視しながらも、北・西欧系の「英語を話す人種」による吸収と同化、すなわち「メルティング・ポット」を構想しえたのはそのためだった。(23) 彼にとって重要だったのは、適切な移民制限によって「環境」と「適応」を国家的に統御し、これによってアメリカの「人種」を向上させることだった。このような思考が、ニュー・ナショナリズムの積極規制国家論と有機的に結びついていたことは多言を要しまい。

これに対して生得派の論客マディソン・グラントは、「優生学」の知見を援用しながら、「メルティング・ポットの理想」をメンデル以前の「愚かな信念である」と一喝した。グラントは、一九一六年に上梓された『偉大なる人種の盛衰』の中で、ウィリアム・リプリーの学説に拠りつつ、人類をヨーロッパ人種（コーカシアン）、ネグロイド、モンゴロイドの三種に大別し、さらに、ヨーロッパ人種は生殖質の資質により、三階層から成ると論じた。ヨーロッパ人種内のサブカテゴリーの序列を強調する同書は、優等なノルディック種であるネイティヴのアメリカ人が「劣等な」南・東欧系移民の属するアルプス人種や地中海人種と「混ざり合う」ことは、前者をして破滅的な「雑種化」、すなわち、知力・道徳両面での退行に導くと警告していた。(24) 要するにグラントは、政府の産業規制も職場改革も、劣等な血統の遺伝的潜在力を変化させることはないのだから、環境派の主張はナンセンスだと退けていた。むしろ「不道徳な」諸人種の排斥を目指す立法によって、より高潔な「市民」を繁殖させられると主張していたのである。

こうした環境派と生得派の論争は、第一次大戦の頃になお、いずれかに軍配を上げるのが困難な形勢にあった。

生物学や遺伝学の最先端では、メンデルの法則の再発見（一九〇〇年）以来、ワイズマン説（生殖質の世代間連続説）がますますその地位を確固たるものとし、対するネオ・ラマルク主義は少数派の地位に追いやられていた。しかし、それにもかかわらず、戦時下のアメリカ国内政治の文脈では、むしろローズヴェルトのアメリカ化運動がナショナル・ポリシーの地位を占めたことはすでに見たとおりである。後述するとおり、一九二〇年代の出身国別割り当て制度の背景にある、同化への深いペシミズムを理解するには、戦後の政治反動と「生得派」の流れをくむ優生学の台頭という、もうひとつの段階を考慮せねばならない。

（2）識字テスト

新移民の「人種」問題が、アメリカ民主政の将来という全体政治の文脈から語られるようになったとき、移民制限の具体案として最も幅広い支持を集めたのが、移民の禁止項目群に「非識字者」を加えることであった。本書第2章でも論じたとおり、識字という能力は、二〇世紀の民主主義が新たに「社会的な領域」を持つようになったとき、メンバーシップの重要要件として立ち現れてきたものだった。言い換えれば、監視国家の出現と引き換えに、社会的なシティズンシップの思想が根付きつつあった二〇世紀初頭において、識字という、ある意味で「社会的な」（あるいは公教育が付与する）資質が、民主政の参加資格（投票権）を構成するようになっていたのだった。したがって、識字能力の欠如は、生得派にとっては当該移民の人種的劣等の証であったが、環境派には、教育機会の拡大によっていずれ克服できる課題とも見えた。

この識字テスト問題が、政治イシューとしてアメリカ世論に顕在化したのもやはり、一九一〇年前後の時期であった。後の出身国別制限政策の推進者でもあるウィリアム・ディリンガムが統括した上院移民委員会（一九〇七〜一〇）は、一九一一年刊行の最終報告書の中で、「アメリカ民主主義の保護」を目的に、識字能力の有無によって移民を選別する政策を勧告した[25]。また、この運動に新進気鋭の優生学者や統計学者が次々と加わっていったことも注目に値する。「識字」という測定可能な基準によって、移民の中から「同化不能者」、つまりは「市民的自由の根本理念を知的に理解する能力を持たない者」を数量的に把握し、これを効果的に排除しようという発想は、劣悪な「血統」の流入を「技術的に」コントロールし、アメリカの優れた遺伝子プールとそれに依拠する市民的秩序を守ろうという優生学者の使命感と共振するものだった[26]。『移民の侵略』の著者ワーンもまた、一九一六年に新刊『移民の潮流』を発表し、識字テストにより「移民を我々の同化吸収能力の範囲内にとどめる」必要性を強調した。さらに、ワーンは同論文の中で、ボスニア、イタリア、ルーマニア、リトアニア、トルコからの移民は三分の一以上が非識字者だと指摘していた[27]。

実際、一九一〇年代を通して優生学の影響力は急速に増大していた。それは、生来のエリート主義を巧みなレトリックで隠蔽し、現状に不満を持つ多様な国民層に浸透していった。ある時は、移民労働者を雇う大企業が、ネイティヴ労働者と国民の遺伝子プール双方の脅威となっていると、ポピュリスト風の資本主義批判を展開し、またある時は労働組合員を前に、好ましい「人種」の出生率の低下（「人種の自殺」）を防ぐには、その繁殖に必要な経済的基盤を維持せねばならず、それには移民を制限してネイティヴ労働者の雇用を守らなくてはならないと、優生学とアメリカ労働者の階級的紐帯を仮構してみせさえした[28]。

しかしながら、識字テスト法案が両院を通過し、大統領の署名を得るのは、第一次大戦参戦直前の時期まで待たねばならなかった。最大の障害は移民労働に深く依存するアメリカ経済界の利害であった。研究者エイミー・フェアチャイルドはこの状況を「（浄化される）民主主義と資本主義との緊張関係」と称し、連邦法は、「一九一七年まで、市民的参加問題としての移民問題を……あえて取り上げてこなかった」と指摘する。事実、一七年識字テスト法が成立する以前の移民法は、後に見るアジア系の排斥という例外を除けば、一貫して「産業生活への不適合」とか、「国民の負担になるおそれ」といった、社会的・経済的な表現で排斥の理由を語ってきた[29]。

この状況に風穴を開けたのは、おそらく、ヨーロッパで長期化する戦争が生んだ危機の雰囲気だろう。すなわち、一九一六年末頃には戦火で荒廃したバルカン諸国や中東、シベリアなどから、大量の難民がアメリカに押し寄せるという噂が飛び交い、議会では、もしアメリカが連合国側で参戦した場合、現行の移民法では年間数十万人規模で敵性外国人の入国が可能であると喧伝されていた。そしてついに一九一七年二月、連邦議会は、ウィルソン大統領の拒否権を越えて、初の識字テスト条項を含む移民法を成立させた。これによって、南・東欧系移民を三〇％削減できると試算されたが、実際には一九一四年の開戦以来、大西洋を越えた移民船の往来はなくなっていた。それゆえ、識字テストの実際の効果がいかほどのものでありえたかは知る由もないが、同法はアメリカ合衆国が国策として大規模なヨーロッパ移民の制限を行う方針を固めたことを象徴的に示すものであった[30]。

（3）アジア系移民と市民的人種主義

さて、識字テストの導入を盛り込んだ一九一七年法は、これとは全く異なる移民制限の原理を併せ持った。それは、ユーラシア大陸東部に広大な「アジア移民禁止区域」を設けるカラーラインの差別であった。具体的には、「北緯二〇度以南、南緯一〇度以北、東経一六〇度以西に位置する、アジア大陸に隣接した合衆国によって領有されない島嶼」および、「東経一一〇度以西、五〇度以東、北緯五〇度以南に位置するアジア大陸のあらゆる国家、地域、属領」——ただし、「東経五〇度から六四度、北緯二四度から三八度の地域を除外する」——が移民禁止の対象だった。つまり、中東から極東に至るアジアのほぼ全域が禁止区域に設定されたうえで、アメリカ領のグアム、フィリピンやフィジー等の太平洋の島嶼、さらに、日本と中国東部、西アジアのイラン、シリア、エジプト地域は禁区からはずれている[31]。

日本を対象に含めなかったのは、第一次大戦の動向を懸念するウィルソン大統領が、一九〇八年の日米紳士協定（西海岸の反日感情に配慮して日本側からアメリカ移民を自粛）を尊重して、あえて排日を立法化しないよう議会に働きかけた結果であるが、その手続き自体が示すとおり、一七年法はすでに停止した日本からの移民に影響を与えるものではなかった。同様に、中国東部が禁区外にあったとはいえ、中国からの移民も一八八二年排華移民法を根拠に停止したままだった。実のところ「アジア移民禁止区域」が新たに排斥のターゲットとしたのは、南アジアからのインド人移民（当時の呼称では「ヒンドゥー人種」）であった。

ところで、イアン・H・ロペスの研究が明らかにしたように、当時、インド人移民は数々の帰化資格訴訟の当事者となっており、彼らの「白人性」をめぐる司法の評価は一枚岩ではなかった[32]。つまり、裁判所がその「人種」の判定に苦しんでいたインド人移民を、一九一七年の連邦議会は、「識字」という「劣ったヨーロッパ系移民」の制限方式によるのではなく、あえて「アジア人」として禁止したのである。このことは、議会が移民制限立法を通して、独自のカラーラインを明示した事例として重要である。またその後、一九二一年以降、インド人や日本人を含むほぼすべてのアジア人が帰化資格裁判で敗訴するようになり、また、二四年移民法が「帰化不能人」条項でアジア移民を包括的に禁止した展開を考えると、司法と立法が行った国民の「境界」形成は、ある程度連動していたようにも見える。

こうした議論は、二〇世紀のアメリカ・ナショナリズムの根源的な性格に関わって、さらなる問題を想起させる。ひとつは、人種主義的な排外論と市民的な連帯や共同性の共有との相互依存的な関係である。特に、アジア系移民とその子孫は相当に早い段階からこの問題に悩まされてきた。例えば、排華法制定後の一九世紀末に、アメリカ生まれの中国系アメリカ人が海外に出た際に、当局からアメリカへの再入国を拒まれ、訴訟に発展するケースがいくつもあった。総じて再入国を拒む側の論理は次のようなものだった。すなわち、アメリカ出生者に付与される合衆国市民権は、そもそも「アメリカの司法権に属する者の権利」（合衆国憲法修正第一四条第一節）であり、もとよりアメリカの市民生活に参加せず、帰化不能の両親の祖国に忠誠心を持つ中国系にこれは該当しない。したがって、この場合、彼らは「中国市民」として排華法における入国拒否の対象となる、と。つまり、当該の中国系は、アメリカ国籍という形式的な市民権を持つ場合ですら、実態としてアメリカの市民共同体に十分な貢献をしているかどうかという観点から、「外部者」ないし外国人として扱われ、そのことが彼の市民権そのものを危うくしていたのである。(33)

形式的な市民権の問題と実質的な市民性との間の再帰的な論理循環が生み出す人種主義は、一九一五年のカリフォルニア州外国人土地法のケースでも顕著だった。日本人移民の農業進出を阻止するために制定された同法は、外国人の農地保有を全般的に禁じるものであったが、一九二三年の連邦最高裁判決においては、非市民は「国民福祉に無関心で、そのために働く能力を欠く」という理由から同法の妥当性が支持された。だが、この議論はこの先に、日本人移民は、不動産を持たないことから責任あるコミュニティ生活を実践できず、それゆえ帰化の資格を有しないという結論（あるいは出発点）に立ち返るだろう。(34) 一連の帰化資格訴訟と「アジア移民禁止区域」から一九二四年法の「帰化不能人」排斥条項へと至る過程は、こうしたトートロジーによって支えられた人種境界を、すべてのアジア系のナショナリティに一般化するものであった。

このような二〇世紀ネイティヴィズムの正体を「市民的人種主義」と呼ぶことができるなら、ヨーロッパ系の移民もまた、これから完全に自由ではなかった。一連の移民制限法は、工業化社会の市民規範としての識字能力、あるいは、民主的自治に欠かせない同質性のための「出身国」論を経由して新移民の数的制限を正当化していた。とはいえ、彼らは「白人性の報酬（wages of whiteness）」を受け取ってもいた。(35) 少数に制限された南・東欧系移民の正統性は、アジア系移民が全面的に禁止されることによって保証されていたといってもよい。たしかにイタリア人やポーランド人は、数次にわたる移民制限政策のターゲットにされたかもしれない。しかし、彼らがアジア系移民のように、法廷で帰化資格を問われることはなく、黒人のように、居住区や結婚に関して、ネイティヴ白人社会から物理的な隔離を強いられることもない。移民政策などを通して、二〇世紀国民秩序のカラーラインが画定される中で、ヨーロッパ系のエスニック集団は一定の固有性を認知されながらも、全体社会に受容され、統合されることが可能となったのである。

3　一九二〇年代の人種主義と移民制限

（1）「偏狭なナショナリズム」

さて、これまで見てきた一九一七年法に至る移民制限運動は、一旦、第一次大戦参戦期に中断する。戦時下に移民はストップし、また、総力戦は国内のエスニック集団の協力を必要とした。第6章で詳しく見たように、戦時の移民政策の基本は多元的統合とアメリカ化であり、包括的な排斥論は、敵性外国人となったドイツ系への敵意を除けば、一時後退したと見てよい。したがって、一九二四年移民法の制定に直接つながる排外主義を理解するには、戦後の特殊な政治状況を知る必要がある。そのために、いくつかの同時代人の記述を参照するのは無駄ではない。

例えば、オーストリア系アメリカ人の社会学者フランク・タンネンベルグは、一九二四年に第一次大戦直後の雰囲気を回想してこう書いていた。「（戦後の）突然の暴力の噴出は、南部におけるKKKと他の地域の同様の運動との共通のつながりを示唆している。戦争は……我々の情熱を物理的な暴力の実践や、残虐行為の語りによって支えられるレベルにまで高めた」が、「休戦がこの増幅された感情的盛り上がりをそのままに……（様々な）行為を突如中断した。……今日、政治的・宗教的・人種的な差異に集中した熱情が大規模に増幅しているが、これが（戦時暴力の）代替物となり、……非合理で不安定な願望にはけ口を与えている」。すなわち、「戦争感情が、戦後の極度に偏狭で感情的な諸運動の基礎を築いていたのであり……当時、非常に一般的だった幻滅の感覚は、戦中のユートピア願望の挫折によるものだった[36]」。

自身もかつて世界産業労働者組合（IWW）の運動に関係した左翼知識人であったタンネンベルグは、一九一九年から二〇年にかけての人種暴動の波と凄惨な労働紛争の数々、そして司法省を中心に行われた赤化外国人の一斉摘発（レッド・スケア）などを念頭においてこれを書いている。しかし、この攻撃的な感情の発露は、単に一〇〇%アメリカニズムだけの問題にとどまらない。例えば、戦後のシカゴでは、祖国ナショナリズムの熱狂が広がり、多様な民族集団の間に軋轢が深まっていた。現地のポーランド語新聞の伝えるところでは、一九一九年五月には、ユダヤ系住民二万五〇〇〇人がループ地区で、新生ポーランドにおけるポグロムに抗議するデモンストレイションを行った。これに対し翌六月にはポーランド人側が報復の構えを見せ、ウェストサイドの一二丁目で八〇〇〇人の両民族がにらみ合い二五〇人の警官が出動する事態となった[37]。また、七月中旬には、シカゴ労働総同盟のウォルシュやフィッツパトリックが支援した、アイルランドの民族主義者イーモン・デヴァレラがシカゴを訪れると、二万五〇〇〇人のアイルランド系市民が野球場での講演会に殺到し、祖国独立を叫んだ[38]。それは、かのシカゴ人種暴動のわずか二週間前の出来事だった。

このような、外国系住民の活発化と大規模移民の再開が、折からの戦後不況ともあいまってアメリカ社会に過敏な排外主義を復活させたことは否めない。またこうした暴力的な風潮が、戦時に醸成されたナショナルな共同意識に依拠する面を持ったのも事実だろう。だが一九二〇年代半ばまでの、やや長いスパンで事態の推移を見たとき、より重要なことは、大衆ヒステリアの発現と見えた現象に、実のところ新しい専門学知が寄り添い、一定の方向に秩序形成を進めようとしていたことである。特に、レッド・スケアの反移民・反ラディカリズム運動は、「人種」言説において優生学の影響力を再び増大させた。当時、アナーキズムや共産主義を混沌や暴力といった精神的病理と同一視する傾向が広汎に存在し、優生学にこの問題の社会的な治癒を期待する向きがあったからである。優生学は、ラディカルと「劣等な生殖質」の保有者を同じ人口帯に見出すことによって、レッド・スケアを自己の運動に動員することができた。すなわち、「純粋な」ノルディック血統の維持こそが「赤の脅威」に対する最終防衛線なのだ、と。(39)

ほどなくグラントら、優生学勢力の議会への影響力は甚大なものとなり、一九二一年五月には、第一弾目の出身国別割り当て移民法（一九一〇年センサスを基準年とする）を成立させた。この法改正は移民制限の規模としては穏健なもので、なお年間一五万人の南・東欧系移民を認めていた。(40)しかし、優生学者が排外主義的な議員集団のブレインとなったこと自体が、より包括的かつ厳格な一九二四年法への道程を考えるうえで重要である。なぜなら、新移民法の審議が始まる一九二三年までに、レッド・スケアや一〇〇％アメリカニズムの世論はどこかに去り、アメリカ経済は未曽有の好況期に突入していたからだ。また、移民コミュニティの中でも、欧州での新国家建設などの影響から、アメリカでの祖国ナショナリズムは急激に非政治化していた。早くも一九二〇年には、ポーランド国民同盟の機関紙のひとつ、『ズゴーダ』紙は、「(英語話者で）アメリカ育ちの若いポーランド人を『ポーランド化』する」という名目で、英文社説を掲載しはじめていたのである。(41)「戦争感情の残滓」だけでは、一九二四年法の成立は説明できない。

（2）バイレイシャルな秩序

むしろ、「戦後」を脱した一九二〇年代のアメリカ人の思考を支配するようになるのは、「カラー（肌の色）」としての人種の問題だった。戦中・戦後の大都市を襲った人種暴動のインパクト、それでもなお、一九二〇年代を通じて継続した黒人の北部移住、そして「ニュー・ニグロ」と呼ばれた自尊心に満ちた黒人知識人の台頭、これらは主流社会の保守層に「ネグロフォビア（黒人恐怖）」と呼びうる心情を喚起していたという。[42]

特に黒人指導者のラディカリズムは、国内・外の既存秩序を根底から崩しかねない鋭さを持っていた。デュボイスのパン・アフリカ会議や、マーカス・ガーヴェイによるアメリカ黒人のアフリカ帰還事業など、戦後、国内の人種差別と世界の植民地主義を同根のものと見る主張が一般的になりつつあったが、とりわけ一九二〇年にハイチの現況調査を開始したジェームズ・W・ジョンソンの言論は批判力に富んだ。後にジョンソンが『ネイション』誌に連載した報告書は、一九一五年以来続くアメリカの軍政支配を難じ、「ハイチの自治」を強く求めるものだった。[43]カリブ海の小国の民族自決権を語るジョンソンの言説が「革命的」だったのは、海兵隊のハイチ人統治を正当化するアメリカ外交のレトリックの中に、黒人を二級市民として隔離し続ける白人社会の論理が見え隠れしていたからである。すなわち、ハイチ侵攻時のウィルソン大統領は、一般的に自決権を持つ「ネイション」とは、歴史的な成熟過程を経て民主的自治を達成した政治共同体だと考えており、この認識はこうした発展段階に未到達の「遅れた人々を民主主義へと教え導く」アメリカの支配を正当化した。[44]これと同じ言い回しは、民主主義を知らない元奴隷は、即座に市民的・社会的平等を求めるのではなく、一定期間の順応プロセスを準備すべきだという、ブッカー・T・ワシントンからロバート・パークに至る改革者の言説と符合する。またそれは、先に触れたセオドア・ローズヴェルトらのリベラルな「人種の環境決定論」のラインに沿うものでもあった。つまり、ジョンソンのハイチ独立論は、国内政治の文脈では、アメリカ黒人に「適応主義」の拒絶を促し、即時の完全なるシティズンシップを要請するものだったのである。

他方、白人優越主義の知的エリートの中にも、白人の世界支配が退潮へと向かっているという認識が芽生えていた。一九二〇年代前半には、優生学者ラスロップ・ストッダードが書いた『白人世界の至高性を脅かす有色人の台頭』がベストセラーとなっている。「二〇世紀世界政治の基調」は「有色人問題である」と論じたこの書物は、ヨーロッパ諸人種内の差異と序列を否定しないが、有色人の台頭を前に「白人諸族の間の本能的な……同族意識（consciousness of kind）」を再生し「白人の統合（white race-unity）」を推進すべきだと主張した。[45]

ストッダードはもともとマディソン・グラントの弟子筋にあたる学者であり、実際この書物の序文はグラントが執筆している。その一節に次のような文章がある。「イギリスやアメリカのように、ノルディック血統の同質的な人口は民主的な理想を実現しているが、そのことと、白人が茶色、黄色、黒色、赤色の諸人種と血筋や理想を共有するということは全く別問題であり、それは単なる自殺行為であり、この驚くべき愚行の最初の犠牲者は白人自身である」と。[46] 白人種のパン・アイデンティティを強調するこの表現は、四年前のグラントが『偉大なる人種の衰退』の中で「本書の主題はヨーロッパ人種内の三亜種であり、他の人種について扱うのは本意ではない」と告白した「カラー」への無関心とは大きな隔たりがある。[47] 実のところグラントの目は、次第に白人と非白人の異人種間結婚問題に向けられつつあった。

また、ほとんど同じ頃、北部都市における居住区の「事実上の」人種隔離が急速に進行していたことも再確認しておきたい。かつてのブッカー・T・ワシントンの黒人向上運動の個人スポンサーにして、戦時には国防会議の幹部を務め、一九一九年のシカゴ暴動後には「人種関係委員会」の創設者となった博愛派の財界人ジュリアス・ローゼンウォルド。彼は、一九二〇年代には暴動の再発を懸念し、黒人中産階級向けの住宅開発に専心した。だが、「ミシガン通りガーデン・アパートメント」と名付けられた住宅供給プロジェクトは、ミシガン通り・四六丁目というブラックベルトの中心部に立地した。[48] 二〇年代半ばには、シカゴ・ブラックベルトと境界を接する、ほとんどすべてのコミュニティが人種制限的不動産約款を白人住民との間に締結していたからである。本章の冒頭で触れたように一九二六年にこの不動産取引の人種差別慣行は、連邦最高裁の認めるところとなった。実にアメリカの司法は、第二次大戦後のシェリー対クレマー判決（一九四八年）が同約款を「合法だが実施不能な規約である」と断ずるまで、この立場を支持し続けるだろう[49]。

出身国原則に基づき、南・東欧系移民の縮減が論じられていた、まさにその途上で、すでに上記のごとき二〇世紀カラーラインの政治が本格的に動き出していた事実は、この法律の意味するところを考えるうえで非常に重要だったに違いない。最後にこの点を検討して本章を閉じることにしたい。

むすびにかえて——カラーラインとアメリカ化

一九一七年の識字テスト法で、民主的自治への「適性」を基準に、移民の人種的選別を行う入国管理制度が本格的に始まった。それ以来、第一次大戦の総力戦から戦後の混沌期を経て、ナショナリズムと人種主義をめぐる諸条件は大きく変容してきたが、一貫して南・東欧系移民の制限を唱えてきたグループがある。ひとつは、職能別の労働組合の全国組織アメリカ労働総同盟（AFL）であり、いまひとつは「人種」生得派の優生学者であった。

前者は、一七年に識字テスト法案を支持した後、戦後の一九年年次大会で組織の基本方針として、移民制限政策を採択した。このとき反移民の理由として「国民的同質性の確保」とか「アメリカ的資質と国民の一体性の維持」といった、市民的人種主義の主張が現れたことは、かつて一八八〇年頃の労働騎士団が労働リパブリカニズムの立場から排華移民法を支持したことを考えると、隔世の感がある。全国労組はこの点でも二〇世国民秩序の主要な担い手であったと言ってよい[50]。

後者の優生学者は、その一部にカラーライン問題へと関心の移ろいがあったとはいえ、依然として移民制限運動の屋台骨を支える役割を果たしていた。一九二四年の移民法改正に際しては、ニューヨーク州コールド・ハーバーの優生学記録局（Eugenics Record Office）理事、ハリー・ラフリンが議会対策を主導した。ラフリンは一九二三年の下院移民委員会の公聴会で『今日のアメリカのメルティング・ポット分析』と題する衝撃的な文書を発し、人々の危機感を煽ろうとした。それは、犯罪や依存といった「社会的堕落」がその人種的資質ゆえに、ヨーロッパ系の中では、南・東欧系移民に突出して多く見られるというものだった。[51]

ラフリンの極端な「新移民」差別は、多くの批判を呼んだが、一方で「出身国」方式に基づく移民制限の厳格化は、政治的にはひとつの規定路線でもあった。特に最大の潜在的反対者であった財界が消極的な態度に終始したことは、法案の成立を大いに助けた。その背景には、法案が西半球からの移民を割り当てから除外したことや、製造業の多くで、機械化の進展などによる不熟練工程の合理化が進み、移民労働への依存度が急速に低下していたことがあった。そのため、製造業の全国組織、全国産業会議委員会（NICB）はラフリン優生学の知見に疑義を呈しつつも、出身国原則には特に抵抗せず、その代償として在外領事館による労働ビザ制度の導入を求めたのだった。[52]

むしろ、最後のそして最も真剣な抵抗者は、「人種的劣者」の烙印を押されつつあった、南・東欧系のアメリカ住民自身だった。下院では彼らを代弁して、シカゴのチェコ人コミュニティで当時サーマックと権力を分け合ったアドルフ・サバス議員が、長大な反対弁論を行った。議会議事録によると、サバスは移民法が常に選別的であることは承知しており、一九一七年の識字法にも賛成だと述べている。そのうえで、出身国別割り当て（national origin quota）は、「非人道的で機能しえない」とした。サバスによれば、そもそも「この差別の目的は……ノルディックの優勢をいう……不確かな人類学の仮説を採用するためであるが、それは全く根拠を欠いた……疑似科学というほかないもので、ジャーナリスティックな想像力による捏造にすぎない」のだった。また演説の別の場所では法案の策定者を名指しで、「ラフリン教授の優生学と人類学上の誤りゆえに」、新移民を「劣等な人々であるかのような」予断を議員たちに与えていると非難した。(53)

続いてサバスはやや唐突に、労働省が出したばかりの人口統計を持ち出し、一九二二年九月から二三年八月の一年間で四七万八〇〇〇人の南部黒人が北部都市に移住したことに言及する。その意図は必ずしも明確ではないが、黒人移住者が新移民の代替労働力として雇用されるケースがあることを示唆していた。また、サバス演説は移民の同化能力の文脈から中国人移民と日本人移民の問題に触れて、その帰国数の多さを強調し、メキシコ移民については「彼らは望ましからざる階級の者――同化せず、我が国の脅威となる人間だ」と語っている。また、会期の最終段階が近づくにつれ、日本を外交上の理由から特別扱いすべきではないとクーリッジ大統領の対日融和の姿勢を批判し、同法案の排日条項に賛同する旨を繰り返し伝えていた。(54)

一九二四年五月二六日、ついにジョンソン゠リード法（通称、一九二四年出身国別割り当て移民法）は成立した。そして、同法にはチェコ系の下院議員サバスが望んだとおり、日本人移民の排斥を定めた「帰化不能人」条項が残った。たしかに、二四年法の出身国別割当て原則は、南・東欧系移民を「人種」として差別するものだった。しかし、サバスが注意深く自らを、黒人や中国人、日本人、そしてメキシコ人と差異化した戦略は功を奏したように見える。このことは、全くの同時代の展開として、「白・黒」二元論的な「カラー（肌の色）」の人種主義が猖獗を極めたことと表裏を成すものである。これまで、「ハンキー」や「地中海人種」が運び込む低劣な生殖質にパラノイア的な嫌悪を示してきたマディソン・グラントが、同年ヴァージニア州で、白人と非白人の結婚を厳格に禁止した「純血法」の立案に深く関与していったことは、そうした動向を象徴的に示していた。(55) そして、新たな全国的課題として「ニグロ問題」が意識されればされるほど、南・東欧人の同化の条件は整っていった。

むしろ二四年移民法が成立して、新たな移住者の供給が途絶え、また民衆心理のうえでも前世紀末以来の「外国人の脅威」がほぼ取り除かれたことで、ポーランド人やイタリア人の国民化（アメリカ化）は急速に進んでいった。移民制限論争の過程で、彼ら南・東欧人のナショナリティだけでなく、アメリカ人の市民性までもがエスノ・レイシャルなものとして認識されていったことを考えると、そこにある種の逆説を感じないではいられない。(56)

一九二四年法の成立は、一九一〇年代の「環境」対「生得」論争の文脈からすれば、セオドア・ローズヴェルトら前者の敗北を意味していたかもしれない。しかし、皮肉にもその後にメルティング・ポットの夢は実現されていったのである。だが繰り返し言おう。彼らの国民的包摂は、「有色の」他者の形成によって支えられていた。前年（一九二三年）、インド人移民の帰化要件を否認した連邦最高裁判決が、インド人の「有色人性」を論じる過程で、彼らとは異なる南・東欧人の「白人性」を参照して、「（ヨーロッパ系移民の中には）スラヴ人種やアルプス人種、地中海人種の血統が含まれた」かもしれないが、すでに「旧来の北・西欧出身者に同族として受け入れられ、その中に十分に混交した」と述べていた。(57) 南・東欧系移民は「白人」としての道を歩むことで、「カラーライン」を組織原理のひとつとした新たな国民秩序の一端を担い、ここに彼らのアメリカ化は完成する。

終　章　現代史としての二〇世紀アメリカ国民秩序

1　集合的なナショナリズム

本書はここまで、個人の自由を基軸とした伝統的なアメリカの市民ナショナリズムが、一九世紀末以来の急激な工業化を背景に、労働や教育、そして生活水準といった社会的な領域を包含する、より現代的な国民秩序へと転換する過程を検討してきた。具体的には、①革新主義における「社会の発見」と国民観の変容（第I部）、②第一次大戦参戦を契機に進む行政国家と「社会的なもの」の相互浸透（第II部）、そして、③一九二〇年代前半における「アメリカ化」とカラーラインの政治秩序化（第III部）等々、に注目して議論を進めてきた。本書を締めくくるにあたって、こうした考察の中で明らかになったいくつかの論点を、その後のアメリカ現代史の展開を展望する意味も込めて、いま少し書き記すことにしたい。

ひとつの論点は、二〇世紀国民秩序に顕著な集合的（collective）な性格についてである。本書で様々な角度から検証してきたように、二〇世紀のアメリカに生成した現代的なナショナリズムは、先行する時代の個人主義の世界観を超克しようとする強い衝動を抱えていた。そのことは、二つの次元でアメリカの市民社会に、ある種の「集団性」を認容する心性を生むことになる。第一は、国民国家統合の課題として、新しいナショナルな社会紐帯や協同意識を創出する必要が広く認識されたことであり、第二は、これと一見矛盾する展開だが、国民の下位集団（特にエスニックな）への集合的帰属を不可避の現実として受け入れる、多元主義が一定の定着を見たことである。

前者の国民形成におけるより能動的でコレクティヴなアプローチは、二〇世紀転換期の革新主義が、アメリカの国民的信条たる民主主義や平等思想に「社会的な領域」を見出す中で、発展してきたものであった。それは、一面では後のアメリカ版福祉国家への道を準備する思潮だったが、同時に様々な社会問題に固着するエスノ・レイシャルな差異の政治をアメリカ・ナショナリズムの言論空間に引き入れることにもつながった。事実、アメリカ・ナショナリズムの歴史的な変遷の中で、「二〇世紀国民秩序」が持った際立った特徴は、アメリカ化やカラーラインの潮流として現れたエスノ・レイシャルな同質性の追求と境界形成の運動にあった。それは、自由な個人への「形式的な」シティズンシップの承認をよすがとした従来のアメリカニズムとは相当に異質な統合原理とも見える。

しかし、本書の検討で明らかになったことは、歴史的にはこの新しいナショナリズムは、一九世紀的な市民ナショナリズムに対抗するものというよりは、むしろ「市民的なもの」――すなわち、市民的美徳や市民資格などを、エスノ・レイシャルな語彙で上書きし、再定義するかたちで表現されていったことである。その際、識字や貧困、あるいは生活水準をめぐる「社会的な」言説が、二〇世紀的な人種主義と市民性の語りとを媒介していたことは、繰り返し述べてきたとおりである。さらに、両者の間の往還は逆方向にも作用した。つまり、当時の政治エリートが、特定の民族や人種集団に劣者の烙印を押し、移民制限等の政策を推進しようとするとき、しばしばその劣等の根拠は、彼らの識字能力や生活水準から推認される、市民的資質の欠如という議論に帰着した。換言すれば、ここでは「市民」と人種は互い同士を定義し合う関係にあったのであり、この二つが分かちがたく結びつく中で、二〇世紀ナショナリズムの凝集的な共同性が生み出されていったのであった。

二〇世紀国民秩序の集合的性格を示す第二の展開は、それがエスニックな多元主義を包含したことであった。元来、多元主義の主張は、主流社会からの同化圧力に抵抗するヨーロッパ系移民指導者の戦略に由来した。彼らは、非自発的な集団である移民コミュニティの「承認」を求めつつ、それを可能にするものとして、アメリカ・ナショナリズムを文化的に中立で形式的な統治制度であると解釈した。もっとも、移民集団が脅威を感じた同化主義はそれ自体、アメリカのナショナリズムが市民的なものから、エスノ・レイシャルなものへ、形式的なものから規律や文化的同質性をことさら必要とするものへと変容する中で生成されてきたものだった。そのことを意識してか、二〇世紀初頭の多元主義者は、個人主義とどこかで対立する「集団」の存在を自明視しながら、しばしば、包摂的な市民ナショナリズムのメタファーで理想のアメリカニズムを語り、そこに自己の主張の正統性を求める傾向があった(1)。

このエスニックな指導者や知識人から発せられた多元主義の要求は、同時代の都市のリアリズムに生きた広範な社会事業家や、移民の同化プロセスを研究する社会学者などからも肯定的に受け入れられた。また、第一次大戦参戦期などには、移民集団がその構成員に及ぼす規律を民衆の統治と動員に活用しようという社会工学的な見地から、行政官僚や保守的な専門家層も注目するところとなった。しかし、二〇世紀国民秩序の形成過程に現れたこの多元主義は、現在、我々が考えるような、国民国家の各下位集団がフラットな関係で並立するようなモデルとは異なり、同時代のエスノ・レイシャルな境界や序列から自由ではなかった。先に見たように、当時、多元性が拠って立つ全体社会の市民原理自体が、ますます人種化されつつあったからである。すなわち、第一次大戦後、一九二〇年代中葉までの展開を振り返ると、例えば、南・東欧系「新移民」にとっての多元性は、一方では、「白人」という特権的サブカテゴリーの中に統合されつつ、他方では、「出身国」を理由に「白人」内序列の下位に定位するという形で表現されるようになる(2)。一九七〇年代に至る、二〇世紀アメリカ国民秩序の展開を通じて、南・東欧系移民は、国民社会の主流への参入を許された集団でありながら、セルフ・リスペクトの回復のためにも「公平な」多元主義を希求し続けることになるだろう。

2 産業労働者の国民化とニューディール

ところで、二〇世紀国民秩序を起動させた、現代アメリカの「社会的なもの」は、そのすべてが、人種や民族の問題に還元されたわけではない。本書では、世紀転換期の「社会的平等」論と密接に結びついた、産業民主主義と労働者のシティズンシップ問題にも注目してきた。なるほど、二〇世紀の労働者の世界は、しばしば賃金や職能階梯の格差が市民と外国人労働者の違いに符合することや、歴史的な労働組合による黒人差別など、エスノ・レイシャルな政治と完全に切り離して考えることはできない(3)。しかし、それでもなお、移民や人種マイノリティの産業労働者が、労働組合の活動などを通して、「見苦しくない」生活水準と「自らの生活条件の決定に関わる権利」——すなわち、市民としての地位——を獲得する道を模索したことは、それがひとつの独立した国民化の回路であった点で重要だった。ただし、アメリカ化運動や多元主義と同じく、二〇世初頭に大きなうねりを成して台頭してきた産業民主主義であったが、恒常的な制度として定着を見るのは、エスノ・レイシャルな秩序形成よりやや遅く、大恐慌期を待たねばならない。実のところ、二〇世紀国民秩序は、いくつもの同時代の国民統合の潮流が、幾重にも重なり合い、互いに増幅し合いながら、築かれてきたものだった。そうであるなら、一九二〇年代中葉までを叙述の対象とした本書では、第一次大戦後の「新秩序」の争奪過程で、親労働者の政治運動が当面の後退を余儀なくされたところで筆を止めているが、その後の展開——大恐慌、そしてニューディールへと至る動向——にも若干触れておくべきかもしれない。

一九二〇年代後半は、社会民主主義的な傾向を持つ産業民主化運動にとっては、明らかな停滞期であった。一九一九年から二二年にかけて、シカゴ労働党が衰退し、鉄鋼や食肉加工など大量生産産業の巨大争議がいずれも労組側の敗北に終わる中で、政権は共和党保守派のハーディング大統領に移った。この政治反動の潮流は労働問題をめぐる一連の司法判断に特に顕著に現れていた。一九二〇年代の連邦最高裁は、二三年のアドキンス裁判でワシントンDCの女性最低賃金法に違憲を宣告するなど、契約の自由と経営者の財産権を最優先する判決を連発した。(4) こうした司法の保守性は、戦時労働委員会の解体以来、労働組合の法的基盤が著しく脆弱化していたことを考え合わせると非常に深刻だった。

しかしそれにもかかわらず、移民や黒人を含む労働者の社会的包摂という観点からすると、二〇年代の展開は、ハーディングの政治スローガンである「(戦前の)常態への復帰」とはほど遠いものがあった。例えば、当時のシカゴを対象とした近年の事例研究では、①エスニック・ビジネスと、②福祉資本主義、という移民労働者の社会化に関わる二つの制度が注目された。リザベス・コーエンは、第一次大戦後のシカゴでポーランド系やチェコ系の中小規模の金融機関が叢生した事実を明らかにしている。戦後の祖国独立とともに非政治化したエスニック・コミュニティでは、在欧の同胞より、むしろアメリカでの事業にリソースを投資する傾向が強まった。また、ストックヤーズなどの移民労働者は、彼らが戦時下に購入した自由公債というはじめての「資産」を、ほとんどの場合、そうした移民街の銀行に信託したのである。エスニック・ビジネスのサービスは、移民の若年層がこの地に定着し、アメリカ生活に同化するのを助けていた。(5)

また、ストックヤーズに注目する社会史研究者たちは、一九二〇年代後半の食肉産業において、未組織状態に陥った移民や黒人の不熟練労働者が、経営者が主宰する福利厚生事業や従業員代表制(企業組合)の強い影響下にあったことを指摘する。多くの食肉業者が社内に新設した「産業関係部」は、従業員を対象とした住宅取得や年金のプログラム、保育所事業などを手掛け、さらに「国旗の日」のアメリカ化パレードを組織しもした。少なくとも、二〇年代後半の好況期においては、こうした福祉資本主義が新来の移民や黒人労働者の社会化と経済セキュリティに果たした役割は小さくなかったという。(6)

加えて、二〇年代の経済繁栄期には、さらに次元の異なる国民統合の様式が実体化してきたと見る論者も多い。すなわち、この時期急速に拡大するチェーンストアや娯楽産業などでの大量消費の普及が、階級やエスニシティを越えたアメリカ民衆の平準化を進めた。「新移民」労働者もまた、消費文化に参加することで無標の「平均的アメリカ人」として、国民化される可能性が開かれていた、と。この消費文化を通じた統合のロジックは、経済成長と大衆購買力の増進という、福祉国家的再分配の対案ともいえる政策パッケージと一体化して、その後も長くアメリカ二〇世紀史を生き続けよう。(7)

しかし、エスニック経済による多元的統合も、企業福祉のセイフティ・ネットも、消費者意識の共同体も、一九二九年に始まる大恐慌で大きな打撃を受け、その社会的な機能を当面停止せざるを得ない。(8)かわって一九三〇年代に、労働者に社会的な連帯を基礎づけたのは、二〇世紀国民秩序の形成過程で陶冶されてきた産業民主主義であった。フランクリン・ローズヴェルト大統領のニューディールは、一九三三年の全国産業復興法で第一次大戦期の国防会議・集産体制に似たコーポラティズムを制度化し、三五年にはワグナー労働関係法で労働者の団結権、団体交渉権を承認するとともに、社会保障法を制定してアメリカ合衆国における社会的なシティズンシップ時代の到来を宣言した。(9)

こうした展開の中で、全国産業復興局の労働補佐官となった合同被服労組のシドニー・ヒルマンを中心に、産業別組織会議（ＣＩＯ）が結成されたことは、極めて重要だった。ＣＩＯは大量の「新移民」やマイノリティの不熟練層を組織することに成功し、彼らを「産業の市民」として国民社会に包摂する恒常的な制度となった。[10] また、こうした変革が可能になった背景として、一九三〇年代に企業エリートやリベラル知識人、専門家的官僚そして民主党の全国組織等から成る、政策ネットワークが築かれた点も画期的だった。それは二〇世紀後半まで残存する左派政治（ニューディール政治秩序）を構成するものであった。[11]

このように、一九三〇年代が現代史上のひとつの転期であったことは否定しえない。しかしその一方で、ニューディールの政治経済は、一九二〇年代中葉までに蓄積された産業民主主義運動やリベラル＝労働者政治の遺産を継受し、すでに秩序化したエスノ・レイシャルなナショナリズムをひとつの制度的なインフラないし、プラットフォームとして前提していた。別の言い方をすると、ニューディール福祉国家はアメリカ化とカラーラインという二〇世紀国民秩序の枠組みを所与のものとしており、それゆえ、この時期の政治言説は、しばしばラディカルな階級政治論として語られこそすれ、国民文化や移民の問題として国論を分けることはほとんどなかった。

そのことは、ニューディール・リベラリズムにおける人種問題への際立った感度の低さを説明することにもなろう。ローズヴェルトの政府は、大量生産産業の産別労組ＣＩＯを公認することで、新移民と一部の黒人労働者の「アメリカ化」を進めながら、その一方で、大半が黒人とメキシコ移民で構成される農業労働者や家内労働者を、社会保険によるエンタイトルメントの埒外においていた。[12] また、この民主党政権は北部と南部の人種隔離と黒人からの投票権剥奪を放置したばかりか、一九四三年のデトロイトで、かつてのシカゴ暴動を想起させる凄惨な人種暴動が勃発した後でさえ、人種的な群衆暴力（リンチ）を違法化することに二の足を踏んでいた。[13] 二〇世紀アメリカ・ネイションのエスノ・レイシャルな外殻と内的境界の構造は、その福祉国家的発展をむしろ支えるものだったのかもしれない。この秩序は、ニューディール「革命」を越えて、第二次大戦の総動員体制から戦後の冷戦リベラリズムの時代へと生き延びていく。

3 歴史の中の二〇世紀国民秩序

しかし、こうした二〇世紀国民秩序は、第二次世界大戦の参戦期に二つの方面から、最初の揺らぎを見せ始めていた。ひとつは、ホワイト・エスニック集団を中心に拡大した、「公平な」多元主義の要求であった。一九三〇年代以降、南・東欧系労働者はＣＩＯ労組の組織を通じて、ニューディール民主党の巨大な票田となっており、その政治的発言力は飛躍的に増していた。(14)それに加えて、戦時政府が第二次大戦を「自由のための『人民の戦争』」と性格づけ、アメリカの戦争を非道な枢軸国の人種戦争と差異化したことから、一九二四年法の「出身国」差別に異議を唱える立場はにわかに正統性を獲得していった。(15)また、戦争末期にホロコーストを逃れた大量のユダヤ人難民が出た際に、アメリカは移民の年間「割り当て数」が妨げとなって十分な受け入れができず、そのため、二四年法への批判は、さらに強まった。そうした経緯から、終戦の頃までに「公平な」多元主義とその結果としての文化的多様性は、アメリカの民主的価値を代表するようになった。本書序章で紹介した、オスカー・ハンドリンらによる反同化主義の戦後移民史の台頭はこうした文脈から理解できる。(16)

この大きな変化を、専門知の面から支えていたのが、フランツ・ボアズやルース・ベネディクトらが作り出した人類学の新しい波であった。彼らの仕事が画期的だったのは、人種の違いと文化的な資質の議論を明確に切り分ける思考を一般に普及させたことである。逆に言うと、二〇世紀国民秩序に特徴的だった市民性と人種主義の結合は、特定の人間集団の「人種」とその文化的傾向や能力とが不可分であるという「科学的」見地に依存していたのであり、ボアズらの議論はその前提を覆すものだった。(17)

第二次大戦期に顕在化した二〇世紀秩序の第二の揺らぎは、黒人の市民権要求（＝カラーライン批判）からもたらされた。それは、さらに明確に「自由の戦争」というアメリカの大義と人種差別の現実を対比する戦略をとった。NAACPの機関誌『クライシス』は一九四二年一一月号の社説で、底南部に続発するリンチ事件とこれを放置するローズヴェルト政権を指して、「戦争努力のサボタージュであり……我が同盟者たる中国人にも白人の民主主義への疑念を抱かせる」、すなわち、「ヒトラーと東条を利するものである」と書いた[18]。こうしたレトリックは、幅広く政治的リベラルに共有されるようになったが、一九四四年に刊行された、グンナー・ミュルダールの『アメリカの矛盾――黒人問題とアメリカ民主政』ほどこの「矛盾」を明示したものはなかっただろう。同書は言う、「人種主義のドグマに依って立つファシズムやナチズムとの戦いにおいて、アメリカは人種間の寛容と協力、そして人種平等を支持する立場を全世界に向けて鮮明にしなくてはならない」と[19]。

このロジックが重要なのは、それが非常に意図的にリベラルな市民ナショナリズムから人種主義を引き剝がし、両者を対立するものとして位置づけた点である。つまり、これまで見てきた二〇世紀国民秩序が、民主主義の名のもとにカラーラインを肯定する論理（市民的人種主義）を内在化していたことを想起するなら、「アメリカの矛盾」の指摘が、ボアズとベネディクトが文化と人種を切り分けたのと同様に、この政治秩序の根幹を揺るがす可能性を秘めていたことがわかる。

その後一九五〇年代には、激化する冷戦のもと、国際政治の文脈と結びついた人種主義批判がさらに高まった。第三世界における影響力をソ連と競い合うアメリカにとって、差別を克服し、「人種主義の国」の汚名を返上することは、反共戦略の一環としても急務であった。一九五二年に成立した移民国籍法（マッカラン＝ウォルター法）は、ようやくアジア系移民に帰化を認め、二四年移民法の排斥条項を改めた[20]。同法は結局、出身国別割り当て制度を存続させることになるが、特殊技能者や専門家の入国を優先する規定を初めて盛り込み、二〇世紀後半以降の移民政策の端緒ともなっていた。さらに二年後の一九五四年には、連邦最高裁が公立小学校の人種隔離に初の違憲判決

(ブラウン判決) を出すことになる。[21] その背景には、黒人原告側を支持する政府の法廷意見書 (amicus curiae brief) があった。この意見書に冷戦政策の当事者たる国務省、特にマッカラン=ウォルター法の推進者でもあった国務長官ディーン・アチソンの強い影響があったことはそれ自体興味深い。[22] だが、それ以上に重要なのは、ブラウン判決が「黒人という非自発的集団に所属する個々人に『実質的』平等を与える」決定であったことだ。[23] それは、アメリカの国是たる市民的な理想から人種主義の要素を厳格に排除しつつも、一九世紀的な形式的自由に回帰するのではなく、初等教育という社会的な領域の人種的統合のために、公権力の積極的な関与を促すものであった。このような市民ナショナリズムの再構築は、その後のキング牧師が率いた草の根の市民権運動とその成果たる一九六四年市民権法において、明確に方向づけられよう。

また、翌一九六五年にはハート=セラー移民法が成立し、ついに四〇年以上続いた出身国別割り当て制度が廃止された。南・東欧系のアメリカ人はようやく「公平な」多元主義の要求を成就させ、白人内の「人種的」劣者というスティグマから解放されたのであった。しかし、もとより同法がアメリカを目指す移民の選別を放棄したわけではない。年間の総受入数は二九万人と定められ、「出身国」にかわって、技能や学識等のメリット・ベースの選考が一般化した。だがその一方で、東半球一七万人、西半球一二万人という新しい形式の「割り当て」制が導入されており、メキシコ等の西半球からの移民に関して言うと、それは歴史上はじめての数的制限の政策だった。[24] このことが、今日に至る深刻な「非合法」移民問題の端緒となったことは、いまさら言うまでもない。

だがいずれにせよ、一九六四年の市民権法と六五年の移民法は、二〇世紀国民秩序のエスノ・レイシャルな制度的枠組みを十分に破壊するものであった。さらに加えて、ヴェトナム戦争後の一九七〇年代、長期に及ぶ経済不況の中で、労働組合運動は衰退し、リベラルのニューディール政治連合は瓦解していく。ここに二〇世紀国民秩序はその歴史的役割を終え、アメリカ・ナショナリズムは次の段階の何かに移行していこう。

あくまで、二〇世紀国民秩序の形成過程に焦点を合わせた本書においては、さらに「その後」の世界を見通すことは、さすがに研究の本来の目的を逸脱した行為にも思える。しかし、本章の概括から仄見える雑駁な類推が許されるなら、以下のように考えることも可能かもしれない。すなわち、二〇世紀国民秩序の解体は、ひとつにはこれまで分かちがたく結合していた、市民ナショナリズムの伝統と「社会的なもの」、そして二〇世紀的な人種主義を、いま一度別々に引き離し、特に科学的な、あるいは、草の根の人種思想を非民主的な「因習」として拒絶することで可能になった。そして一九七〇年代までに、この「旧い」ナショナリズムの廃墟の上に、エスノ・カルチュラルな多元主義とカラーブラインドな市民的統合論という二つの理念が新しい民主的価値として屹立していた。大雑把に言えば前者は多文化主義の、後者は市民ナショナリズムの運動を正統化するものだろう。そして、両者の原理的対立が一九八〇年代以降のアメリカ知性界を分断し、そのこと自体が今日のアメリカ国民社会が何を共有し、何によって接合されているのかを全く見えにくくしている。

しかし、問題の複雑さは、むしろ多元主義と統合の政治の対立だけではなく、両者の間に横たわる「社会的なもの」、わけても社会的な平等と「人種」の関係にあるように見える。二〇世紀から二一世紀に架橋するこの時代に、人種主義と決別したはずの多元主義者であれ、カラーブラインドな統合論者であれ、自己の運動を進める際に教育や雇用、コミュニティ、貧困といった現実の社会問題に関わらずにはおられない。そして、そのとき必ず、過去の遺物のはずの「人種」と邂逅せざるを得ない。実際、多くの多文化主義者は文化集団の共同性を人種的な紐帯に求めてきたし、統合論者も、すでにブラウン判決の時点から「非自発的集団に所属する個々人」の社会的平等に関わってきた。

だが実のところ、「社会的な」問題を嫉妬深い人種の含意でしか語ることができない今日のアメリカ政治文化の貧しさと、人々の下位集団への帰属を前提とする「集合的な」市民社会観は、アファーマティヴ・アクションや黒人の貧困をめぐる諸論争でも、解決不能のアポリアを構成する歴史的な条件となっている。ここでは、一方においてエスニックな多様性の美徳が賞揚されながら、優遇措置にアクセスできたマイノリティには逆差別だという批判が浴びせられ、それでいて真に救済が必要な都市アンダークラスの貧困は「異なる人々の文化」の問題として、放置され続けている。こうした難題を抱えるアメリカ国民社会の現状に、「過ぎ去ろうとしない」二〇世紀国民秩序の呪縛を見ることは的外れだろうか。

あとがき

私が最初に本書の着想を得たのは、もう一七、八年も前のことである。当時、私はフルブライト奨学金を受けて、シカゴ近郊のノースウェスタン大学に留学中だった。アメリカ社会史研究の大家、ロバート・H・ウィービーに憧れ、その門を叩いたのであった。私にとっては、幸いなことに当時ウィービー先生はすでにセミ・リタイアの老境にあり、孫のように年の離れた異国の若者にずいぶん時間を割いてくださった。それで、生来ずうずうしい質《たち》の私は、三日とおかず先生のもとに押しかけ、研究室に入り浸るようになった。いつも馬鹿のようにくだらない質問やアイデアを際限なく投げかけては、老教授を閉口させていたわけだが、話題のほとんどが国家とネイションに関わるものだったことを今も鮮明に記憶する。

この一九九〇年代後半の頃は、社会の雰囲気も学界の動向も混沌としたものがあり、その中心にはいつも国民国家の問題があった。今思うと当時は、ナショナリズムの軛《くびき》から思想や社会運動を解放できるという楽観が存在した時代でもあった。まだまだ多文化共生の未来は確信に満ちたものであったし、歴史学の世界では旧来のナショナル・ヒストリーを相対化しようという潮流が強まっていた。しかし同時に、私たちは凄惨なエスノ・ジェノサイドや民族浄化が、野火のごとく冷戦後の東欧や、かつて植民地だったアフリカ各地に広がっていくのを目にしていた。ウィービー先生と私がいつも話していたのは、まさにそのことだった。ナショナリズムは過ぎ去った前時代の遺物なのか。それとも現代史の切っ先にある新しい現象なのか。それは歴史学の意味ある対象たりえるのか。その歴史を書くことは、それ自体、反動的な支配に加担することになりはしないか、等々。

実は、私とウィービー先生の学問的な立ち位置には相当な隔たりがあった。ロバート・ウィービーのナショナリズム論は、統治権力である国家とネイションという疑似家族的な共同体とを峻別し、前者に批判的な眼差しを向けるところから始まる（Robert H. Wiebe, *Who We Are : A History of Popular Nationalism*, Princeton University Press, 2001）。したがって、先生が理想視し、「健全な」ネイションと見ていたのは、長く国家を持たなかったアイルランド人やポーランド人の越境的なネットワークとしてのそれであった。そしてこの水平的な同胞愛たるネイションは、本来、他者に危害を加えることのない平和的な存在だとされた。だがしかし、そうしたネイションもひとたび独立を求め、自らの国家を手にするや、太陽に憧れ近づいたイカロスが蠟製の羽を失って墜落したごとく、支配と暴力の世界に堕していくのだという。なるほど、戦争やジェノサイドは、官僚的な国家機構なしにエスニックな感情だけでは起こり得ないだろう。だから、「ネイションと国家を分けて考えろ」、それがウィービー先生の口癖だった。

しかし、私の関心はむしろ、この二つがどうして結びつくのか、また水平的な同胞愛がなぜ序列的な秩序に転化していくのか、そうした問題の方にあった。それは二〇世紀末のナショナリズムに対する素朴な体感から来るものでもあった。たしかに、現行の国民国家は急速に福祉的な機能――あるいは、水平的な同胞愛を実体化する役割――を放棄しつつある。しかし、監視的権力としての国家の力は、ますます強化されているようにも見える。やはり、ナショナリズムは、このグローバリゼーションの時代にも、鵺《ぬえ》のようにその相貌を変えつつ生き続けている。事実、追いつめられた人々は愛国と排外主義にカタルシスを求めがちではないか、と。それゆえ、私が最も多くウィービー先生に尋ねた問いは、結局のところ「ネイションとは何ですか」、「国民になるとはどういうことですか」というものだった。

これに対する先生の答えはいつも同じ禅問答――。曰く、「英語を話すようになったからアメリカ人になったとか、民族衣装を捨てたから同化したとか、そのように考えてはいけない。複雑な（elusive）歴史を書きなさい」と。いまひとつウィービー先生が好んで語ってくれたのは、「鳥の目で見よ」という教訓だった。地べたで歴史事象を観察するだけでなく、鳥のように数十メートル飛び上がって俯瞰し、全体構造の複雑さと向き合えというのだ。ナショナリズムの歴史を書くなら、ナショナリズム以外の歴史ファクター――民主主義や社会主義など――の展開も視野におさめなくてはならない、と。こうした歴史観は、私自身、共鳴するところが多く、その後の研究生活を左右する影響を受けたと言っても過言ではない。

だが、永遠に続くと思われたウィービー先生との対話は突然打ち切られることになった。帰国後、本書の素案をまとめた私は、二〇〇〇年の一二月に一年ぶりでシカゴに戻り、初めて目次を見てもらう約束だった。しかしその直前、先生は突然の心臓発作で帰らぬ人となり、ついに再会はならなかった。爾来、私にとって、このプロジェクトの完成は大きな重い宿題となった。もっとも、本書のかたちで自説を世に問うことができるまでに、これほど長大な時間を要したことには己の無能を恥じるほかない。ただ興味深いのは、本書の構成が一五年前に最初の素案を作ったときからほとんど変わらなかったことだ。その間アメリカは、九・一一のテロとイラク戦争を経験し、オバマという初の黒人大統領も誕生した。しかし、今日なお、アメリカと世界のナショナリズムは深刻な政治課題であり、それゆえ、歴史のなかの国民国家を問い直すことの意義はいささかも減じていないように思われる。あえて、二〇年近く前に書いた文章すら排除せずに本書を編み進めた所以である。もっともこの間、私自身の歴史認識が微妙に変化してきたことや、近年、関連する優れた研究が数多く現れたこともあり、既発表論文のすべてに手を加えることになった。ひとまず、以下に各章の初出一覧を記しておくが、章によっては原型をとどめないほどに書き改めたものも少なくない。

序　章　書き下ろし。

第1章　第四七回アメリカ学会大会シンポジウム「平等概念の多様性」の報告ペーパーに加筆。

第2章　「浄化される民主主義――『人民』から国民へ」常松洋・肥後本芳男・中野耕太郎編『アメリカ合衆国の形成と政治文化――建国から第一次世界大戦まで』昭和堂、二〇一〇年所収に加筆。

第3章　"How the Other Half Was Made : Perceptions of Poverty in Progressive Era Chicago," *Japanese Journal of American Studies*, 22 (2011) を日本語に訳し加筆修正。

第4章　以下三篇を総合し加筆。「祖国ナショナリズムとアメリカ愛国――シカゴのポーランド移民」樋口映美・中條献編『歴史のなかの「アメリカ」――国民化をめぐる語りと創造』彩流社、二〇〇六年。「パブリック・スクールにおける移民の母語教育運動――二〇世紀初頭のシカゴ」『アメリカ史研究』第二三号（二〇〇〇年）。"Preserving Distinctiveness : Language Loyalty and Americanization in Early Twentieth Century Chicago," *Proceedings of the Kyoto American Studies Summer Seminar, 2000* (2001).

第5章　「合衆国における産業民主主義論の展開と戦時労働政策――第一次世界大戦期を中心に」『人文研究』第四六巻第一一分冊（一九九四年一二月）を大幅に加筆修正。

第6章　以下二篇を総合し加筆。「戦争とアメリカ化――第一次世界大戦と多元的国民国家統合」上杉忍・巽孝之編『アメリカの文明と自画像』ミネルヴァ書房、二〇〇六年所収。拙著『戦争のるつぼ――第一次世界大戦とアメリカニズム』人文書院、二〇一三年、第三章。

第7章　拙著『戦争のるつぼ』第四章を大幅に加筆修正。

第8章　「合衆国労働党に関する一考察――第一次大戦後の社会改革運動」『史林』第八〇巻第一号（一九九七年一月）を大幅に改稿。

第9章　以下二篇を総合し、大幅に加筆修正。「二〇世紀国民秩序と人種の暴力――一九一九年シカゴ人種暴動の検討」『歴史科学』第二〇〇号（二〇一〇年四月）。「衝撃都市からゾーン都市へ――二〇世紀シカゴの都市改革再考」『史林』第九五巻第一号（二〇一二年一月）。

第10章　以下二篇を総合し、大幅に改稿。「『人種』としての新移民――アメリカの南・東欧系移民：一八九四―一九二四」『二十世紀研究』第二号（二〇〇一年）。「新移民とホワイトネス――二〇世紀初頭の『人種』と『カラー』」川島正樹編『アメリカニズムと「人種」』名古屋大学出版会、二〇〇五年を大幅に改稿。

終　章　書き下ろし。

このように、章別構成をあらためて記してみると悔悟の念とともに痛感されるのだが、本書には、当然なくてはならなかった、いくつかの分析が欠落している。ひとつはジェンダー研究の視角である。女性が公民となって選挙に参加し、また、労働者として産業のシティズンシップにアクセスするようになることは、二〇世紀国民秩序が一九世紀アメリカニズムと一線を画する重要な展開であった。また、そうした変化の過程で女性の間に、男女平等憲法修正条項（いわゆるERA）を支持する完全平等論と、産業における女性労働者の保護や要扶養児童を抱えた母親のケアを求める主張との深く長い対立が醸成されたことは、おそらく二〇世紀ナショナリズムの根幹に関わる問題だったと推察される。この論点を十分に扱えなかったのは、ジェンダーがナショナリズム研究にとって重要でないからではなく、ひとえに私の能力不足に起因している。

いまひとつ、本書に欠落している議論は、アメリカの対外膨張と国内の国民統合との相互的関係の考察であろう。実のところ、二〇世紀初頭におけるカラーラインの構築やヨーロッパ移民の序列化が、米西戦争以降のアメリカ帝国主義の植民地支配と表裏を成しているとの指摘はすでに多くある。また、第一次大戦をひとつの契機として、アメリカが世界政治に本格的にコミットしはじめることは、国内における国民形成のあり方に多大な影響を与えたと考えられる。実際、私自身の近年の研究は、むしろこのアメリカの覇権国家化と内的統合のダイナミズムに注目しつつあるが、二〇世紀国民秩序をひとつの社会史として叙述しようとする本書において、この論点を全面的に組み入れることはできなかった。本書をまとめる過程で、「鳥の目になって複雑な歴史を書け」という教えがいかに難しいことか、身にしみて感じることになった。ジェンダーや外交の議論を包含したナショナリズム研究の総合は、許されるなら今後の課題とさせていただきたい。

思えば本書が成るまでに、実に多くの先生方や先輩諸氏から温かい援助を受けてきた。京都大学文学部現代史教室の指導教官であった紀平英作先生は、無知蒙昧のバンカラ学生であった私に初学者の手ほどきを与え、その後も先生が主宰した「市民的自由研究会」(通称　悠々の会)の活動を通して、アメリカ歴史学の本道に教え導いて下さった。また、関西アメリカ史研究の重鎮 横山良先生には学部生時代から特段目をかけていただいた。お優しい横山先生からは褒められた記憶しかなく、私は甘やかされて育ったとも言えるが、どうしても自分の能力に自信を持てない小心者が、今日まで研究を続けてこられたのは先生の励ましがあったればこそである。前アメリカ学会会長の古矢旬先生にも大きな学恩がある。アメリカ・ナショナリズム研究の先達である古矢先生の御研究は、自覚的にあるいは無自覚に、本書の考察が常に意識してきたものだった。しかし、脱稿して気づいたのは、何か挑戦したつもりでいたのに、結局、私は釈尊の掌中に右往左往する猿にひとしかったことだ。執筆を進めるうちに、ますますそのアメリカニズム研究の大きさを思い知ったものである。また、古矢先生には原稿段階で本書を御一読いただき、激励の言葉を賜ったことも申し添えたい。ここに三人の先生方への深い謝意を表するところである。

本書は、私が参加したいくつもの共同研究のたまものでもある。京都大学人文科学研究所の山室信一先生を中心とする研究プロジェクト「第一次世界大戦の総合的研究」は、あらためて戦争と国民形成の密接な関係を考え直すきっかけを与えてくれた。また、市野川容孝さんや宇城輝人さんら私と同年代の社会学者を中心とする「社会的なものの思想史研究会」に参加できたこともありがたかった。社会科学の俊英の集うこの研究会で、唯一人の歴史学者の私は、いまだ何の貢献もできないでいるが、こちらが学ばせてもらったことは実に大きい。なにより、実証史学の手仕事の世界に生きるがゆえに、長く二〇世紀という時代の大きなうねりを明快に表現できずにいた私に、「社会的なもの」という本質的な言葉を与えてくれたこの会には、感謝の気持ちが尽きない。

本書の作成過程に多くの友人の支えがあったことも記しておきたい。もう知り合って一五年以上になるイリノイ大学アーバナ・シャンペーン校のジェームズ・バレットには、かつて何度もストックヤーズやブラックベルトを案内してもらい、今では家族ぐるみの付き合いをする親友となった。ノースウェスタン大学のローラ・ハインとの付き合いはさらに古く、彼女は今も昔も私がシカゴに滞在するときのソーシャル・ライフの中心にいる。また、シカゴの地方史研究家のポール・ヴァラセックにも本書の完成を伝えたい。ストックヤーズで生まれ育ったポールは、移民三世世代で父方がチェコ系、母方はポーランド系だったが、なぜか母方のポーランドに愛着があり、家族の歴史として第一次大戦期のポーランド義勇軍（祖父が従軍）の歴史を調べている。私はよく彼の古いバンに便乗し、シカゴの移民街をドライブしながら、戦争に行った生身の移民の物語を聞かされたものだ。こうしたシカゴの友人たちと分かち合った時間が、本書の基層を形作っているのだと思う。

私の所属する大阪大学西洋史教室の先生方や大学院生、学部生の皆さんにもお礼を言わなくてはならない。ただでさえ無能な私だが、本書をまとめる作業に入って以来、何をやるにもうわの空、あたまの中は本のことばかり――同僚としても教師としても頼りないかぎりだったろう。それにもかかわらず、皆さんは本当に寛大に本書の完成を待って下さった。あらためて感謝の意を表したい。

最後になってしまったが、名古屋大学出版会の橘宗吾さん、三原大地さんにもお礼を言いたい。特に、橘さんには九年前に同出版会刊の川島正樹編『アメリカニズムと人種』に寄稿して以来、長く単著の出版を勧めていただき大変感謝している。また、本書の編集プロセスでは、いつも弱気で筆の進まぬ私を、まさに字句通り叱咤激励、また叱咤、実力以上の力を引き出して下さった。社会人になって以来、これほど一人の方の御助力に頼って仕事をしたことがあっただろうか。橘さんに並走していただけなければ、とてもゴールにはたどり着けなかった。いくら感謝しても、し足りない。

なお、本書の刊行にあたっては、日本学術振興会の平成二六年度科学研究費補助金（研究成果公開促進費「学術図書」）の助成を受けた。

二〇一四年一二月　北摂の研究室にて

中野　耕太郎

《著者略歴》

中野《なかの》 耕太郎《こうたろう》

1967 年　京都府に生まれる
1991 年　京都大学文学部卒業
1994 年　京都大学大学院文学研究科博士後期課程中途退学
現　在　大阪大学大学院文学研究科准教授
著　書　『戦争のるつぼ——第一次世界大戦とアメリカニズム』（人文書院，2013 年）他

20 世紀アメリカ国民秩序の形成

2015 年 2 月 28 日　初版第 1 刷発行

定価はカバーに
表示しています

著　者　中野耕太郎

発行者　石井三記

発行所　一般財団法人　名古屋大学出版会

〒 464-0814　名古屋市千種区不老町 1 名古屋大学構内
電話(052)781-5027/FAX(052)781-0697

Printed in Japan

印刷・製本 ㈱太洋社

ISBN978-4-8158-0799-3

乱丁・落丁はお取替えいたします。

索　引

ア　行

アーマー，J・O（J. Ogden Armour）　160, 161, 182
アイルランド自由友愛会（Friends of Irish Freedom）　233
アジア移民禁止区域（Barred Asiatic Zone）　313-315
アダムズ，ジェーン（Jane Addams）　9, 10, 15, 32, 43, 46-48, 55-57, 60, 88, 89, 105, 124-126, 137, 171, 173, 174, 245
アチソン，ディーン（Dean Acheson）　334
アファーマティヴ・アクション　25, 335
アボット，エディス（Edith Abbott）　98, 281
アボット，グレース（Grace Abbott）　101, 128
アメリカ化　5-11, 13-15, 21, 22, 25, 28-31, 49, 56, 74, 76, 77, 90, 94, 99, 105, 108, 110, 113, 114, 124, 128, 134, 135, 137, 144, 162, 166, 170, 171, 180-189, 192-202, 224, 274, 293, 302, 309-311, 316, 324-326, 328, 330, 331
アメリカ労働総同盟（American Federation of Labor：AFL）　31, 146, 147, 152, 155, 158, 168, 215, 231, 233-235, 240, 246, 247, 251-253, 255, 321
アルシュラー，サムエル（Samuel Alschuler）　161, 162, 234, 235
アルトゲルド，ジョン・P（John P. Altgeld）　38
イーリー，リチャード（Richard T. Ely）　44-46, 49, 57, 92
イギリス労働組合会議（Trade Union Congress）　158
イギリス労働党　231, 237, 238, 243, 244, 248, 253, 255
移民制限連盟（Immigrant Restriction League）　124
移民法（1907年）　24, 93
——（1917年）　74, 313
——（1921年）　318
——（1924年）　18, 29, 301-304, 314, 323, 333
——（1952年）　301
——（1965年）　301, 334
移民保護連盟（Immigrant Protective League）　101
イリノイ州労働党　241
インド人移民　19, 314, 324
ヴァージニア州人種純血法（1924年）　29, 303
ヴァレラ，エイモン・デ（Eamon de Valera）　317
ヴァレンタイン，ロバート（Robert G. Valentine）　150
ウィートン，ハリソン（Harrison H. Wheaton）　181
ヴィラード，オズワルド（Oswald Villard）　245
ウィラード，ダニエル（Daniel Willard）　152, 249
ウィルソン，ウィリアム・B（William B. Wilson）　161
ウィルソン，ウッドロー（Woodrow Wilson）　59, 72, 140, 143, 147-149, 151, 153, 169, 171, 172, 174, 175, 183, 189-191, 206, 208, 209, 216, 218, 220, 221, 225, 228, 233-235, 247, 248, 252-254, 313, 314, 319
ヴェッダ，ジョン（John Wedda）　187
ウェッブ，シドニー（Sidney Webb）　237
ウェルズ＝バーネット，アイダ・B（Ida B. Wells-Barnett）　207-209, 215, 218
ウォーリー，セリア・パーカー（Celia Parker Woolley）　102, 105
ヴォーン，ホーレス（Horace Vaughn）　203
ウォリング，ウィリアム（William English Walling）　141
ウォルシュ，フランク（Frank P. Walsh）　147-149, 155-157, 160-162, 167, 171, 216, 233-235, 237, 243, 244, 252, 257, 308, 317
ウッド，レナード（Leonard Wood）　170, 194
ウッド，ロバート・A（Robert A. Wood）　124

エーゲル，ヴァルデマル（Waldermar Ager）　117, 118
エンタイトルメント　39, 111, 141, 331
小沢孝雄　203
オズボーン，ロヤール（Loyall A. Osborne）　155

カ　行

ガーヴェイ，マーカス（Marcus Garvey）　285, 319
カーナー委員会（1968 年）　110, 297
科学的管理　145, 150, 151, 164, 248
革新主義政治行動会議（Conference for Progressive Political Action：CPPA）　256, 257
合衆国公衆衛生局（U. S. Public Health Service：PHS）　307
合衆国産業関係委員会（U. S. Commission on Industrial Relations：1913-1915）　147, 149, 155, 157, 237, 243
合衆国労働党　231, 232, 246, 250, 251, 253, 254
ガトウスキ，スタニスラウ（Stanislaw Gutowski）　196, 197
カトラー，ジェームズ（James Cutler）　222, 223
カベリー，エルウッド（Ellwood P. Cubberley）　124
カラーブラインド　16, 21, 335
カラーライン　5, 10-14, 21, 25, 62, 84, 90, 104, 107, 109, 110, 167, 201-203, 205, 214-216, 223, 224, 257, 262, 263, 267, 291, 292, 297, 300-302, 304, 313, 314, 316, 321, 322, 324-326, 331-333
カリフォルニア州外国人土地法（1913 年）　315
カレン，ホーレス（Horace Kallen）　15, 55, 136, 170, 171
帰化宣言外国人　74, 172, 182
帰化不能人　10, 12, 19, 301, 304, 314, 315, 323
帰化法（1906 年）　5, 7, 74, 124
——（1918 年）　198, 202
——（1952 年）　333
キクルスキ，ジョン（John Kikulski）　160, 236, 239, 254, 280
『基地と塹壕』（*Trench and Camp*）　203, 204
ギディングズ，フランクリン・H（Franklin H. Giddings）　56
ギデンズ，アンソニー（Anthony Giddens）　83
キャンプ・アプトン（第 77 師団：Camp Upton）　194, 195
キャンプ・グラント（第 86 師団：Camp Grant）　194, 195, 197, 204
キャンプ・ゴードン（第 82 師団：Camp Gordon）　194, 196, 197, 203, 204, 224
キャンプ・ローガン（Camp Logan）　209, 210, 260
旧移民　82, 94, 193
　アイルランド人　267, 292, 293
　ドイツ人　99, 173, 184
　ノルウェー人　82, 117, 118, 132, 135
共通感覚（同質性：like-mindedness）　28, 55, 56, 125, 142
共和主義（リパブリカニズム）　3, 5, 12, 18, 21, 26, 39, 42, 45, 60, 65, 66, 83
　労働——　12, 159, 232, 321
クー・クラックス・クラン（Ku Klux Klan：KKK）　217, 301
クーリッジ，カルヴィン（Calvin Coolidge）　303, 323
クック，モリス（Morris L. Cooke）　150, 151, 165, 193, 248
『クライシス』（*Crisis*）　53, 54, 206, 211, 221, 225, 297, 333
グラジンスキ，ルイス（Louis Grudzinski）　100, 128, 177, 256
グラント，マディソン（Madison Grant）　306, 310, 318, 320, 323
クリール，ジョージ（George Creel）　155, 161, 171, 180, 186-188, 221
クリステンセン，パーリー（Parley Christensen）　253
クレヴクール，ヘクター（J. Hector St. John de Crévecœur）　8
クローダー，イノック（Enoch Crowder）　142, 202
クローリー，ハーバート（Herbert D. Croly）　57-60, 72, 143, 148, 149, 154, 231, 245, 253
訓練基地活動委員会（Commission on Training Camp Activities：CTCA）　195, 204
契約の自由　21, 31, 41, 48, 147, 252, 257, 329
ケラー，フランシス（Frances Kellor）　170, 172, 181
ゲルナー，アーネスト（Ernest Gellner）　6,

31
憲法修正第 14 条　4, 51, 66, 282, 301, 315
憲法修正第 15 条　51, 66, 68, 69, 82
合同被服労組（Amalgamated Clothing Workers：ACW）　159, 160, 164–166, 230, 233, 244, 247, 248, 256, 330
コーポラティズム　152, 158, 215, 255, 257, 330
国際機械工組合（International Association of Machinists：IAM）　147, 158, 159, 164, 215, 247, 248, 250, 252, 256, 257
黒人の破壊工作（Negro Subversion）文書　211, 218, 219
国防会議（National Council of Defense）　151, 152, 154, 155, 158, 183, 186, 189, 193, 215, 255, 320, 330
極貧（pauperism）　24, 91–97, 101, 102, 106, 111
個人主義　6, 8, 12, 22, 26, 27, 39, 44, 48, 52, 57–59, 141, 183, 228, 255, 325, 327
ゴズネル，ハロルド（Harold F. Gosenell）　84
コモンズ，ジョン（John R. Commons）　78, 80, 146, 147, 154, 165, 308
コリガン対バックリー判決（Corrigan v. Buckley, 1926）　300
コロンバスの騎士団（Knights of Columbus）　195
ゴンパース，サムエル（Samuel Gompers）　146, 152, 155, 233, 235, 247, 250, 252

サ　行

サーマック，アントン（Anton Cermak）　193, 200, 322
『サーヴェイ』（*The Survey*）　91, 104, 162
財産権　4, 21–23, 31, 147, 148, 252, 257, 329
サバス，アドルフ（Adolph J. Sabath）　322, 323
産業別組合会議（Congress of Industrial Organizations：CIO）　159, 330–332
産業民主主義（industrial democracy）　31, 42, 140, 143–147, 149–151, 153, 154, 156–159, 161, 166, 167, 214–216, 230, 239, 245, 251, 257, 328, 330, 331
サンドバーグ，カール（Carl Sandberg）　268, 298
シェパードソン，フランシス（Frances W. Shepardson）　273, 278, 283
シェリー対クレマー判決（Shelley v. Kraemer, 1948）　321
ジェンクス，ジェレミア（Jeremiah W. Jenks）　309
『ジェンニク・ズヴィョンスコーヴィ』（*Dziennik Związkowy*）　100, 123, 130, 176, 177, 192, 199
シカゴ・アーバン・リーグ（Chicago Urban League）　104–107, 272–274, 276, 281, 282, 298
シカゴ悪徳委員会（Vice Commission of Chicago）　103
シカゴ教育委員会　116, 132, 135, 183
シカゴ慈善連合（UCC）　98
シカゴ人種関係委員会（Chicago Commission on Race Relations：CCRR）　107, 110, 261, 263, 266, 268, 273, 274, 276, 278, 279–286, 292, 296–299
シカゴ大学　32, 47, 56, 73, 81, 85, 97, 98, 103, 105, 107, 126, 129, 130, 270, 272–274, 276, 278, 281, 286
シカゴ大学セツルメント　47, 98, 100, 106, 126, 128, 162, 173, 181, 185, 267, 271, 281, 293
『シカゴ・ディフェンダー』（*Chicago Defender*）　108, 211, 266, 271, 273, 276, 284
『シカゴ・デイリー・トリビューン』（*Chicago Daily Tribune*）　94–96, 102, 181, 210, 284, 290
シカゴ労働総同盟　160, 185, 215, 231–237, 240, 244, 245, 247, 248, 252, 254, 280, 317
シカゴ労働党　168, 232, 236, 238–241, 246, 249, 250, 254–256, 280, 329
識字テスト　61, 68–71, 76–78, 80–82, 184, 311–313, 321
慈善（charity）　87, 91, 95, 97, 98, 100–102, 116, 174, 185, 278
慈善組織協会（Charities Organization Society：COS）　90–92, 97
シティズンシップ　4, 12, 16, 17, 19–26, 31, 39–41, 43, 48–51, 59, 64, 66, 76, 79, 83–85, 93, 104, 141, 143, 167, 180, 181, 183, 185, 186, 194, 201, 225, 229, 238, 311, 319, 326, 328, 330
　公民的——　21–24
　産業の——　167, 186, 201

全国産業会議委員会（National Industrial Conference Board：NICB）　154-156, 322
全国戦時労働委員会（National War Labor Board：NWLB）　157, 162-164, 167, 216, 217
全国百人委員会（National Committee of One Hundred）　181
全国有色人地位向上協会（National Association for the Advancement of the Colored People：NAACP）　52, 53, 206-208, 211, 221, 273, 276
戦時広報委員会（Committee on Public Information：CPI）　142, 152, 155, 161, 180-182, 186-189, 191, 192, 194, 196, 221
　外国生まれ対策部　187, 188, 189, 191, 192
　フォーミニットマン　188, 189, 192
戦時防諜法（Espionage Act of 1917）　156, 218, 219, 251
戦時労働会議委員会（National War Conference Board）　155-157
「戦時労働政策の統一原則」　154, 156
戦争管理者（war manager）　151, 229
選抜徴兵法（Selective Service Act of 1917）　164, 169, 172, 175, 176, 202
戦備運動（preparedness）　169-172, 181, 194
全米教育協会（National Education Association：NEA）　125, 129
ソーシャル・ゴスペル　45, 46, 48, 92
ソーシャル・セツルメント　9, 46, 47, 56, 85, 88-90, 97-100, 102, 107, 109, 124, 185, 187, 273, 309
ソーシャル・センター運動　183
祖国ナショナリズム　113, 114, 119, 125, 133-137, 172, 173, 176, 179, 186-188, 192, 199, 317, 318
ソコル　115, 173-175, 193
ソビエト連邦　199, 234, 241, 254, 256, 333

タ　行

ターナー，フレデリック・ジャクソン（Frederick Jackson Turner）　7, 8, 13
大移動（great migration）　105, 111, 216, 218, 270, 272, 286, 297, 302
大統領調停員会（President's Mediation Commission）　162
ダグラス，フレデリック（Frederick Douglas）　50, 51, 53, 65, 102
多元主義　10, 13, 15, 17, 26, 32, 55, 56, 99, 114, 136, 137, 171, 192, 200, 201, 216, 326-328, 332, 334, 335
タスキーギ運動　105, 221, 273, 276
タフト，ウィリアム・H（William H. Taft）　155, 157
団結権・団体交渉権　31, 146, 148, 156, 162, 163, 166, 167, 234, 236, 237, 243, 251, 252, 330
タンネンベルグ，フランク（Frank Tannenbaum）　316, 317
チェコ国民同盟（Czech National Alliance）　174, 200
中央労働評議会　230-233, 235, 238, 246, 253
中国人移民　3
ディヴァイン，エドワード（Edward T. Devine）　91
ディリンガム，ウィリアム・P（William P. Dillingham）　80, 311
敵性外国人　142, 176, 217, 313, 316
テクノクラート　63, 151, 193, 205
鉄道友愛会　215, 248, 250, 257
テナメント　37, 89, 96, 97, 103, 107
『デニ・ハラサテル』（*Denni Halsatel*）　173-175, 188, 307
デューイ，ジョン（John Dewey）　47, 55, 85, 129, 141, 242
デュボイス，W・E・B（W. E. B. Du Bois）　11, 53, 62, 68, 71, 206, 207, 211, 221, 225, 273, 297, 319
トインビー・ホール　88, 96, 111
統一鉱山労組（United Mine Workers：UMW）　158, 247, 248, 250
投票権　21, 23, 24, 29, 51, 52, 61-78, 80-83, 86, 206, 207, 311, 331
　外国人（非市民）——　73-77
　黒人投票権剝奪（disfranchisement）　68, 69, 71, 72, 76, 77, 82
　女性——　61, 76, 86
トーマス，ウィリアム（William I. Thomas）　47
トーマス，ジョセフ（Joseph Thomas）　188
トクヴィル，アレクシス・ド（Alexis de Tocqueville）　45, 55, 64
ドモフスキ，ローマン（Roman Dmowski）　119, 123, 177, 187
トレヴァー，ジョン（John B. Trevor）　305

マ　行

ヤ 行

ラ 行

ワ 行

図表一覧

注

序　章　20 世紀アメリカ国民秩序へのアプローチ

（1）Hans Kohn, *American Nationalism : An Interpretative Essay* (New York : The MacMillan Co., 1957), pp. 3-35；齋藤眞『アメリカとは何か』平凡社，1995 年。アメリカ・ナショナリズムの特殊に理念的な性格に注目する研究者は，これを「アメリカニズム」と呼びならわす。古矢旬『アメリカニズム――普遍国家のナショナリズム』東京大学出版会，2002 年；Michael Kazin and Joseph A. McCartin, eds., *Americanism : New Perspectives on the History of An Ideal* (Chapel Hill : University of North Carolina Press, 2006).

（2）Emily Greene Balch, *Our Slavic Fellow Citizens* (New York : Charities Publication Committee, 1910), p. 398.

（3）Lawrence H. Fuchs, *American Kaleidoscope : Race, Ethnicity, and the Civic Culture* (Middletown, Conn. : Wesleyan University Press, 1990), pp. 5-6, 288, 368.

（4）Balch, *op. cit.*, p. 403.

（5）*Ibid.*

（6）Liah Greenfeld, *Nationalism : Five Roads to Modernity* (Cambridge, Mass. : Harvard University Press, 1993), pp. 397-484.

（7）古矢，前掲書，vii 頁。

（8）Eric Foner, *The Story of American Freedom* (New York : W. W. Norton & Co., 1998), chap. 5.

（9）Robert H. Wiebe, *The Segmented Society : An Introduction to the Meaning of America* (New York : Oxford University Press, 1975); Id., *Self Rule : A Cultural History of American Democracy* (Chicago : University of Chicago Press, 1995).

（10）Mae Ngai, "The Architecture of Race in American Immigration Law : A Reexamination of Immigration Act of 1924," *Journal of American History*, Vol. 86, No. 1 (June, 1999), pp. 69-92.

（11）中條献『歴史のなかの人種――アメリカが創り出す差異と多様性』北樹出版，2004 年，30 頁；Greenfeld, *op. cit.*, p. 481 ; John Higham, *Strangers in the Land : Patterns of American Nativism, 1860-1925, 2nd ed.* (New Brunswick : Rutgers University Press, 1998), pp. 9-11; Foner, *op. cit.*, p. 77.

（12）Edward G. Hartmann, *The Movement to Americanize the Immigrant* (New York : Columbia University Press, 1948); Maldwyn Allen Jones, *American Immigration* (Chicago : University of Chicago Press, 1960), pp. 233-234 ; Higham, *op. cit.*, 234-263 ; Philip Gleason, "American Identity and Americanization," Stephan Thernstorm, et. al., ed., *Harvard Encyclopedia of American Ethnic Group* (Cambridge : The Belknap Press of Harvard University Press, 1980), pp. 31-58. アメリカ化問題に注目した邦語文献に以下のものがある。油井大三郎・遠藤泰生編『浸透するアメリカ，拒まれるアメリカ――世界史の中のアメリカニゼーション』東京大学出版会，2003 年；松本悠子『創られるアメリカ国民と「他者」――「ア

メリカ化」時代のシティズンシップ』東京大学出版会，2007 年。

(13) Naturalization Act of June 29, 1906, 34 U. S. Statutes at Large 596.

(14) Stephen Meyer, “Adapting the Immigrant to the Line : Americanization in the Ford Factory, 1914-1921,” *Journal of Social History*, Vol. 14 (1980), pp. 67-82.

(15) アーネスト・ゲルナー著，加藤節監訳『民族とナショナリズム』岩波書店，2000 年，41, 43, 46, 66 頁。

(16) 例えば，Jane Addams, *Democracy and Social Ethics* (New York : The Macmillan Co., 1902) ; John R. Commons, *Race and Immigrants in America* (New York : The Macmillan Co., 1907) など。

(17) Theodore Roosevelt, “True Americanism,” in Roosevelt, *American Ideal* (Philadelphia : Gebbie and Co., 1897), pp. 16-37.

(18) Frederick Jackson Turner, “The Significance of the Frontier in American History,” *Report of the American Historical Association* (1893), pp. 199-227.

(19) David A. Hollinger, *Post Ethnic America : Beyond Multiculturalism* (New York : Basic Books, 1995) ; Gary Gerstle, *American Crucible : Race and Nation in the Twentieth Century* (Princeton : Princeton University Press, 2001).

(20) J. Hector St. John de Crevecoeur, *Letters from an American Farmer* (London : J. M. Dent & Sons, 1912), p. 43.

(21) Philip Gleason, *Speaking of Diversity : Language and Ethnicity in Twentieth Century America* (Baltimore : Johns Hopkins University Press, 1992), pp. 4-7.

(22) Roosevelt, *op. cit.*

(23) James Bryce, *The American Commonwealth,* Vol. II (New York : MacMillan, 1889), p. 710.

(24) Edward A. Ross, *The Old World in the New : The Significance of Past and Present Immigration to the American People* (New York : Century Co., 1914).

(25) Jane Addams, *Twenty Years at Hull-House : With Autobiographical Notes* (New York : McMillan, 1910) ; Robert E. Park and Herbert H. Miller, *Old World Traits Transplanted* (New York : Harper and Brothers, 1921).

(26) Ray Stannard Baker, *Following the Color Line : An Account of Negro Citizenship in the American Democracy* (New York : Doubleday, 1908), p. 305.

(27) 人種主義の存在をアメリカ的信条の「矛盾」とする見方については次の文献を見よ。Gunnar Myrdal, *An American Dilemma : The Negro Problem and American Democracy* (New York : Garland Publishing, 1944).

(28) W・E・B・デュボイス著，木島始・鮫島繁俊・黄寅秀訳『黒人のたましい』岩波文庫，1992 年，5 頁。

(29) 排華法については，貴堂嘉之『アメリカ合衆国と中国人移民――歴史のなかの「移民国家」アメリカ』名古屋大学出版会，2012 年を見よ。また，労働騎士団と歴史的な労働リパブリカニズムについては次を参照のこと。Leon Fink, *Workingmen's Democracy : The Knights of Labor and American Politics* (Urbana : University of Illinois Press, 1983) ; 竹田有「労働騎士団――その思想と行動」『史林』第 64 巻第 2 号（1981 年），214-245 頁。

(30) エティエンヌ・バリバール，イマニュエル・ウォーラーステイン著，若森章孝他訳『人種・国民・階級――揺らぐアイデンティティ』大村出版，1997 年，97 頁。

(31) Oscar Handlin, *The Uprooted : The Epic Story of the Great Migrations That Made the*

American People (Boston : Little Brown, 1951).

(32) Herbert G. Gutman, *Work, Culture, and Society in Industrializing America : Essays in American Working-Class and Social History* (New York : Knopf, 1976) ; Rudolph J. Vecoli, *The People of New Jersey* (Princeton : D. Van Nostrand, 1965).

(33) David Roediger, *Wages of Whiteness : Race and the Making of American Working Class* (New York : Verso, 1991).

(34) John Higham, *Send These to Me : Immigrants in Urban America* (Revised Edition, Baltimore : Johns Hopkins University Press, 1984), chap. 9.

(35) Horace Kallen, "Democracy Versus the Melting-Pot : A Study of American Nationality," *The Nation* (Feb. 18 and Feb. 25, 1915), pp. 190–194, 217–220.

(36) Higham, *op. cit.*

(37) Donna R. Gabaccia, "Is Everywhere Nowhere ? Nomads, Nations, and the Immigrant Paradigm of United States History," *Journal of American History*, Vol. 86, No. 3, The Nation and Beyond : Transnational Perspectives on United States History : A Special Issue (Dec., 1999), pp. 1115–1134 ; Hollinger, *op. cit.* ; Michael Lind, *The Next American Nation : The New Nationalism and the Fourth American Revolution* (New York : The Free Press, 1995) ; John Higham ; edited by Carl J. Guarneri, *Hanging Together : Unity and Diversity in American Culture* (New Haven : Yale University Press, 2001) ; Russell A. Kazal, "Revisiting Assimilation : The Rise, Fall, and Reappraisal of a Concept in American Ethnic History," *American Historical Review*, Vol. 100, No. 2 (April, 1995), pp. 437–471 ; Gary Gerstle, "Liberty, Coercion, and the Making of Americans," *Journal of American History*, Vol. 84, No. 2 (Sep., 1997), pp. 524–558. 近年なお，多文化主義の立場から，歴史上の「アメリカ化」を糾弾する研究が現れ続けていることも指摘すべきであろう。例えば，先住民チョクトー族を先祖にもつ教育学者，ジョエル・スプリングは，「文化ジェノサイド」という概念を用いて「アメリカ化」の過去を厳しく糾弾する。Joel Spring, *The American School : From the Puritan to No Child Left Behind* (7th ed., Boston : McGraw-Hill, 2008).

(38) Michael Ignatieff, *Blood and Belonging : Journeys into the New Nationalism* (Toronto : Penguin, 1993), p. 6.

(39) 村田勝幸『〈アメリカ人〉の境界とラティーノ・エスニシティ――「非合法移民問題」の社会文化史』東京大学出版会，2007 年，第 2 章を参照のこと。

(40) Rogers M. Smith, *Civic Ideals : Conflicting Visons of Citizenship in U. S. History* (New Haven : Yale University Press, 1997).

(41) Gerstle, *American Crucible.*

(42) Kevin Gaines, "Race at the End of the 'American Century'," *Radical History Review*, Vol. 87 (Fall, 2003), pp. 207–225. ; 村田，前掲書，77–78 頁。

(43) Gerstle, *op. cit.*, p. 12.

(44) Smith, *op. cit.*, p. 473.

(45) 貴堂嘉之・戸邊秀明「附論　日米のナショナリズム・国民意識に関する研究史」樋口映美・中條献編『歴史の中の「アメリカ」――国民化をめぐる語りと創造』彩流社，2006 年，369–394 頁。

(46) Mae M. Ngai, *Impossible Subjects : Illegal Aliens and the Making of Modern America* (Princeton : Princeton University Press, 2004).

(47) Prasenjit Duara, *Sovereignty and Authenticity : Manchuko and the East Asian Modern* (New York : Rowman & Littlefield Publishers, INC., 2003), pp. 28-29.
(48) *Ibid.*, chap. 1.
(49) Peter Kolchin, “Whiteness Studies : The New History of Race in America,” *Journal of American History*, Vol. 89, No. 1 (June, 2002), pp. 154-173 ; 中野耕太郎「(書評) 藤川隆男編『白人とは何か？――ホワイトネス・スタディーズ入門――』」『西洋史学』第 224 号（2007 年 3 月），84-86 頁。
(50) シティズンシップとナショナリズムの関係を精査した一般的な分析として以下の文献が有用である。Derek Heater, *What is Citizenship ?* (Malden, Mass : Polity Press, 1999) ; なお，アメリカの理念ナショナリズムの史的変容を意識的に捉えた数少ない研究に，フォナーと古矢旬の著作がある。古矢，前掲書。Foner, *op. cit.*
(51) T・H・マーシャル，トム・ボットモア著，岩崎信彦・中村健吾訳『シティズンシップと社会階級――近現代を総括するマニフェスト』法律文化社，1993 年，1-130 頁。
(52) 紀平英作『ニューディール政治秩序の形成過程の研究――20 世紀アメリカ合衆国政治社会史研究序説』京都大学学術出版会，1993 年。
(53) Linda Gordon, *Pitied But Not Entitled : Single Mothers and the History of Welfare* (New York : The Free Press, 1994).
(54) Alfred Coban, *The Nation States and National Self-Determination* (London : Collins Sons & Co., 1969), pp. 39-44.
(55) John Stuart Mill, *Considerations on Representative Government* (2nd ed., London : Parker, Son, and Bourn, West Strand, 1861), p. 296.
(56) ロジャース・ブルーベイカー著，佐藤成基・佐々木てる監訳『フランスとドイツの国籍とネーション――国籍形成の比較歴史社会学』明石書店，2005 年，43-47 頁。
(57) Immigration Act of 1907, 34 U. S. Statute at Large 898.
(58) 以下のギデンズの議論を参照されたい。アンソニー・ギデンズ著，松尾精文・小幡正敏訳『国民国家と暴力』而立書房，1999 年。
(59) Lind, *op. cit.*, pp. 1-15.
(60) *Ibid.*, pp. 55-95.
(61) 法制史家ナイもまた，1960 年代中葉の法制度改革を歴史的な転機と見ており，1924 年移民法の人種主義政策の一応の終焉を示唆している。Ngai, *Impossible Subjects*.
(62) Robert H. Bremner, *From the Depth : The Discovery of Poverty in the United States* (New York : New York University Press, 1956), chap. 8.
(63) Shelton Stromquist, *Re-Inventing “The People”: Progressive Movement, the Class Problem, and the Origins of Modern Liberalism* (Urbana : University of Illinois Press, 2006); Michael McGerr, *Fierce Discontent : The Rise and Fall of the Progressive Movement in America, 1870-1920* (New York : The Free Press, 2003); Rivka S. Lissak, *Pluralism and Progressives : Hull House and the New Immigrants, 1890-1919* (Chicago : University of Chicago Press, 1989); Jane Addams, *Democracy and Social Ethics* (New York : MacMillan, 1902).
(64) 統合の政治と分離主義の同時的追求の問題については以下を参照せよ。Philip Gleason, *Speaking of Diversity : Language and Ethnicity in Twentieth Century America* (Baltimore : Johns Hopkins University Press, 1992), esp. pp. 47-90.
(65) 中野耕太郎『戦争のるつぼ――第一次世界大戦とアメリカニズム』人文書院，2013 年。

(66) Desmond S. King and Roger M. Smith, "Racial Orders in American Political Development," in Joseph Lowndes, Julie Novkov, and Dorian T. Warren, eds., *Race and American Political Development* (New York : Routledge, 2008), pp. 80–105.

(67) 宇城輝人「社会的なものを再発見するために」（2013年9月）http://www.kansai-u.ac.jp/ Fc_soc/column_seminar/detail.cgi?id = 20130902161838 ; E・デュルケーム，井伊玄太郎訳『社会分業論』下，講談社，1989年。

(68) James Barrett, "Americanization from the Bottom up : Immigration and the Remaking of the Working Class in the United States, 1880–1930," *The Journal of American History*, Vol. 79, No. 3 (Dec., 1992), pp. 996–1020.

(69) Nelson Lichtenstein and Howell John Harris, eds., *Industrial Democracy in America : The Ambiguous Promise* (New York : Cambridge University Press, 1993).

(70) *Ibid.* ; Ellis Hawley, *The Great War and the Search for a Modern Order : A History of American People and Their Institutions, 1917–1933* (New York : St. Martin's Press, 1979).

(71) 中野耕太郎「衝撃都市からゾーン都市へ――20世紀シカゴの都市改革再考」『史林』第95巻第1号（2012年1月），209–246頁。

第1章　「社会」の発見と20世紀アメリカ国民秩序

(1) Susan B. Carter, et al., eds., *Historical Statistics of the United States, Earliest Times to the Present, Millennial, Edition*, Vol. 4 (New York : Cambridge University Press, 2006), p. 582 ; *Historical Statistics of the United States*, Vol. 3, pp. 24–25.

(2) *Historical Statistics of the United States*, Vol. 1, pp. 102–104.

(3) City of Chicago, Department of Development and Planning, *The People of Chicago : Who We Are and Who We Have Been, Census Data on Foreign Born, Foreign Stock and Race, 1837–1970* (1976). シカゴ市史全般については，Harold M. Mayer and Richard C. Wade, *Chicago : Growth of a Metropolis* (Chicago : University of Chicago Press, 1969) を見よ。

(4) James R. Barrett, *Work and Community in the Jungle : Chicago's Packinghouse Workers, 1894–1922* (Urbana : University of Illinois Press, 1987), pp. 73–74 ; Louise Carroll Wade, *Chicago's Pride : The Stockyards, Packingtown, and Environs in the Nineteenth Century* (Urbana : University of Illinois Press, 1987).

(5) William T. Stead, *If Christ Came to Chicago : A Plea for the Union of All Who Love in the Service of All Who Suffer* (Chicago : Laird & Lee, 1894), p. 158.

(6) Lincoln Steffens, *The Shame of the Cities* (McClure, 1902), p. 234.

(7) James Green, *Death in the Haymarket : A Story of Chicago, the First Labor Movement, and the Bombing that Divided Gilded Age America* (New York : Pantheon Books, 2006); Leon Fink, *Workingmen's Democracy : The Knights of Labor and American Politics* (Urbana : University of Illinois Press, 1983).

(8) William T. Stead, *Chicago To-Day ; Or, the Labour War in America* (London : "Review of Reviews" Office, 1894), pp. 272–273.

(9) Josiah Strong, *The Challenge of the City* (New York : Young People's Missionary Movement, 1907), p. 56.

(10) Robert H. Wiebe, *The Search for Order : 1877–1920* (New York : Hill and Wang, 1967); Id., *Self Rule : A Cultural History of American Democracy* (Chicago : University of Chicago Press,

1995).

(11) Adrian Oldfield, *Citizenship and Community : Civic Republicanism and the Modern World* (New York : Routledge, 1990), pp. 1-2.

(12) 市野川容孝・宇城輝人編『社会的なもののために』ナカニシヤ出版，2013年。

(13) Wiebe, *The Search for Order*, p. 62.

(14) ベネディクト・アンダーソン著，白石隆・白石さや訳『定本 想像の共同体――ナショナリズムの起源と流行』書籍工房早山，2007年，26頁。

(15) Edward Bellamy, *Looking Backward : 2000-1887* (New York : Houghton, Mifflin and Company, 1889).

(16) 19世紀アメリカの平等については以下を参照のこと。A・トクヴィル著，井伊玄太郎訳『アメリカ民主政治』講談社，2005年；宇野重規『トクヴィル　平等と不平等の理論家』講談社，2007年。

(17) Edward Bellamy, *Equality* (London : William Heinemann, 1897), p. 250.

(18) Edward Bellamy (the editor), "Talk on Nationalism," *The New Nation*, Vol. 1, No. 27 (Aug. 1, 1891), p. 426.

(19) Henry D. Lloyd, *Men, the Workers* (New York : Doubleday, Page & Co., 1909), p. 91 ; Also quoted in David Montgomery, "Industrial Democracy or Democracy in Industry ? : The Theory and Practice of the Labor Movement, 1870-1925," in Nelson Lichtenstein and Howell John Harris, eds., *Industrial Democracy in America : The Ambiguous Promise* (New York : Cambridge University Press, 1993), p. 22.

(20) ロジャーズは，ホブソンらイギリスのフェビアン系政治家とアメリカの『ニュー・リパブリック』誌系革新主義者の交流を強調し，クロッペンバーグはより広くフランスのレオン・ブルジョアの連帯論やドイツのウェーバー，イギリスのホブハウス・リベラリズムのアメリカ思想界への影響を示唆する。James Kloppenberg, *Uncertain Victory : Social Democracy and Progressivism in European and American Thought, 1870-1920* (Oxford : Oxford University Press, 1986); Daniel T. Rodgers, *Atlantic Crossings : Social Politics in a Progressive Age* (Cambridge : Belknap Press of Harvard University Press, 1998); Shelton Stromquist, *Re-Inventing "The People": The Progressive Movement, the Class Problem, and the Origins of Modern Liberalism* (Urbana : University of Illinois Press, 2006).

(21) Richard Ely, *The Social Law of Service* (New York : Eaton & Mains, 1896), pp. 127-128.

(22) Frank Lambert, *Religion in American Politics : A Short History* (Princeton : Princeton University Press, 2008), p. 94.

(23) 宇野，前掲書，149頁。

(24) Lambert, *op. cit.*, p. 94.

(25) Walter Rauschenbusch, *Christianity and the Social Crisis* (New York : MacMillan, 1908).

(26) *Ibid.*, p. 253.

(27) Mina Carson, *Settlement Folk : Social Thought and the American Settlement Movement, 1885-1930* (Chicago : University of Chicago Press, 1990).

(28) Jane Addams, "The Subjective Necessity for Social Settlements," in Jane Addams, et al., *Philanthropy and Social Progress : Seven Essays* (New York : Thomas Y. Crowell & Co., 1893), pp. 1-2.

(29) *Ibid.*, pp. 6, 10.

（30）Jane Addanıs, *Democracy and Social Ethics*（New York : The Macmillan Co., 1902）, pp. 137–177.

（31）John A. Ryan, *A Living Wage : Its Ethical and Economic Aspects*（New York : MacMillan, 1906）, pp. 240–241.

（32）Simon Patten, *The Theory of Prosperity*（New York : The Macmillan Co., 1902）, p. 218 ; Walter Weyl, *The New Democracy*（New York : Harper & Row, 1912）, pp. 206–207.

（33）Roger Daniels, *The Politics of Prejudice : The Anti-Japanese Movement in California and the Struggle for Japanese Exclusion*（Berkley : University of California Press, 1962）, p. 68.

（34）Wiebe, *Self-Rule*, chaps. 1–4 ; Id., *The Segmented Society* : *An Introduction to the Meaning of America*（New York : Oxford University Press, 1975）.

（35）19 世紀後半のアメリカで，必ずしも活発な人種交流があったというのではない。南部に比べてはるかに黒人に対して寛容で，差別的な行政とも無縁だった再建期以降のシカゴでさえ，黒人と白人は同じ教会に通わなかった。しかし 19 世紀末の展開は，こうした人種間の「縁遠さ」とは次元の異なる緊迫した政治を生んでいた。Thekla Ellen Joiner, *Sin in the City : Chicago and Revivalism, 1880–1920*（Columbia : University of Missouri Press, 2007）, p. 96.

（36）Frederick Douglas, "Address to the People of the United States"（Delivered at a Convention of Colored Men, Louisville, Kentucky, September 24, 1883）, in Philip S. Foner, ed., *The Life and Writings of Frederick Douglas vol. 4, Reconstruction and After*（New York : International Publisher, 1955）, p. 389.

（37）Robert Allen, *Reluctant Reformers : Racism and Social Reform Movements in the United States*（Washington DC : Howard University Press, 1983）, p. 289, n. 39.

（38）Kelly Miller, "Social Equality," *National Magazine*（Feb., 1905）.

（39）W. E. B. DuBois, "The Social Equality of Whites and Blacks," *The Crisis*, Vol. 21（Nov., 1920）, p. 16.

（40）*Ibid.*

（41）*Ibid.*

（42）Charles Forcey, *The Cross Roads of Liberalism : Croly, Wyle, Lippmann, and the Progressive Era, 1900–1925*（New York : Oxford University Press, 1961）, p. x.

（43）Jane Addams, *Twenty Years at Hull-House : With Autobiographical Notes*（New York : McMillan, 1910）, p. 83 ; Residents of Hull-House, a Social Settlement, *Hull-House Maps and Papers : A Presentation of Nationalities and Wages in a Congested District of Chicago, Together with Comments and Essays on Problems Growing out of the Social Conditions*（Boston : Thomas Y. Crowell & Co., 1895）, p. 200 ; John Dewey, *Democracy and Education : An Introduction to the Philosophy of Education*（New York : The Macmillan Co., 1916）, chaps. 1–3.

（44）Weyl, *op. cit*., p. 232.

（45）Horace Kallen, "Democracy Versus the Melting-Pot : A Study of American Nationality," *The Nation*（Feb. 18 and Feb. 25, 1915）, pp. 190–194, 217–220.

（46）Albion W. Small, "The Bonds of Nationality," *American Journal of Sociology*, Vol. 20, No. 5（March, 1915）, pp. 629–648.

（47）Id., "What is Americanism," *American Journal of Sociology*, Vol. 20, No. 4（Jan., 1915）, p. 483.

(48) Robert E. Park and Herbert A. Miller, *Old World Traits Transplanted* (New York : Harper & Brothers, 1921), p. 271.
(49) Frederic C. Howe, *The City : The Hope of Democracy* (1905 ; Seattle, 1967), p. 45 ; Id., "The City As A Socializing Agency : The Physical Bases of the City : The City Plan," *American Journal of Sociology*, Vol. 17, No. 5 (March, 1912), pp. 590-601.
(50) Addams, *Twenty Years at Hull-House*, pp. 126-127.
(51) Ely, *op. cit.* ; Patten, *op. cit.*
(52) 歴史学者フォーシーはクローリーやリップマンの思想を，民主的な目的のために国家権力を活用しようとする「民主的ナショナリズム」の哲学と呼んだ。Forcey, *op. cit.*, p. 30.
(53) Herbert D. Croly, *The Promise of American Life* (New York : Macmillan, 1909), chap. 1.
(54) *Ibid.*, pp. 138-139.
(55) *Ibid.*, p. 193.
(56) Walter Lippmann, *Drift and Mastery : An Attempt to Diagnose the Current Unrest* (New York : Mitchell Kennerley, 1914), p. 283.
(57) *Ibid.*, p. 306.
(58) Forcey, *op. cit.*, chap. 7 ; 中野耕太郎『戦争のるつぼ——第一次世界大戦とアメリカニズム』人文書院，2013年，第2章。

第2章　浄化される民主主義

(1) Walter Dean Burnham, *Critical Elections and the Mainsprings of American Politics* (New York : Norton, 1970), chap. 4 ; Alexander Keyssar, *The Right to Vote : The Contested History of Democracy in the United States* (New York : Basic Books, 2000), p. 170.
(2) W. E. B. Dubois, "The Relation of the Negroes to the Whites in the South," *Annals of the American Academy of Political and Social Science*, 18 (July, 1901), p. 130.
(3) George P. Downs, "University Men, Social Science, and White Supremacy in North Carolina," *Journal of Southern History*, Vol. 75, No. 2 (May, 2009), pp. 267-304.
(4) Michael E. McGerr, *The Decline of Popular Politics : The American North, 1865-1928* (New York : Oxford University Press, 1986).
(5) Robert Wiebe, *Self-Rule : A Cultural History of American Democracy* (Chicago : University of Chicago Press, 1995).
(6) Keyssar, *op. cit.*, pp. xx, 168.
(7) A・トクヴィル著，井伊玄太郎訳『アメリカの民主政治』講談社，2005年；Rayford Logan, *The Negro in American Life and Thought : The Nadir, 1877-1901* (New York : Dial Press, 1954).
(8) Donald W. Rogers, ed., *Voting and the Spirits of American Democracy : Essays on the History of Voting and Voting Rights in America* (Urbana : University of Illinois Press, 1992); Edmund S. Morgan, *Inventing the People : The Rise of Popular Sovereignty in England and America* (New York : Norton, 1988); Wiebe, *op. cit.*, chap. 3.
(9) J・S・ミル著，水田洋訳『代議制統治論』岩波書店，2007年。
(10) Frederick Douglas, "What the Black Man Wants" (1865), in Philip S. Foner, ed., *The Life and Writings of Frederick Douglas, vol. 4, Reconstruction and After* (New York : International Publisher, 1955), pp. 157-165 ; Frederick Douglas, "Why is the Negro Lynched ?" (1894) in

Ibid., pp. 491–523.

(11) Judith N. Shklar, *American Citizenship : The Quest for Inclusion* (Cambridge : Harvard University Press, 1991), pp. 2–3, 25–62.

(12) Minor v. Happersett, 88 U. S. 162 (1874).

(13) Francis Parkman, “The Failure of Universal Suffrage,” *North American Review*, Vol. 127 (1878), p. 7–8, 10.

(14) C. Vann Woodward, *The Strange Career of Jim Crow* (New York : Oxford University Press, 1955), 邦訳C・V・ウッドワード著，清水博・長田豊臣・有賀貞訳『アメリカ人種差別の歴史』福村出版，1998年，95頁。

(15) James Bryce, “Thoughts on the Negro Problem,” *North American Review*, Vol. 153, No. 421 (Dec., 1891), pp. 641–660.

(16) Xi Wang, *The Trial of Democracy : Black Suffrage and Northern Republican, 1860–1910* (Athens : University of Georgia Press, 1997).

(17) J. Morgan Kousser, *The Shaping of Southern Politics : Suffrage Restriction and Establishment of the One-Party South, 1880–1910* (New Haven : Yale University Press, 1974), esp. chaps. 2–3, 6.

(18) Michael Perman, *Struggle for Mastery : Disfranchisement in the South, 1888–1908* (Chapel Hill : University of North Carolina Press, 2001), p. 313 ; Wang, *op. cit*., p. 260.

(19) Woodward, *op. cit.* ; Kousser, *op. cit.*

(20) Perman, *op. cit*., pp. 321–328 ; William A. Link, *The Paradox of Southern Progressivism, 1888–1930* (Chapel Hill : The University of North Carolina Press, 1992).

(21) Edgar G. Murphy, *Problems of the Present South : A Discussion of Certain of the Educational, Industrial and Political Issues in the Southern States* (New York : MacMillan, 1904), pp. 7, 190.

(22) Michael McGerr, *A Fierce Discontent : The Rise and Fall of the Progressive Movement in America, 1870–1920* (New York : The Free Press, 2003), p. 184.

(23) James Bryce, *American Commonwealth*, 3rd edition, Vol. II (New York : Macmillan, 1894), pp. 509, 511–512 ; See also, Marilyn Lake and Henry Reynolds, *Drawing the Global Colour Line : White Men's Countries and the International Challenge of Racial Equality* (Cambridge : Cambridge University Press, 2008), chap. 2. ブライスはこの叙述のもとになった『ノースアメリカン・レヴュー』論文（本章注15）で，アメリカ黒人の9割は「知的・道徳的に低劣な水準にあり，快適さの基本を知らず迷信に支配されている」とし，彼らが投票権を持つことに否定的であった。だが，同時に憲法修正第15条が認める投票の「権利」を「暴力や詐欺によって剝奪するなら，それは南部政治だけでなく，共和国の憲政と統治を永久に傷つけることになる」と法治の重要性を訴えてもいた。ブライスは，この論文を書いた1891年段階で，ミシシッピの「識字」テストに注目し，人種ではなく「教育」の有無によって投票資格をスクリーニングする方式を妙案として称えている。

(24) David W. Southern, *The Progressive Era and Race : Reaction and Reform, 1900–1917* (Wheeling : Harlan Davidson, 2005), chap. 4 ; “Progressive Platform of 1912,” in Donald Bruce Johnson, ed., *National Party Platforms*, Vol. I, 1840–1956, revised edition (Urbana : University of Illinois Press, 1978), pp. 175–182.

(25) Nicholas Patler, *Jim Crow and Wilson Administration : Protesting Federal Segregation in the Early Twentieth Century* (Boulder : University Press of Colorado, 2004) ; Eric S. Yellin, *Racism in the Nation's Service : Government Workers and the Color Line in Woodrow Wilson's America*

(Chapel Hill : University of North Carolina Press, 2013). 近年の研究には，ウィルソンの人種政策の背景に，いわゆるダニング学派歴史学の影響を見るものが多くある。20世紀前半に隆盛をきわめたコロンビア大学のウィリアム・ダニングとその弟子ジョン・バージェスらを中心とする歴史家たちは，南北戦争後の再建政治が失敗に終わったのは，黒人に「時期尚早の」投票権を付与したためだという基本的な立場をとった。南部出身の政治学者としてキャリアを得たウィルソンが，そうした歴史認識を共有していたというのである。Mario R. DiNunzio, ed., *Woodrow Wilson : Essential Writings and Speeches of the Scholar-President* (New York : New York University Press, 2006), p. 182 ; Glenn Feldman, *Disfranchisement Myth : Poor Whites and Suffrage Restrictions in Alabama* (Athen : University of Georgia Press, 2004); See also, John David Smith and J. Vincent Lowery, eds., *The Dunning School : Historians, Race, and the Meaning of Reconstruction* (Lexington : University Press of Kentucky, 2013).

(26) Leon Aylsworth, "The Passing of Alien Suffrage," *American Political Science Review*（以下，*APSR* と略記), Vol. 25, No. 1 (Feb., 1931), pp. 114–116.

(27) Kirk Porter, *A History of Suffrage in the United States* (Chicago : University of Chicago Press, 1918), p. 113 ; Albert J. McCulloch, *Suffrage and Its Problems* (Baltimore : Warwick and York, 1929).

(28) Porter, *op. cit.*, pp. 112–149 ; Aylsworth, *op. cit.*

(29) McCulloch, *op. cit.*, pp. 133–157.

(30) Jamin B. Raskin, "Legal Aliens, Local Citizens : The Historical, Constitutional, and Theoretical Meanings of Alien Suffrage," *University of Pennsylvania Law Review,* Vol. 141, No. 4 (1993), pp. 1391–1470. この問題を扱った日本語の文献に，高佐智美『アメリカにおける市民権――歴史に揺らぐ「国籍」概念』勁草書房，2003年がある。高佐もまたラスキンらの研究によりつつ，歴史的考察から今日の外国人投票（特に日本における）の根拠を見出そうとしている。

(31) Ron Hayduk, *Democracy for All : Restoring Immigrant Voting Rights in the United States* (New York : Routledge, 2006); See also, Stanley A. Renshon, *Noncitizen Voting and American Democracy* (New York : Rowan & Littlefield, 2009).

(32) Raskin, *op. cit.*, pp. 1398–1399.

(33) *Ibid.*, p. 1401.

(34) 村田勝幸『〈アメリカ人〉の境界とラティーノ・エスニシティ――「非合法移民問題」の社会文化史』東京大学出版会，2007年，81頁。See also, Mae M. Ngai, *Impossible Subjects : Illegal Aliens and the Making of Modern America* (Princeton : Princeton University Press, 2004).

(35) Arthur W. Bromage, "Literacy and the Electorate : Expansion and Contraction of the Franchise," *APSR*, Vol. 24, No. 4 (Nov., 1930), pp. 946–962.

(36) John R. Commons, *Race and Immigrants in America* (New York : Macmillan, 1907), p. 194.

(37) Finla G. Crawford, "Operation of the Literacy Test for Voters in New York," *APSR*, Vol. 25, No. 2 (May, 1931), pp. 343, 345 ; Bromage, *op. cit.*, pp. 956–957 ; Keyssar, *op. cit.*, p. 146.

(38) Commons, *op. cit.*, pp. 192, 195.

(39) ミル，前掲書，219頁。

(40) Wiebe, *op. cit.*, p. 177.

(41) James Bryce, *The Hindrances to Good Citizenship* (New Haven : Yale University Press, 1909), pp. 7, 9–10, 35.

(42) Michael Schudson, *The Good Citizen : A History of American Civic Life* (New York : The Free Press, 1998), chap. 4.

(43) *Abstracts of Reports of the Immigration Commission : With Conclusion and Recommendations and Views of the Minority*, Vol. 1 (Washington DC : Government Printing Office), p. 48.

(44) Immigration Act of Feb. 5, 1917 (39 Statute at Large, 874).

(45) William B. Munro, *The Government of the United States : National State and Local* (New York : MacMillan, 1919), pp. 110–111.

(46) Id., "Intelligence Test for Voters," *Forum*, Vol. 80, No. 6 (Dec., 1928), p. 828.

(47) Jerome G. Kerwin, "Electoral Administration in Chicago," *APSA*, Vol. 21, No. 4 (Nov., 1927), pp. 830–831; Keyssar, *op. cit*., pp, 144–145.

(48) Shelton Stromquist, *Reinventing "The People": The Progressive Movement, the Class Problem and the Origins of Modern Liberalism* (Urbana : University of Illinois Press, 2006); Shklar, *op. cit*., p. 11.

(49) アンソニー・ギデンズ著，松尾精文・小幡正敏訳『国民国家と暴力』而立書房，1999年；Charles E. Merriam and Harold F. Gosnell, *Non-Voting : Causes and Methods of Control* (Chicago : University of Chicago Press, 1924).

(50) Shklar, *op. cit*., pp. 2–3.

(51) Munro, "Intelligence Test for Voters," p. 826.

(52) John Louis Recchiuti, *Civic Engagement : Social Science and Progressive-Era Reform in New York City* (Philadelphia : University of Pennsylvania Press, 2007), pp. 12–16.

(53) Kevin Mattson, *Creating A Democratic Public : The Struggle for Urban Participatory Democracy During Progressive Era* (University Park : Pennsylvania State University Press, 1998), p. 90.

(54) Mary Parker Follett, *The New State : Group Organization the Solution of Popular Government* (New York : Longmans, Green, 1918).

第3章　貧困の発見とアメリカ国民

(1) Jacob A. Riis, *How the Other Half Lives : Studies among the Tenements of New York* (New York : Charles Scribner's Sons, 1890), p. 1.

(2) Jane Addams, *Twenty Years at Hull-House : With Autobiographical Notes* (New York : MacMillan, 1910), p. 116.

(3) Allen F. Davis, *Spearheads for Reform : The Social Settlements and the Progressive Movement, 1890–1914* (New York : Oxford University Press, 1967), p. 6.

(4) Simon N. Patten, "The Theory of Social Forces," *Annals of the American Association of Social and Political Science*, Vol. 7, Supp. (Jan., 1896), p. 143.

(5) Robert H. Wiebe, *Self Rule : A Cultural History of American Democracy* (Chicago : University of Chicago Press, 1995), p. 127.

(6) Michael Katz, *The Undeserving Poor : From the War on Poverty to the War on Welfare* (New York : Pantheon Books, 1989), p. 5.

(7) Riis, *op. cit*., pp. 2, 120, 139.

（8）Addams, *op. cit.*, pp. 235–236.

（9）Nathan I. Huggins, *Protestant against Poverty : Boston's Charities, 1870–1900* (Westport, CT : Greenwood, 1971), p. 178.

（10）アメリカに根強く残る貧困の原因を，貧者自身が家族の習慣として持つサブ・カルチャーに帰する見方。文化人類学者のオスカー・ルイスが提唱したこの議論は，貧困が特定の文化グループにおいて，世代を超えて継承されることを説明づける言説であり，今日多くの批判を受けてもいる。Oscar Lewis, *Five Families : Mexican Case Studies in the Culture of Poverty* (New York : Basic Books, 1959).

（11）Katz, *op. cit.*, p. 8.

（12）Robert H. Bremner, *From the Depths : The Discovery of Poverty in the United States* (New York : New York University Press, 1956), p. xii.

（13）Edward T. Devine, editorial in *The Charities*, Vol. 4, No. 3 (Feb. 24, 1900), pp. 3–4 ; "Social Forces," *The Survey*, Vol. 23, No. 21 (Feb. 19, 1910), p. 753.

（14）Robert Hunter, *Poverty* (New York : Grosset & Dunlap, 1904), pp. 1–3, 5–6.

（15）Katz, *op. cit.*, p. 5.

（16）Charity Organization Society of the City of New York, *Handbook for Friendly Visitors among the Poor* (New York : G. P. Putnam's Sons, 1883), pp. 5, 8.

（17）Richard Ely, "Pauperism in the United States," *North American Review*, Vol. 152 (April, 1891), pp. 395, 399.

（18）*Ibid.*, pp. 400–406. ワーナーの議論の詳細については以下を参照せよ。Amos G. Warner, *American Charities : A Study in Philanthropy and Economics* (New York : T. Y. Crowell, 1894).

（19）Jacob H. Hollander, *The Abolition of Poverty* (Cambridge, Mass. : Riverside Press, 1914), pp. 2–3, 5–6.

（20）Alexander Keyssar, *The Right to Vote : The Contested History of Democracy in the United States* (New York : Basic Books, 2000), p. 134.

（21）Immigration Act of February 20, 1907, 34 U. S. Statute at Large 898 ; See also, Amy L. Fairchild, *Science at the Borders : Immigrant Medical Inspection and the Shaping of the Modern Industrial Labor Force* (Baltimore : Johns Hopkins University Press, 2003), pp. 32–33.

（22）Hunter, *op. cit.*, pp. 261, 264.

（23）*Ibid.*, pp. 268, 270, 281 ; See also, James Bryce, *The American Commonwealth*, Vol. II (New York : MacMillan, 1889), p. 710.

（24）Hunter, *op. cit.*, p. 270 ; "Expert's Views on Immigration," *Chicago Daily Tribune*, Jan. 25, 1904.

（25）*The Co-operation* (Feb. 9, 1907), p. 45, cited in Steven J. Diner, "Chicago Social Workers and Blacks in the Progressive Era," *Social Service Review*, Vol. 44, No. 4 (1970), p. 396.

（26）Residents of Hull-House, a Social Settlement, *Hull-House Maps and Papers : A Presentation of Nationalities and Wages in a Congested District of Chicago, Together with Comments and Essays on Problems Growing out of the Social Conditions* (Boston : Thomas Y. Crowell & Co., 1895).

（27）Joseph Kirkland, "Among the Poor in Chicago," *Scribner's Magazine*, Vol. 12, No. 1 (July, 1892), pp. 3, 5.

(28) Jacob A. Riis, "The Story of the Slum, part 1," *Chicago Daily Tribune*, March 11, 1900.

(29) City of Chicago, Department of Development and Planning, *The People of Chicago : Who We Are and Who We Have Been, Census Data on Foreign Born, Foreign Stock and Race, 1837–1970* (1976), pp. 21–32, 54–56.

(30) Robert Hunter, *Tenement Conditions in Chicago : Report by the Investigating Committee of the City Homes Association* (Chicago : City Homes Association, 1901), pp. 144, 146–147.

(31) *Ibid*., pp. 12, 14.

(32) Sophonisba P. Breckinridge and Edith Abbott, "Housing Conditions in Chicago III : Back of the Yards," *American Journal of Sociology* (以下，*AJS* と略記), Vol. 16, No. 4 (Jan., 1911), pp. 433–468 ; Helen L. Wilson, "Chicago Housing Conditions, VIII : Among the Slovaks in the 20th Ward," *AJS*, Vol. 20, No. 2 (Sep., 1914), pp. 145–169 ; Grace P. Norton, "Chicago Housing Conditions, VII : Two Italian districts," *AJS*, Vol. 18, No. 4 (Jan., 1913), pp. 509–542 ; Elizabeth Hughes, "Chicago Housing Conditions, IX : Lithuanians in the Fourth Ward," *AJS*, Vol. 20, No. 3 (Nov., 1914), pp. 289–312 ; Alzada P. Comstock, "Chicago Housing Conditions, VI : The Problems of Negro," *AJS*, Vol. 18, No. 2 (Sep., 1912), pp. 241–257.

(33) Martin Bulmer, "The Social Survey Movement and Early Twentieth Century Sociological Methodology," in Maurine W. Greenwald and Margo Anderson, eds., *Pittsburgh Surveyed : Social Science and Social Reform in the Early Twentieth Century* (Pittsburgh : University of Pittsburgh Press, 1996), pp. 15–34.

(34) Mary McDowell, "Live on Higher Plane : Union a Peace Factor," *Chicago Daily News*, July 29, 1904 ; See also, James R. Barrett, *Work and Community in the Jungle : Chicago's Packinghouse Workers, 1894–1922* (Urbana : University of Illinois Press, 1987), pp. 143–145.

(35) McDowell, "Live on Higher Plane" ; Id., "Here Is the Real American Girl," *The Independent* (Oct. 4, 1919), p. 31.

(36) Mary McDowell, "The Immigrant American," ca. July 1916, Mary McDowell Papers, Box 2, Folder 12, Chicago History Museum ; Id., "Foreign Press and Its Influences on Foreign Population," Mary McDowell Papers, Box 2, Folder 12, Chicago History Museum ; Kotaro Nakano, "Preserving Distinctiveness : Language Loyalty and Americanization in Early Twentieth Century Chicago," *Proceedings of the Kyoto American Studies Summer Seminar, 2000* (2001), pp. 113–24 ; Randolph Bourne, "Trans-National America," *Atlantic Monthly,* Vol. 118 (July, 1916), pp. 86–97.

(37) *Dziennik Zwiazkowy*, Nov. 24, 1911, Chicago Foreign Language Press Survey (CFLPS), Federal Work Agency, Work Projects Administration, 1936–1941, compiled by the Chicago Public Library Project, 1942 ; *Dziennik Zwiazkowy*, Dec. 21, 1911, CFLPS.

(38) *St. John of God Church, Golden Jubilee, 1907–1957*, pp. 37–38 ; Dominic A. Pacyga, *Polish Immigrants and Industrial Chicago : Workers on the South Side, 1880–1922* (Chicago : University of Chicago Press, 1991), p. 167.

(39) Edward R. Kantowicz, *Corporate Sole : Cardinal Mundelein and Chicago Catholicism* (Notre Dame : University of Notre Dame Press, 1983), pp. 131–149.

(40) Dorothy Brown and Elizabeth McKeown, *The Poor Belong to Us : Catholic Charities and American Welfare* (Cambridge : Harvard University Press, 1997), pp. 1–5, 11, 58–59.

(41) Grace Abbott, *The Immigrant and the Community* (New York : The Century, 1917), pp. 166,

174, 177, 193.

(42) *Ibid.*, p. 194.

(43) "Dangers of Immigration," *Chicago Daily Tribune*, Oct. 6, 1920.

(44) Diner, *op. cit.* ; Philip Jackson, "Black Charity in Progressive Era Chicago," *Social Service Review*, Vol. 52, No. 3 (Sep., 1978), pp. 400–417.

(45) Alzada P. Comstock, "Chicago Housing Conditions, VI : The Problems of Negro," *AJS*, Vol. 18, No. 2 (Sept., 1912), pp. 250, 253–254, 257.

(46) Juvenile Protective Association, *The Colored People of Chicago* (1913), p. 5.

(47) *Ibid.*, pp. 11–12 ; Vice Commission of Chicago, *The Social Evil in Chicago : A Study of Existing Conditions* (Chicago : Gunthorp-Warren, 1911), p. 38.

(48) Diner, *op. cit.* ; Jackson, *op. cit.*

(49) Sophonisba P. Breckinridge, "The Color Line in the Housing Problem," *The Survey*, Vol. 29 (Feb. 1, 1913), p. 575.

(50) *First Annual Report of the Chicago League on Urban Conditions among Negroes* (1917), p. 3.

(51) Diner, *op. cit.*, p. 400 ; *First Annual Report of the CUL*, p. 3.

(52) *Ibid.*, pp. 3–4.

(53) U. S. Bureau of the Census, *Fourteenth Census*, Vol. 2 (1920), p. 51 ; *First Annual Report of the CUL*, p. 9.

(54) T. Arnold Hill, "Housing for the Negro Wage Earner," in National Conference on Housing, *Housing Problems in America : Proceedings of the Sixth National Conference on Housing, Chicago, October 15, 16, and 17, 1917* (New York : National Housing Association, 1917), pp. 309–313.

(55) *Second Annual Report of the Chicago League on Urban Conditions among Negroes* (1918), p. 4 ; Mary McDowell, "Prejudice," in *Mary McDowell and Municipal Housekeeping : A Symposium*, edited by Caroline Miles Hill (Chicago : Millar Publishing Co., 1938), pp. 29–30.

(56) Hollander, *op. cit.*, p. 6.

(57) *Second Annual Report of the CUL*, p. 3.

(58) Arthur I. Waskow, *From Race Riot to Sit-In, 1919 and the 1960s : A Study in the Connections between Conflict and Violence* (Garden City, NY : Doubleday, 1967), pp. 60–71 ; Chicago Commission on Race Relations, *The Negro in Chicago : A Study of Race Relations and A Race Riot* (Chicago : University of Chicago Press, 1922).

(59)『ニグロ・イン・シカゴ』は，「人種衝突」「人種間交渉」「住宅」「産業」「犯罪」「世論」の6つの研究領域について分析を加えた。*Ibid.*, pp. xx, 331.

(60) *Ibid.*, p. 55.

(61) *Ibid.*, pp. 191–192, 645.

(62) Thomas Lee Philpott, *The Slum and the Ghetto : Neighborhood Deterioration and Middle-Class Reform, Chicago, 1880–1930* (New York : Oxford University Press, 1978), chaps. 7, 8 ; *Chicago Daily Tribune*, Nov. 5, 1919, p. 12 ; *Chicago Daily News*, Feb. 25, 1920, p. 3 ; "Coroner's Official Report of Race Riot, July and August, 1919," p. 5, Graham Taylor Papers, Box 36, Folder 1980, Newberry Library.

(63) Will Cooley, "Moving On Out : Black Pioneering in Chicago, 1915–1950," *Journal of Urban History*, Vol. 36, No. 4 (July, 2010), p. 487.

（64）Alderman L. B. Anderson, "Facts to Show We Came Here First and Are Here to Stay," *Chicago Defender*, Feb. 7, 1920, p. 20.

（65）Diner, *op. cit.*, p. 403 ; See also, Jackson, *op. cit.*

（66）エティエンヌ・バリバール，イマニュエル・ウォーラースティン著，若森章孝他訳『人種・国民・階級――揺らぐアイデンティティ』大村出版，1997年，107頁。

（67）Robert E. Park and Herbert H. Miller, *Old World Traits Transplanted*（New York : Harper and Brothers, 1921）.

（68）Desmond S. King and Roger M. Smith, "Racial Orders in American Political Development," *American Political Science Review*, Vol. 99, No. 1（Feb., 2005）, pp. 75–92.

（69）*Report of the National Advisory Commission on Civil Disorders*（Washington DC : Government Printing Office, 1968）, p. 265.

（70）シカゴ人種関係委員会が調査計画の作成段階で助言を求めた学識者の中には，ソフォニスバ・ブレッキンリッジ，エディス・アボット，アンソニー・バージェス，チャールズ・メリアムら，リベラルなシカゴ大学教授陣の名前を見ることができる。

（71）David R. Roediger, *Working toward Whiteness : How America's Immigrants Became White*（New York : Basic Books, 2005）; Lizabeth Cohen, *Making a New Deal : Industrial Workers in Chicago, 1919–1939*（New York : Cambridge University Press, 1990）; *First Annual Report of the CUL*, p. 3.

（72）Linda Gordon, *Pitied But Not Entitled : Single Mothers and the History of Welfare*（New York : MacMillan, 1994）, chap. 10 ; James T. Patterson, *America's Struggle against Poverty, 1900–1980*（Cambridge : Harvard University Press, 1981）, chap. 7.

第4章　移民コミュニティとリベラルの国民統合論

（1）Kotaro Nakano, "Preserving Distinctiveness : Language Loyalty and Americanization in Early Twentieth Century Chicago," *Proceedings of the Kyoto American Studies Summer Seminar, 2000*（2001）, pp. 113–124. この他に1910年代のシカゴの母語教育問題を取り上げた研究に下記のものがある。James W. Sanders, *The Education of an Urban Minority : Catholics in Chicago, 1833–1965*（New York : Oxford University Press, 1977）; Rivka Shpak Lissak, *Pluralism & Progressives : Hull House and the New Immigrants, 1890–1919*（Chicago : University of Chicago Press, 1989）; Jonathan Zimmerman, "Ethnics against Ethnicity : European Immigrants and Foreign-Language Instruction, 1890–1940," *Journal of American History*, Vol. 88（March, 2003）, pp. 1383–1404 ; Jeffrey E. Mirel, *Patriotic Pluralism : Americanization Education and European Immigrants*（Cambridge : Harvard University Press, 2010）.

（2）*Reports of the Immigration Commission*（61 Cong., 3 Sess., Senate Document No. 747 : Washington, 1911）, Vol. 30, p. 564.

（3）Robert I. Kutak, *The Story of a Bohemian-American Village*（New York : Arno Press, 1970）, pp. 102–103 ; *Denni Halsatel*, Jan. 22, 1880, Chicago Foreign Language Press Survey, Federal Work Agency, Work Projects Administration, 1936–41, compiled by the Chicago Public Library Omnibus Project, 1942（以下，CFLPS と略記）; *Svornost*, Jan. 19, 1880, CFLPS ; *ibid.*, Feb. 27, 1880 ; *ibid.*, March 1, 1880 ; *ibid.*, July 24, 1890 ; *The Chicago Tribune*, July 20, 1890 ; Mary J. Herrick, *The Chicago Schools : A Social and Political History*（Beverly Hills, CA : Sage Publications, 1971）, p. 61. アメリカの公教育におけるドイツ語は，1880年代末のネイテ

ィヴィズムの台頭——イリノイ州では1889年にエドワード法が成立し，一時期，小学校でのドイツ語使用が制限——にもかかわらず確固たる地位を築いていった。シカゴの公立小学校のドイツ語教育は1893年に最盛期を迎え，受講生数は4万4000人に達するが，その後も第一次大戦期に規制を受けるまで安定した勢力を保ち，1914年になお市内の約4割の公立小学校がドイツ語を科目提供していた。The Board of Education of the City of Chicago, *Public School of the City of Chicago : Annual Reports of the Board of Education*, Vol. 60 (1914), p. 286.

(4) *Proceedings of Chicago Board of Education*, Regular Meeting, 1899-1901, May 29, June 13, June 27, 1900, pp. 454, 475, 496-497, Chicago History Museum.

(5) Heinz Kloss, *The American Bilingual Tradition* (Rowley, Mass. : Newberry House, 1977); David Tyack, Thomas James and Aaron Benavot, *Law and the Shaping of Public Education, 1785-1954* (Madison : University of Wisconsin Press, 1987); James Crawford, *Hold Your Tongue ; Bilingualism and the Politics of "English Only"* (Reading, MA : Addison-Wesley, 1992); Id., *Bilingual Education : History Politics Theory and Practice*, 3rd ed., (Los Angeles : Bilingual Education Service, 1995).

(6) *Proceedings of Chicago Board of Education*, Regular Meeting, 1899-1901, May 29, June 13, June 27, 1900, pp. 454, 475, 496-497, Chicago History Museum.

(7) *Denni Halsatel*, Sept. 11, 1890, CFLPS.

(8) *Proceedings of Chicago Board of Education*, Regular Meeting, 1899-1901, June 27, 1900, pp. 496-497, Chicago History Museum.

(9) *Ibid*., May 29, 1900, p. 454, Chicago History Museum.

(10) *Skandinaven*, Nov. 14, 1897, CFLPS.

(11) *Proceedings of Chicago Board of Education*, Regular Meeting, 1899-1901, June 27, 1900, p. 496, Chicago History Museum.

(12) Waldermar Ager, "Preserving Our Mother Tongue (Om at Bevare vort Modersmaal)," *Kvartalskrift*, 14-29, October 1905 (translated by Sigvald Stoylen) in Odd S. Lovoll, ed., *Cultural Pluralism versus Assimilation : The View of Waldermar Ager* (Northfield, Minnesota : The Norwegian-American Historical Association, 1977), pp. 57-58.

(13) Waldermar Ager, "The Language Is Most Important (Det vigtigste)," *Kvartalskrift*, 4-12, January 1908 (translated by Leif E. Hansen), in *ibid*., pp. 68-69.

(14) *Skandinaven*, May 2, 1916, CFLPS.

(15) 国家による国民形成とは異なる，越境的な民衆ナショナリズム（popular nationalism）の史的展開については以下を参照のこと。Walker Connor, *Ethnonationalism : The Quest for Understanding* (Princeton : Princeton University Press, 1994); Robert H. Wiebe, *Who We Are : A History of Popular Nationalism* (Princeton : Princeton University Press, 2002); 中野耕太郎「民衆ナショナリズムの願い——ロバート・H・ウィービーのナショナリズム研究」『アメリカ史評論』第20号（2002年12月），14-24頁。

(16) Roman Dmowski, "Reflections of a Modern Pole" (1903), cited in Thomas Lahusen, "Colonized Colonizers : The Poles of Manchuria," in Mariko Asano Tamanoi, ed., *Crossed Histories : Manchuria in the Age of Empire* (Honolulu : University of Hawai'i Press, 2005), p. 150.

(17) City of Chicago, Department of Development and Planning, *The People of Chicago : Who We*

Are and Who We Have Been, Census Data on Foreign Born, Foreign Stock and Race, 1837-1970 (1976), pp. 54-56.

(18) William I. Thomas and Florian Znaniecki, *The Polish Peasant in Europe and America : Monograph of an Immigrant Group*, Vol. 5 (Boston : R. G. Bager, 1920).

(19) Dominic A. Pacyga, *Polish Immigrants and Industrial Chicago : Workers on the South Side* (Columbus : Ohio State University, 1991), chaps. 1, 2.

(20) *St. John of God Church, Golden Jubilee, 1907-1957* (筆者蔵).

(21) ポーランド系ローマ・カトリック連盟の今日に至る活動の概要については，中野耕太郎「在米ポーランド博物館」北米エスニシティ研究会編『北米の小さな博物館「知」の世界遺産 3』彩流社，2014年，60-68頁を参照されたい。

(22) Halina Florkowska-Frančić, "The Influence of Polish Political Emigration in Switzerland on the Formation of the Polish National Alliance," *Polish American Studies*, Vol. 48, No. 2 (Autumn, 1991), pp. 27-37.

(23) Victor Greene, *For God and Country : The Rise of Polish and Lithuanian Ethnic Consciousness in America* (Madison : The State Historical Society of Wisconsin, 1975).

(24) Donald E. Pienkos, *PNA : A Centennial History of the Polish National Alliance of the United States of North America* (Boulder : East European Monographs, distributed by Columbia University Press, 1984), pp. 257-258 ; *Proceedings of Chicago Board of Education*, Regular Meeting, 1899-1901, June 27, 1900, p. 496, Chicago History Museum.

(25) Sanders, *op. cit.*, pp. 40-88 ; Pacyga, *op. cit.*, pp. 128, 135.

(26) Pienkos, *op. cit.*

(27) *Dziennik Zwiazkowy*, Dec. 5, 1911, CFLPS.

(28) *Denni Halsatel*, Sept. 18, 1915, CFLPS. なお，ギリシア人は教会附属学校での母語教育を重視する立場からこの運動に加わらなかった。また，ユダヤ人の中にはイディッシュ派とヘブライ語派の対立があったが，ヘブライ語導入の推進者は「ナショナリスティックでラディカルなユダヤ人は，パレスティナでの新生活で用いるヘブライ語とディアスポラの全ユダヤ人団結のためのイディッシュの両方を教育」すべきとの立場をとった。Andrew T. Kopan, *Education and Greek Immigrants in Chicago, 1892-1973 : A Study in Ethnic Survival* (New York : Garland, 1990), p. 209 ; *Daily Jewish Courier*, March 27, 1914, CFLPS.

(29) Robert A. Woods and Albert J. Kennedy, *The Settlement Horison : A National Estimate* (New York : Russel Sage Foundation, 1922).

(30) Ellwood P. Cubberley, *Changing Conceptions of Education* (Boston : Houghton Mifflin Company, 1909), pp. 15-16.

(31) Jane Addams, "The Subjective Necessity for Social Settlements," in Jane Addams, et al., *Philanthropy and Social Progress : Seven Essays* (New York : Thomas Y. Crowell & Co., 1893), pp. 1-26.

(32) Jane Addams, "Americanization," in Jean Bethke Elshtain, ed., *The Jane Addams Reader* (New York : Basic Book, 2002), pp. 240-247.

(33) Jane Addams, "The Public School and the Immigrant Child," *Journal of Proceedings and Addresses of the Forty-Sixth Annual Meeting, Held at Cleveland Ohio, June 29-July 3, 1908* (Published by NEA, 1908), pp. 99-100.

(34) Howard E. Wilson, *Mary McDowell : Neighbor* (Chicago : University of Chicago Press,

1928), pp. 62–63 ; Dominic A. Pacyga, *Polish Immigrants and Industrial Chicago : Workers on the South Side, 1880–1922* (Chicago : University of Chicago Press), pp. 162–163.

(35) Mary E. McDowell, "The American Citizen in the Making," Mary E. McDowell Papers, Box 2, Folder 12, Chicago History Museum.

(36) *Dziennik Chicagowski*, Nov. 16, 1906, CFLPS.

(37) Grace Abbott, *The Immigrant and the Community* (New York : The Century, 1917), p. 230.

(38) Joan K. Smith, *Ella Flagg Young : The Portrait of a Leader* (Ames, Iowa : Educational Studies Press, 1979); Ella Flagg Young, "Isolation in the School," Ph. D. diss., University of Chicago (1900), pp. 46–47.

(39) シカゴ公立学校における職業訓練プログラムの拡大とヤングの関係については，次を参照。David John Hogan, *Class and Reform : School and Society in Chicago, 1880–1930* (Philadelphia : University of Pennsylvania Press, 1985), pp. 152–208.

(40) Kopan, *op. cit.*, p. 151 ; Herrick, *op. cit.*, p. 88 ; *Dziennik Zwiazkowy*, Dec. 10, 1910, CFLPS.

(41) *Proceedings of Chicago Board of Education*, Regular Meeting, 1910–1911, March 8, 1911, pp. 724–725, Chicago History Museum.

(42) *Ibid.*, Regular Meeting, 1911–1912, May 1, 1912, p. 903, Chicago History Museum.

(43) *Ibid.*

(44) *Denni Halsatel*, Dec. 7, 1911, CFLPS ; *Skandinaven*, Jan. 8, 1912, CFLPS ; *Daily Jewish Courier*, May 2, 1912, CFLPS ; *Denni Halsatel*, May 5, 1912, CFLPS ; *Scandia*, Aug. 31, 1912, CFLPS.

(45) *Denni Halsatel*, Feb. 9, 1913, CFLPS ; *ibid.*, Sept. 11, 1913, CFLPS ; *Scandia*, Feb. 8, 1913, CFLPS ; *Dziennik Zwiazkowy*, Sept. 5, 1914, CFLPS.

(46) Ella Young, "Report of the Superintendent," *Fifty-Eighth Annual Report of the Board of Education, Year Ending June 30, 1912* (1912), pp. 113–115.

(47) *Denni Halsatel*, Sept. 22, 1914, CFLPS ; *ibid.*, Dec. 2, 1914, CFLPS ; *ibid.*, June 5, 1917, CFLPS ; *ibid.*, June 22, 1917, CFLPS ; *ibid.*, July 23, 1917, CFLPS ; *ibid.*, Feb. 5, 1917, CFLPS ; *ibid.*, June 27, 1915, CFLPS ; *ibid.*, Oct. 16, 1915, CFLPS ; *ibid.*, Jan. 7, 1917, CFLPS.

(48) Kloss, *op. cit.*, pp. 52–53, 60–61 ; *Annual Reports of the Board of Education*, Vol. 64 (1918), pp. 11–12.

(49) *Denni Halsatel*, June 14, 1917, CFLPS.

(50) *Denni Halsatel*, Sept. 27, 1917, CFLPS ; *Skandinaven*, Sept. 9, 1917, CFLPS ; *American Jewish Year Book 1917–1918* (Philadelphia : American Jewish Committee, 1919), p. 239.

(51) *Proceedings of Chicago Board of Education*, Regular Meeting, 1918–1919, March 12, 1919, p. 241, Chicago History Museum.

(52) Kloss, *op. cit.*, pp. 71–73 ; Tyack, *op. cit.*, p. 171 ; *Narod Poliski*, June 18, 1919, CFLPS.

(53) *Annual Reports of the Board of Education*, Vol. 65 (1919), pp. 7–8.

(54) Robert Park, *The Immigrant Press and Its Control* (New York : Harper & Brothers, 1922), pp. 433–449 ; Kloss, *op. cit.*, pp. 33, 60–61 ; Meyer v. Nebraska, 262 U. S. 510 (1923).

(55) *Zgoda*, Feb. 21, 1920, cited in Park, *op. cit.*, pp. 211–213.

(56) Lovoll, ed., *op. cit.*, p. 34 ; *Denni Halsatel*, Jan. 27, 1922, CFLPS.

(57) 民族の言語と文化を永久に守ろうとしながら，あくまで市民ナショナリズムの担い手となろうとする。そうしたシカゴ移民の運動を指して，ジェフリー・ミレルは「愛国的

多元主義（patriotic pluralism）」と呼び，むしろそれは市民的国民統合の理想にコミットした愛国的ふるまいだったと評価した。Jeffrey E. Mirel, *Patriotic Pluralism : Americanization Education and European Immigrants*（Cambridge : Harvard University Press, 2010）.

(58) Ella Young, "Report of the Superintendent," *Fifty-Eighth Annual Report of the Board of Education, Year Ending June 30, 1912*（1912）, p. 114.

第5章　産業民主主義の夢

（1）Woodrow Wilson, "An Address to a Joint Session of Congress," April 2, 1917, in Arthur S. Link, ed., *The Papers of Woodrow Wilson*, Vol. 41（Princeton : Princeton University Press, 1983）, pp. 519–527.

（2）Woodrow Wilson, "An Address to the Senate," Jan. 22, 1917, in Arthur S. Link, ed., *The Papers of Woodrow Wilson*, Vol. 40（Princeton : Princeton University Press, 1982）, pp. 533–539.

（3）John Dewey, "The Social Possibilities of War," *Characters and Events : Popular Essays in Social and Political Philosophy*, Vol. 2（New York : Henry Holt & Co., 1929）.

（4）William J. Breen, *Uncle Sam At Home : Civilian Mobilization, Wartime Federalism, and the Council of National Defense, 1917–1919*（Westport Conn. : Greenwood Press, 1984）, pp. 137–175. ハルハウス・グループの多くは，戦時の労働機関に深くコミットした。グレイス・アボットは労働基準監督官となり，フロレンス・ケリー（Florence Kelly）は軍服製造の管理者として労働基準委員会に加わった。また，ジュリア・ラスロップ（Julia Lathrop）は労働省内に児童局を新設するのに成功した。Americanization Department Woman's Committee, Council of National Defense Illinois Division, *Citizens' Almanac*（Chicago : Ann Stuart Logan, 1919）.

（5）Joseph A. McCartin, *Labor's Great War : The Struggle for Industrial Democracy and the Origin of Modern American Labor Relations, 1912–1921*（Chapel Hill : University of North Carolina Press, 1997）.

（6）たしかに「民主主義の総力戦」は，多様なアメリカ住民にとって，それぞれの「民主化」を愛国的に主張できる政治力学をもたらした。だが同時に，この展開はナショナリズムを受け入れない人々を全く許容できない雰囲気を生んでいた。つまり，戦時の政治と社会は，反戦論や反国家主義の思想・信条を徹底して抑圧するものでもあった。議会は1917年，戦時防諜法（Espionage Act of 1917）を制定し，「虚偽の情報や声明によって……軍隊内に不服従，不忠誠，反乱を惹起したり……意図的に徴兵を妨害したものは，20年以下の懲役」を科された。同法は，翌18年5月に改定され，さらに厳格な戦時騒擾法（Sedition Act of 1918）となった。新たに「政府の形態や国旗，軍服に対する，……不忠誠や悪罵の言葉」までが処罰の対象となった。戦争の経済的起源を批判的に語った社会党党首のユージン・デブスは，その演説を理由に懲役10年の判決を受けることになる。言論や表現の自由の侵害は，革命的サンディカリストの世界産業労働者組合（Industrial Workers of the World : IWW）に対して特に厳しく行われた。私有財産制と国家の存在を否定するこの急進的な労働運動は，戦前には移民の鉱山労働者や農業労働者の間に組織を広げていたが，総力戦の中で「非アメリカ的」な集団と見なされ，公権力と地域社会の自警的暴力の双方から凄惨な迫害を受けた。戦後，市民的自由の擁護はあらためて重要な公論の主題となるであろう。Eric Foner, *The Story of American Freedom*

(New York : W. W. Norton & Co., 1998), pp. 168–185.

（7）婦人運動の主流は戦争を支持し，国内戦線の一翼を担った。国防会議婦人委員会の全国委員長には全米婦人参政権協会の元会長アンナ・H・ショーが就き，ハルハウスのボーエンは，国防会議婦人部イリノイ支部長となった。社会改革者としてのボーエンの成果は，戦争協力を通じて拡充した公衆衛生事業を基盤に，戦後，恒常的機関であるシカゴ公衆衛生局を創設したことであろう。The Council of National Defense, *First Annual Report of the Council of National Defense* (Washington DC : 1917), pp. 46–47, 99 ; Americanization Department Woman's Committee Council of National Defense Illinois Division, *op. cit.* その一方で，ジェーン・アダムズは1915年における女性平和党（Women's Peace Party）の結成以来，戦争に否定的な主張を続けたため，戦時期には公的な発言が極端に減り，アメリカ国内での影響力を失っていった。ちなみに，アダムズとともに女性平和党を発足させたエミリー・ボルチは，さらに強く参戦反対を明言したため，ウェズリー大学の研究職を最終的に失うことになってしまう。ただし，アダムズとボルチの平和活動は，後年国際的評価を得，両者ともにノーベル平和賞の受賞者となった。Allen F. Davis, ed., *Jane Addams on Peace, War, and International Understanding, 1899–1932* (New York : Garland Pub., 1976).

（8）Enoch Herbert Crowder, *Selective Service System : Its Aims and Accomplishments, Its Future* (Washington DC : Government Printing Office, 1917) ; *Second Report of the Provost Marshal General to the Secretary of War on the Operations of the Selective Service System to December 20, 1918* (Washington DC : Government Printing Office, 1919).

（9）中野耕太郎『戦争のるつぼ——第一次世界大戦とアメリカニズム』人文書院，2013年，第2章；Enoch Herbert Crowder, *The Spirit of the Selective Service* (New York : The Century, 1920).

（10）Herbert D. Croly, *The Promise of American Life* (New York : Macmillan, 1909), pp. 259, 288.

（11）第一次大戦期の産業民主主義論の多様性については，Nelson Lichtenstein and Howell John Harris, eds., *Industrial Democracy in America : The Ambiguous Promise* (New York : Cambridge University Press, 1993) を見よ。

（12）David Gartman, "Book Review : Nelson Lichtenstein & Howell John Harris, eds., *Industrial Democracy in America : The Ambiguous Promise*," *Labor History*, Vol. 35, No. 1 (Winter, 1994), p. 116.

（13）Walter Rauschenbusch, *Christianity and the Social Crisis* (New York : MacMillan, 1908).

（14）歴史学者ダーバーは20世紀前半の政治経済の文脈において，産業民主主義の達成度を評価する基準として次の7点を提示している。①従業員代表は多数決で選出されているか，②意思決定への適切な参加と協定による規律が維持されているか，③被用者は適正な法手続きに基づく平等な保護を得ているか，④適切な最低賃金制で守られた同労働同賃金の原則が達成されているか，⑤経営情報の開示と責任の明確化，⑥少数派の尊重，⑦公正な経済効率は確保されているか。Milton Derber, "The Idea of Industrial Democracy in America, 1915–1935," *Labor History*, Vol. 8, No. 1 (Winter, 1967), pp. 10–11.

（15）Henry D. Lloyd, *Men, the Workers* (New York : Doubleday, Page, and Co., 1909), p. 91.

（16）George B. Cotkin, "Spencerian and Comtian Nexus in Gompers' Labor Philosophy : The Impact of Non-Marxian Evolutionary Thought," *Labor History*, Vol. 20, No. 4 (Fall, 1979), pp. 510–523.

(17) 1908年のアデアー裁判では，雇用者の「契約の自由」を侵害する「階級立法」であるという理由で，1898年アードマン法（州際鉄道の労働関係を規制）に違憲判決が宣告された。William Adair, Pliff. in Err., v. United States, 208 U. S. 161 (1908).

(18) T. B. Coppage, Pliff. in Err., v. State of Kansas, 236 U. S. 1 (1915); Hitchman Coal & Coke Co. v. Mitchell et al., 245 U. S. 229 (1917).

(19) この時期，革命的サンディカリスト組織である世界産業労働者組合もまた移民不熟練労働者層を中心に勢力を拡大しているが，「産業民主主義」に焦点を絞った本章の論旨とはやや文脈を異にすると考え叙述を省いた。

(20)「ラドロウの虐殺」と呼ばれるこの事件は，1914年4月，ジョン・D・ロックフェラー Jr. が所有する，コロラド燃料鉄鉱会社のラドロー鉱山で勃発した。前年から統一鉱山労組（UMW）が組織したストライキに焦燥感を募らせた会社側は，「自警団」を雇って労働者の宿営地を襲撃。無防備な女性や子供を含む数十人が殺害された。この事件をきっかけに，何らかの産業の民主化が避けられないという世論が高まっていく。

(21) *Final Report of the Industrial Relations : Including the Report of Basil M. Manly and the Individual Reports and Statements of the Several Commissioners* (Washington DC : Government Printing Office, 1916), pp. 18, 21–68.

(22) Maria E. Meehan, "Frank P. Walsh and The American Labor Movement," Ph. D. diss., New York University (1962), p. 16.

(23) Walter Lippmann, *Drift and Mastery* (New York : M. Kennerley, 1914), p. 81.

(24) Herbert D. Croly, *Progressive Democracy* (New York : MacMillan, 1915), pp. 102–103.

(25) 元来ローズベルトのシンパであった『ニュー・リパブリック』誌系の知識人が，参戦直前の時期にウィルソン政権に急接近し，そのブレインとなっていく過程は，次の文献に詳しい。Charles Forcey, *The Crossroads of Liberalism : Croly, Weyl, Lippman, and the Progressive Era, 1900–1925* (New York : Oxford University Press, 1961), chaps. 7, 8.

(26) Robert G. Valentine, "The Progressive Relation Between Efficiency and Consent," *Bulletin of the Society to Promote the Science of Management*, Vol. 1, No. 6 (Oct. 6, 1917), pp. 14–20.

(27) Morris L. Cooke, "Who is Boss in Your Shop ?," *The Annals of American Academy of Political and Social Science*, Vol. 71 (May, 1917), pp. 167–185 ; "Democratic Control of Scientific Management," *The New Republic*, Vol. 9, No. 112 (Dec. 23, 1916), pp. 204–205.

(28) Ellis Hawley, *The Great War and the Search for a Modern Order : A History of American People and Their Institutions, 1917–1933* (New York : St. Martin's Press, 1979), pp. 22–23.

(29) The Council of National Defense, *First Annual Report of the Council of National Defense* (Washington DC, 1917), pp. 1–56, 97 ; See also, Breen, *op. cit.*, pp. 137–156.

(30) David Brody, *Workers in Industrial America : Essays on Twentieth Century Struggle* (New York : Oxford University Press, 1980), p. 56.

(31) Joseph A. McCartin, "'An American Feeling' : Workers, Managers, and the Struggle over Industrial Democracy in the World War I Era," in Lichtenstein and Harris, eds., *op. cit.*, p. 74 ; United States Department of Labor Bureau of Labor Statistics, *Handbook of Labor Statistics 1941 Edition, Bulletin*, No. 694 (1942), p. 320.

(32) Report of President's Mediation Commission to the President of the United States, Jan. 9 1918, in Arthur S. Link, ed., *The Papers of Woodrow Wilson*, Vol. 46 (Princeton : Princeton University Press), pp. 143, 145–147.

(33) *Ibid*., pp. 143–144, 146 ; *Bulletin of the Taylor Society*, Vol. 3, No. 6 (Dec., 1917), pp. 6–8.

(34) National Industrial Conference Board, "Statement of NICB respecting the National Labor Situation and Recommendation of means for Preventing Interruption by Labor Disputes of Necessary War Productions Made, by Invitation, to Council of National Defense," Sept. 6 1917, in United States Department of Labor, Bureau of Labor Statistics, *National War Labor Board : A History of its Formation and Activities, Together with its Awards and the Documents of Importance in the Record of its Development, Bulletin of the U. S. Bureau of Labor Statistics*, No. 287 (Washington DC : Government Printing Office, 1921), pp. 27–28.

(35) John Fitch, "Organized Labor in War Time : The Convention of AFL," *The Survey*, Vol. 15 (Dec. 1, 1917), pp. 232–235.

(36) Walsh to Daniel S. McCorkle, Dec. 26, 1917, Frank P. Walsh Papers, Box 5, New York Public Library.

(37) *Proceedings of the Thirty Fifth Annual Convention of the Illinois State Federation of Labor, Joliet, Illinois, Oct. 15 to 20, 1917* (1917), p. 295.

(38) ウォルシュは17年10月の書簡では，ドイツ系の旧友をCPIに紹介しているが，この人物の父親は1848年蜂起に関わって現在の皇帝の祖父に死刑宣告され，アメリカに亡命したのだという。Walsh to George Creel, Oct. 5, 1917, Frank P. Walsh Papers, Box 5, New York Public Library.

(39) Walsh to Albert S. Burleson, July 24, 1917, Frank P. Walsh Papers, Box 4, New York Public Library.

(40) "Report of the War Labor Conference Board to the Secretary of Labor, March 29, 1918," in Bureau of Labor Statistics, *National War Labor Board,* pp. 31–33.

(41) *Ibid.* ; Statement of Frank P. Walsh, concerning The Principles and Policies Adopted by War Labor Conference Board, *ibid*., p. 33.

(42) "Personnel of the Board," in Report of War Labor Conference Board, *ibid*., pp. 11–12.

(43) "A Proclamation by the President of the United States of America," April 8, 1918, in Arthur S. Link, ed., *The Papers of Woodrow Wilson*, Vol. 47 (Princeton : Princeton University Press, 1984), pp. 282–284.

(44) McCartin, *Labor's Great War*, p. 104.

(45) マシュー・ジョゼフソンによると，ニューヨークとシカゴで軍服生産に従事した労働者は3万5000人に達したという。Mathew Josephson, *Sidney Hillman : Statesman of American Labor* (Garden City, NY : Doubleday, 1952).

(46) Steve Fraser, *Labor Will Rule : Sidney Hillman and the Rise of American Labor* (New York : The Free Press, 1991), pp. 114–145.

(47) Lizabeth Cohen, *Making A New Deal : Industrial Workers in Chicago, 1919–1939* (New York : Cambridge University Press, 1990), p. 28.

(48) James R. Barrett, *Work and Community in the Jungle : Chicago's Packinghouse Workers, 1894–1922* (Urbana : University of Iliinois Press, 1987), pp. 193–194, 196.

(49) David Brody, *Butcher Workmen : A Study of Unionization* (Cambridge : Harvard University Press, 1964), p. 82.

(50) Walsh to Samuel Alschuler, March 13, 1918, Frank P. Walsh Papers, Box 33, New York Public Library ; John Fitzpatrick to Walsh, Frank P. Walsh Papers, March 29, 1918, Box 5, New York

Public Library ; Walsh to Alschuler, March 27, 1918, Frank P. Walsh Papers, Box 33, New York Public Library.

(51) Walsh to George Creel, Dec. 21, 1917, Box 5, Frank P. Walsh Papers, New York Public Library.

(52) Jett Lauk to Walsh, Feb. 28, 1918, Box 5, Frank P. Walsh Papers, New York Public Library.

(53) Mary E. McDowell, "Easter Day After the Decision," *Survey*, Vol. 40 (April 13, 1918), p. 38. アルシュラー裁定の勝利は，シカゴ総同盟の活動家を勇気づけ，彼らがいまひとつの未組織大量生産産業である鉄鋼産業の組合設立に着手するきっかけとなった。1918 年 8 月，フィッツパトリックを議長とする「製鉄・鉄鋼労働者組織のための全国委員会」が創設され，同年 12 月にはシカゴ労働党が正式に発足する。*Ibid.* ; Darid Montgomery, "New Tendencies in Union Struggles and Strategies in Europe and the United States, 1916-1922," in James E. Cronin and Carmen Siriani, eds., *Work, Community and Power : The Experience of Labor in Europe and America, 1900-1925* (Philadelphia : Temple University Press, 1983), p. 91 ; *Report of War Labor Conference Board to the Secretary of Labor, March 29, 1918, Bulletin of the U. S. Bureau of the Labor Statistics*, No. 287 (1921), pp. 32-33.

(54) National War Labor Board, "Findings In Re Machinists and Electrical Workers and Other Employees v. Bethlehem Steel Company," Docket No. 22, July 31, 1918, in Melvyn Dubofsky, et al., eds., *Papers of National War Labor Board, 1918-1919* (Frederick, Ma., 1984), Reel 4 ; National War Labor Board, "Findings In Re Employers in Munitions and Related Trades, Bridgeport, Conn.," Docket No. 132, Aug. 28, 1918, *ibid.*

(55) National War Labor Board, "Finfings In Re Employee v. General Electric Company, Pittsfield Works," Docket No. 19, July 31, 1918, *ibid.*

(56) *Ibid.*

(57) 戦時労働委員会は女性労働者に対しても，職場委員の選挙権と被選挙権（委員資格）の双方を認めている。当時，政治の領域ではいまだ女性投票権が確立していない（女性参政権を定めた憲法修正第 19 条が成立するのは 1920 年）ことを考えると，その決定の先進性を認めることができる。McCartin, *op. cit.*, pp. 111-112.

(58) National War Labor Board, "Findings In Re Employers in Munition and related trades, Bridgeport, Conn.," Docket No. 132, Aug. 28 1918, in Dubofsky, et al., eds., *op. cit.* なお，戦時期の争議で労働者側から出された合理化反対要求として，具体的には熟練工の職務管理権限の確認や伝統的職階制とそれに応じた賃金制度の維持などがしばしば主張された。

(59) Woodrow Wilson to the Members of District Lodge No. 55 and Other Striking Workers, Sept. 13, 1918, in Arthur S. Link, ed., *The Papers of Woodrow Wilson*, Vol. 49 (Princeton : Princeton University Press, 1985), pp. 539-540.

(60) Jeffrey Haydu, "'No Change in Existing Standards' ? : Production, Employee Representation and Government Policy in the United States, 1917-1919," *Journal of Social History*, Vol. 25, No. 1 (Fall, 1991), pp. 46-48.

(61) Sidney Hillman and Joseph Schlossberg, "Manifesto on the Present World Crisis to the Membership of the ACW of A.," *The Advance*, Vol. 2, No. 3 (March 22, 1918), p. 4 ; Josephson, *op. cit.* ; *The New Republic*, Vol. 18, No. 222 (Feb. 1, 1919), pp. 8-9 ; Fraser, *op. cit.*, pp. 114-115 ; Id., "Dress Rehearsal for New Deal : Shop-Floor Insurgents, Political Elites, and Industrial Democracy in the Amalgamated Clothing Workers," in Michael H. Frisch and Daniel J.

Walkowitz, eds., *Working Class America : Essays on Labor, Community, and American Society* (Urbana : University of Illinois Press, 1983), pp. 212–228.

(62) Barrett, *op. cit.*

(63) Valerie J. Conner, *National War Labor Board : Stability, Social Justice, and the Voluntary State in World War I* (Chapel Hill : University of North Carolina Press, 1983), pp. 186, 31

(64) Walsh to Victor Olander, Dec. 4, 1918, Box 7, Frank P. Walsh Papers, New York Public Library.

(65) *Bulletin of the Taylor Society*, Vol. 4, No. 6 (Dec., 1919), p. 15.

第6章　移民の戦争，アメリカの戦争

(1) Woodrow Wilson, "A Draft of a Proclamation," May 1, 1917, Arthur S. Link, ed., *Papers of Woodrow Wilson*, Vol. 42 (Princeton : Princeton University Press, 1983), pp. 180–182.

(2) Leonard Wood, *The Military Obligation of Citizenship* (Princeton : University of Princeton Press, 1915), p. 36 ; Josiah Royce, *The Hope of Great Community* (New York : MacMillan, 1916).

(3) Leonard Wood, "Heat up the Melting-Pot," *Independent* (July 3, 1916), p. 15.

(4) Frances A. Kellor, "National American Day : July 4th," *Immigrants in America Review*, Vol. 1 (Sept., 1915), pp. 18–29 ; *New York Times*, 5 July, 1915, p. 14 ; *Chicago Daily Tribune*, 6 July, 1915, p. 7 ; "Americanization Day in 150 Communities," *The Survey*, Vol. 31 (1915), p. 390.

(5) Horace Kallen, "Democracy Versus the Melting-Pot : A Study of American Nationality," *The Nation* (Feb. 18 and Feb. 25, 1915), pp. 190–194, 217–220.

(6) アダムズは1915年11月，戦備運動のカウンター組織としてアメリカ反軍国主義連盟（American Union Against Militarism）を結成し，コスモポリタンな平和主義を訴えた。

(7) Woodrow Wilson, "An Annual Message on State of the Union," Dec. 7, 1915, *Papers of Woodrow Wilson*, Vol. 35 (Princeton : Princeton University Press, 1980), p. 306.

(8) George Creel, *Complete Report of the Chairman of the Committee on Public Information : 1917–1919* (Washington DC, 1920), p. 79.

(9) *Second Report of the Provost Marshal General to the Secretary of War on the Operations of the Selective Service System to December 20, 1918* (Washington DC : Government Printing Office, 1919), pp. 86–108.

(10) Frances Kellor, *Immigration and the Future* (New York : George H. Doran, 1920), pp. 49–50.

(11) 2000年代前半には，移民の大戦経験に注目した研究がいくつか刊行されたが，いずれも，移民の文化変容と国民的包摂の過程として，戦時動員を評価する傾向があった。Christopher M. Sterba, *Good Americans : Italian and Jewish Immigrants during the First World War* (New York : Oxford University Press, 2003) ; Nancy Ford, *Americans All ! : Foreign-Born Soldiers in World War I* (College Station : Texas A&M Press, 2001) ; June Granatir Alexander, *Ethnic Pride, American Patriotism : Slovaks and Other New Immigrants in the Interwar Era* (Philadelphia : Temple University Press, 2004).

(12) "A Great Mass Meeting," *Denni Hlasatel*, Sept. 4, 1914, CFLPS.

(13) マサリクは，シカゴの革新主義者サークルと縁深い人物だった。アメリカ人の妻を持つ彼は，戦前1902年，1907年と二度，シカゴ大学で教鞭をとっており，戦時下に国家反逆罪に問われてオーストリア国外に逃れた折にも，18年5月以降，シカゴに再び滞

在し，チェコ独立のための活動を続けた。さらに，マサリクの娘アリスは，セツルメント運動の博愛主義に感化され，1911年から数年間，ハルハウスの姉妹組織であるシカゴ大学セツルメントのレジデントだった。アリスは，1915年，父マサリクの政治活動への関与を理由にオーストリア政府に逮捕拘留されたが，このとき国際的な救援運動を展開し，刑の停止に尽力したのは，アダムズをはじめとするセツルメント人脈だった。

(14) "A Great Mass Meeting," *Denni Hlasatel*, Sept. 4, 1914, CFLPS

(15) *Ibid*.

(16) Vera Laska, *The Czechs in America, 1633-1977 : A Chronology & Fact Book* (Dobbs Ferry, New York : Oceana Publications, 1978); "A Great Mass Meeting," *Denni Hlasatel*, Sept. 4, 1914, CFLPS ; "An Explanation of Our Position," *Denni Hlasatel*, Dec. 2, 1914, CFLPS ; "The End of American Patience with Germans," *Denni Hlasatel*, June 4, 1915, CFLPS ; "A Resolution," *Denni Hlasatel*, August 28, 1915, CFLPS.

(17) "Mother Country Calls ! Let us Help ! Let Deeds Show Our Love for the Native Land and Our Nation !," *Denni Hlasatel*, Sept. 6, 1914, CFLPS ; "A Bohemian-Slovak Movement (Editorial)," *Denni Hlasatel*, April 7, 1915, CFLPS ; "In the Sign of the War. Proclamation by the Ceske Narodni Sdruzeni," *Denni Hlasatel*, April 8, 1917, CFLPS.

(18) "Czech American Do Thy Duty," *Denni Hlasatel*, April 7, 1917, CFLPS ; "In the Sign of the War. Proclamation by the Ceske Narodni Sdruzeni," *Denni Hlasatel*, April 8, 1917, CFLPS.

(19) "Czech and Slovak Men Are Enlisted," *Denni Hlasatel*, April 12, 1917, CFLPS ; "Recruits in Farwell to Chicago," *Denni Hlasatel*, April 16, 1917, CFLPS.

(20) "Departure of Polish Recruits," *Dziennik Zwiazkowy*, May 2, 1917, CFLPS.

(21) Donald E. Pienkos, *PNA : A Centennial History of the Polish National Alliance of the United States of North America* (Boulder : East European Monographs, distributed by Columbia University Press, 1984), pp. 107-109.

(22) Wydział Narodowy Papers, Polish Museum of America # 415.

(23) Wydział Narodowy Papers, Polish Museum of America, 1917, May 30 # 415.

(24) "War," *Dziennik Zwiazkowy*, August 1, 1914, CFLPS.

(25) 同様の独立軍団構想にチェコ軍団のそれがある。18年5月から数カ月間に及ぶマサリクの滞米には，まさにこの軍団の募兵を行う目的もあった。チェコ軍団には，およそ3000人の在米チェコ人が入隊し，18年8月には渡欧した。その1カ月後ウィルソン政権は，チェコスロヴァキアの独立を承認することになる。

(26) "25,000 Poles Honor Polish Army," *Dziennik Zwiazkowy*, Oct. 15, 1917, CFLPS.

(27) Joseph T. Hapak, "Film in the Service of Polish Independence," *Polish American Studies*, Vol. 44, No. 1 (Spring, 1987).

(28) Interview to Paul Valasek ; Polish Army Forms A, B, C, Polish Museum of America.

(29) Paul S. Valasek, *Haller's Polish Army in France* (Whitehall Printing, 2006).

(30) Committee on Public Information, *Friendly Words to Foreign Born* (Washington DC : Government Printing Office, 1917), pp. 4-8.

(31) *National School Service*, Vol. 1, No. 2 (Sept. 15, 1918), p. 6.

(32) Social Service Review (Bureau of Social Service Information, New York), Oct., 1918, p. 17.

(33) *Chicago Daily Tribune*, June 6, 1918, p. 10.

(34) Bureau of Education, *Proceedings of the Americanization Conference, Held under the Auspices*

of the Americanization Division (Washington DC : Government Printing Office, 1919).

(35) Chicago Community Trust, *Americanization in Chicago : The Report of a Survey* (Chicago, 1920).

(36) *Social Service Review* (Bureau of Social Service Information, New York), Dec., 1918, p. 9.

(37) *Ibid.*, Oct., 1918, p. 17.

(38) Mary Parker Follett, *The New State : Group Organization the Solution of Popular Government* (New York : Longmans, Green, 1918), p. 11.

(39) *Survey*, May 18, 1918, p. 203.

(40) *Chicago Daily Tribune*, Sept. 7, 1918, p. 1.

(41) *New York Times*, April 29, 1917 ; *Ibid.*, May 29, 1917.

(42) *Chicago Daily Tribune*, May 20, 1916, p. 6 ; *Chicago Daily Tribune*, July 26, 1918, p. 6.

(43) 当時のシカゴのカトリック教区の2／3は民族教区で，そのうち半分はポーランド語教区であった。

(44) Edward R. Kantowicz, *Corporation Sole : Cardinal Mundelein and Chicago Catholicism* (Notre Dame : University of Notre Dame Press, 1981).

(45) Mary McDowell, "Extravagance or Standards ?," *The Outlook*, Vol. 123, No. 10 (Dec. 10, 1919), pp. 472–473.

(46) Id., "The Foreign Born," p. 16, Mary McDowell Papers, Box 2, Folder 12, Chicago History Museum.

(47)「生活水準」を国民統合と結びつける議論は，必ずしも常にエスノ・レイシャルな境界形成と無縁なわけではない。第3章で見た「黒人の貧困」問題や第10章で触れる日系人の同化不能性の言説においては，アメリカ的生活水準の保護という論理が，人種的排斥を正当化する構造を持った。

(48) The Citizen's Bureau of Cleveland, *A Service Station in Americanization* (1917); State Commission of Immigration and Housing of California, *Americanization : The California Program* (1918); See also, J. Seymour Currey, *Illinois Activities in the World War : Covering the Period from 1914 to 1920* (Chicago : Thomas Poole Company, 1921).

(49) Bureau of Education, Department of Interior, *Americanization As A War Measure : Report of A Conference Called by the Secretary of the Interior* (Washington DC : Government Printing Office, 1918), p. 37.

(50) L. J. Fisher (Czech National Alliance, Chicago) to the CPI, March 24, 1918, RG 63, CPI 1–E1, National Archives Records Administration (NARA); Polish Falcon, Pennsylvania to the CPI, Americanization Registration Card, March-April, 1918, RG 63, CPI 1–E2, NARA.

(51) *Chicago Sunday Tribune*, June 8, 1919, p. 12.

(52) John Wedda to Byoir, June 6, 1918, RG 63, CPI 31–A1, NARA ; Wedda to Creel, Aug. 19, 1918, RG 63, CPI 31–A1, NARA.

(53) Complete Report of the Chairman of the Committee on Public Information, 1917, 1918, 1919 (Washington DC : Government Printing Office, 1920), pp. 88–89.

(54) *Ibid.*, p. 79.

(55) Anna L. Kouba, St. Mary Magdalene Ct. to the CPI, March 1918, RG 63, CPI 1–E1, NARA ; *Chicago Daily Tribune*, May 17, 1918, p. 17.

(56) History Committee, *The Four Minute Men of Chicago* (1919), p. 20.

(57) Joseph B. Thomas to Carl Byoir, July 22, 1918, RG 63, CPI 1-A5, NARA.
(58) *Four Minute Men News*, Oct. 1, 1918, pp. 19-20.
(59) "Great Loyalty Parade of Foreigners Here a Demonstration of National Unity," *New York Times*, July 5, 1918, pp. 1, 6.
(60) "City's Hordes of All Bloods Exact Liberty : Melting Pot Helps Consecrate Day of Freedom," *Chicago Daily Tribune*, July 5, 1918, p. 13.
(61) *Ibid.*
(62) *Chicago Daily Tribune*, June 20, 1918, p. 3 ; *Chicago Daily Tribune,* July 5, 1918, pp. 4, 13.
(63) *Chicago Daily Tribune*, April 10, 1918, p. 10.
(64) *Americanization Bulletin* (published by the Department of Interior, Bureau of Education), Vol. 1, No. 1 (Sept. 15, 1918), p. 3.
(65) Bureau of Education, *Proceedings of the Americanization*, p. 201.
(66) *Ibid.*, p. 208.
(67) *Ibid.*, p. 202.
(68) "Polish Liberty Bond Campaign," *Dziennik Zwiazkowy*, April 15, 1918, CFLPS ; "Do Your Duty without Delay," *Dziennik Zwiazkowy*, June 14, 1917, CFLPS ; "Polish Liberty Loan Campaign," *Dziennik Zwiazkowy*, April 15, 1918, CFLPS.
(69) "Till It Hurts : Chicago Czechs Ready for Sacrifice in Third Liberty Loan Drive," *Denni Hlasatel*, May 2, 1918, CFLPS ; "President Masaryk's Appeal," *Denni Hlasatel*, Oct 6, 1918, CFLPS.
(70) *Czechoslovak Review*, Vol. 3, No. 6 (June 1919), p. 175.
(71) サーマックが，1933年3月，マイアミでのFDR演説会で，新大統領をかばって暗殺者の銃弾を受け，それがもとで現職市長のまま亡くなったことは有名。サーマックの生涯については，Alex Gottfried, *Boss Cermak of Chicago : A Study of Political Leadership* (Seattle : University of Washington Press, 1962)を見よ。
(72) "For the Second Liberty Loan," *Denni Hlasatel*, Sept. 25, 1917, CFLPS ; "Czechs Do Their Duty : Organize to Push Sale of War Bond," *Denni Hlasatel*, Oct. 6, 1917, CFLPS ; "One Million Dollars—Czech Share in Bond Sale," *Denni Hlasatel*, Oct. 24, 1917, CFLPS.
(73) *Proceedings of the Americanization Conference*, p. 200.
(74) *Infantry Journal*, Nov., 1918, p. 436.
(75) *The Official History of 82nd Division, American Expeditionary Forces : "All American" Division, 1917-1919* (Indianapolis : The Bobbs-Merrill, 1920), pp. 2-3 ; James J. Cooke, *The All-Americans at War : The 82nd Division in the Great War, 1917-18* (Westport, Conn. : Praeger, 1999).
(76) Theodore Roosevelt Jr., *Rank and File : True Stories of the Great War* (New York : Charles Scribner's Sons, 1928), pp. 40, 46. この戦争で，セオドア・ローズヴェルトは4人の息子全員を戦場に送り出している。長男と次男は負傷し，四男は戦死した。
(77) ユダヤ系福祉委員会の活動により，キャンプ・アプトン等では基地内にユダヤ系コミュニティ・センターが建てられ，ユダヤ教の礼拝とコーシャー食，ロシュ・ハシャナの賜暇が認可されたことはつとに有名である。Sterba, *op. cit.*
(78) *The Official History of 86th Division* (Chicago : Chicago Publication Society, 1921).
(79) Commanding General, 86th Division, N. A., to the Adjutant General of the Army, 10565-8-1,

RG 165, Military Intelligence Division（MID）, NARA.

（80）“Inside the Camp News from Camp Upton,” 10564-47-9, RG 165, MID, NARA. なお，陸軍の情報・諜報機関は，参戦間もない1917年5月，陸軍情報課（Military Intelligence Section）として創設され，翌18年2月には情報支部（Military Intelligence Branch）に格上げ。さらに同年6月，情報部（Military Intelligence Division）に昇格する。本書では，煩雑さを避けるため，「陸軍情報部」と総称することとした。

（81）“Inside the Camp News from Camp Grant,” 10564-47-6, p. 3, RG 165, NARA.

（82）Memorandum for Chief, Military Intelligence Section, Jan. 31, 1918, 10565-89-1, RG 165, MID, NARA.

（83）Stanislaw Gutowski, “Report of Lieut. Stanislaw Gutowski's Talk on Foreign Speaking Soldiers in Different Camps,” 10565-110-27, RG 165, MID, NARA ; See also, Ford, *op. cit.*, pp. 71-72.

（84）*Infantry Journal*, Sept., 1918, pp. 252-254 ; “Camp Gordon Plan,” *Americanization Bulletin*, Vo. 1, No. 2（Oct. 15, 1918）, pp. 8-9.

（85）“Camp Slav and Italian Units Are Determined to Grt the Hun,” *Trench and Camp*（Camp Gordon）, Vol. 1, No. 39, July 1, 1918, p. 2 ; “The Camp Gordon Plan,” *Trench and Camp*（Camp Grant）, Vol. 1, No. 52, Sept. 30, 1918, p. 3.

（86）Memorandum for the Adjutant General of the Army, Aug. 31, 1918, 10565-465, RG 165, MID, NARA. キャンプ・ゴードン案が他の訓練基地で実施される前に終戦を迎えたため，今日同案の効果について一般的な評価を与えることは困難である。

（87）“3000 Gordon Men Learning English,” *Trench and Camp*（Camp Gordon）, Vol. 1, No. 24, March 18, 1918, p. 1.

（88）“Soldiers of Foreign Birth Learn English,” *Trench and Camp*（Camp Grant）, Vol. 1, No. 19, Feb. 11, 1918, pp. 1, 4.

（89）Memorandum Re Foreign-Speaking Soldier YMCA-K. of C. Hut, 10565-501 G, RG 165, MID, NARA.

（90）Jeffrey E. Mirel, *Patriotic Pluralism : Americanization Education and European Immigrants*（Cambridge : Harvard University Press, 2010）.

（91）*Dziennik Zwiazkowy*, Aug. 7, 1918.

（92）Donald E. Pienkos, *One Hundred Years Young : A History of the Polish Falcons of America, 1887-1987*（Boulder : East European Monographs, distributed by Columbia University Press, 1987）, p. 111.

第7章　戦争とカラーライン

（1）参戦直後の黒人の愛国と希望を，W. E. B. デュボイスは次のように表現していた。「世界を自由にするために，黒人同胞市民が我が国旗のもとに馳せ参じることを……強く求めたい。……この国は，リンチを行い，黒人の選挙権を奪い，人種隔離を推進するような連中よりも，我々の側に属するのである。」*The Crisis*, Vol. 14, No. 2（June, 1917）, p. 59.

（2）Enoch H. Crowder, *Selective Service System : Its Aims and Accomplishments, Its Future*（Washington DC : Government Printing Office, 1917）, pp. 4-7.

（3）Brian Niiya, ed., The Japanese American National Museum, *Japanese American History : An*

A-to-Z Reference from 1868 to the Present (New York : Facts on File, 1993), pp. 351–352.

（4）"Report on Naturalization of Japanese Soldiers," RG 165, Military Intelligence Division (MID), 10565–500–7, National Archives Records Administration (NARA); "Naturalization of Japanese Soldiers," by John A. Baird (Intelligent Officer, Headquarters Hawaiian Department) to Director, Military Intelligence, General Staff, 10565–500–8, RG 165, MID, NARA ; J. N. Dunn (General Stuff, Acting Director of Military Intelligence) to the Bureau of Naturalization, Dept. of Labor, 1065–5007–9, RG 165, MID, NARA ; "Report on Naturalization of Japanese Soldiers," 10565–500–7, RG 165, MID, NARA.

（5）ハワイの徴兵登録カードのアーカイヴスは，下のウェブサイトで閲覧可能である。(http://thehawaiidescendants.wordpress.com/)

（6）"Report on Naturalization of Japanese Soldiers," 10565–500–7, RG 165, MID, NARA. 同様の日本人兵士の帰化問題は，法廷でも争われた。第一次大戦の退役軍人，豊田秀光は，1919年にいったんアメリカへの帰化が認められるが，1925年の連邦最高裁判決で，米国市民権を剝奪された。Toyota v. United States, 268, US Reports 402 (1925). 西川裕子「アメリカ選抜徴兵制と日系アメリカ人――第一次世界大戦参戦時の本土とハワイの比較」『史境』（歴史人類学会）第47号（2003年9月），51–67頁も参照。

（7）伊佐由貴「20世紀初頭ハワイにおける日本人移民と徴兵――第一次世界大戦の選抜徴兵と国家の「暴力」」『歴史評論』第744号（2012年4月），42–55頁。

（8）ハワイ在住の日本人移民，小沢孝雄は，帰化権を求めて，1922年連邦最高裁に上訴した。小沢陣営の戦術は，自身の「白人性」を論証しようとするものだった。具体的には，アメリカの一流大学を出，法律家として20年以上アメリカに暮らす小沢がすでに十分アメリカ生活に同化していることが強く主張された。だが最高裁は，帰化法の言う「白人」は，人類学上のコーカサス種を言い，日本人は明らかにこれに該当しない，したがって日本人種は帰化権のない「同化不能者」であるとするものだった。Ozawa v. United States, 260 U. S. 178 (1922).

（9）*Trench and Camp* (Camp Gordon), Vol. 1, No. 24, March 18, 1918, pp. 1, 11.

（10）*Trench and Camp* (Camp Gordon), Vol. 1, No. 26, April 1, 1918, pp. 13, 15.

（11）*The Official History of 86th Division* (Chicago : Chicago Publication Society, 1921).

（12）*Trench and Camp* (Camp Grant), Vol. 1, No. 5, Nov. 5, 1917, p. 2.

（13）*New York Age*, May 3, 1917.

（14）*The Crisis*, Vol. 14, No. 2 (June, 1917), p. 59.

（15）W. E. B. Du Bois, "The African Roots of the War," *Atlantic Monthly*, Vol. 115, No. 5 (May, 1915), pp. 707–714.

（16）*The Crisis*, Vol. 14, No. 2 (June, 1917), p. 59.

（17）第一次大戦をめぐる黒人の立場には多様な広がりがあった。デュボイスらNAACP主流派のグループやブッカー・T・ワシントン系のタスキーギ運動などは，いずれもウィルソン政権の戦争政策を支持した。その一方で，ウィルソンの人種隔離容認路線を批判して，「（参戦は）全国民に自由と平等の権利が与えられるときのみ正当化できる」と論じたウィリアム・トロッターや社会主義系の反戦雑誌『メッセンジャー』を発行して，戦時治安維持法違反に問われたフィリップ・ランドルフなど反政府的傾向を持った指導者もいた。

（18）Arthur E. Barbeau and Florette Henri, *Unknown Soldiers : African-American Troops in World*

War I (Philadelphia : Temple University Press, 1974), pp. 56–61, 67–68.

(19) *Chicago Defender*, July 7, 1917, p. 1. 死者の数は明確ではないが，『シカゴ・ディフェンダー』紙では「200名近い」数として報じている。

(20) *The Crisis*, Vol. 14, No. 5 (Sept., 1917), pp. 1–2 ; *Chicago Defender*, July 7, 1917, p. 1.

(21) Ida B. Wells-Barnett, *The East St. Louis Massacre : The Greatest Outrage of the Century* (Chicago : Negro Fellowship Herald Press, 1917), pp. 22–23.

(22) *Ibid*., p. 23.

(23) *Ibid*., p. 21.

(24) 中野耕太郎『戦争のるつぼ――第一次世界大戦とアメリカニズム』人文書院，2013年，130頁。

(25) Kelly Miller, "The Disgrace of Democracy : An Open Letter to President Woodrow Wilson," *Baltimore Afro-American*, August 25, 1917, p. 4.

(26) Barbeau and Henri, *op. cit*., pp. 26–31.

(27) "The Houston Uprising," *Baltimore Afro-American*, Sept. 1, 1917, p. 4.

(28) "Race Riot in Texas," *Independent*, 91–3587 (Sept. 1, 1917), p. 313.

(29) "Eyewitness Tell How Negro Soldiers Shot Down Whites," *Chicago Daily Tribune*, Aug. 25, 1917, p. 2 ; *Ibid*., Sept. 4, 1917, p. 1 ; *Ibid*., Sept. 13, 1917, p. 5.

(30) "Houston Riot Prisoners Tell Their Story," *Chicago Defender*, Jan. 26, 1918, p. 1 ; "Imprisoned Soldier Writers War Song," *Chicago Defender*, Sep. 14, 1918, p. 11.

(31) *The Crisis*, Vol. 14, No. 5 (Sept., 1917).『クライシス』誌がヒューストン事件の詳しい調査報道を掲載するのは，17年11月以降である。*Ibid*., Vol. 14, No. 6 (Oct., 1917); *Ibid*., Vol. 14, No. 7 (Nov., 1917).

(32) *Second Report of the Provost Marshal General to the Secretary of War on the Operations of the Selective Service System to December 20, 1918* (Washington DC : Government Printing Office, 1919), p. 191.

(33) "Negro Conscription," *New Republic*, Vol. 12, No. 155 (Oct. 20, 1917), pp. 317–318.

(34) Memorandum : Proportion of Colored Men Called by Draft, Maj. Gen. Tasker H. Bliss for the Adjutant General, August 1, 1917, 8142–147, RG 165, MID, NARA ; Memorandum, Maj. Gen. Tasker H. Bliss for the Secretary of War, 24 August, 1917, 8142–150, RG 165, MID, NARA.

(35) Barbeau and Henri, *op. cit*., pp. 82–84.

(36) David M. Kennedy, *Over Here : The First War and American Society* (New York : Oxford University Press, 1980), pp. 172–176.

(37) James R. Grossman, *Land of Hope : Chicago, Black Southerners, and the Great Migration* (Chicago : University of Chicago Press, 1989).

(38) The Chicago Commission on Race Relations, *The Negro in Chicago : A Study on Race Relations and A Race Riot* (Chicago : University of Chicago Press, 1922), pp. 407–408. なおAFLには鉄道関連労組が総計14加盟しており，そのうち黒人の加入を実質的に妨げていたものは，入会禁止を規約に明記した7組合を含め13にのぼったという。*Ibid*., p. 410.

(39) Wells-Barnett, *op. cit*.

(40) Rick Halpern, *Down on the Killing Floor : Black and White Workers in Chicago's Packinh House, 1904–54* (Urbana : University of Illinois Press, 1997), pp. 51–52.

(41) The Chicago Commission on Race Relations, *The Negro in Chicago : A Study of Race*

Relations and A Race Riot (Chicago : University of Chicago Press, 1922), p. 429.

(42) Alma Herbst, *The Negro in the Slautering and Meat-Packing Industry in Chicago* (Boston : Houghton Mifflin Co., 1932), pp. 69–127.

(43) Joseph A. McCartin, *Labor's Great War : The Struggle for Industrial Democracy and the Origin of Modern American Labor Relations, 1912–1921* (Chapel Hill : North Carolina Press, 1997), pp. 152–153.

(44) "Memorandum" by Frank Walsh to W. Jett Lauk, Aug. 30, 1918, Box 6, Frank P. Walsh Papers, New York Public Library.

(45) NWLB内では，バーミンガム争議介入派のウォルシュと慎重派のタフトが対立し，票決の結果，6対6の同点で介入見送りとなった。McCartin, *op. cit.*, p. 153.

(46) "Ku Klux Klan Again in the South," *New York Times*, Sept. 1, 1918.

(47) *The Crisis*, Vol. 14, No. 1 (May, 1917), p. 37.

(48) "Mr. Kelly Miller of Howard University," W. H. Loving to Chief, Military Intelligence Branch, March 14, 1918, 10218–91–8, RG 165, MID, NARA.

(49) "In Re San Antonio Inquirer," by Willard Utley, 10218–62, RG 165, MID, NARA.

(50) Loving to Van Deman, 10218–64, RG 165, MID, NARA ; "Demonstrations in Colored High School," W. H. Loving to Chief, Military Intelligence Section, 10218–70–1, RG 165, MID, NARA.

(51) "Bulletin No. 35," Headquarters Ninety Second Division, Camp Funston, Kansas, March 28, 1918, 10218–120–3, RG 165, MID, NARA.

(52) "Suspected Propaganda among Colored Troops," 10218–120–5, RG 165, MID, NARA ; "Don't Insist on Legal Rights Ballou tells Colored Soldiers," *New York Age*, April 13, 1918, p.1.

(53) "Suspected Propaganda among Colored Troops," 10218–120–5, RG 165, MID, NARA.

(54) William G. Jordan, *Black News Papers & America's War for Democracy, 1914–1920* (Chapel Hill : University of North Carolina Press, 2001), pp. 110–126. この時期以降，CPIフォーミニットマン運動は黒人の演説者を多数採用し，黒人をターゲットにしたプロパガンダに力を入れていく。

(55) *The Crisis*, Vol. 16, No. 4 (August, 1918), p. 163.

(56) *Ibid*., pp. 163–164.

(57) "Close Rank," *The Crisis*, Vol. 16, No. 3 (July, 1918), p. 111. 軍当局はこの論文を黒人メディア会議の成果と評価し，デュボイスを大尉の待遇で情報部に迎えようとさえした。

(58) Robert L. Zangrando, *The NAACP Crusade Against Lynching, 1909–1950* (Philadelphia : Temple University Press, 1980), pp. 6–7.

(59) Mark Ellis, *Race, War, and Surveillance : African Americans and the United States Government during World War I* (Bloomington : Indiana University Press, 2001), p. 73.

(60) James E. Cutler, *Lynch-law : An Investigation into the History of Lynching in the United States* (New York : Longmans, Green and Co., 1905).

(61) "Bulletin 31," Oct. 21, 1918, by James E. Cutler, 10218–279–9, RG 165, MID, NARA.

(62) *Ibid*.

(63) Homer A. Plessy v. John H. Ferguson, 163 U. S. 537 (1896).

(64) "Patriotism," *The Crisis*, Vol. 17, No. 1 (Nov., 1918), p. 10.

(65) Emmett J. Scott, "After the War : A Symposium," *Southern Workman*, Vol. 48, No. 3, p. 136.

第8章 「新しい社会秩序」構想の行方

（1）Eric Foner, *The Story of American Freedom* (New York : W. W. Norton & Co., 1998), pp. 168–185. 第5章注6を参照のこと。

（2）Mathew Josephson, *Sidney Hillman : Statesman of American Labor* (Garden City, NY, Doubleday, 1952), pp. 190–192 ; See also, Stanley Shapiro, "The Great War and Liberal Reform : Liberals and Labor, 1917–19," *Labor History*, Vol. 12, No. 3 (Summer, 1971), pp. 323–344.

（3）Leo Wolman, *Ebb and Flow in Trade Unionism* (1936), p. 16 ; United States Department of Labor, Bureau of Labor Statistics, *Handbook of Labor Statistics 1941 Edition*, Vol. I, Bulletin No. 694 (1942), p. 320.

（4）David Montgomery, *Workers' Control in America : Studies in the History of Work, Technology, and Labor Struggles* (New York : Cambridge University Press, 1979) ; Id., "New Tendencies in Union Struggles and Strategies in Europe and the United States, 1916–1922," in James E. Cronin and Carmen Siriani, eds., *Work, Community and Power : The Experience of Labor in Europe and America, 1900–1925* (Philadelphia : Temple University Press, 1983) ; Id., *The Fall of House of Labor : The Workplace, the State, and American Labor Activism, 1865–1925* (New York : Cambridge University Press, 1987).

（5）本章第5節参照。

（6）地域的な労働党の結成は，第一次大戦参戦期にすでに始まっている。戦時労働委員会が介入した争議の事例として第5章でも紹介した，ブリッジポートの兵器産業では，機械工組合第55支部を中心に18年10月の時点でイギリス労働党と類似する労働党が結成されていた。Samuel Lavit to Frank Walsh, Oct. 14, 1918, Box 6, Frank P. Walsh Papers, New York Public Library.

（7）Elizabeth McKillen, *Chicago Labor and the Quest for a Democratic Diplomacy, 1914–1924* (Ithaca : Cornell University Press, 1995), p. 14 ; Montgomery, "New Tendencies in Union Struggles," pp. 100–102 ; Nathan Fine, *Labor and Farmer Parties in the United States 1828–1928* (New York : Rand School of Social Science, 1928), pp. 382–385.

（8）John Keiser, "John Fitzpatrick and Progressive Unionism, 1915–1925," Ph. D. diss., Northwestern University (1965), pp. 19–37, 64–72, 187–200.

（9）"Report of Executive Board on 'Preparedness'," Feb. 6, 1916, pp. 19–20, Proceedings of the Chicago Federation of Labor, Chicago History Museum ; Regular Meetings, Jan. 7, 1917, pp. 10–11, Proceedings of the CFL, Chicago History Museum ; Regular Meetings, Feb. 4, 1917, pp. 19–20, Proceedings of the CFL, Chicago History Museum ; Crystal Eastman to John Fitzpatrick, July 29, 1916, Box 5, Folder 34, John Fitzpatrick Papers, Chicago History Museum.

（10）フィッツパトリックとフランク・ウォルシュは以下のアイルランド独立運動の幹部であった。アイルランド自由友愛会（ウォルシュ副会長），在米アイルランド独立運動協会（ウォルシュ委員長，フィッツパトリック，シカゴ支部長）。American Mission on Irish Independence to Fitzpatrick, Aug. 13, 1920, Box 9, Folder 64, John Fitzpatrick Papers, Chicago History Museum ; Friends of Irish Freedom, "Copy for Information of Individual Members," Oct. 7, 1920, Box 9, Folder 66, John Fitzpatrick Papers, Chicago History Museum. なお，シカゴ総同盟も組織としてアイルランドの独立派労働運動（ジェームズ・コノリーやジェームズ・ラーキンら）を支援していた。Proceedings of the Chicago Federation of

Labor, May 7, 1916, pp. 15–17, July 16, 1916, pp. 16–19, Chicago History Museum.

(11) Samuel Gompers, "American Labor's Position in Peace or in War," *American Federationist*, Vol. 24, No. 4 (April, 1917), pp. 269–275 ; *New Majority*, Vol. 1, No. 19 (May 10, 1919), p. 11.

(12) *American Federationist*, Vol. 24, No. 10 (Oct., 1917), p. 839 ; Mckillen, *op. cit.*, pp. 84–85 ; John Fitzpatrick, "The American Alliance for Labor and Democracy......," Box 6, Folder 44, John Fitzpatrick Papers, Chicago History Museum ; Fitzpatrick to Judge Ben Lindsey, Sept. 25, 1917, Box 6, Folder 41, John Fitzpatrick Papers, Chicago History Museum.

(13) Report of Proceedings of the 37th Annual Convention of the AFL (1917); Report of Proceedings of the 38th Annual Convention of the AFL (1918), pp. 336–339.

(14) *New York Times*, Sept. 24, 1917, p. 11.

(15) マッキレンの議論は，シカゴ同盟の反コーポラティズムを国際政治の問題に広げて考察した点で重要である。国際関係の民主化，特に民族自決主義の貫徹要求こそが，シカゴ労働運動の本質であり，このことが帝国主義の被抑圧者を多く含む移民労働者の間に連帯感を生み，短期間ではあるが地域社会の労働者勢力の結集に成功したという。McKillen, *op. cit.*, pp. 214–223.

(16) Walsh to Victor Olander, Dec. 4, 1918, Box 7, Frank P. Walsh Papers, New York Public Library ; "Memorandum : The President Status of the National War Labor Board", Feb. 24, 1919, Box 7, Frank P. Walsh Papers, New York Public Library.

(17) *New Majority*, Vol. 1, No. 5 (Feb. 1, 1919), p. 6 ; *ibid.*, Vol. 1, No. 1 (Jan. 4, 1919), p. 2.

(18) "Labor's Fourteen Points" (manuscripts), Box 8, Folder 62, John Fitzpatrick Papers, Chicago History Museum ; Independent Labor Party Platform, Endorsed Unanimously by City Federation of Labor at the Regular Meeting, Nov. 17, 1918 (Leaflet), John Fitzpatrick Papers, Box 669F, Folder 17, Chicago History Museum.

(19) Maria E. Meehan, "Frank P. Walsh and The American Labor Movement," Ph. D. diss., New York University (1962); *New Majority*, Vol. 1, No. 11 (March 15, 1919), pp. 1, 8–9, 20.

(20) "Labour and the New Social Order," *The Labour Year Book 1919* (issued under the auspice of The Parliamentary Committee of the Trades Union Congress, The Executive Committee of the Labour Party, The Febian Research Department), pp. 17–20 ; *The New Republic*, Vol. 14, No. 172 (Feb. 16, 1918), Part II, pp. 1–12.

(21) Robert E. Dowse, *Left in the Centre : The Independent Labour Party, 1893–1940* (London : Longmans, 1966).

(22) *Advance*, Vol. 2, No. 46 (Jan. 17, 1919), pp. 1–2 ; *New Majority*, Vol. 1, No. 3 (Jan. 18, 1919), p. 11.

(23) *New Majority*, Vol. 1, No. 3 (Jan. 18, 1919), p. 8 ; "City Platform of the Labor Party," *Fitzpatrick for Mayor Campaign* (Leaflet), John Fitzpatrick Papers, 669F, Folder 6, Chicago History Museum.

(24) *New Majority*, Vol. 1, No. 3 (Jan. 18, 1919), p. 1 ; *Fitzpatrick for Mayor Campaign* (Leaflet), John Fitzpatrick Papers, 669F, Folder 6, Chicago History Museum ; *Labor Party, 31st Ward Ratification Meeting* (Leaflet), John Fitzpatrick Papers, Box 8, Folder 57, Chicago History Museum. フィッツパトリックとウォルシュは個人としても在米のインド解放運動にコミットしていた。ウォルシュはインド解放友愛会（Friends of Freedom for India）の副会長，フィッツパトリックも全国顧問の一人であった。Agnes Smedley (FOFI) to Fitzpatrick,

July 26, 1919, Box 8, Folder 61, John Fitzpatrick Papers, Chicago History Museum ; Robert Morss Lovett to Fitzpatrick, April 16, 1920, Box 9, Folder 63, John Fitzpatrick Papers, Chicago History Museum.

(25) *New Majority*, Vol. 1, No. 5 (Feb. 1, 1919), p. 6 ; *ibid.*, Vol. 1, No. 11 (March 15, 1919), pp. 1, 8-9, 20 ; Barrett, *op. cit.*, p. 207.

(26) *New York Times*, April 2, 1919, p. 1.

(27) *New Majority*, Vol. 1, No. 17 (April 26, 1919), p. 1 ; *ibid.*, Vol. 1, No. 19 (May 10, 1919), p. 3.

(28) *New Majority*, Vol. 1, No. 16 (April 19, 1919), pp. 6, 8-10.

(29) *Ibid.* ノンパーティザン・リーグに関する日本語の研究には，中野耕太郎「ノンパーティザンリーグの展開——20 世紀初頭期中西部農民運動の一潮流」『歴史学研究』第 634 号（1992 年 7 月）18-33，64 頁がある。なお，ノンパーティザン・リーグは参戦初期のころからシカゴの運動に関心を持ち，フィッツパトリックやウォルシュに対して講演を要請するなど秋波を送っていた。Benjamin Marsh (NPL) to John Fitzpatrick, Sept. 8, 1917, John Fitzpatrick Papers, Box 6, Folder 41, John Fitzpatrick Papers, Chicago History Museum ; National Nonpartisan League to Frank Walsh, Sept. 11, 1917, Box 5, Frank P. Walsh Papers, New York Public Library ; Walsh to B. C. Marsh (NPL), Sept. 16, 1917, Box 5, Frank P. Walsh Papers, New York Public Library ; Walsh to Arthur Le Sueur, Box 5, Frank P. Walsh Papers, New York Public Library.

(30) *The New Republic*, Vol. 15 (June 29, 1918), p. 250.

(31) *Bulletin of the Taylor Society*, Vol. 3, No. 6 (Dec., 1919), pp. 6-8 ; *ibid.*, Vol. 4, No. 6 (Dec., 1919), p. 15 ; Helen Morat, “Why Reform is Futile,” Dial, 66 (March 22, 1919), pp. 293-296 ; John Dewey, “Creative Industry,” *The New Republic*, Vol. 17 (Nov. 2, 1918), pp. 2-3.

(32) *The New Republic*, Vol. 14, No. 172 (Feb. 16, 1918), Part II, pp. 1-12 ; *ibid.*, p. 71. 第一次大戦後のアメリカ知識人が，シカゴ労働党の全国化を支援した経緯については，多くの研究蓄積がある。特に彼らの多くがイギリス流のリベラル・労働者連合を目指したことは，すでに 1970 年代のシャピロ，80 年代中葉のトービンの研究の中で指摘されていた。その後この問題は，当時の北大西洋文化圏のソーシャル・ポリティクスを論じたロジャーズの研究で，いわばイギリスからの新しいリベラリズムの「輸入」という文脈から言及された。Stanley Shapiro, “The Great War and Liberal Reform : Liberals and Labor, 1917-19,” *Labor History*, Vol. 12, No. 3 (Summer, 1971); Id., “The Twilight of Reform : Advanced Progressives after the Armistice,” *Historian*, Vol. 13, No. 3 (1971); Id., “Hand and Brain : The Farmer Labor Party of 1920,” *Labor History*, Vol. 26 (Summer, 1985), pp. 405-422 ; Eugene M. Tobin, *Organize or Perish : America's Independent Progressives, 1913-1933* (New York : Greenwood Press, 1986); Daniel T. Rodgers, *Atlantic Crossings : Social Politics in A Progressive Era* (Cambridge : Harvard University Press, 1998).

(33) Tobin, *op. cit.*, chaps, 3, 4.

(34) Dante Barton (CIR) to Fitzpatrick, May 12, 1916, John Fitzpatrick Papers, Box 8, Folder 33, Chicago History Museum.

(35) *Final Report of the Commission on Industrial Relations : Including the Report of Basil Manly and the Individual Reports and Statements of the Several Commissioners* (Washington DC : Government Printing Office, 1916); “Industrial Conflict,” *The New Republic*, Vol. 4 (Aug. 28, 1915), pp. 89-92 ; “A Follow-Up Committee on Industrial Relations,” *The Survey*, Vol. 35

(Nov. 6, 1915), pp. 155–156.

(36) Tobin, *op. cit.*, pp. 67–68 ; Steve Fraser, *Labor Will Rule : Sidney Hillman and the Rise of American Labor* (New York : The Free Press, 1991), p. 141 ; *New York Times*, Oct. 15, 1917, p. 4 ; *ibid.*, Oct. 19, 1917, p. 4 ; *ibid.*, Oct. 29, 1917, p. 1 ; *ibid.*, Nov. 7, 1917, p. 1.

(37) Committee of Forty-Eight, "Revolution or Reconstruction? A Call to Americans (advertisement)," *The Survey* (March 22, 1919); Frederic C. Howe, *The Confessions of A Reformer* (New York : C. Scribner's Sons, 1925), pp. 333–334.

(38) *The Nation*, Vol. 108 (March 29, 1919), p. 46 ; Committee of Forty-Eight, *op. cit.* ; *New York Times*, Aug. 18, 1919, p. 7 ; Tobin, *op. cit.*, p. 105.

(39) *Report of Proceedings of the 39th Annual Convention of the AFL* (1919), pp. 70–80.

(40) Stanly Shapiro, "The Passage of Power : Labor and the New Social Order," *Proceedings of the American Philosophical Society*, Vol. 120, No. 6 (Dec., 1976), pp. 464–474.

(41) Report of Proceedings of the 39th Annual Convention of the AFL (1919), pp. 269–278.

(42) *Advance*, Vol. 2, No. 3 (March 22, 1918), p. 4 ; *ibid.*, Vol. 3, No. 29 (Sept. 19, 1919), p. 5 ; *ibid.*, Vol. 4, No. 13 (May 28, 1920), pp. 4–5 ; *Socialist Review*, Vol. 9 (July, 1920), p. 59 ; Advance, Vol. 2, No. 39 (Nov. 29, 1918), p. 6 ; *New Majority*, Vol. 1, No. 13 (March 29, 1919), p. 7.

(43) *Machinist's Monthly Journal*, Vol. 31 (1919), pp. 710–711, 808–811 ; Glenn E. Plumb and William G. Roylance, *Industrial Democracy ; A Plan for Its Achievement* (New York : B. W. Huebsch, inc., 1923), pp. 198–200 ; *Labor* (プラム案連盟機関誌), Vol. 1, No. 1 (July 22, 1919), p. 8 ; "The American Labor and Socialist Parties, Competition or Cooperation? A Symposium," *The Intercollegiate Socialist*, Vol. 7, No. 4 (April-May, 1919); *Labor*, Vol. 1, No. 9 (Sept. 18, 1919), p. 1.

(44) U. S. Statute at Large, Sixty-Sixth Congress, sess. II. Chs. 91. 1920, pp. 456–499 ; *Machinist's Monthly Journal*, Vol. 31 (1919), pp. 426–427, 512, 625–626 ; *ibid.*, Vol. 32 (1920), p. 272 ; *Labor*, Vol. 1, No. 49 (July 10, 1920), p. 3.

(45) O. S. Beyer, Jr., "Railroad Union-Management Cooperation," *American Federationist*, Vol. 32, No. 8 (Aug., 1925), pp. 645–653.

(46) *New Majority*, Vol. 1, No. 3 (Jan. 18, 1919), p. 10 ; *ibid.*, Vol. 1, No. 5 (Feb. 1, 1919), p. 1 ; *ibid.*, Vol. 1, No. 7 (Feb. 15, 1919), p. 1 ; 中野，前掲論文。

(47) Alexander Trachtenberg and Benjamin Glassberg, eds., *The American Labor Year Book, 1919–1920*, Vol. 3 (New York : Rand School of Social Science, 1920), pp. 437–438. AFL 執行部が労働党を認めなかったので AFL に加盟する全国労組革新派は，支部代表のかたちで大会に参加した。

(48) United States Labor Party, National Convention, Chicago, 1919, *The First National Convention, November 22, 1919* (1919), pp. 2–5. 大会議長には，AFL 内社会主義勢力の中心的人物，マックス・ヘイズ（Max Hayes）が選出された。

(49) *Ibid.*

(50) *Ibid.*

(51) 1920 年 6 月に行われたインタビューに答えて，フランク・ウォルシュは次のように国際連盟を批判している。「現行の連盟は頽廃的なヨーロッパの諸帝国権力の混成物である。それは原則から腐敗しており……（帝国の）従属諸民族はなんら希望の光を見出

せない。連盟は，ヨーロッパの帝国主義政府の支配階級が，盗み奪った領土と民に対する，既得権益を確保するための存在にすぎない」と。“Inteview of Mr. Frank P. Walsh,” June 22, 1920, Box 34, Frank P. Walsh Papers, New York Public Library.

(52) *New Majority*, Vol. 2, No. 22 (Nov. 29, 1919), pp. 1–3, 12–13 ; *Ibid*., Vol. 2, No. 23 (Dec. 6, 1919, pp. 8–10 ; Stanley Shapiro, “Hand and Brain : The Farmer Labor Party of 1920,” *Labor History*, Vol. 26 (Summer, 1985), p. 412.

(53) Felix Frankfurter to John Fitzpatrick, Dec. 28, 1918, Box 669F, Folder 6, John Fitzpatrick Papers, Chicago History Museum ; Frank Walsh to Victor A. Olander, Dec. 4, 1918, John Fitzpatrick Papers, Chicago History Museum.

(54) Valerie J. Conner, *National War Labor Board ; Stability, Social Justice, and the Voluntary State in World War I* (Chapel Hill : University of North Carolina Prcss, 1983), pp. 176–177 ; United States Department of Labor, Bureau of Labor Statistics, *National War Labor Board : A History of its Formation and Activities, Together with its Awards and the Documents of Importance in the Record of its Development, Bulletin of the U. S. Bureau of Labor Statistics,* No. 287 (Washington DC : Government Printing Office, 1921), p. 12 ; *New Majority*, Vol. 2, No. 3 (Sept. 27, 1919), p. 1 ; David Brody, *Labor in Crisis : The Steel Strike of 1919* (Urbana : University of Illinois Press, 1987), p. 113.

(55) *Proceedings of the First Industrial Conference* (Called by the President), October 6 to 23 (Washington DC : Government Printing Office, 1923), pp. 58–59.

(56) *“Industrial Councils : The Reconstructions of the Whitley Report,” Bulletin of the U. S. Bureau of Labor Statistics*, No. 255 (Washington DC : Government Printing Office, 1919).

(57) “Statement by John Fitzpatrick,” Box 9, Folder 67, John Fitzpatrick Papers, Chicago History Museum ; *New Majority*, Vol. 3, No. 3 (Jan. 17, 1920), p. 14.

(58) *New York Times*, Dec. 22, 1919, p. 5 ; *New Majority*, Vol. 4, No. 4 (July 24, 1920), pp. 1–8 ; Shapiro, “Hand and Brain,” pp. 414–421 ; *American Federationist*, Vol. 27 (March, 1920), p. 257.

(59) Fitzpatrick to Kikulski, May 12, 1920, Box 9, Folder 63, John Fitzpatrick Papers, Chicago History Museum ; *New York Times*, Sept. 21 1919, p. 1 ; McKillen, *op. cit*., p. 222.

(60) *Congressional Quarterly’s Guide to U. S. Elections* (Washington DC : CQ, 1975), p. 286.

(61) *Report of Proceedings of the 39th Annual Convention of the AFL* (1919), pp. 102–108.

(62) Ellis Hawley, *The Great War and the Search for a Modern Order : A History of American People and Their Institutions, 1917–1933* (New York : St. Martin’s Press, 1979), chaps. 5, 6.

(63) 革新主義政治行動会議（CPPA）の運動については，中野耕太郎「1920 年代前半における合衆国の社会改革運動——革新主義政治行動会議（CPPA）を中心に」『アメリカ史評論』第 14 号（1996 年），1–29 頁を参照されたい。

(64) *Brotherhood of Locomotive Firemen and Enginemen’s Magazine*, Vol. 72, No. 6 (March 15, 1922), pp. 1–4.

(65) Lizabeth Cohen, *Making a New Deal : Industrial Workers in Chicago, 1919–1939* (New York : Cambridge University Press, 1990), p. 50.

(66) James R. Barrett, *Work and Community in the Jungle : Chicago’s Packinghouse Workers, 1894–1922* (Urbana : University of Illinois Press, 1987), pp. 255–263.

(67) Alma Herbst, *The Negro in the Slautering and Meat-Packing Industry in Chicago* (Boston :

Houghton Mifflin Co., 1932), pp. 60–66 ; Rick Halpern, *Down on the Killing Floor : Black and White Workers in Chicago's Packinh House, 1904–54* (Urbana : University of Illinois Press, 1997), pp. 85–95.

(68) Savel Zimand, *The Open Shop Drive : Who is Behind it and Where is it Going ?* (New York : Bureau of Industrial Research, 1921) ; Sanford M. Jacoby, *Employing Bureaucracy : Managers, Unions, and the Transformation of Work in American Industry, 1900–1945* (New York : Columbia University Press, 1985), pp. 167–205.

第９章　シカゴ人種暴動とゾーン都市

(１) James Weldon Johnson, *Along This Way* (New York : Viking Press, 1935), p. 341.

(２) Allen D. Grimshaw, ed., *Racial Violence in the United States* (Chicago : Aldine Publishing Co., 1969), p. 60.

(３) Robert Whitaker, *On the Laps of Gods : The Red Summer of 1919 and the Struggle for Justice that Remade a Nation* (New York : Crown Publisher, 2008).

(４) Richard Hofsdater and Michael Wallace, eds., *American Violence : A Documentary History* (New York : Alfred A. Knopf, 1970). アメリカの暴力を一般的に論じた邦語文献に，古矢旬・山田史郎編『権力と暴力』ミネルヴァ書房，2007 年がある。

(５) Adriane Lentz-Smith, *Freedom Struggles : African Americans and World War I* (Cambridge : Harvard University Press, 2009), pp. 59–69.

(６) ベンヤミンの法租定の暴力と法維持の暴力の議論を参照せよ。ヴァルター・ベンヤミン著，野村修編訳『暴力批判論』岩波書店，1994 年。

(７) Anthony Platt, ed., *The Politics of Riot Commissions, 1917–1970 : A Collection of Official Reports and Critical Essays* (New York : The Macmillan Co., 1971), p. 4.

(８) Arthur I. Waskow, *From Race Riot to Sit-In, 1919 and the 1960s : A Study in the Connections between Conflict and Violence* (New York : Doubleday, 1967); Grimshaw, ed., *op. cit.*

(９) William M. Tuttle Jr., *Race Riot : Chicago in the Red Summer of 1919* (Urbana : University of Illinois Press, 1970); Allan H. Spear, *Black Chicago : The Making of A Negro Ghetto, 1890–1920* (Chicago : University of Chicago Press, 1967).

(10) Dominic A. Pacyga, "Chicago's 1919 Race Riot : Ethnicity, Class and Urban Violence," in Raymond A. Mohl, ed., *The Making of Urban America* (New York : SR Books, 1988), pp. 187–207 ; Pacyga, *Polish Immigrants and Industrial Chicago : Workers on the South Side, 1880–1922* (Columbus : Ohio State University Press, 1991); Thomas A. Guglielmo, *White on Arrival : Italians, Race, Color, and Power in Chicago, 1890–1945* (New York : Oxford University Press, 2003).

(11) C. K. Doreski, "Chicago, Race, and the Rhetoric of the 1919 Riot," *Prospects*, Vol. 18 (1993); Jonathan S. Coit, "The Discourse of Racial Violence : Chicago, 1914–1923" (Unpublished Dissertation, University of Illinois at Urbana-Champaign, 2004).

(12) Tuttle Jr., *op. cit.*, pp. 4–8 ; Pacyga, *Polish Immigrants*, p. 214.

(13) James R. Barrett, *Work and Community in the Jungle : Chicago Packinghouse Workers, 1894–1922* (Urbana : University of Illinois Press, 1987), pp. 188–239.

(14) Tuttle Jr., *op. cit.*, pp. 32–64.

(15) *Coroner's Official Report of Race Riot*, July and August, 1919 (Nov., 1919), p. 2, in the

Chicago Commission on Race Relations Papers（以下，CCRR Papers と略記）, Illinois State Archives.

(16) *Ibid.*

(17) "Riot Sweeps Chicago," *Chicago Defender* (Weekend Edition), August 2, 1919, p. 1.

(18) *Coroner's Official Report.*

(19) *Ibid.* メディア報道の問題と「噂」の威力については，8 月の大陪審報告でも次のように指摘されていた。「野蛮な噂がかなりの程度，地方新聞の煽情的見出しを媒介して広まり，両人種の恐怖と怒りを掻き立て，擾乱へと誘った」と。Final Report of the August 1919, Grand Jury, p. 2, CCRR Papers.

(20) Mary McDowell, "Prejudice," in Caroline Miles Hill, *Mary McDowell and Municipal Housekeeping : A Symposium* (Millar Publishing Co., 1938). 中野耕太郎訳「史料　メアリー・マクダウェル『偏見』（1927 年）Mary E. McDowell, "Prejudice" (1927)」アメリカ学会編訳『原典　アメリカ史　社会史史料集』岩波書店，2006 年，170–175 頁。

(21) *Coroner's Official Report*, p. 3.

(22) Morris Janowitz, "Patterns of Collective Racial Violence," in Hugh Davis Graham and Ted Robert Gurr, eds., *Violence in America : Historical And Comparative Perspectives (A Report to the National Commission on the Causes and Prevention of Violence)* (Washington DC : Government Printing Office, 1969).

(23) Carl Sandburg, *The Chicago Race Riots July, 1919* (New York : Harcourt, Brace and Howe, 1919), p. 8.

(24) Final Report of the August 1919, Grand Jury, p. 2, CCRR Papers.

(25) Alzada P. Comstock, "Chicago Housing Conditions, VI : The Problems of Negro," *American Journal of Sociology*, Vol. 18, No. 2 (Sep., 1912), pp. 250, 253–254, 257 ; Juvenile Protective Association, *The Colored People of Chicago* (1913), p. 5 ; Sophonisba P. Breckinridge, "The Color Line in the Housing Problem," *The Survey*, Vol. 29 (Feb. 1, 1913), pp. 575–578.

(26) U. S. Bureau of the Census, *Fourteenth Census*, Vol. 2 (1920), p. 51.

(27) *Coroner's Official Report*, pp. 4–5.

(28) McDowell, *op. cit.*

(29) Thomas Lee Philpott, *The Slum and the Ghetto : Neighborhood Deterioration and Middle-Class Reform, Chicago, 1880–1930* (New York : Oxford University Press, 1978); "Real Estate Issues Stirs Citizen," *Chicago Defender*, April 14, 1917, p. 1 ; "Quit Real Estate Meeting in a Body," *Chicago Defender*, April 21, 1917, p. 1.

(30) The Chicago Commission on Race Relations, *The Negro in Chicago : A Study of Race Relations and A Race Riot* (Chicago : University of Chicago Press, 1922), p. 123. 白人住民による爆弾テロは 1917 年 7 月 1 日から 21 年 3 月 1 日の間に 58 件を数えた。*Ibid.*, p. 612.

(31) *The Second Annual Report of the Chicago League on Urban Conditions Among Negroes* (1918), p. 3.

(32) Graham Taylor, Chairman of Joint Committee, July 31, 1919, CCRR Papers ; Brief Report of Citizens' Conference on the Race Riot, August 1, 1919, CCRR Papers.

(33) *The First Annual Report of the Chicago League on Urban Conditions among Negroes* (1917), p. 3 ; Robert E. Park, "Racial Assimilation in Secondary Groups with Particular Reference to the Negro," *American Journal of Sociology*, Vol. 19, No. 5 (March, 1914), pp. 606–623.

(34) Robert E. Park and Ernest W. Burgess, *Introduction to the Science of Sociology* (Chicago : University of Chicago Press. 1921).
(35) Robert E. Park and Ernest W. Burgess, Roderick D. McKenzie, *The City* (Chicago : University of Chicago Press, 1925).
(36) Martin Bulmer, "Charles S. Johnson, Robert E. Park and the Research Methods of the Chicago Commission on Race Relations, 1919-22 : An Early Experiment in Applied Social Research," *Ethnic and Racial Studies*, Vol. 4, No. 3 (July, 1981).
(37) Oliver Zunz, *Why the American Century ?* (Chicago : University of Chicago Press, 1998); マックス・ウェーバー著，脇圭平訳『職業としての政治』岩波書店，1980年，9-10頁。
(38) Minutes of the Second Meeting of the Chicago Commission on Race Relations, Oct. 20, 1919, CCRR Papers, Illinois State Archives.
(39) Minutes of the Fifth Meeting of the Chicago Commission on Race Relations, Nov. 13, 1919, CCRR Papers, Illinois State Archives.
(40) Minutes of the Eighth Meeting of the CCRR, Dec. 4, 1919, CCRR Papers ; Minutes of the Ninth Meeting of the CCRR, Dec. 11, 1919, CCRR Papers ; Minutes of the Tenth Meeting of the CCRR, Dec. 18, 1919, CCRR Papers ; Minutes of the Eleventh Meeting of the Chicago Commission on Race Relations, Jan. 8, 1920, CCRR Papers, Illinois State Archives.
(41) Minutes of the Eighth Meeting of the Chicago Commission on Race Relations, Dec. 4, 1919, CCRR Papers, Illinois State Archives.
(42) "U. S. Reveals Sedition Among Negro Masses," *Chicago Daily News*, Nov. 5, 1919, p. 20.
(43) "Stockyards Workers in Big Turn Out Sunday : Will Invite Colored Packing House Employes to Enjoy Benefits of Organization," *New Majority*, Vol. 2, No. 1 (July 5, 1919), p. 15 ; "Giant Stockyards Union Celebration : Vast Crowd Hears Noted Speakers at Sunday Meeting - Colored Workers Present," *New Majority*, Vol. 2, No. 2 (July 12, 1919), p. 1.
(44) "Proclamation : Concerning the Race Riots by the Chicago Federation of Labor," *New Majority*, Vol. 2, No. 6 (August 9, 1919), p. 1.
(45) CCRR, *Negro in Chicago,* pp. 403-415.
(46) Minutes of the Eleventh Meeting of the Chicago Commission on Race Relations, Jan. 8, 1920, CCRR Papers, Illinois State Archives.
(47) *Ibid.* ; Minutes of the Twelfth Meeting of the Chicago Commission on Race Relations, Jan. 23, 1920, CCRR Papers, Illinois State Archives.
(48) *Real Estate News*, Vol. 15, No. 2 (Feb., 1920).
(49) "Rebuild Black Belt, Plan of Race Board," *Chicago Daily News*, Feb. 25, 1920, p. 3.
(50) *Ibid.*
(51) Minutes of the Twelfth Meeting of the Chicago Commission on Race Relations, Jan. 23, 1920, CCRR Papers, Illinois State Archives ; Waskow, *op. cit.*, p. 55.
(52) "Plan for Color Line in Schools Stirs Negroes," *Chicago Defender*, August 14, 1918, p. 7 ; "Answer to Mr. Loeb's Letter Fostering Separate Schools in Chicago," *Chicago Defender*, August 17, 1918, p. 16 ; "Max Loeb and Segregation," *Chicago Defender*, August 24, 1918, p. 16.
(53) Final Report of the August 1919, Grand Jury, p. 3, CCRR Papers ; Coroner's Official Report, p. 5, CCRR Papers.
(54) "Riot Jury Urges Race Separation by Agreement," *Chicago Daily Tribune*, Nov. 5, 1919, p. 12.

（55）Minutes of the Fourteenth Meeting of the Chicago Commission on Race Relations, March 12, 1920, CCRR Papers ; Graham Raymen Taylor to Francis W. Shepardson, July 27, 1920, CCRR Papers.
（56）L. B. Anderson, "Facts to Show We Came Here First and Are Here to Stay," *Chicago Defender*, Feb. 7, 1920, p. 20.
（57）CCRR, *Negro in Chicago*, pp. 59–64.
（58）*Ibid*., pp. 12–16.
（59）Carl Smith, *The Paln of Chicago : Daniel Burnham and the Remaking of the American City* (Chicago : University of Chicago Press, 2006), p. 132 ; Philpot, *op. cit*., pp. 246–247. 都市の条例によって，人種に基づくゾーニングを行うこと自体は，1917 年の連邦最高裁，ブキャナン対ワーリー判決で違憲とされた。Buchanan v. Warley, 245 U. S. 60 (1917).
（60）CCRR, *Negro in Chicago*, pp. 640–651.
（61）Waskow, *op. cit*., p. 104.
（62）CCRR, *Negro in Chicago*, pp. 640–651.
（63）John McCacheon, "The Color Line has Reached the North," *Chicago Daily Tribune*, July 28, 1919.
（64）"Review Works : The Negro in Chicago. A Study of Race Relations and a Race Riot by The Chicago Commission on Race Relations," *Journal of Negro History*, Vol. 8, No. 1 (Jan., 1923), pp. 112–114.
（65）CCRR, *The Negro in Chicago*, pp. 116, 120. CCRR 報告書は勧告文の中でも人種混住地区について触れている。具体的にブラックベルトの西端に位置する，39 丁目～ローズヴェルト通り～ウェントワース通りの近隣を取り上げ，同地区の人口は黒人 5 万 4906 人，白人 4 万 2797 人で構成されるが，長く深刻な紛争の経験はなかったと記述している。
（66）Spear, *op. cit*., p. 222.
（67）St. Clair Drake and Horace R. Cayton, *Black Metropolis : A Study of Negro Life in a Northern City* (Chicago : University of Chicago Press, 1945), p. 184.
（68）Spear, *op. cit*., p. 224.
（69）Pacyga, "Chicago's 1919 Race Riot" ; Pacyga, *Polish Immigrants* ; Guglielmo, *op. cit*.
（70）Pacyga, "Chicago's 1919 Race Riot," pp. 196, 198.
（71）*Coroner's Official Report*.
（72）McDowell, *op. cit*.
（73）"Editorial," *Chicago Citizen*, Vol. 38, No. 31, Friday, August 8, 1919.
（74）"Opinion of W. E. B. Du Bois : Chicago," *The Crisis*, Vol. 21, No. 3 (Jan., 1921), p. 102.
（75）Platt, ed., *op. cit*., p. 7 ; *Report of the National Advisory Commission on Civil Disorders* (Washington : Government Printing Office, 1968), p. 265.
（76）Marlon B. Ross, *Manning the Race : Reforming Black Men in the Jim Crow Era* (New York : New York University Press, 2004), p. 170.
（77）Steven J. Diner, *A City and Its Universities : Public Policy in Chicago, 1892–1919* (Chapel Hill : University of North Carolina Press, 1980).
（78）Drake and Cayton, *op. cit*., p. 69.
（79）Walter Lippmann, "Introductory Note," in Sandburg, *op. cit*., pp. xix–xxi.

第 10 章　20 世紀国民秩序の形成

（1）Buchanan v. Warley, 245 U. S. 60 (1917); Corrigan v. Buckley, 271 U. S. 323 (1926); Richard B. Sherman, "'The Last Stand' : The Fight for a Racial Integrity in Virginia in the 1920s," *Journal of Southern History*, Vol. 54, No. 1 (Feb., 1988), pp. 69–92.

（2）John Higham, *Strangers in the Land : Patterns of American Nativism, 1860–1925* (New Brunswick : Rutgers University Press, 1955), chap. 10 ; Mae M. Ngai, "The Architecture of Race in American Immigration Law : A Reexamination of the Immigration Act of 1924," *Journal of American History*, Vol. 86, No. 1 (Jan., 1999), pp. 69–92 ; Ian F. Haney Lopez, *White by Law : The Legal Construction of Race* (New York : New York University Press, 1996). この他に，特に日本人移民の排斥に注目した研究の中には，日米外交史の文脈から 24 年法の「排日条項」を検討したものも少なくない。簑原俊洋『排日移民法と日米関係』岩波書店，2002 年，水谷憲一「日本人移民問題をめぐる米国連邦移民政策と国際関係　1906～24 年」肥後本芳男・山澄亨・小野沢透編『現代アメリカの政治文化と世界――20 世紀初頭から現代まで』昭和堂，2010 年，所収。

（3）Higham, *op. cit.*

（4）Ngai, *op. cit.*

（5）*Ibid.*

（6）Mattew P. Guterl, *The Color of Race in America, 1900–1940* (Cambridge : Harvard University Press, 2001); Mae M. Ngai, *Impossible Subjects : Illegal Aliens and the Making of Modern America* (Princeton : Princeton University Press, 2004).

（7）Immigration Act of 1924, 43 U. S. Statute at Large 153.

（8）*Ibid.* ; Ngai, "The Architecture of Race," p. 90 ; U. S. Congress, Committee on Immigration and Naturalization, "Restriction of Immigration," Hearing, 68th Congress, 1st Session (Washington DC : Government Printing Office, 1924).

（9）Ngai, "The Architecture of Race," p. 71 ; See also, Higham, *op. cit.*, pp. 319–321.

（10）1907 年移民法によって設立された上院移民委員会は，19 世紀に主流であった北・西欧系移民と区別して，20 世紀の南・東欧系移民を「新移民（new immigration)」と総称し，彼らを経済的後進地域から流入した低賃金の不熟練労働者階層と見なしていた。U. S. Commission on Immigration, *Abstracts of Reports of the Immigration Commission : With Conclusion and Recommendations and Views of the Minority*, Vol. 1 (Washington DC : Government Printing Office, 1911), p. 24. Edward A. Ross, *The Old World in the New : The Significance of Past and Present Immigration to the American People* (New York : Century Co., 1914), pp. 123, 291 ; Gail Bederman, *Manliness and Civilization : A Cultural History of Gender and Race in the United States, 1880–1917* (Chicago : University of Chicago Press, 1995), p. 29.

（11）Madison Grant, *The Passing of the Great Race or The Racial Basis of European History* (New York : Charles Scribner's Sons, 1916), p. vii.

（12）George Stocking, *Bones, Bodies, Behavior : Essays on Biological Anthropology* (Madison : University of Wisconsin Press, 1988), p. 9.

（13）Howard Markel and Alexandra Minna Stern, "The Foreignness of Germs : The Persistent Association of Immigrants and Disease in American Society," in Paul Spickard ed., *Race and Immigration in the United States : New Histories* (New York : Routledge, 2011), pp. 203–229.

（14）例えば，1910 年頃，ピッツバーグの鉄鋼産業を調査した経済学者ジョン・フィッチ

は，労働者が，「英語を話す者」と「字が読めず同化しない外国人」である「ハンキーやスラヴ」に分裂していると指摘し，「前者を『白人』，後者を『外国人』と呼んでもよい」と書いている。John A. Fitch, *The Steel Workers* (New York : Charities Publication Committee, 1910) ; Bruce Nelson, *Divided We Stand : American Workers and the Struggle for Black Equality* (Princeton : Princeton University Press, 2001) ; Higham, *op. cit.* ; Thomas A. Guglelmo, *White on Arrival : Italians, Race, Color and Power in Chicago, 1890-1945* (New York : Oxford University Press, 2003).

(15) *Denni Hlastel*, June 30, 1918, CFLPS.

(16) Immigration Act of 1903, 32 U. S. Statute at Large 1213 ; Immigration Act of 1907, 34 U. S. Statute at Large 898.

(17) Frank J. Warne, *The Immigrant Invasion* (New York : Dodd, Mead & Co., 1913), pp. 52, 316.

(18) John R. Commons, *Races and Immigrants in America* (New York : MacMillan Co., 1907), p. 8.

(19) Jeremiah W. Jenks and W. Jett Lauck, *The Immigration Problem* (New York : Funk & Wagnalls Co., 1911), pp. 327, 339.

(20) Karel D. Bicha, "Hunkies : Stereotyping the Slavic Immigrants, 1890-1920," *Journal of American Ethnic History*, Vol. 2, No. 1 (Fall, 1982), pp. 16-38.

(21) Ross, *op. cit.*, pp. 282, 285.

(22) Jenks and Lauck, *op. cit.*, pp. 266-268.

(23)「メルティング・ポット」という語は，ロシア系ユダヤ人移民のアメリカン・ドリームを描いたブロードウェー・ミュージカルの名前に由来する。作者のイズラエル・ザングウィルは，セオドア・ローズヴェルトの南・東欧系移民に対する同化・統合政策に深く共感し，1909 年に刊行した同戯曲の見開きページには，「偉大なる共和国のための……セオドア・ローズヴェルト氏の奮闘的闘争に心よりの敬意を表し，本書を捧げます」との一文が付されている。Israel Zangwill, *The Melting-Pot : Drama in Four Acts* (New York : Macmillan Co., 1909).

(24) Grant, *op. cit.*

(25) U. S. Commission on Immigration, *op. cit.*, p. 37.

(26) Francis A. Walker, "Restriction of Immigration," *Atlantic Monthly* (1896), p. 828.

(27) Frank J. Warne, *The Tide of Immigration* (New York : D. Appleton, 1916), p. 269.

(28) Robert De C. Ward, "Our Immigration Laws from the View Point of Eugenics," *American Breeders Magazine*, Vol. 3, No. 1 (1912), pp. 20-26 ; Id., "Eugenic Immigration : The American Race of the Future and the Responsibility of the Southern States for its Formation," *American Breeders Magazine*, Vol. 4, No. 2 (1913), pp. 96-102 ; Id., "Tide of Immigration : On Direct Results of Eugenics and Quite as Important as Direct Results," *Journal of Heredity*, Vol. 7, No. 12 (Dec., 1916), pp. 541-545.

(29) Amy L. Fairchild, *Science at the Borders : Immigrant Medical Inspection and the Shaping of the Modern Industrial Labor Force* (Baltimore : Johns Hopkins University Press, 2003), pp. 11-12.

(30) Sidney L. Gulick, "An Immigration Policy : Any Plan for Restriction Must Take Account of Asia As Well As Europe," *Journal of Heredity*, Vol. 7, No. 12 (Dec., 1916), pp. 546-554 ; Robert De C. Ward, "Some Aspects of Immigration to the United States in Relation to the Future American Race," *Eugenic Review*, Vol. 7 (April 1915-Jan. 1916), pp. 263-282 ; Immigration

Act of 1917, 39 U. S. Statute at Large 874.

(31) *Ibid.*

(32) 1909 年から 1923 年の期間に争われたインド人の帰化資格訴訟のうち 5 件で帰化承認の判決が出ている。判決理由は多くの場合，「ヒンドゥー人種」はインド・ヨーロッパ語族のコーカサス種に属するといった，文化人類学上の知見に基づく白人性の認定によるものだった。一方で同時期には，「一般常識」や社会通念上の理由から西アジア，南アジア移民を帰化不能の非白人と断ずる判決も 10 件以上出されている。Lopez, *op. cit.*

(33) Charles J. McClain, *In Search of Equality : The Chinese Struggle against Discrimination in Nineteenth-Century America* (Berkley : University of California Press, 1994), pp. 163–164, 337–338, n. 78.

(34) Porterfield v. Webb, 263 U. S. 225 (1923); Roger Daniels, *The Politics of Prejudice : The Anti-Japanese Movement in California and the Struggle for Japanese Exclusion* (Berkley : University of California Press, 1977), pp. 58–64, 87–92.

(35) フラナガンは 2007 年刊の概説書の中で，市民規範と結びついた人種差別を “civic racialism” と呼んだが，その概念規定についてはいまだ十分に展開されていない。Maureen Flanagan, *America Reformed : Progressives and Progressivisms, 1890s–1920s* (New York : Oxford University Press, 2007), p. 107 ; David Roediger, *Wages of Whiteness* : *Race and the Making of the American Working Class* (New York : Verso, 1991).

(36) Frank Tannenbaum, *Darker Phases of the South* (New York : G. P. Putnam’s Sons, 1924), pp. 13, 15–17.

(37) *Narod Polski*, May 28, 1919, CFLPS ; *Chicago Daily Tribune*, June 8, 1919, June 9, 1919 ; *Dzennik Zwiazkowy*, June 27, 1919, CFLPS. ミルウォーキーでの紛争の事例も参照。Andrzej Kapiszewski, “Polish-Jewish Conflicts in America during the Paris Peace Conference : Milwaukee as a Case Study,” *Polish American Studies*, Vol. 49, No. 2 (Autumn, 1992), pp. 5–18.

(38) *Chicago Daily Tribune*, July 15, 1919.

(39) Frederick Adams Woods, “The Racial Limitation of Bolishevism : An Analysis of European History Shows That Nordic Countries Have Been Extremely Free from Periods of Anarchy,” *Journal of Heredity*, Vol. 10, No. 4 (April, 1919), pp. 188–190 ; Lothrop Stoddard, *The Revolt against Civilization : The Menace of the Under Man* (New York : Charles Scribner’s Sons, 1922).

(40) Immigration Act of 1921, 42 U. S. Statute at Large 5.

(41) *Zgoda*, Feb. 21, 1920, cited in Robert E. Park, *The Immigrant Press and Its Control* (New York, 1922), pp. 211–213.

(42) Guterl, *op. cit.*, pp. 13, 123.

(43) James Weldon Johnson, “Self-determining Haiti,” *The Nation*, Vol. 111 (Aug. 28, Sept. 4, Sept. 11, Sept. 18, Sept. 25, 1920).

(44) Lloyd E. Ambrosius, *Wilsonianism : Woodrow Wilson and His Legacy in American Foreign Relations* (New York : Palgrave MacMillan, 2002), pp. 125–134 ; 中野耕太郎「『アメリカの世紀』の始動」山室信一・岡田暁生・小関隆・藤原辰史編『現代の起点　第一次世界大戦　4　遺産』岩波書店，2014 年，228–232 頁。

(45) Lothrop Stoddard, *The Rising Tide of Color against White World Supremacy* (New York : Scribner, 1920), pp. 11, 141.

(46) Madison Grant, "Introduction," in Stoddard, *The Rising Tide of Color*, p. xxxii.
(47) Grant, *The Passing of the Great Race*, p. 32.
(48) Thomas Lee Philpott, *The Slum and the Ghetto : Neighborhood Deterioration and Middle-Class Reform, Chicago, 1880–1930* (Belmont, CA : Wadsworth Publishing Co., 1991), pp. 260–263.
(49) Shelley v. Kraemer, 334 U. S. 1 (1948).
(50) *American Federationist*, Vol. 23 (1916), pp. 253–254 ; *Ibid*., Vol. 26, Part I (1919), pp. 136, 163.
(51) *Hearings : Analysis of America's Modern Melting Pot* (House Committee on Immigration, 67 Cong., 3 Sess., 1923).
(52) NICB は移民制限そのものには反対しなかったが，ラフリンが議会に提出した移民に関するネガティヴなデータの数々に著しい恣意性を見出し，公然とこれを批判する文書『在米外国人の社会的な適格性』を発行した。National Industrial Conference Board, *Social Adequacy of Foreign Nationals in the United States : A Critical Analysis of America's Modern Melting Pot* (Special Report No. 26). 移民法制定過程における NICB の役割については以下の文献を参照のこと。下斗米秀之「アメリカ 1924 年移民法の制定における経営者団体の取り組み——全国産業協議委員会の「移民会議」（1923 年）の検討を通じて」『社会経済史学』第 80 巻第 1 号（2014 年 5 月），15–35 頁。
(53) *Immigration : Speeches of Hon. Adolph J. Sabath of Illinois in the House of Representatives, April 4 to May 15, 1924* (Washington DC : Government Printing Office, 1924), pp. 3–6, 35.
(54) *Ibid*., pp. 7, 20, 69–76.
(55) Sherman, *op. cit*., pp. 72–78.
(56) Maldwyn Allen Jones, *American Immigration : Second Edition* (Chicago : University of Chicago Press, 1992), p. 255.
(57) United States v. Thind, 261 U. S. 204 (1923).

終　章　現代史としての 20 世紀アメリカ国民秩序

(1) Horace Kallen, "Democracy Versus the Melting-Pot : A Study of American Nationality," *The Nation* (Feb. 18 and Feb. 25, 1915), pp. 190–194, 217–220.
(2) Mae Ngai, "The Architecture of Race in American Immigration Law : A Reexamination of Immigration Act of 1924," *Journal of American History*, Vol. 86, No. 1 (June, 1999), pp. 69–92.
(3) Bruce Nelson, *Divided We Stand : American Workers and the Struggle for Black Equality* (Princeton : Princeton University Press, 2001).
(4) Jesse C. Adkins v. Children's Hospital of the District of Columbia, 261 U. S. 525 (1925). その他にも 1920 年代の最高裁は，デュプレックス印刷機会社対ディアリング判決（1921 年），ツルアックス対コリガン判決（1921 年）で，従来の労働インジャンクション（スト差し止め令）規制法に違憲判決を出すなど反動的な傾向が顕著だった。紀平英作『ニューディール政治秩序の形成過程の研究——20 世紀アメリカ合衆国政治社会史研究序説』京都大学学術出版会，1993 年，第 1 章。
(5) Lizabeth Cohen, *Making a New Deal : Industrial Workers in Chicago, 1919–1939* (New York : Cambridge University Press, 1990), pp. 75–78.
(6) David Brody, *The Butcher Workmen : A Study of Unionization* (Cambridge : Harvard University Press, 1964), pp. 99–100 ; James R. Barrett, *Work and Community in the Jungle :*

Chicago's Packinghouse Workers, 1894-1922 (Urbana : University of Illinois Press, 1987), pp. 244-250.

(7) Olivier Zunz, *Why the American Century ?* (Chicago : University of Chicago Press, 1998), chap. 3 ; Alan Brinkley, *The End of Reform : New Deal Liberalism in Recession and War* (New York : Alfred A. Knopf, 1995) ; See also, David P. Thelen, *The New Citizenship : Origins of Progressivism in Wisconsin, 1885-1900* (Columbia : University of Missouri Press, 1972).

(8) Maldwyn Allen Jones, *American Immigration* (Chicago : University of Chicago Press, 1960), p. 257.

(9) Ellis W. Hawley, *The Great War and the Search for A Modern Order : A History of the American People and Their Institutions, 1917-1933* (New York : St Martin's Press, 1979) ; James T. Patterson, *America's Struggle Against Poverty, 1900-1980* (Cambridge : Harvard University Press, 1981), pp. 56-77.

(10) Steve Fraser, *Labor Will Rule : Sidney Hillman and the Rise of American Labor* (New York : The Free Press, 1991), pp. 324-348.

(11) Steve Fraser and Gary Gerstle, eds., *The Rise and Fall of the New Deal Order, 1930-1980* (Princeton : Princeton University Press, 1989) ; 紀平，前掲書。

(12) Jill Quadagno, *The Transformation of Old Age Security : Class and Politics in the American Welfare State* (Chicago : University of Chicago Press, 1988), pp. 99-151.

(13) 被害総額 200 万ドルを超えたといわれるデトロイト暴動は，死者 34 名，負傷者 433 名を出した。Allen D. Grimshaw, ed., *Racial Violence in the United States* (Chicago : Aldine Publishing Co., 1969), p. 137-152.

(14) Robert H. Zieger, *The CIO : 1935-1955* (Chapel Hill : University of North Carolina Press, 1995), p. 112 ; Fraser, *op. cit.*, pp. 329-330.

(15) Eric Foner, *The Story of American Freedom* (New York : Norton, 1998), Chap. 10.

(16) Oscar Handlin, *Race and Nationality in American Life* (Boston : Little, Brown and Co., 1950) ; Mae M. Ngai, *Impossible Subjects : Illegal Aliens and the Making of Modern America* (Princeton : Princeton University Press, 2004), pp. 240-241.

(17) Ruth Benedict, *Race and Racism* (London : Routledge, 1942).

(18) *The Crisis* (Nov., 1942), p. 343.

(19) Gunnar Myrdal, *An American Dilemma : The Negro Problem and American Democracy* (New York : Garland Publishing, 1944), p. 1004.

(20) The Immigration and Nationality Act of 1952 (66 U. S. Statute at Large 163). なお，戦時下の 1943 年には排華移民法が廃止され（アメリカの同盟国市民への差別撤廃），日本人に関しても 1947 年に戦争花嫁の受け入れが開始されていた。

(21) Oliver Brown et al. v. Board of Education of Topeka, et al., 347 U. S. 483 (1954).

(22) Brief for the United States as amicus curiae on Brown v. Board of Education, 347 U. S. (1954, filed in December, 1952), reprinted in Philip B. Kurland and Gerhard Caper, eds., *Landmark Briefs and Arguments of the Supreme Court* (Arlington : University Publication Press, 1975), Vol. 49, pp. 121-123.

(23) 古矢旬『アメリカニズム——「普遍国家」のナショナリズム』東京大学出版会，2002 年，215 頁。

(24) The Immigration and Nationality Act of 1965 (79 U. S. Statute at Large 911).